Ursula Cerha

Es ist uns alles nur geliehen

Die Geschichte einer russischen Familie

Ibera / European University Press

Die Deutsche Bibliothek-CIP Einheitsaufnahme
Copyright © 2019 by European University Press VerlagsgmbH / Ibera, Wien
1. Auflage
Cerha, Ursula
Es ist uns alles nur geliehen –
Die Geschichte einer russischen Familie

Wien, European University Press VerlagsgmbH, Ibera Verlag
ISBN 978-3-85052-388-2

Hergestellt in der EU
Alle Rechte vorbehalten, auch der auszugsweisen Wiedergabe
in Print- oder elektronischen Medien
www.ibera.at

Ursula Cerha
Es ist uns alles nur geliehen
Die Geschichte einer russischen Familie

Ibera

Für
Peter, Sybille, Christine, Bianca, Matthias, Irene, Stefanie,
Martin, Camilla, Vivienne, Maximilian, Antonia, Johanna,
Franzisca, Ludwig, Paula, Constantin, Rosa, Felix, Philipp,
Frederik, Matteo, Oscar, Elena und Clara.

Danksagung

Mein besonderer Dank gilt meiner
Schwester Sybille Heeger, die mir
unermüdlich in unzähligen Diskussionen mit Kritik und Anerkennung
zur Seite stand. Sie half mir, so
manches Tief zu überwinden und
das Buch schließlich fertigzustellen.

Kapitelverzeichnis

Dritter Teil (1913–1943)

Prolog

Inmitten einer Wildnis, im Süden des heutigen Weißrussland, liegt ein einsamer kleiner See, der nur auf einem überwucherten Weg, vorbei an dichtem Gestrüpp, zu erreichen ist. Es ist ein verwunschener Ort, der seit der Kindheit meiner Mutter ungestört vor sich hin zu träumen scheint. Das Laub der Bäume und Sträucher leuchtet in starken dunklen und blassen Grüntönen. Zweige werfen lange und kurze Schatten auf das tiefblaue Wasser, daneben glitzern die Sonnenstrahlen umso heller. Vor langer Zeit war er, wie ich von meiner Mutter weiß, Teil eines großen wunderschönen Naturparks. Nicht weit davon, inmitten einer versteppten menschenleeren Landschaft, ragt – merkwürdig unmotiviert und trotzig – eine mächtige Lindenallee in den Himmel, so als würde sie auf etwas warten. Allee und See haben den Zauber eines Geheimnisses, das aus der versunkenen Welt Russlands und der Familie Kign herrührt. Es ist die Familie meiner Mutter, die hier in den Dörfern Dedlovo und Feodorovka, aber auch in St. Petersburg viele Generationen lang verwurzelt war.

An diesem besonderen Platz genügt es, meine Augen zu schließen, um Bilder aus der Vergangenheit entstehen zu lassen: Schaukelnde Boote und dahingleitende Schwäne auf dem See, eilende Menschen, Bauern mit ihren Wägelchen, Zug- und Reitpferde, die aus den Stallungen geholt werden, Milchwagen, die aus den Höfen rollen, Frauen bei der Wäsche, auf dem Weg zu den Feldern und in die Fabriken, lärmende Schulkinder, singende Pilger, die zur Gutshofküche kommen, Gäste fahren durch die Allee vor, Borzoj-Hunde[1] streifen umher, Windmühlräder drehen sich in der Ferne, das Spiegelkreuz auf der Kuppel der Familiengruft glitzert weithin sichtbar, Wirtschaftsgebäude, kleine Fabriken mit ihren Menschen, die Wodka, Leinen und Ziegel erzeugten, wogende Getreidefelder am Dorfrand…

Von all dem ist heute keine Spur mehr zu finden. Es ist ein totes, verlassenes Gebiet. Zum ersten Mal streift mich eine Ahnung von dem, was hier nach dem Ersten Weltkrieg Schreckliches geschehen ist. Den Horror des folgenden gnadenlosen Bürgerkriegs, den roten Terror, die Hungersnot von 1920/21, die Millionen Opfer forderte, haben meine Mutter und ihre Geschwister überlebt. Es waren mutige, selbstlose Menschen, die sie retteten, denn Herrschaftskinder zu verstecken, brachte Verfolgung und Tod. 1926, noch bevor Russland hermetisch abgeriegelt wurde, konnten sie, damals elf und ihre Schwester zehn Jahre alt, nach Zahlung eines Lösegelds nach Österreich ausreisen. Ihren Bruder und die übrige Familie verloren sie für immer.

Mit den Erzählungen dieser dramatischen Ereignisse bin ich aufgewachsen. Es waren Überlieferungen aus einer fernen, nicht mehr existierenden Welt, die in ihrer Dramatik und Schönheit unwirklich wie Märchen oder Sagen auf uns Kinder wirkten. Deshalb haben sie mich als Jugendliche über die „gute Story" hinaus auch nicht sonderlich interessiert. In unseren Augen waren diese Geschichten von Glück, Reichtum, Liebe, Krieg, Flucht, Tod und Vertreibung zwar spannende, aber vielleicht doch eher beschönigende, nostalgische Erinnerungen.

Das zu klären, war bis zum Zusammenbruch der Sowjetunion 1991 nicht möglich. 1979 wurde uns bei Nachforschungen der Familiengeschichte sogar versichert, dass es die Familie nicht gegeben habe. Auf Dauer wollte ich mich damit aber nicht abfinden. Denn mit zunehmendem Alter wird eine Antwort auf die Fragen: Woher komme ich, wohin gehe ich, was hat mich beeinflusst und geformt? – in allen Facetten immer wichtiger. Erst heute weiß ich, wie sehr es meine Mutter war, die mich geprägt hat. Das Drama ihrer Kindheit hat meiner

Mutter nicht geschadet und sich auf ihre drei Kinder nicht unmittelbar ausgewirkt. Sie war ein innerlich freier Mensch mit großem Urvertrauen, stark und lebensfroh, der Fels in der Brandung unserer Kindheit. Besonders in der Zeit des Zweiten Weltkriegs und danach war ihre Art, den schweren Alltag zu bewältigen, außergewöhnlich.

War etwas an ihr typisch russisch? Vielleicht ihre großzügige Gastfreundschaft, ihre selbstverständliche Spiritualität? Die Seele war für sie so real wie ein Organ – wie Herz oder Lunge. Ihre hohen ethischen Ansprüche richtete sie vor allem an sich selbst. Ihr fester Glaube und Wegweiser war die „Lichtgestalt Christi". Vielleicht wüsste ich nichts davon, hätte ich sie nicht als Kind in einer Nacht intensiv betend überrascht. Nach ihrem Tod fand ich keine frommen Schriften, keine Gebetbücher, nur einen kleinen Meditationszettel für den täglichen Gebrauch. Mein Vater war „katholischer" Agnostiker, aber sie „missionierte" ihn nicht, ließ auch uns Kinder gewähren. Trotzdem hat mich ihr Menschenbild in meinen grundsätzlichen Haltungen sehr beeinflusst. Ihre Einstellung zu Lebenskrisen, Reichtum, Armut, Tod und Leben, Treue, Bindungen, Liebe, Kindern und Familie sitzt in mir fest und wirkt nach.

Um mehr über die „andere Hälfte" meiner Familie zu erfahren, begann ich, Tagebücher, Dokumente, Bücher, die von der Familie Kign stammten oder sich mit ihr beschäftigten, zu durchstöbern. Mit jedem Namen und jeder Jahreszahl traten nahe Verwandte schemenhaft ans Licht. Ihr tragisches Schicksal ging mir plötzlich sehr nahe und weckte mein Interesse für ihr Leben, Leiden und das Land, in dem sie gelebt hatten. Mit einer Reise nach Weißrussland hoffte ich, genug zu erfahren, um mit diesem Teil der Familiengeschichte endlich abschließen zu können.

Aber Zweifel an ihrer Rolle in der Geschichte Russlands ließen mich noch zögern, dorthin zu reisen. Als Guts- und Fabrikbesitzer stehen auch sie bis heute unter dem Generalverdacht, Ausbeuter gewesen zu sein, die nur ihr verdientes Schicksal ereilt hatte. Denn wenn die Familie, wie es meine Mutter behauptete, sich in allen Generationen für „ihre Leute", das Land und den Fortschritt eingesetzt hatte, woher kam dann der abgrundtiefe Hass, der zu ihrer Vertreibung, Ermordung und der radikalen Auslöschung ihrer Spuren führte?

Nach der Eingabe des Namens Kign entdeckten wir 2010 auf russischen Internetseiten zufällig einen Bericht über meinen Urgroßonkel, den Schriftsteller Vladimir Kign[2], der uns augenblicklich in Bewegung setzte. Vladimir Kign, mit Künstlernamen Dedlov, werde derzeit wiederentdeckt[3], hieß es. Aus Anlass seines 100. Todestages hätte man einige seiner Werke neu aufgelegt und drei Gedenkstätten errichtet. Ungläubig las ich: „Kign-Dedlovs Familie war sehr sozial, liberal, fromm und wirtschaftlich sehr erfolgreich. Sie zählte zur Intelligenzija und förderte die Kunst. Es waren wahre Engel für unsere Region, wir sollten sie nicht vergessen!"

Die Wirkung dieser Information auf mich ist schwer zu beschreiben. Es war, als würden unschuldig verurteilte Angehörige nach langer Verbannung in Gnaden entlassen und vollständig rehabilitiert wieder in die Gesellschaft aufgenommen. Plötzlich war die für uns „sagenhafte" Überlieferung, mit der wir aufgewachsen waren, Wirklichkeit. Früher hatte sie niemand mit uns geteilt. Das war jetzt anders.

Der einsam gelegene, dicht verwachsene kleine See war einst Teil eines Naturparks, der zum Gutshaus gehörte.   Foto 2011

Im Museum von Rogatschov befindet sich ein Foto der ehemaligen Spirituosenfabrik der Familie Kign.   Foto 2011

Ehemalige Richtstätte der Kommunisten in Rogatschow, idyllisch über dem Dnepr gelegen. Foto 2011

Die unberührte Au und Flusslandschaft des Dnepr

Foto 2011

11

Spurensuche in Weißrussland

Reise in ein armes, vergessenes Land am Rande Europas – Stalins Heldendom – Mangelwirtschaft – Museum in Rogatschov – ein mutiger Archivar – kompetente Kign-Dedlov-Expertinnen führen zu Gedenkstätten auf dem Friedhof – Reste des Guthauses von Feodorovka – ein Gedenkraum in der Bibliothek von Dedlovo – insgesamt Relikte einer gewaltigen Zerstörung – die ausgelöschte Vergangenheit

Vor unserer Abreise im Juni 2011 nach Weißrussland explodierte in der Minsker U-Bahn eine Bombe und tötete mehrere Menschen. Im Land herrscht Diktatur und gegen diese sollten sich die Proteste richten. Die letzten Nachrichten sprachen von einer sich zuspitzenden Lage. Das Land stehe vor dem Bankrott. Angeblich müssen Menschen sogar hungern, vor allem alte Leute, wurde berichtet. Wir blieben bei unseren Plänen, denn ich wollte unsere Reise keinesfalls verschieben. Weißrussland, bis vor kurzem ein Teil der Sowjetunion, ist heute ein vergessenes, unbekanntes Land am Rande Europas. Im Zarenreich – vor dem Ersten Weltkrieg Westrussland – war es Kornkammer und wirtschaftlicher Motor des riesigen Reiches. Und heute?

Auf dem Flughafen von Minsk war wenig los. Das Ankunftsgebäude wirkte durch viele ausgebrannte Glühbirnen düster und schäbig. Außer unserer Maschine landete an diesem Tag nur noch eine weitere. Ein im Voraus bestelltes Taxi brachte meinen Mann und mich ins Hotel. Es wimmelte von chinesischen Delegationen, die die Wirtschaft und die Währung retten sollten. Von unserem Hotelfenster im 7. Stock blickten wir über einen großen Park hinweg bis ins Zentrum der Stadt. Minsk wurde nach dem „Großen Vaterländischen Krieg" wiederaufgebaut und sei, so wurde uns im Reisebüro in Wien versichert, absolut sehenswert.

Wir sprachen weder die Landessprache Weißrussisch[4] noch Russisch und waren daher auf unseren Fremdenführer Vasilij angewiesen, einen sehr gebildeten Weißrussen mit perfekten Deutschkenntnissen, der das Kunststück fertigbrachte, gegenüber der Diktatur in seinem Land zugleich loyal und kritisch zu sein. Er vertrat die offizielle Linie, nach der die weißrussische Identität von der russischen gänzlich verschieden sei. Weißrussisch besteht, entsprechend der Herkunft der Bevölkerung des Staates, aus einem Gemisch von slawischen und baltischen Sprachelementen.

Gleich nach unserer Ankunft führte uns Vasilij durch das Zentrum von Minsk, das wunderschön am Wasser und inmitten von Parks liegt. Insgesamt herrschte im öffentlichen Raum der bedrückende „Charme" der Diktatur und über allem wehte die grün-rote Nationalflagge. In Minsk besuchten wir mit Vasilij noch das Museum des „Großen Vaterländischen Krieges", einen verstaubten „Heldendom" mit uniformierten Puppen in Lebensgröße, die an Mumien erinnerten. Historisches war dort nicht zu sehen und hören, außer dass Partisanen und Armee die Zivilbevölkerung als Schutzschild gegenüber dem Feind verwendet hatten. „Wer flüchten wollte, wurde sofort erschossen! – Befehl von Stalin!", sagte Vasilij und betonte, dass das hatte sein müssen. Auf dem Weg zum Ausgang sah ich Männer ihren Söhnen oder Enkelsöhnen stolz und feierlich die „heroische" Geschichte der Partei zeigen. Kann es sein, fragten wir uns, dass mehr als 20 Jahre nach dem Zusammenbruch der Sowjetunion die bolschewistische Sicht der Geschichte und die Ära Stalin weiter unkritisch gepflegt wird? Wir waren frustriert und wollten möglichst rasch in den Süden Weißrusslands reisen. Im Heimatmuseum des Städtchens Rogatschov sollte die erste der drei im Internet genannten Gedenkstätten für Vladimir Kign-Dedlov zu sehen sein.

Während wir Minsk auf einer tadellosen breiten Straße verließen, erläuterte unser Reiseführer die wirtschaftliche Lage am Beispiel von Fabriken, an denen wir vorbeifuhren. Die Wirtschaft sei verstaatlicht, um den Ausverkauf an russische Oligarchen zu verhindern, erklärte uns Vasilij. Insbesondere die ölverarbeitende Industrie wäre aber eine Erfolgsstory. Russland schätze die Qualität der Produkte, setze das Land aber als wesentlichen Handelspartner auch in diesem Fall willkürlich unter Preis- und Lieferdruck. Trotz dieser Schwierigkeiten herrsche Vollbeschäftigung, es gäbe nur zwei Prozent Arbeitslose, die Gesundheitsversorgung sei öffentlich und privat. Obwohl die Lebensbedingungen hier so ideal sein sollen, kommt pro Frau statistisch nur ein halbes Kind zur Welt. Vasilij und der Fahrer sagten, das läge an den Frauen, die sich nicht mehr die Mühe einer Familie antun wollten. Zuvor hatte er allerdings auf unsere Frage, wo die Männer in der Arbeitswelt seien – wir sahen fast keine –, ein wenig im Scherz gesagt: „Die arbeiten nicht – das machen alles die Frauen!" Auf der Fahrt durch die Ortschaften sahen wir Lenin-Statuen. Die höchste Erhebung des Landes, die nur ein Hügel ist, hätte man nach dem bolschewikischen Berufsfunktionär Felix Dserschinski"[5], dem „Eisernen", genannt, erklärte Vasilij stolz.

Links und rechts der schnurgeraden Straßen waren Alleen und Wege für Pferdefuhrwerke und Wanderer angelegt. Über den dünn besiedelten, flachen Landstrichen wölbte sich breit und unendlich hoch der Himmel. Vereinzelt standen kleine Holzhäuser an der Straße mit Brunnen davor. Pferde grasten angepflockt in der Nähe und auf den Lichtmasten nisteten Störche. Autos sahen wir kaum. Ab und zu kam uns ein Pferdefuhrwerk entgegen, so wie man es von alten Bildern oder Filmen kennt. Unser Führer machte uns auf die wohlbestellten Felder aufmerksam, Dörfer waren nicht zu sehen. Je weiter südlich wir aber kamen, desto mehr wirkte die Landschaft versteppt. Vasilij erklärte, dass Belarus – Weißrussland – genügend Lebensmittel erzeuge, um sich selbst damit zu versorgen. Russland, das die Qualität auch dieser Produkte sehr schätze, sei der Haupthandelspartner. Allerdings sei Weißrussland auch hier immer wieder Opfer von Erpressungen. So werde plötzlich ein Produkt beanstandet, der Import gedrosselt und dann begännen neue Preisverhandlungen. Dadurch komme die Wirtschaft nicht vom Fleck. Sicherlich ist die „Umarmung" des ehemaligen Bruderstaates ein riesiges Problem. Aber neben der von Vasilij geschilderten „Umarmung" ist sicherlich ein Problem, dass die Landwirtschaft heute noch verstaatlicht ist. Die Versorgung klappt nicht und verschlingt ungeheure Summen. Es scheint unglaublich, wenn man weiß, dass Weißrussland zur Zeit unserer Familie sein Getreide bis in die USA exportiert hat.

Endlich, nach fünf Stunden Fahrt, erreichten wir Rogatschov. Es liegt malerisch eingebettet zwischen den Flüssen Dnepr und Drud und war bis 1920 ein Handelszentrum der Region, an das die Ländereien unserer Familie grenzten. Bei dem Gedanken, sie zu sehen, bekam ich Herzklopfen. Wir verloren keine Zeit und Vasilij führte uns direkt ins Heimatmuseum, in dem wir als Touristen, nicht als Verwandte, angemeldet waren. Ein energischer junger Mann, der Chef der Einrichtung, begrüßte uns und blieb in der Nähe, als ein kleiner alter Herr, Historiker und Archivar, sich vorstellte und mit seiner Führung begann. Zu Beginn führte er uns in den größten Saal, der dem „Großen Vaterländischen Krieg" gewidmet ist. Davon hatte ich im Museum in Minsk genug gesehen und wollte weiter, aber der alte Herr blieb unerbittlich. Im nächsten Raum befand sich eine kleine urgeschichtliche Sammlung, der übernächste war alten bäuerlichen Gebrauchsgegenständen gewidmet. Danach war der Rundgang ohne eine Spur der Familie Kign zu Ende. Was sollten wir hier noch? Enttäuscht drängte ich zum Aufbruch.

Mit einem Lächeln bedeutete uns der alte Mann, doch zu warten. Er verschwand in einem kleinen Zimmer, kam mit einem Schlüssel zurück und öffnete eine Seitentür, die er nicht mehr schloss, offenbar damit der junge Chef mithören könnte. Fassungslos stand ich vor einer Wand mit Fotos von Familienmitgliedern und Zeitungsausschnitten, die über sie berichteten und die ich hier zum ersten Mal sah. Unbarmherzig hatten die Bolschewiki meiner Mutter bei ihrer Ausreise aus der Sowjetunion alle Dokumente, Wertgegenstände, Fotos und Andenken abgenommen. Hier war sie, die Spur, auf die ich so gehofft hatte! Beim Anblick der Sammlung drängten sich sofort zahlreiche Fragen auf: Warum befinden sich diese Gedenkstücke nicht in den offiziellen Museumsräumen? Wer hat die Objekte so liebevoll gesammelt? Von wem stammen sie? Aber wir fühlten uns kritisch beobachtet und fürchteten, falsch oder gar nicht mehr informiert zu werden, und stellten sie deshalb lieber nicht.

Im Zentrum der Ausführungen des alten Mannes stand Vladimir Kign-Dedlov, von dem ich zum ersten Mal ein Porträt sah. Schweigend hörten wir uns an, dass mein Ur-Großonkel, weil er Belarus so sehr geliebt hatte, vorzugsweise hier gelebt und es in seinen Schriften immer wieder gelobt hätte. Seiner Mutter – meiner Ur-Urgroßmutter Elisabeta – verdanke das Volk die erste weißrussische Volksliedersammlung. Es schien, als ob die Erinnerung an Elisabeta und Vladimir helfen sollte, die gewünschte neue weißrussische Identität zu stärken.

Der alte Mann lobte die wirtschaftlichen und gesellschaftspolitischen Leistungen der Familie Kign. Auf einem Foto leuchtete hinter einem prunkvollen schmiedeeisernen Gitter ein großes weißes Gebäude hervor. Es sei, so wurde uns gesagt, die ehemalige Ziegelfabrik der Familie in Dedlovo. Wir hörten, dass auch Flachs angebaut und in eigener Erzeugung zu hochwertigem Leinen verarbeitet worden war. Ein anderer Betrieb hatte Stärke erzeugt und ein weiterer einen ehemals berühmten Wodka. Ebenfalls in Dedlovo befand sich das große Gut der Kigns, ein riesiger landwirtschaftlicher Betrieb mit Vieh- und Pferdezucht. Ein Foto zeigte deutlich das Gutshaus des Dorfes Feodorovka, Alterssitz Vladimirs und seiner Mutter. Beide hatten dort bis zuletzt gelebt. Wir betrachteten ein Foto der Ruine des ehemaligen großen Personalhauses der Betriebe. Wie alles vor der Zerstörung ausgesehen hatte, war nicht dokumentiert. Der alte Mann erwähnte, die Familiengeschichte Vladimir Kign-Dedlovs selbst recherchiert zu haben, soweit sie in Russland spielt[6]. Seine Darstellung war nicht in allen Punkten richtig. Doch darüber zu sprechen, ohne ihm womöglich zu schaden, ergab sich keine Gelegenheit.

Ich merkte, dass nun keine Informationen mehr zu erwarten waren, obwohl viele Fragen offen blieben. Verwandte Kign-Dedlovs, dessen Geschwister, der letzte Herr – mein Großvater Dimitri Kign –, meine Großmutter, meine Mutter und ihre Geschwister waren enttäuschenderweise mit keinem Wort erwähnt worden. Flink und ohne weitere Erklärungen versperrte der alte Mann den Raum wieder. Das war, wie mir schien, eine symbolträchtige Handlung: Diese Vergangenheit bleibt weggesperrt. Ich trennte mich nur sehr schwer von der kleinen Sammlung. Etwas benommen von den Eindrücken und widersprüchlichen Gefühlen trat ich ins Freie. Frische Luft würde uns jetzt gut tun!

Abseits des Hauptplatzes von Rogatschov standen hauptsächlich baufällige Holzhäuser, die Straßen waren mit Schlaglöchern übersät, Ruinen mit ihren leeren, gespenstisch wirkenden Fensterhöhlen ragten in den Himmel. In weiten Bereichen sah es aus, als wäre der Bürgerkrieg von 1920/21 erst kürzlich beendet worden. Das Leben wirkte arm, kraftlos und trübe. Während unseres Spaziergangs durch den Ort hielten wir auf einer lichtdurchfluteten, idyllisch über dem Dnjepr gelegenen Wiese mit hohen, schattenspendenden Laubbäumen. Das Wetter war strahlend schön und so weit der Blick reichte, waren kein Haus und kein Strommast zu sehen, der breite Fluss mit langsam fließendem, trübem Wasser schlang sich durch eine eindrucksvolle Au-Landschaft. Die unberührte Natur tat uns gut. Vasilij war schon ein Stück voraus, als uns der Archivar, der uns bisher begleitet hatte, auf seinem Rückweg ins Museum überholte und auf Deutsch so ganz nebenbei sagte: „Das hier war die Hinrichtungsstätte der Kommunisten. Hier betrieben sie ihr blutiges Handwerk mit wahrer Begeisterung!" Bevor wir etwas antworten konnten, verabschiedete er sich rasch. Irritiert ging ich weiter. Einmal mehr spürten wir in diesem unter der Oberfläche so tief gespaltenen Land die Unfreiheit der Bürger einer Diktatur.

Ein kleiner, verwachsener Weg führte uns weiter durch einen völlig verwahrlosten Waldfriedhof an einer haushohen verwilderten Böschung direkt über dem Fluss. Früher musste er prachtvoll gewesen sein. Jetzt stiegen wir über frische Gräber, kleine Sandhaufen nur, ohne Namen, Kreuze oder Blumen. In einem Teil standen Ziegelwände, Reste zerstörter alter Grüfte. Vasilij führte uns danach zu einer kleinen neuen orthodoxen Kirche, innen reich mit Ikonen geschmückt. Es stellte sich heraus, dass die Heiligenbilder nicht nach alter Tradition gemalt, sondern nur Drucke oder Fotos waren. Die kleine Gemeinde konnte sich keine Gemälde leisten. An einer Wand hing eine Ikone der ermordeten, vor ein paar Jahren heiliggesprochenen Zarenfamilie. Ich kaufte bei einer alten Frau, die im Kirchenvorraum Kerzen und Heiligenbilder anbot, eine Kopie davon. Vasilij, der draußen gewartet hatte, sagte ungewohnt gehässig: „Den Popen geht es sehr gut!" – „Ja", fragte ich, „aber wieso?" – „Diese alten Frauen geben ihnen ihre letzten Rubel. Ohne sie gäbe es keine Kirchen mehr." Es klang, als wünschte er sich das. Mir tat es unendlich leid, mit den Frauen nicht direkt sprechen zu können, denn von Vasilijs Übersetzung konnte ich mir nichts erwarten. Ihre Art zu glauben machte die „Babuschkas" in allen Generationen mutig und unbequem. Bestimmt würden sie mir ohne Scheu alles sagen, falls sie etwas über das Schicksal meiner Mutter und ihrer Geschwister wüssten.

Der Spaziergang endete mit einer Stunde zu unserer „freien Verfügung". Wir nützten die Gelegenheit, um zur idyllisch gelegenen Richtstätte, über die der Historiker und Archivar des Heimatmuseums nur heimlich zu sprechen gewagt hatte, zurückzugehen. Im Schatten eines großen Baumes setzten wir uns und gedachten der vielen unbekannten Opfer. Waren es wirklich nur Unbekannte?

Bedrückt gingen wir zur nächsten, der zweiten Gedenkstätte für Vladimir Kign-Dedlov. Zuvor trafen wir uns noch mit „lokalen Expertinnen", wie Vasilij sie nannte, die uns führen würden. Es waren die Leiterin der Bibliothek von Rogatschov und ihre Assistentin, die uns als eine Spezialistin für Kign-Dedlov vorgestellt wurde. Die Damen waren gepflegt, elegant gekleidet und stiegen in einen alten, klapprigen Kleinbus mit Chauffeur, der uns vorausfuhr, denn wir wären in der unbewohnten, auch unserem Führer Vasilij unbekannten Gegend verloren gewesen. Die Autos schaukelten über Rillen und durch Löcher, vorbei an Wiesen, Baumgruppen, Feldern und hielten nach einer Weile bei einem Wald, an dessen Rand versteckt, scheinbar unmotiviert, einige kleine Holzhäuser standen. Auf Bänken davor saßen alte Leute. Sie starrten uns an, als kämen wir von einem anderen Stern. „Noch nie waren Fremde hier", stellte die junge Wissenschaftlerin fest und ging mit uns weiter, tiefer in den Wald hinein bis zur angekündigten Gedenkstätte. Sie befand sich auf einem abgelegenen, aber großteils gepflegten Friedhof. Unsere Dedlov-Expertin blieb vor drei Gräbern inmitten eines schön gepflasterten und mit Blumen geschmückten Platzes stehen. „Welche Toten ruhen hier?". erkundigte ich mich. Keine, wie wir hörten, denn es waren nur Grabsteine, die erst kürzlich zum Gedenken an Vladimir Kign-Dedlov und an seine Eltern, Elisabeta und Ludvigovich Kign, hergebracht worden waren. Wo deren Gebeine ruhten, wurde nicht erwähnt. Ich fragte auch nicht, da ich weiß, dass die Familiengruft im Bürgerkrieg zerstört worden war.

Die Marmorblöcke, je mit einem eingeschliffenen Kreuz in der Mitte, waren sichtlich irgendwo herausgebrochen worden. Auf ihnen waren Tafeln mit den Namen der vor hundert Jahren Verstorbenen montiert. Die Bibliothekarin wies auf einen der drei Grabsteine mit einem Porträt Elisabetas und erinnerte dabei an deren Volksliedersammlung. Dieses Bildnis in Form eines Medaillons sei eigens von einer Künstlerin aus Gomel angefertigt worden. Frisur und Kleidung Elisabetas erinnerten uns in ihrer Schlichtheit an Leo Tolstois Frau Sofia. Plastikblumen schmückten den Friedhof, nur bei Elisabetas Gedenkstein stand ein ganz frischer Margeritenstrauß, den, wie uns gesagt wurde, Schulkinder für sie gebracht hatten. Alles wirkte arm und unbeholfen und doch war ich beeindruckt und gerührt.

„Dieses Kreuz", unsere Expertin lenkte den Blick auf ein fünf Meter hohes, den Friedhof überragendes Holzkreuz, „wurde von Ludvigovich Kign zum Segen für das Land errichtet!" Wo es ursprünglich gestanden war, blieb ungesagt. „Hatte Dedlov Geschwister?", fragte mein Mann, um das Gespräch auch auf andere Familienmitglieder zu lenken. „Ja, einen Bruder Alexej und eine Schwester Olga!" Ihre Art zu antworten blockte weitere Fragen ab, deren Beantwortung für uns so wichtig gewesen wäre. Dabei hätte es über Alexej, der auch Politiker gewesen war, viel zu sagen gegeben. Die „Dedlov-Expertin" kehrte jedoch zu ihrem vorbereiteten Text zurück. „Vladimir Kign-Dedlov", hörten wir weiter, „war zu Unrecht lange vergessen. Als begeisterter Weißrusse hat er über vieles geschrieben, unter anderem wurde die ,Wladimir Kathedrale' in Kiew nach seinen Beschreibungen wieder aufgebaut. Die Kirche hat seine Arbeit jüngst in einem kleinen Buch wieder veröffentlicht." Zusammenfassend schloss die Vortragende wie zuvor der Archivar im Museum: „Die Familie ist sehr fromm gewesen, wirtschaftlich erfolgreich und der ,Intelligenzija' zugehörig. Viele berühmte Leute hatten sie besucht, darunter zahlreiche namhafte Künstler. An die Freundschaft Vladimir Kign-Dedlovs mit Tschechow erinnert eine Gedenktafel im Ort."

Unsere Führerin kündigte an, dass wir anschließend einen kleinen See besuchen würden, an dem ein berühmtes Gemälde des Malers Wrubel entstanden sein soll. Am Beginn der Allee stehend, erklärte die Expertin: „Diese alte Allee ließ Ludvigovich Kign für seinen Sohn Vladimir Kign-Dedlov pflanzen." Ich dachte, dass sie – für wen damals auch immer gepflanzt – heute ins Nichts führt, das schien niemanden zu stören.

In Gedanken versunken folgten wir den Damen weiter durch hohes Gras und stolperten ohne Vorwarnung unvermutet, wie in die Unterwelt, in eine grasbedeckte dunkle Höhle unter der Erde. Es war der Rest des alten Kellergewölbes von Gut Feodorovka, dem zweiten Besitz der Familie Kign und Zufluchtsort nach der Zerstörung des ersten Besitzes durch Napoleon. Die Direktorin der Bibliothek von Rogatschov forderte uns auf, das unter der Erde liegende restliche „schön gemauerte Gewölbe" zu bewundern, und betonte, dass man wünsche, es zur Erinnerung zu erhalten, aber es fehlten die Mittel.

Ich wusste nicht, was ich denken sollte. Das unfassbar Groteske und Tragische der Szene wurde mir bewusst. Das Ausmaß der Zerstörung war schrecklich und so sinnlos, alle hatten alles unwiederbringlich verloren. Ich sehe inmitten der Verwüstung von einst das kleine Mädchen Olga, meine Mutter. Mir war plötzlich zum Schreien und Weinen zumute und ich brauchte meine ganze Disziplin, es nicht zu tun. Ich stürzte hinaus unter den freien Himmel.

Inzwischen war es Mittag geworden. Eigentlich hatte ich genug – was konnte denn noch kommen? Aber weiter ging die Fahrt durch menschenleeres, gespenstisch wirkendes Gebiet. Schließlich hielten wir vor einer einsamen Ziegelbau-Ruine. Davor stehend erklärte die Direktorin, dass es sich um die Reste einer der von Elisabeta gegründeten Schulen für Kinder der Dörfer handelte. Manchmal hätte sie hier selbst unterrichtet und später, im Ersten Weltkrieg, ein Lazarett eingerichtet. Wir betraten die Ruine, um uns die räumliche Aufteilung besser vorstellen zu können. Am Ende der Besichtigung erwähnte die Führerin auch hier, dass eine Kommission überlege, aus den Ruinen ein Dedlov-Museum zu machen, aber es fehlte das Geld dazu.

Auf dem Weg zum Auto fragte ich mich, wo die Reste der Siedlungen waren, aus der die Schüler gekommen waren, wo die Spuren der vielen Menschen, die in der Vergangenheit hier gelebt und gearbeitet hatten. Wo waren die der Kinder? Wo die unserer Verwandten? Wo die der Haustiere? Nicht einmal ein Vogel war in den Ruinen zu hören. Es waren nicht einfach verlassene, sondern gemiedene Gebiete. Wer will sich schon auf den blutigen Feldern des Bürgerkriegs und des roten Terrors bewegen, die es in jedem Dorf gab? Auf ihnen verwesten unzählige Leichen, weil niemand mehr da war, der Gräber für sie aushob, um sie zu beerdigen. Gras wuchs über die Gebeine der vielen Toten, die missachtet und vergessen vermoderten. Ungesühnt würden ihre Seelen, wie der Volksmund sagt, niemals Ruhe finden.

Nur zu gerne hätte ich auf den Besuch der nächsten, der dritten „Gedenkstätte" in Dedlovo verzichtet, denn es war ein trostloser, unerträglicher Gedanke, noch einmal Relikte der gewaltigen Zerstörung betrachten zu müssen. Das Dorf Dedlovo war der Sitz der kleinen Fabriken und des großen Gutshofes meines Großvaters. Aber nach allem, was ich bisher gesehen hatte, würde es auch davon kaum eine Spur geben und ich würde sicher wieder kein Wort über ihn hören. Aber wie hätte ich es anstellen können, ohne die Damen zu kränken?

Entschlossen, unseren letzten Programmpunkt möglichst rasch zu absolvieren, betraten wir ein großes altes, einstöckiges Gebäude, das sauber war, aber schäbig und nur mühsam erhalten wirkte. Es war die Bibliothek des Ortes Dovsk (Dedlovo), in der uns im ersten Stock die hier zuständige Direktorin, umgeben von drei sehr hübschen und ernst blickenden jungen Frauen, herzlich empfing. Außer dem vierschrötigen Vasilij war weit und breit kein Mann zu sehen. Die Bücherregale standen frei im Raum und davor war ein großer Tisch. In Funktionärssprache wurde uns Arbeit und Aufgabe der Einrichtung erläutert. Dann wandten wir uns der „Gedenkstätte" zu, die in einem Nebenraum untergebracht, aber im Unterschied zum Museum in Rogatschov frei zugänglich war. Deprimiert und ratlos betrachtete ich einen halben Ziegel, der aus der Fabrik der Kigns stammte, während die Direktorin stolz auf das Fabrikationszeichen zeigte. Sie erwähnte die ehemals erfolgreiche Spirituosen- und Wodka-Fabrik und forderte uns auf: „Bitte beachten Sie meine Kleidung". Sie trug einen feinen, strahlend weißen, in Rot bestickten Leinenrock und dazu eine Leinenbluse aus der früheren Textilfabrik der Familie. Stolz sagte sie: „Mein Kleid ist hundert Jahre alt und der Tragekomfort heute noch unübertroffen!" Auf einer Truhe lagen Zinnlöffel aus bäuerlichem Gebrauch, gestickte Zierdecken, daneben stand ein bäuerlicher Webstuhl. Als einziges Überbleibsel der beiden von Elisabeta gegründeten Kirchen war nur noch eine metallene Tafel von der Grundsteinlegung zu sehen.

Immer ungeduldiger hörte ich den weiteren Ausführungen zu. Einzig die präsentierten Fotos waren für mich noch interessant. Eines davon zeigte einen ehemaligen Obergärtner mit seiner gutbürgerlich aussehenden Familie, daneben ein junges Mädchen in schwarzem Rock und weißer Bluse, deren Tochter. Sie heiße Lydia und sei, wurde uns erklärt, in der Familie Kign wie eine Tochter aufgewachsen und erzogen worden. Das klang irgendwie stolz, aber wieder erfuhren wir nichts Näheres. Eine Abbildung des Adelsclubs von Rogatschov war zu sehen, in dem Vladimir Kign-Dedlov von einem Freund angeblich irrtümlich erschossen worden war. Die dazu erzählte Geschichte war mir fremd. Die ich kenne, berichtet von einem russischen Roulette, dem Vladimir zum Opfer fiel. Ich war kurz versucht, nachzufragen – vielleicht hätte ich mich doch als Ur-Urenkelin Elisabetas outen sollen, verzichtete aber resigniert. Ein Foto zeigte Elisabeta als alte Dame, wie wir es vom Friedhof kannten, und eines Vladimir, wie es auch im Heimatmuseum zu sehen gewesen war. Am Ende ihrer Ausführungen schenkte uns die lokale Expertin Dedlovos ein wieder aufgelegtes Werk meines Ur-Großonkels und Dichters Vladimir, in dem er seine Kindheit schilderte. Ich war überrascht und dankbar, denn uns waren bisher aus dieser Erzählung nur Zitate bekannt. Nur dafür hat sich die Reise schon gelohnt. Abschließend wurde uns feierlich eine neue CD mit der Deutscharbeit einer Schülerin über Vladimir Dedlov und seine Eltern überreicht! So etwas hatte ich keineswegs erwartet, meine Stimmung wandelte sich mit einem Schlag von deprimiert zu euphorisch!

Danach wurden wir zurück in den großen Lesesaal geführt, in dem uns ein inzwischen wunderschön gedeckter Mittagstisch erwartete. Für alle gab es reichliches Essen, liebevoll serviert. Mit Vasilij, den Bibliothekarinnen aus Rogatschov, den drei Damen des Hauses und uns saßen acht Personen um den Tisch. Man reichte köstliches Brot, Butter, Fleisch, Gemüse, Salat – alles stammte von der kleinen Datscha der Direktorin. Ich dachte: „Durch wie viel persönlichen Verzicht hat sie das bei dieser Mangelwirtschaft bloß geschafft?" Zur alten traditionellen russischen Gastfreundschaft fehlte hier nur noch der Dank für die Gabe Gottes und die Frucht der Hände Arbeit – aber er schwebte unausgesprochen in der Luft. Nach jedem Gang ließ uns die Direktorin mit Wodka hochleben und dankte sehr herzlich für unseren Besuch. Wir glaubten ihr auch, dass sie sich freuen würde, uns bald wieder begrüßen zu können. Wider Willen fühlte ich mich besänftigt, zuversichtlich und froh, obwohl ich keine Ahnung hatte, weshalb. Bestimmt war es nicht nur der Wodka, der mein Herz erwärmte, sondern auch die Würde und Herzlichkeit der Frauen hier. Mir fiel ein, dass meine Mutter immer von „unseren Leuten" gesprochen hatte: „Unsere Leute haben uns beschützt, sie waren keine Terroristen!" War ich zuletzt unter „unsere Leute" geraten?

Beim Abschied spendeten wir Geld, um weitere Forschungen zu unterstützen. Das nächste „Projekt Dedlov" sei, wurde uns angekündigt, eine Sammlung mündlicher Überlieferungen. Am Ende begleiteten uns die Damen noch formvollendet zum Auto.

Verwirrt und aufgewühlt von widersprüchlichen Gefühlen und Eindrücken beschlossen wir, den ursprünglich geplanten Spaziergang durch Dedlovo ausfallen zu lassen und direkt nach Minsk zurückzukehren. Bedrückend blieb, dass auch bei diesem Essen kein Wort über die Generationen nach Elisabeta und Ludvigovich, keines über meine Urgroß- und Großeltern gesprochen worden war. Über die Kindheit meiner Mutter zu hören, wie ich es mir so gewünscht hätte, war uns nicht gelungen. Ich habe auf dieser Reise nur die Landschaft und Region gesehen, in der sie gelebt hatte, mehr nicht.

Obwohl alle Gedenkstätten nur wenige Erinnerungsstücke zeigten, alles ärmlich und unbeholfen wirkte, bestätigten sie die Bedeutung unserer Vorfahren für die Menschen hier. Bedenkt man die Radikalität der Bolschewiki, jede Erinnerung an das alte Russland, den Ersten Weltkrieg, den Bürgerkrieg, auszulöschen,

24

sind die wenigen, von Unbekannten zusammengetragenen Gegenstände des Gedenkens an meine Familie Trost und vielleicht ein Zeichen beginnender Veränderung. Was sonst bewegte unsere Expertinnen, hingebungsvoll alte Scherben zusammenzutragen und ehrfürchtig vor den alten Ruinen zu stehen, die von der Familie Kign übrig geblieben sind? Möglicherweise war es der Wunsch, zugleich mit der Geschichte der Familie ihre eigene reiche Vergangenheit wiederzuentdecken.

Nach Wien zurückgekehrt, begann ich mit intensiven Nachforschungen. Ich habe viele Briefe, Tagebuchnotizen, Berichte von Historikern, Biographien bekannter und weniger bekannter Persönlichkeiten gelesen und sie mit den Überlieferungen und Dokumenten der Familie Kign verknüpft. Wie von selbst entstand ein Gesamtbild ihres Wirkens in ihrer Zeit.

Dabei zeigte sich, dass das Leben der Familie nicht „sagenhaft", sondern typisch für das vergangene Russland war, beinahe wie seine Chronik. Während meiner Recherchen in diesem heute vergessenen, faszinierenden Russland begegnete ich vielen außerordentlichen, beispielhaften Menschen, die mich sehr berührt, Trauer und das Gefühl eines großen Verlustes geweckt haben. Daraus entstand meine Motivation, ihre Geschichte niederzuschreiben.

Erster Teil

(1812 – 1893)

1.

Russland muss gerettet werden

Napoleon überfällt Russland – Verbniki, das Gut der Kigns, wird zerstört – Flucht in den Süden – Feodorovka bewahrt vor dem Verhungern – Ivan stirbt – Theklas Existenzkampf – Ludwig Kigns Hochzeit mit Elisabeta Pavlovskaya – Krimkrieg – Eheleben in Tambov – Zar Alexander II. beendet den Krimkrieg – Aufbruchsstimmung in Russland – Vladimir, Olga und Alexej Kign werden geboren

Ludwig Ivanovich Kign, dessen Grabdenkmal wir auf dem Friedhof von Feodorovka gesehen haben, war etwa acht Jahre alt, als Napoleon am 29. Mai 1812 die Memel überquerte und mit seiner Grande Armée das Zarenreich überfiel. Verbniki, der Besitz von Ivan Ivanovich und Thekla Jensevskaja Kign, den Eltern Ludwigs[7], lag auf der Marschroute nach Witebsk, dem ersten Etappenziel Napoleons und Hauptstadt des gleichnamigen Gouvernements. Napoleon wollte keinen Zeitverlust durch Nachschubprobleme für seine hunderttausenden Soldaten riskieren und wünschte, dass „… das besetzte Land seine Befreier ernähren solle".[8] Was nichts anderes bedeutete als die Plünderung blühender russischer Dörfer und Güter, die auf ihrem Weg lagen. Der Kaiser war siegessicher, „denn", sagte er zu seinem Sekretär, „bestimmt knickt der Zar beim bloßen Anblick meiner unerhörten Rüstung ein. Ich kenne ihn, ich bin ihm überlegen … ein furchtbarer Schlag, gegen das heilige Moskau geführt, wird mir mit einem Mal diese blinde, wurzellose Masse ausliefern, dann wird er schon gelaufen kommen …".[9] Der Zar knickte nicht ein, wie wir wissen, und kam auch nicht gelaufen, er ließ Napoleon freie Bahn.

Bevor sie flohen, sollen Ivan Ivanovich und Thekla Kign ihr Gut mit seinen Wirtschaftsgebäuden und Dörfern eigenhändig angezündet haben. Die vollen Speicher und das Vieh sollten keinen Beitrag zur Ernährung der feindlichen Armee leisten. Für Russlands Rettung war kein Preis zu hoch. Die Herrschaft, ihre Bauern und das Hauspersonal zerstreuten sich in „alle Winde". Für den Fall einer späteren Rückkehr nahm Ivan Ivanovich Kign seinen bewährten Verwalter Pjotr Pitkievich samt seiner Familie mit, die ihm ihre Rettung nie vergaßen. Denn nur derjenige, der irgendwo Freunde, in der Regel Verwandte, hatte, die ihn aufnahmen, war vor Hunger und Elend gerettet. Dieses traumatische Erlebnis sollte Ludwig Ivanovich Kign nachhaltig prägen.

Die Kigns flohen in das Dorf und Gut Feodorovka im Gouvernement Mogiljov. Es war ein kleines, von Ludwigs Mutter Thekla ererbtes Anwesen, das ihnen ermöglichte, zu überleben, mehr aber nicht. Um nicht in Armut zu versinken und um Geld für die Ausbildung der Söhne zu beschaffen, suchte Ivanovich Kign Arbeit als Beamter.[10] Diese Tätigkeit würde ihn oft wochenlang von zu Hause fernhalten. Sein bewährter Verwalter Pitkievich sollte sich währenddessen um die Landwirtschaft kümmern.

Dazu kam es aber nicht mehr. Ivan Ivanovich starb im September des folgenden Jahres 1813 in Preli, Gouvernement Witebsk, nahe seinem Gut Verbniki. Die näheren Umstände sind nicht bekannt. Vielleicht hatte er den Verlust seines Besitzes nicht ertragen. Tausende französische Soldatenstiefel hatten beim Durchmarsch die fruchtbare schwarze Erde seines Gutes in Morast verwandelt. Verbnikis Felder und Wälder waren dem Erdboden vollständig gleichgemacht, so dass, wie berichtet wurde „... nicht einmal die Ratten überleben konnten". Es war eine Tragödie – aber der Besitz war unwiederbringlich zerstört und Gut Feodorovka wurde die neue Heimat der Kigns. In der Not übernahm die verwitwete Thekla Jensevskaja, wie Generationen von Frauen vor und nach ihr, die Lenkung der Geschicke der Familie und des Gutes. Ohne zusätzliches Einkommen war es ein zäher, schwieriger Existenzkampf. Wie Thekla ihre Lage meisterte, ist nicht überliefert. Nur dass es ihr gelang, den Söhnen Ludwig und seinem älteren Bruder Petar, genannt Pjotr, nach der Tradition ein Studium und die damals üblichen Auslandsreisen zu ermöglichen. Allerdings konnten beide Söhne aus wirtschaftlichen Überlegungen lange nicht an die Gründung einer eigenen Familie denken. Pjotr heiratete erst, als er nach Theklas Tod Feodorovka übernehmen konnte.

Ludwig brauchte noch Jahre, bis er als Anwalt so weit etabliert war, dass er den Besitz verlassen und einen eigenen Hausstand gründen konnte. Doch dann fand er jahrelang keine passende

Braut. Familiengeschichtlich gesehen war er – 1854 –, Ende vierzig ohne Frau und Kinder, bereits ein „dürrer Ast", als er auf einem Offiziersball in der Stadt Mogiljov, im gleichnamigen Gouvernement gelegen, die 25 Jahre jüngere Elisabeta Ivanovna Pavlovskaja traf. Sie beeindruckte ihn so sehr, dass er sofort beschloss, offiziell um sie zu werben. Heute können wir es kaum glauben, aber damit hatte er sich bereits festgelegt. Mitte des 19. Jahrhunderts war eine Werbung eine heikle Angelegenheit, die eine möglichst rasche Entscheidung erforderte, denn das Mädchen durfte keinesfalls kompromittiert werden. Elisabeta war die Tochter eines adeligen, aus Zentralrussland stammenden und in der Stadt stationierten Berufsoffiziers. Sie war sehr hübsch, wirkte bescheiden und es soll ihre sanfte, warmherzige Ausstrahlung gewesen sein, die Ludwig besonders anzog. Um Elisabeta wiedersehen zu können, benötigte er nach damaliger Sitte die Zustimmung ihrer Eltern. Ohne Zögern meldete er sich zu einem Antrittsbesuch im Hause Ivan Ivanovich Pavlovsky an.

Elisabetas Familie empfing ihn zwar korrekt, aber kühl. Verantwortlich dafür war wohl sein fremdartiger Name Kign[11], der – obwohl „russifiziert" – an die ursprünglich deutsch-österreichische Herkunft der Familie erinnerte. Zudem war Ludwig groß, blond, stattlich und sah wie einige der Großfürsten aus, die aus Deutschland stammten und bei „wahren Russen" alles andere als beliebt waren. Zur Verbitterung Ivan Pavlovskys und aller Russen war Österreich dem Zarenreich in dem seit 1853 herrschenden Krimkrieg gegen das Osmanische Reich in den Rücken gefallen. Das war der Dank an Russland für die Rettung Österreichs vor dem Zerfall während des Ungarnaufstandes 1848/49. Dadurch stand Russland im Kampf wieder – und das war beängstigend – Frankreich allein gegenüber. Frankreich, das mit England auf Seiten des Osmanischen Reiches kämpfte. So ist es verständlich, dass Vater Pavlovsky, der wie große Teile der russischen Gesellschaft den aufstrebenden Panslavismus unterstützte, einem österreichischen Schwiegersohn, der womöglich noch katholisch war, ablehnend gegenüberstand.

Nach einer förmlichen Begrüßung Ludwigs äußerte Ivan Pavlovsky sofort seine Bedenken. Erschrocken stellte Ludwig richtig:

„Um Gottes willen, nein! Wir sind rechtgläubig orthodox!" Denn andersgläubig zu sein wäre ein absolutes Ehehindernis gewesen. „Meine Vorfahren", beruhigte er Elisabetas patriotische Eltern, „sind bereits vor Generationen in Russland eingewandert und haben nur russische Frauen geheiratet![12] Wir haben unseren ganzen Besitz geopfert, um Napoleon zu besiegen und die heilige Erde Russlands zu verteidigen! Assimiliert sind wir schon seit langem!" Nach dieser Erklärung, mehr konnte Ludwig für sich nicht ins Treffen führen, entspannte sich die Atmosphäre und er bekam beim Abschied die Erlaubnis, wiederzukommen. Nach wenigen Besuchen erhielt er Elisabetas Zustimmung, ihren Vater um ihre Hand zu bitten.

Aus dem fortdauernden Krimkrieg erreichten ständig verstörende Nachrichten Mogiljov. Sie berichteten von Schlachtfeldern, auf denen mehr Soldaten an Seuchen und mangelnder medizinischer Versorgung starben als im Kampf. Die Zustände waren so grauenvoll, dass sich eine beherzte Engländerin, Florence Nightingale, mit 38 Krankenschwestern auf den Weg machte, um das Leid zu lindern und die Unmenschlichkeit zu beenden. Durch ihren Einsatz hat sie das Lazarettwesen auf Dauer revolutioniert.

Wie immer im Kriegsfall, verfiel das Riesenreich – Russland umfasste ohne Meere ein Sechstel der gesamten Erdoberfläche – in tiefe Mutlosigkeit. Mit der schlechten Stimmung begann die Wirtschaft zu stagnieren. Wer konnte schon wissen, ob der Konflikt begrenzt blieb? Würde Westrussland (Weißrussland), dessen Boden noch vom Blut der Opfer des Napoleon-Feldzugs getränkt war, diesmal verschont bleiben? Welche neuerlichen Opfer würde es diesmal erfordern, das Reich zu retten?

In diesen Krisenzeiten war es für Vater Pavlovsky besonders wichtig zu prüfen, wem er die Zukunft seiner Tochter anvertraute. Daher waren seine Fragen an den künftigen Schwiegersohn viel mehr als eine bloße Formalität – beinahe ein Verhör: „Wovon werden Sie leben und wo?" – „Ich bin Anwalt und möchte hier in Mogiljov weiter tätig sein." – „Wie werden Sie Ihr Leben finanzieren, bis Sie einen entsprechenden beruflichen Erfolg haben?" – „Von einem kleinen Erbe meiner Mutter!" – „Wie ist Ihre Verbindung zu Gut Feodorovka?" – „Es war bis jetzt mein Zuhause. Ich bin zwar der jüngere Sohn, könnte aber im Notfall immer mit Unterstützung der Familie rechnen! Ich glaube aber, dass das nie nötig sein wird!" – „Wieso nicht?" – „Ich bin überzeugt, genug zu verdienen." Ludwig blickte dabei auf seine Braut, deren bescheidenen Ansprüchen er sicherlich immer entsprechen würde. Ein „Hoffentlich!" Ivans beendete das Gespräch.

Damit hatte er der Verlobung zugestimmt und der Hochzeitstermin konnte sogleich fixiert werden. Ludwig gelang es bald, alle anfänglichen Zweifel seines Schwiegervaters zu zerstreuen und sein Vertrauen zu gewinnen. Er lernte die herzerwärmende slawische Spontaneität, Freude und Fröhlichkeit der Familie seiner Braut kennen und schätzen. So sehr, dass er sich von ihr völlig mitreißen ließ. Aber wie würde sich Elisabeta in der vergleichsweise kühlen Atmosphäre seiner Familie fühlen, in der Zurückhaltung üblich und Gefühle zu zeigen verpönt war?

Wie anfangs er in Mogiljov, so wurde seine Braut auf Feodorovka mit Zurückhaltung empfangen. Niemand im Hause hatte je etwas von einer Familie Pavlovsky gehört, die aus Tambov, Zentralrussland, stammte. Wie sollte man sich da ein Bild von der Braut machen? Es gab keine gemeinsamen Freunde, Verwandte von Verwandten, nicht einmal Bekannte von Bekannten, die nur eine Winzigkeit über sie erzählen hätten können. Mit Elisabeta war eine angenehme, leichte Unterhaltung nicht zu führen, geschweige denn auf Französisch. Die üblichen Gespräche über das adelige „Netzwerk Familien" (wer mit wem Bedeutenden verwandt war, wer wen wo gesehen und gesprochen hatte, usw.) konnten nicht aus der Verlegenheit helfen. Elisabetas Vater, Ivan Ivanovich Pavlovsky, war sicherlich ein Mann von Ehre, ein erbadeliger Mann und Offizier, doch auf den 14 Rangstufen für den Adel[13], die von Peter dem Großen stammten, rangierte er ganz unten. Noch bedenklicher war, dass er niemals im Ausland gewesen war und nicht einmal ein kleines Gut besaß.

War die Braut denn „comme il faut"? Wie konnte sie die Tradition und Kultur der Familie Kign an Kinder weitergeben, wenn sie womöglich ganz anders erzogen war? Elisabeta hatte zwar geschnittene, polierte Nägel, benahm sich aber befangen und schüchtern. Doch bei aller Schüchternheit und Zurückhaltung war die Braut auf eine ihr eigene Art sehr selbstbewusst. Immerhin – so meinte man feststellen zu können – gehörte sie nicht zu jenen weißgekleideten Schäfchen, die sich mit Hilfe von Tipps und Tricks ihrer Mütter und Ammen einen Ehemann ergatterten. Und Ludwig fühlte sich, das war nicht zu übersehen, überaus glücklich. Mit der resignierenden Feststellung: „Er muss schließlich wissen, was er tut!" endeten die kritischen Betrachtungen an diesem ersten Tag.

Die Distanz, mit der man in Feodorovka Elisabeta begegnete, bestärkte Ludwig in seinem Entschluss, Abstand von beiden Familien zu gewinnen. Er beabsichtigte, sich nicht in Mogiljov, sondern im viele hundert Werst[14] entfernten Tambov niederzulassen. Die Idee kam von der Familie seiner Braut, die ja von dort stammte. In dieser aufstrebenden Stadt könnte er als Anwalt viel schneller Erfolg haben und gut verdienen. Das klang verlockend, denn für seinen Plan, möglichst bald ein eigenes Gut zu erwerben, brauchte er viel Geld. Ohne Landwirtschaft, das hatte er als Kind selbst erfahren, stand die Existenz einer Familie auf tönernen Füßen und ihr sozialer Status war gefährdet. Adel ohne Grundbesitz hatte in Russland wenig Bedeutung.

Ludwigs Absichten stießen bei seiner eigenen Familie auf Ablehnung und lösten heftigen Widerspruch aus. Nach Tambov zu übersiedeln erschien ihnen absurd. In Mogiljov oder auch in St. Petersburg hätte er alle Chancen. In beiden Städten war er nicht unbekannt und hatte dazu die Verbindungen seiner Angehörigen im Rücken. Es war unverständlich und falsch, fanden sie. Doch Ludwig blieb dabei. Nach einigem Hin und Her stimmten Ludwig und Elisabeta dem Vorschlag einer Hochzeit in der kleinen Kirche von Feodorovka zu.

Endlich war der große Tag da. In der kleinen, von vielen Kerzen erhellten Kirche warteten der Dorf-Pope, Familie und Gäste auf die Braut, die mit 20-minütiger Verspätung eintraf. Elisabeta war sichtlich schmal geworden, sah aber wunderbar aus und kämpfte beim Betreten der Kirche vor Aufregung vor dem großen Eheversprechen mit den Tränen. Der feierliche Gottesdienst begann, untermalt von Chören, getragen von alten, vertrauten Gebeten. Bei der frommen Braut fiel die Spannung der letzten Wochen ab.

Mit einem Mal erfüllte ruhige Gewissheit ihr Herz: „Der Herr wird mir helfen, Er verlässt mich nicht!" Glücklich und ergriffen folgte sie dem feierlichen Trauungsritus ihres Glaubens: „Von nun an werdet ihr alles gemeinsam tun – Freud und Leid, Ruhe und Arbeit für immer teilen!" Als Symbol für ihren künftigen langen gemeinsamen Weg umrundete das Paar nach alter Tradition dreimal den Altar und kniete dreimal vor ihm nieder. Währenddessen wurden Kronen über ihre Häupter gehalten als Zeichen ihrer angeborenen Königswürde, als Siegeskronen der Märtyrer, und um in der Verantwortung vor Gott auch schwere Tage gemeinsam zu überstehen. Am Ende der Zeremonie, als Zeugnis ihrer Liebe, küssten die Neuvermählten einander. Der Bräutigam erhielt vom Popen eine Ikone des Erlösers, die Braut eine der Gottesmutter. Anschließend fanden sich das strahlende Brautpaar und die kleine Hochzeitsgesellschaft, Verwandte und Freunde beider Familien, im Gutshaus zu einem Empfang ein. Von den vorangegangenen Unstimmigkeiten war nichts mehr zu bemerken, alle wünschten dem frischgebackenen Ehepaar von Herzen alles Glück der Welt, viele Kinder und ein hohes Alter.

Noch am selben Abend brachen die Neuvermählten nach Tambov auf und bezogen dort bald nach der Ankunft ein geräumiges Haus im Zentrum der alten Festungsstadt. Sie lag 450 km südöstlich von Moskau, im fruchtbaren Oka-Don-Becken, am Fluss Zna. Es herrschte pulsierendes wirtschaftliches und kulturelles Leben in den von verschiedenen Baustilen geprägten Straßen und Plätzen, die von Händlern, Dienstleuten, Mönchen, Soldaten und Pilgern dicht bevölkert waren. Zahlreiche Klöster, die Verklärungs-Kathedrale, die wunderbare Lazarus-Kirche und die Kirche der Gottesmutter-Ikone von Kasan machten Tambov zu einem bedeutenden spirituellen Zentrum Russlands.

Elisabeta liebte die Stadt und war glücklich, in der Nähe ihrer Verwandten und Freunde zu leben. Sie schmückte ihre Wohnräume mit den „Hochzeits-Ikonen" nicht nur aus Tradition, sondern weil es Segen brachte, an die Gegenwart Gottes zu erinnern. Gleich zu Beginn ihres gemeinsamen Lebens zeigten sich zwischen Ludwig und Elisabeta jedoch Reibungspunkte. Elisabeta hatte andere Vorstellungen von Haushaltsführung, als Ludwig sie von seiner Junggesellenzeit gewöhnt war. Im gemeinsamen Haushalt herrschte im Vergleich zu Ludwigs Elternhaus russische Großzügigkeit, um nicht zu sagen Nachlässigkeit. Dafür war – so sein Eindruck – Elisabetas Spontaneität verantwortlich, die jeden Zeitbegriff und jede Planung außer Kraft setzte. Kam eine bestellte Zeitschrift oder ein Buch, wurde es sogleich geöffnet und schnell durchgeblättert; Krankenbesuche machte Elisabeta nach Bedarf und nicht nach festem Zeitplan; ebenso selbstverständlich konnte der Kummer der Nachbarin nicht auf Trost warten; Elisabetas halbblinde Großmutter verbrachte viel Zeit im Haus und brachte die Routine durcheinander. Niemand durfte so herzlos sein, deren gut gemeinte „Hilfe", die in Wirklichkeit Belastung war, abzulehnen; tägliche Teestunden mit hereinschneidenden Gästen wurden endlos ausgedehnt.

Aber Ludwig versöhnte es, dass er seiner Frau wichtiger als alles andere war. Wann immer er heimkam, erhielt er ihre ungeteilte Aufmerksamkeit. Elisabeta änderte, wenn er es wünschte, sogar den Speiseplan. Im genau geregelten Betrieb Feodorovkas wäre das undenkbar gewesen. Mit der Zeit lernte es Ludwig, zu Hause „ohne Uhr zu leben" und dies nicht nur zu ertragen, sondern auch zu lieben. Im Berufsleben jedoch war er ungeduldig. Wie konnten die Räder des Staates, der Justiz, Finanz, Wirtschaft und des Bildungswesens ohne Regeln und Präzision ineinandergreifen, wenn jeder machte, was und wo er es persönlich für wichtiger hielt? Vermutlich machte ihn diese Eigenschaft beruflich erfolgreich, aber nicht beliebt.

In Russland herrschte in dieser Zeit allgemeine Aufbruchsstimmung. 1856 beendete Zar Alexander II., der seinem überraschend an Grippe verstorbenen Vater Nikolaus I. auf den Thron gefolgt war, den so verhängnisvollen Krimkrieg. Seine angekündigte und energisch vorangetriebene Modernisierung und Liberalisierung des Reiches erzeugten Zuversicht. In diesem Jahr kam in Tambov Ludwigs ganz persönliche Zukunftshoffnung, sein erster Sohn, Vladimir, zur Welt. Ludwig selbst kam zu Hause nach der Geburt seines Sohnes nur noch an zweiter Stelle. Elisabeta lehnte bei dem Baby eine Amme zu ihrer Unterstützung ab. Das war für ihn völlig unverständlich. Undenkbar, dass sich seine Mutter monatelang an das Kinderzimmer gebunden hätte. Ohne seine Amme und Kinderfrau Mascha konnte er sich seine frühe Kindheit gar nicht vorstellen. Aber er erinnerte sich auch an das allgegenwärtige Gefühl von Einsamkeit, das er genau genommen erst im Zusammenleben mit Elisabeta verloren hatte.

Zwei Jahre danach, 1858, wurde Olga Ludvigovna geboren, 1860 kam Ludwigs zweiter Sohn, Alexej, gesund zur Welt. Wie ihren Erstgeborenen, Vladimir, betreute Elisabeta auch dessen Geschwister monatelang selbst. Um häusliche Konflikte zu vermeiden und Entspannung zu finden, blieb Ludwig auf seinen Reisen manchmal einfach einen Tag länger fern als unbedingt nötig. In seinem Herren-Club fand er dafür problemlose und ideale Bedingungen vor. Danach genoss er sein Heim, wie es war, lebendig, chaotisch, fröhlich, fromm und warmherzig.

2.

Zuflucht auf Feodorovka

Ludwigs Vermögen geht verloren- „Wo bist Du, Gott?" – von Bruders Gnaden Aufnahme in Feodorvka – Elisabeta fühlt sich einsam und fremd – Ludwig träumt von einem eigenen Gut – Elisabeta lernt das Elend leibeigener Familien kennen – Verwalter Pitkievich ist ein guter Berater

1860 traf die kleine Familie ein Schicksalsschlag: Ihr schönes Haus brannte „wie eine Fackel" bis auf die Grundmauern nieder. Nur mit Mühe gelang es Ludwig und Elisabeta, das eigene Leben und das ihrer Kinder zu retten. Weil der Brand von mehreren Stellen gleichzeitig ausgegangen war, wurde Brandstiftung angenommen. Möglich war ein Anschlag aus dem Kreis radikaler Panslawisten, die überall Anhänger hatten. Ludwig Kign hatte sich wohl mit seinem kritischen, als „deutsch" empfundenen Auftreten Feinde gemacht. Halbherzig geführte Untersuchungen verliefen im Sande. Ludwigs Vermögen war verloren und seine Existenz in Tambov zerstört. Nach diesem Unglück blieb ihm keine andere Wahl, als in Feodorovka bei seinem älteren Bruder Pjotr um Aufnahme zu bitten.

Bei ihrer Ankunft empfing der Verwalter Pitkievich Ludwigs Familie sehr freundlich und herzlich. Ludwig und er waren rasch in ein Gespräch vertieft, als hätten sie es gestern unterbrochen. Pitkievich, der schon Ludwigs Großeltern gedient hatte, genoss die besondere Achtung aller. Elisabeta fühlte sich von der großen Vertrautheit der beiden Männer ausgeschlossen. Ihr Mann war heimgekommen an den Ort seiner glücklichen Kindheit, sie selbst aber empfand sich als Fremde, für die es hier nichts Persönliches gab, nichts, was ihr gehörte. Pitkievich berichtete ihnen, dass sich der Gutsherr und seine Frau – Piotr und Daria von Kign – seit Wochen in St. Petersburg aufhielten. Elisabeta war unglaublich erleichtert, Schwager und Schwägerin nicht sofort gegenübertreten zu müssen.

Während das Gepäck ausgeladen wurde, betrat sie mit dem Gefühl eines Eindringlings das nach oben offene große Empfangszimmer mit einem hohen russischen Kachelofen. Um ihn herum waren Tischchen und dunkle einfache Stühle gruppiert, an der großen Wand stand ein Piano. Hell bezogene Sitzmöbel wirkten besonders elegant vor den naturbelassenen dunklen, aus großen Balken gefügten Holzwänden. Pitkievich deutete endlich die Treppen hinauf: „Hoffentlich finden Sie alles wie gewünscht. Morgen zeige ich Ihnen gerne, was es Neues bei uns gibt!" Ludwigs alte Zimmer waren für sie vorbereitet. Vladimir, Olga und Alexej sollten einen Raum weiter schlafen, damit die Kinderfrau die Privatsphäre der Eltern nicht störte. Auf die Idee, dass Elisabeta keine Kinderfrau hatte und nicht beabsichtigte, das zu ändern, war niemand im Haushalt gekommen.

In der ersten Nacht auf Feodorovka konnte Ludwig nicht gut schlafen. Er sah durchs Fenster den Sternenhimmel verblassen und das Morgengrauen kommen. Als ein Blick auf Elisabeta ihn überzeugte, dass sie jetzt fest schlief, angelte er vorsichtig nach seinem Schlafrock und schlich aus dem Zimmer. Auf der Freitreppe in Richtung Park des langgestreckten Gutshauses blieb er stehen. Die Blumenbeete und Fliederbüsche nahe beim Haus standen in voller Blüte. Er setzte sich auf die Stufen, blickte sich um, atmete die warme Luft, genoss den Duft der jungen Birkenblätter und den Geruch der Erde nach dem warmen Regen des Vortages. In seiner Phantasie tauchten Bilder, Stimmen und Geräusche längst vergangener Jahre auf. Er glaubte das Lachen der Frauen am Fluss beim Klopfen und Waschen der Wäsche zu hören.

Sein Blick wanderte hinüber zur Lindenallee. Plötzlich sah er sich in seine Kindheit versetzt beim innigen Abschied von seiner Mutter, bevor er zur Schule nach Moskau reiste. Damals musste er versprechen, immer gut zu bleiben und ihr niemals ernstlich Kummer zu bereiten. Sie mahnte ihn eindringlich, keinesfalls auf sein Abendgebet zu vergessen. Im Internat betete er dann auch innig zu Gott, er möge sich doch bei ihm melden, dann würde er vieles besser verstehen können. Gott meldete sich nicht, sosehr er auch seine Hilfe nötig hatte. Auf seine Frage „Wo bist Du, Gott?" bekam er nie eine Antwort. Auch jetzt nicht, wo er vor den Trümmern seiner Existenz stand. Ja, Feodorovka war einmal sein

Zuhause gewesen, jetzt aber lebte er von seines Bruders Gnaden hier. Nichts könnte ihm seine gescheiterte Existenz schmerzlicher vor Augen führen. Welche Chancen hatte er mit Mitte fünfzig, von vorne zu beginnen?

Elisabeta, die ihren Mann gesucht hatte, fand ihn und sah, wie verzweifelt er war. Nach kurzem Zögern setzte sie sich und schlang stumm, voll Mitgefühl, ihre Arme um ihn. „Wie kann ich dich trösten? Wie?" Sie selbst war noch in Tambov mit ihrem Schmerz über den erlittenen Verlust und mit ihrer Zukunftsangst einmal mehr zur Gottesmutter-Ikone von Kasan gegangen. An diesem spirituellen Ort hatte sie mit leidenschaftlichen Gebeten – unterstützt von vielen Kerzen – Kraft und Zuversicht geschöpft, die sie so dringend brauchte. Elisabeta fragte nicht „Wo bist Du, Gott?" Sie versuchte, ihr Tagewerk in Gedanken an Ihn zu tun, wodurch Er ihr ganz von selbst nahe war. Die einfachsten Tätigkeiten bekamen eine besondere Tiefe und sie selbst immer mehr Sicherheit, die Prüfungen des Lebens letztlich bestehen zu können – und dadurch wiederum innere Freiheit. Ohne den Gedanken an Gott war ihr Leben undenkbar. Doch was half Ludwig? Am ehesten vernünftige Überlegungen wie: „Haben wir nicht Grund, dankbar zu sein, denn wir leben und unsere Kinder sind gesund? Nimm es als eine Prüfung, die wir ertragen und bestehen müssen, wie viele andere Menschen auch."

Nach einer Weile stand Ludwig auf und reichte seiner Frau den Arm, um mit ihr ins Haus zurückzukehren. Wieder an der oberen Treppe angelangt, sah Ludwig zu den abseits gelegenen Wirtschaftsgebäuden, zur nahen Küche, den Stallungen, den Lagerhäusern und dem Badehaus hinüber. „Alles ist in bestem Zustand, das muss man Pjotr lassen", sagte er. Vom Dorf her hörten sie bereits die Hähne krähen und darum gingen sie schnell ins Haus zurück. In ihrem vorläufigen Ankleidezimmer stand auf dem Waschtisch bereits ein Krug mit heißem und einer mit kaltem Wasser, genauso wie Ludwig es von früher immer gewöhnt war. Über einem Sessel lag sein gebügelter und gelüfteter Anzug und davor standen die spiegelblank geputzten Stiefel. Dieser Anblick hob seine Stimmung beträchtlich. Aber er schämte sich auch ein wenig, weil er diesen gepflegten Lebensstil so sehr genoss. Ähnliches wollte er für sich und seine Familie unbedingt erreichen, und dafür würde er alles tun.

Mit Elisabetas Unterstützung war Ludwigs Zuversicht langsam wieder zurückgekehrt. Ein halbes Leben sollte vergehen, bis er erkannte, dass Elisabeta seine Kraftquelle war.

Früher als geplant nahm Ludwig seine Tätigkeit als Anwalt wieder auf, die ihn oft und lange ferne hielt. Beim Abschied umarmte ihn Elisabeta so sehr, als wäre es für immer. Das rührte Ludwig, aber verstehen konnte er sie nicht. Auf Feodorovka fehlte seiner Familie doch nichts. Abgesehen von ihrer beider Trennung, konnte seine Frau hier glücklich sein, wenn sie es nur wollte. Zum Abschied gab er ihr den gut gemeinten Rat: „Fühl dich doch hier einfach wie zu Hause!" und reiste ab. Leichter gesagt als getan, jedenfalls für seine Frau.

Elisabeta war an das Landleben nicht gewöhnt und vermisste die Abwechslungen der Stadt, ihre Freunde und Familie. Spontane Kontakte waren nicht so leicht möglich, denn die Nachbarn waren viel zu weit entfernt. Elisabeta war einsam und fand in dem perfekt organisierten Haushalt, der ihr gerade deshalb ungemütlich vorkam, keine Aufgabe. Hier auf dem Gut bildete sie sich ein, die „österreichischen Wurzeln" der Familie ihres Mannes stark zu spüren. Umso mehr fühlte sie sich als Slawin, stolz, direkt, fromm, emotional, aber auch eitel. Es war jetzt ihre Pflicht, sich nicht unterkriegen zu lassen. Sie widmete ihren Söhnen volle Aufmerksamkeit und verbrachte viele Stunden an ihrem Bett, selbst wenn sie schon lange schliefen. Einerseits weil sie ihnen keine fremde Betreuungsperson zumuten wollte, andererseits, weil sie sich auf diese Art ohne Erklärungen zurückziehen konnte. Die meiste Zeit wartete sie auf ihren Mann und darauf, dass er sein Versprechen hielt, sie bald von hier in ein eigenes Heim zu bringen. Durch Ludwigs harte Arbeit verbesserte sich ihre finanzielle Lage offenbar rasch.

Auf Wunsch ihres Mannes begleitete Elisabeta Pitkievich eines Tages zur Inspektion eines Gutes, das günstig zum Verkauf stand. Voll Hoffnung fragte sie den Verwalter: „Vielleicht können wir es erwerben?" Der Besitz, erklärte er ihr, war schon vor Jahren von zwei alten Damen an einen Neffen vererbt worden. Ohne das Gut seit seiner Kindheit wiedergesehen zu haben, hatte dieser es kürzlich einfach zum Verkauf angeboten. Während der Besichtigung machte Elisabeta dann eine Erfahrung, die ihr Leben veränderte: Schon während der Einfahrt in den Hof konnte sie die Zeichen des Verfalls an allen Gebäuden nicht übersehen. Von den Freitreppen des herrschaftlichen Hauses waren nur noch Balken übrig und dessen Holzverkleidung stellenweise abgerissen. Einige zerbrochene Fenster waren mit Holz zugenagelt, auch die Wirtschaftsgebäude und Ställe wirkten sehr vernachlässigt. In einem vergleichsweise halbwegs instandgehaltenen Nebengebäude erwartete sie lächelnd der Verwalter, ein stämmiger jüngerer Mann in kurzer Joppe, der, wie man sich erzählte, in wenigen Jahren seiner Tätigkeit den Kaufpreis für ein eigenes Gut zusammengestohlen hatte.

Während Pjotr Pitkievich mit ihm zu Gesprächen ins Büro eintrat, schlenderte Elisabeta durch das nahe Dorf. Beim Brunnen begegnete sie einer Alten mit nackten Füßen, die auf ihrem krummen Rücken eine Stange mit zwei schweren Eimern trug. Wohin sie wohl das Wasser schleppte? Neugierig geworden, folgte sie ihr. Den ganzen Weg entlang zog sich scharfer Jauchegeruch. Ein kleiner Bub in einem zerschlissenen, vor Schmutz starrenden Hemd schlenderte hinter ihr her. Durch offene Tore sah Elisabeta in armselige Höfe, sah Frauen mit kleinen Kindern auf dem Arm, die neugierig vor die Tür traten, um zu sehen, wer da vorbeiging.

In der letzten Hütte, am Ende der Dorfstraße, stieß die Alte die Tür auf. In dem schmutzigen Raum drängten sich Frauen und Kinder, zwölf Seelen zählte Elisabeta. Alle Kinder waren dürr und hatten bleiche, seltsam alte, vom Hunger gezeichnete Gesichter. Auf einer Feuerstelle brodelte ein Topf mit Kartoffeln, auf den sich wohl bald alle stürzen würden. Die Alte nahm von zwei Männern, die abseits hockten, wohl das letzte Geld, während sie auf den selbstgebrannten Schnaps warteten. Leblos in der Ecke auf einer Holzbank lag ein winziges, schrumpeliges Baby, in schmutzige Tücher eingewickelt. Unwillkürlich machte Elisabeta einen Schritt hin. Kein Zweifel, das Kind starb und alle sahen ungerührt zu. Die Alte trat dazwischen und schrie: „Was hast du hier zu gaffen?" und drohte wütend mit einem Stock. „Mach schleunigst die Tür von außen zu!" Ungläubig starrte Elisabeta sekundenlang auf die geschlossene Tür.

Entsetzt erzählte sie Pitkievich auf der Heimfahrt von ihren Erlebnissen: „Ja, die Frauen lassen die Kinder verhungern", sagte er. „Sie tun es aus purer Not und Verzweiflung! Bevor ihre Kinder sterben, lassen sie sie noch taufen. Denn getauft werden sie zu ‚Engelchen', deren kleine Seelen aus dem Elend dieser Welt direkt in den Himmel kommen – noch nie davon gehört?" Elisabeta schwieg betroffen. Irgendwann hatte sie schon von dieser „Geburtenregelung" erfahren, aber wieso hatte sie nie nachgefragt? Wieso nahm sie einfach hin, dass arme Frauen und Männer zerlumpt, in Strohschuhen schlurfend, durch Tambov und Mogiljov zogen, oder am Gutshof vorbeikamen? Sie gab ihnen einen Teller Suppe oder ein Almosen und verschwendete keinen Gedanken mehr an sie. „Nein, so etwas darf man doch nicht zulassen", empörte sic sich. „Was wollen Sie tun? Auch das ist eine der Folgen der Leibeigenschaft", antwortete Pitkievich. „Es liegt in der Hand der Herren, wie ihre Bauern leben, und dieses Dorf kennt seine nicht einmal!"

Ob sie das Gut kaufen würden oder nicht, Elisabeta war jetzt bewusst, dass sie sich anders als bisher über Bauern, Gutsbetrieb und Haushalt informieren und nach dem Rechten sehen musste. Auch wenn Feodorovka nicht ihr Eigentum war, durfte sie sich nicht mehr aus allen Diskussionen und Entscheidungen heraushalten. Pitkievich konnte sie vertrauen, er würde ihr dabei helfen. Willig und freimütig beantwortete er alle Fragen, die ihr auf dem Herzen brannten, und sprach dabei auch von seinen Sorgen. Er meinte, dass es solche Probleme auf Feodorovka nicht gäbe, weil die Herrschaft sich um die Bauern kümmerte, wie es ihre Pflicht sei. Aber wenn demnächst, wie vom Zaren versprochen, die Leibeigenschaft aufgehoben würde, stünden große Umwälzungen bevor, deren Konsequenzen für niemanden absehbar seien. Alles hing von den Bedingungen ab, die es dafür geben werde.

Das besichtigte Gut mit seinen vielen Seelen wurde von der Familie doch nicht erworben, denn die wertvollen, ertragreichen Böden hatte der Gutsherr schon vor längerer Zeit verkaufen lassen.

3.

Aufhebung der Leibeigenschaft

Zar Alexander II. baut den Staat radikal um – wer sind die Verlierer, wer die Gewinner? – erbitterter Widerstand – Semstwo, Schule des Parlamentarismus – Ende der Leibeigenschaft – „Wovon sie alle bezahlen?" – mehr Bedürftige warten vor der Gutsküche – was tun?

Im gesamten Russischen Reich wirkte bereits die Ankündigung Zar Alexanders II., er werde die Leibeigenschaft aufheben, so explosiv, als wäre bei einem Druckkessel ein Ventil geöffnet worden. Dazu trug bei, dass niemand wusste, wie die geplanten Reformen aussehen sollten, die schließlich alle Bereiche des Staates und der Gesellschaft, also Verwaltung, Bildung, Justiz und Heer, betrafen. Nur eines war sicher: Niemand würde den Auswirkungen entkommen können. Als Reaktion erstarkten Geheimbünde und nihilistische Strömungen und heizten eine Radikalisierung zwischen Bewahrern und Erneuerern, Bauern und Städtern, an. Alle Richtungen waren einander feind, aber einig gegen den geplanten Umbau des Staates. Im Auge dieses Sturms stand Zar Alexander II., der für das Volk das „ewige Russland" verkörperte, als einigende Klammer für alle unvereinbaren Ideen. Alle blickten auf den Alleinherrscher, der sich selbst als Reformer sah und als solcher von allen für alles verantwortlich gemacht wurde. Morddrohungen und Attentatsversuche gegen ihn waren an der Tagesordnung. Im Unterschied zu seinem Vater ließ er sich jedoch nicht entmutigen und begann – trotz ständiger Lebensgefahr – Reformen durchzusetzen.

Pjotr Kign als Gutsherr in Feodorovka und Ludwig als Jurist zählten zu den liberalen Reformern, die den Zaren unterstützten. Liberal in dem Sinne, dass es für einen Fortschritt der Gesellschaft auf den Einzelnen ankommt, der sich unabhängig von seiner Herkunft persönlich entfalten kann und es ihm dann ermöglicht wird, seine Chancen zum eigenen Wohl und dem aller zu nützen.

Durch die Gründung des Semstwo[15] im Jahre 1864, bei der die Brüder mitarbeiteten, war ein wichtiger Schritt zu einer demokratischen Entwicklung im Land getan. Es handelte sich dabei um ein Organ liberaler, lokaler Selbstverwaltung des Gouvernements, das auch Steuern einheben durfte. Ähnlich wie Gemeinderäte arbeiteten auf drei Jahre gewählte Adelige, Bauern und Städter zusammen. Von der ersten Stunde an begannen sie erfolgreich an Projekten von öffentlichem Interesse zu arbeiten. Gemeinsam suchten sie Handel und Wirtschaft zu fördern und errichteten Straßen, Schulen und Sanitätsstationen. Zwar musste der Vorsitzende des Semstwo aus dem Adel kommen, aber er wie alle Bevölkerungsgruppen, auch Bauern, wurden hineingewählt. Semstwo war ein Forum für offene Diskussionen und gemeinsame Entscheidungen aller Klassen, alle Bevölkerungsgruppen erlebten Theorie und Praxis der Selbstverwaltung und somit eine Schule des Parlamentarismus.

Die Brüder glaubten an die Fähigkeiten des Zaren und seinen ernsten Willen, das Land zu modernisieren. Als Anhänger eines Umbaus des Staates waren sie überzeugt, dass mit einer fühlbaren Verbesserung der Lebensbedingungen aller, parallel zu einer vorsichtigen Demokratisierung, sämtliche Widerstände ihren Sinn verlieren und enden würden.

Leider blieben nach wie vor wichtige Fragen zur vollständigen Beendigung der Leibeigenschaft offen. Parallel dazu müsste eine Bodenreform durchgeführt werden, aber wie würde sie aussehen? Welches und wie viel Land mussten Gutsbetriebe dann abgeben und an wen? Was bedeutete das für alle Beteiligten und in der Folge für Gesellschaft und Staat? Wer würden die Verlierer sein, wer die Gewinner? War es Zeit zu handeln, oder sollte man doch lieber noch abwarten?

Als Antwort auf diese existenziellen Fragen beschlossen Ludwig und Pjotr, nach der Tradition der Familie zu handeln und zur Sicherheit möglichst rasch gutes Land zu kaufen. Dafür waren die Chancen gut, denn viele Gutsbetriebe standen überschuldet zum Verkauf, aber es waren nicht die besten. Die Besitzer trennten sich von ihnen, weil sie bisher schon zu wenig Ertrag abwarfen, um alle zu ernähren, geschweige denn genug, um die nunmehr freien Bauern auch noch zu bezahlen. Genauso unmöglich war es für die Gutsherren, an ihre Bauern – wie gefordert – auch noch Boden abzugeben.

Erschwerend für die Brüder Kign bei der Durchführung ihrer Pläne war, dass sie kein Geld hatten. In dieser besonderen Situation beschloss Ludwig, für den so notwendigen Landerwerb Schulden zu machen. Schuldenmachen war in Russland eine allgemein geübte Praxis. Man lieh Geld bei Verwandten, Freunden oder Dienstgebern für Spielschulden, aufwendigen Lebensstil oder für den Kauf von Gütern.

Pjotr überließ es seinem Bruder und Pitkievich, die nötigen Entscheidungen zu treffen. Er sah keine Veranlassung, die geplanten Reisen nach Frankreich und England, die er mit seiner Frau Daria geplant hatte, zu verschieben. Als Beitrag zur Krisenbewältigung wollte er im England Königin Viktorias erstklassige landwirtschaftliche Maschinen kaufen. Elisabeta fragte sich, warum das Ehepaar so selten nach Feodorovka kam. Pitkievich meinte, dass die Herrschaft, die sich seit Jahren vergeblich ein Kind wünschte, vermeiden wollte, ständig gefragt zu werden, wann es endlich so weit sein würde. Elisabeta war voll Mitgefühl, denn keine Kinder zu bekommen war ein schweres Los. Aber Gottes Wege sind wunderbar und vielleicht hatte er doch noch Erbarmen mit den beiden.

Als Ludwig nach längerer Abwesenheit wieder heimkam, erlebte er eine Überraschung. Seine Frau begrüßte ihn nicht wie sonst, sondern berichtete aufgeregt von ihren schockierenden Erlebnissen bei der letzten Gutsbesichtigung. Er hörte sie achselzuckend an. Es störte ihn, mit Elisabeta Grundsatzgespräche über Probleme und Themen zu führen, die ihn ohnehin täglich verfolgten. Zuhause wollte er sich entspannen, Ärger vergessen und nur die schönen Seiten des Lebens genießen. Dieses Wochenende war ohnehin mühsam, weil für den nächsten Tag eine Sitzung des „Wolost"[16] anberaumt war. Erfahrungsgemäß dauerte so eine Verhandlung viele Stunden. Obwohl er deutlich seinen Unwillen zeigte, folgte ihm Elisabeta in sein Arbeitszimmer.

Ludwig blieb stehen, bot ihr keinen Platz an, als er sagte: „Was du erzählst, ist ja nichts Neues und zum Glück selten." Seine Frau schwieg, aber wie er an ihrer Miene sehen konnte, aus Protest. Seufzend versuchte er, sie zu beschwichtigen: „Du wirst sehen, dass die Reformen, auf die wir ja schon so lange gewartet haben, das Leben aller zum Besseren wenden werden!" – „Wieso kannst du da so sicher sein? Niemand sieht die Zukunft so rosig wie du. Jeder, auch Pitkievich, sagt, es wird schlimm kommen. Noch mehr Gutsbesitzer werden ihre Existenz verlieren, weil sie Land abgeben müssen und die ehemaligen Leibeigenen auch noch bezahlen sollen. Was ist bei uns anders?" Ludwig überlegte kurz, wie er seiner Frau erklären konnte, worum es ihm ging. „Es geht nicht um rosig oder pessimistisch, es geht um eine realistische Sicht. Es stimmt, die Größe und der Ertrag selbst von Feodorovka reichen auch nicht aus, um alle Leibeigenen zu bezahlen und ihnen auch noch Boden abzugeben. Das Gut ist dazu einfach zu klein." – „Also doch! Ich habe Angst!" – „Das musst du wirklich nicht. Wir haben hier ja schon länger schrittweise mit einer Modernisierung begonnen und sie funktioniert sehr gut. Du kennst die schönen Höfe von Micha, Pavel, Pjotr und Ivan im Dorf. Die haben wir freigelassen und ihnen auch Boden zur alleinigen Bewirtschaftung gegen angemessene Pacht gegeben, so können sie den Kaufpreis allmählich abstatten. Zusätzlich arbeiten sie verlässlich und sachkundig in unserer Landwirtschaft. Vorläufig gegen Naturalien, aber demnächst gegen Bezahlung. Sie bringen uns mehr ein als die willigsten Leibeigenen!" Er sagte „uns" und meinte dabei Familie und Eltern, von denen alles stammte. Elisabeta schwieg nachdenklich. „Wie gut es ihnen dabei geht, brauche ich nicht extra zu betonen!" – „Ja, das stimmt. Ich habe gesehen, dass unser Pope deren Kinder unterrichtet!" – „Siehst du, der ist auch froh über ein zusätzliches Einkommen."

„Aber warum habt ihr diese Männer bevorzugt? Ist das nicht ungerecht?" – „Gerechtigkeit! Wenn ich das schon höre! Es sind zähe, tüchtige und intelligente Bauern, die sich im alten System nie entfalten konnten. Der Starost[17] hat ihnen regelmäßig den schlechtesten Boden zur Bewirtschaftung zugeteilt, weil er wusste, dass sie immer noch einen Ertrag herausholen würden. Profitiert von ihrer Schwerarbeit haben letztlich die Untüchtigen, die Trinker und Faulpelze im Dorf. Ist das gerecht? Sicher wird es, wie bei allen großen Änderungen, Gewinner und Verlierer geben, aber wir werden bei den Gewinnern sein, das verspreche ich dir! Leicht wird es nicht, aber was ist schon leicht?" Beruhigend fügte er hinzu: „Mach dir keine Sorgen, Elisabeta, dazu besteht wirklich kein Grund! Vergiss nicht, dass ich durch meinen Beruf ein unabhängiges Einkommen habe. Für mich wird es nicht weniger zu tun geben, dafür sorgt schon die bevorstehende Justizreform!"

„Aber was wird aus Natalia und dem übrigen Hauspersonal? Ich verstehe das nicht, wenn dieses Gut mit vollen Speichern und Vorratskammern zu klein für alle ist, wie können die Bauern vom dörflichen Gemeinschaftsbesitz überleben, der nicht einmal so groß ist wie Feodorovka?" Ludwig dachte bei sich: Ja, richtig, das ist ein Problem. Wovon würden sie ohne Land leben? Sie könnten Arbeit finden, wenn Gebrauchsgüter, wie schon in anderen Ländern, industriell hergestellt würden. Aber in Russland war das schwierig, die Bauern, die zwei Drittel der Bevölkerung darstellten, waren noch in allem Selbstversorger. Sie erzeugten ihre Kleidung, Nahrung, Möbel und ihr Geschirr selbst. Aber warum sollte er seine Frau mit diesen Überlegungen belasten und die Stimmung weiter verschlechtern? Daher sagte er: „Angst und Pessimismus sind sehr russische, aber schlechte Ratgeber. Liebling, vertraue mir!"

Elisabeta fühlte sich aber nicht beruhigt, sondern nur abgewimmelt. „Vertraue mir", hatte Ludwig gesagt und das war beunruhigend, weil das bedeutete, dass er selbst noch nicht wusste, wie es weitergehen würde. Auf dem Weg zur Tür fiel ihr ein, dass sie eigentlich über Soforthilfe für Bedürftige hatte sprechen wollen. „Ludwig", sagte sie mit fester Stimme, „ich möchte wie in Tambov an Arme, Pilger und Wanderer Suppe ausgeben. Ich will sie nicht wegschicken, es wäre bei unseren vollen Speichern und Vorratskammern ein Unrecht!" Weil ihr Mann unwillig knurrte, sagte Elisabeta, um ihrer Meinung Nachdruck zu verleihen: „Die Fürstin Maria und sogar Pitkievichs Frau Irina machen das längst!" – „Zu Irina sage ich nichts, aber was hat die Fürstin vor Jahren, während der schrecklichen Hungersnot, für ihre Bauern getan?" Elisabetas Lippen wurden schmal. Mit einem störrischen Ausdruck im Gesicht wandte sie sich zum Gehen. Schon hinter dem Schreibtisch sitzend, rief Ludwig ihr nach: „Es ist nicht unsere Aufgabe! Dieses Sich-immer-auf-andere-Verlassen darf man nicht unterstützen! Außerdem ist viel Gesindel dabei."

„Da ist es wieder, das absolute Unverständnis zwischen uns", stellte die junge Frau fest. Bedürftige ohne Stärkung und Hilfe von der Tür zu weisen, bedeutete, ihre Würde zu verletzen, ja Christus selbst im Stich zu lassen. Wie konnte Ludwig das von ihr verlangen? Der Herr und die Heiligen wohnten eben nicht in seinem Herzen. In einem innigen Stoßgebet bat sie Gott um Nachsicht für ihren Mann und um die Stärke, ihm nicht zu gehorchen.

Beim Verlassen des Büros stieß sie mit der kreidebleichen Natalia zusammen, die offensichtlich gelauscht hatte. Obwohl sie Mitleid mit ihr hatte, herrschte Elisabeta sie an: „Was machst du hier, hast du nichts zu tun?" Natalia, Wirtschafterin und Leibeigene, arbeitete seit ihrem 14. Lebensjahr im Haus und dachte, für immer versorgt zu sein. Nach allem, was sie unfreiwillig gehört hatte, tat sich für ihre Zukunft ein Abgrund auf.

Bisher organisierte die Wirtschafterin beinahe selbständig den Haushalt und das Personal zu aller Zufriedenheit. Sie hatte die Verantwortung für die Schlüssel zu den Kammern mit den Trockenvorräten und dem Eingekochten und auch die Kontrolle über das Wäschezimmer. Sie war es, die die täglichen Rationen an Nahrungsmitteln an die Köchin ausgab, auch den monatlichen Zuckervorrat, Tee und Kaffee bereitstellte, und sie war geschult, alle Entnahmen in Haushaltsbücher einzutragen. Über nicht verbrauchte Lebensmittel durfte sie verfügen und davon hatte Natalias Familie im Dorf so manchen Vorteil. Jetzt fürchtete sie, dass ihre Sonderstellung bald enden würde, und wurde blass. „Was hast du?", fragte Elisabeta. „Bist du krank? Aha, das kommt vom Lauschen, da versteht man manches falsch. Jedenfalls gibt's keinen Grund, sich aufzuregen, das verspreche ich dir! Aber du bist doch nicht zum Lauschen gekommen, was ist los?" – „Fürstin Maria L. wartet im Empfangszimmer auf Sie." Elisabeta hatte ihre Verabredung mit der liebenswürdigen Gutsnachbarin zu einer Ausfahrt völlig vergessen, aber sie kam ihr sehr gelegen.

4.

Schuldenmachen für die Zukunft

Bauern gegen Fürstin Maria, bis sie verkaufen will – warum nicht an Elisabeta? – ein moderner, unerschwinglicher Traumbesitz – Reise nach Petersburg zu Pjotr, um Geld zu leihen – Daria, Elisabetas bewunderte Schwägerin – mitreißendes schillerndes gesellschaftliches Leben – wahre Russen lieben Moskau – der Kauf Dedlovos wird besiegelt – für die Finanzierung wird Feodorovka belastet

Fürstin Maria, die junge Herrin des Nachbarguts, über deren Spendenfreudigkeit Elisabeta mit Ludwig gesprochen hatte, war mit schneeweißen Pferden vorgefahren, um Elisabeta zu einer Ausfahrt abzuholen. Ihr Kutscher beobachtete stolz das Aufsehen, das sein Gespann erregte. Kinder und Personal umringten staunend den Wagen. „Wie riesige Schwäne", sagte der Gärtner. „Was ist denn schon an denen dran?", meinte Natalia, als sie neugierig näher kam, mit einem abschätzigen Blick auf den arroganten Kutscher.

Die Damen traten, sich intensiv unterhaltend, aus dem Haus. Sie trugen Hüte mit breiten Krempen und das Weiß ihrer Kleider strahlte im Sonnenlicht mit dem der Schimmel um die Wette. Mit offenen Mündern sah ihnen das Personal nach, bis sie von der Bildfläche nicht verschwanden, sondern scheinbar fröhlich und unbeschwert entschwebten. Doch wie Elisabeta gleich erfahren sollte, empfand Fürstin Maria ihr Leben als gar nicht so unbeschwert und leicht, wie alle dachten.

Die Spazierfahrt führte an herrlichen Flussufern entlang. Auf einer Anhöhe hielt der Wagen kurz. Die Damen wollten den Ausblick auf das weite grüne Tal mit seinen idyllischen Dörfern, Kirchen und den friedlich grasenden Viehherden genießen. Die Fürstin sagte: „Ich liebe diesen Platz und das Land" – und sah dabei traurig aus, „aber ich werde nicht bleiben." Von der Mitteilung vollkommen überrascht, wusste Elisabeta darauf nichts zu antworten. Aber schon in den nächsten Minuten wurde sie Zeugin einer Szene, die ihr eine Ahnung der Schwierigkeiten ihrer Nachbarin vermittelte.

Am Eingang des Dorfes nahe dem Gut der Fürstin kamen ihnen Bauern entgegen. Die Fürstin ließ den Wagen anhalten und begrüßte sie. Die Bauern nahmen ihre Mützen ab. „Es ist folgendes", sagte sie, „seit einiger Zeit ist eure Herde Tag für Tag in meinem Obstgarten. Eure Hirten treiben die Schweine in meinen Gemüsegarten, den sie aufwühlen. Mahne ich sie, werden sie grob. Einer von euch hat bei mir im Wald zwei junge Eichen geschlagen und den Weg nach Dedlovo habt ihr mir unpassierbar gemacht!" Sie sagte es nicht böse, sondern mit freundlicher, zuredender Stimme. Eher so, wie man mit Kindern spricht. „Ich habe euch bisher dafür nichts verrechnet, aber handeln so anständige Leute? Ist das die Anerkennung für unsere Hilfe?" – „Dafür danken wir Euch auch untertänigst, Herrin", sagte der Älteste mit gesenktem Kopf. Seine Augen blickten dabei aber spöttisch. Um der Fürstin Mitgefühl zu wecken, das die Bauern vor Konsequenzen bewahren sollte, jammerte er: „So viele Sorgen haben wir und eine Schufterei ohne Ende." Nach einer Pause, als die Herrin nicht reagierte: „Auch der Regen bleibt uns aus." Wortlos gab die Fürstin das Zeichen zur Weiterfahrt. Elisabeta war erstaunt, dass die Bauern sich nicht die Mühe einer noch so kleinen Geste des Bedauerns oder der Einsicht machten.

„Verstehen Sie? So macht es mir keine Freude mehr! Die Bauern anerkennen unser Eigentum nicht. Dabei wollte ich für immer hier leben, aber ich habe mir alles ganz anders vorgestellt!" Elisabeta verstand, was die Fürstin enttäuschte. Als Herrin wollte sie gut zu ihren Leuten sein, ihnen mit Achtung entgegenkommen, sozusagen auf Augenhöhe mit ihnen sprechen und arbeiten. Dafür hatte sie gegenseitige Sympathie erwartet und ihr Lohn sollte Harmonie im Zusammenleben sein. Stattdessen erntete sie Undankbarkeit und Bosheit. Plötzlich war das Gespräch der Damen, das Abwechslung, Unterhaltung und Austausch von Neuigkeiten bringen sollte, in eine traurige Stimmung gekippt.

Die Schönheit der Anlage des Gutshauses der Fürstin stand zu der getrübten Atmosphäre in seltsamem Gegensatz. Auf dem Rondeau der Auffahrt sah man schon von Weitem einen Springbrunnen mit einer glitzernden Kugel in der Mitte. Zwei Gärtner arbeiteten an Beeten und auf der Terrasse war, obwohl noch früh im

Jahr, zum Tee gedeckt. Wärmende Tücher und Decken waren fürsorglich vorbereitet. Fürstin Maria erzählte von ihren Enttäuschungen, vergaß aber nicht, voll Interesse nach dem Befinden ihres Gastes zu fragen. Von Kummer zu Kummer spricht es sich leichter, und so erzählte Elisabeta von der Schwierigkeit, kein eigenes Heim zu haben, und dass sie auf der Suche nach einem eigenen Besitz wären. Sie berichtete auch von der häufigen Abwesenheit ihres Mannes und der Sorge um die Zukunft. „Mein Mann drängt mich schon eine Weile, das Gut zu verkaufen! Warum nicht an Sie?", sagte die Fürstin überlegend.

Die Hintergründe des Verkaufs ihres Gutes Dedlovo waren äußerst komplex. Da die Fürstin Maria sie nicht preisgeben wollte, erfuhr Elisabeta erst später von ihnen. Marias Ehemann, der viel ältere Fürst L., hatte seinen angestammten Familiensitz in der Nähe von Moskau. Dort lebte er vor seiner Heirat jahrelang mit einer Leibeigenen und den gemeinsamen Kindern zusammen. Auch nach seiner Eheschließung änderte sich an der Situation nichts. Für Maria, bis zu ihrer Heirat ahnungslos, war das ein Schock. Sie kam damit nicht zurecht und wollte weg und Dedlovo, einen weiteren Besitz ihres Mannes, zu ihrem neuen Lebenszentrum machen. Der Fürst ließ sie es versuchen, engagierte sich aber nicht dafür. Das war an sich großzügig von ihm, denn ob Fürstin oder Bettlerin, Frauen konnten ihren Aufenthaltsort nicht ohne Zustimmung ihres Mannes wählen. Weil es ihr ohne seine Unterstützung nicht gelungen war, das Gut erfolgreich zu führen, blieb ihr nun nichts übrig, als sich zu fügen und in die für sie demütigende Lebenssituation zurückzukehren.

Elisabeta war von der Verkaufsabsicht der Fürstin völlig überrascht: „Wie, dieses wunderbare Gut ist also zu erwerben?" Die Gedanken wirbelten ihr nur so durch den Kopf. Es ist ein Traum, aber nicht für uns! So viel Geld können wir nicht aufbringen, überlegte sie, um ihre wachsende Begeisterung zu stoppen. Wenn aber doch?

Die ganze Nacht diskutierten Ludwig und Elisabeta, wie sie den Traum verwirklichen könnten, Gut Dedlovo – nach dem größten Dorf benannt – zu kaufen. Ihre Ersparnisse reichten nicht einmal im Ansatz dafür aus und wer würde ihnen so viel Geld leihen? Es musste wohl ein Traum bleiben. Am Morgen wurde Pitkievich gerufen und nach seiner Einschätzung gefragt. Neu in Feodorovka war, dass Elisabeta an dieser Besprechung ganz selbstverständlich teilnahm.

Nach allem, was er wisse, sagte der Verwalter, sei der Besitz in gutem Zustand und – wie allgemein bekannt – riesig. Eine ideale Mischung von Wald, Weideland, Viehwirtschaft und Ackerbau. Wenn die Fürstin eine gute Bewirtschaftung nicht erreicht habe, so lag es seiner Meinung nach nicht an ihren mangelnden Fähigkeiten oder weil sie eine Frau war, sondern an der falschen Behandlung ihrer Bauern. Er habe darüber so manches gehört. Fürstin Maria wäre in diesem Punkt wesentlich von ihrem Bruder beeinflusst. Der adelige Student gehörte einer Bewegung an, deren Mitglieder und Sympathisanten sich mit den russischen Bauern in der Weise solidarisierten, dass sie aufs Land zogen, um mit ihnen zu arbeiten und zu leben. Sie kleideten sich wie sie und manche unterrichteten die Dorfkinder. Das war sehr romantisch gedacht, wurde aber vielfach von den Landbewohnern als Herablassung empfunden, vielleicht, weil es nichts an ihrer Lage und Armut änderte.

Einige hundert „Seelen" lebten auf und von dem Gut der Fürstin, erklärte der Verwalter weiter. Es gäbe auch Werkstätten mit einigen Arbeitern, die Textilien, Spirituosen und Stärke erzeugten und verkauften. „Was?", rief Ludwig. „Davon träume ich! Das ist die Zukunft!" Je mehr sie hörten, überlegten und prüften, desto leidenschaftlicher begeisterte sich Ludwig für den Kauf. Elisabeta teilte seine Begeisterung. Viele Stunden verbrachten sie mit dem Schmieden von Plänen und waren einander bald näher als je zuvor. Schließlich beschloss das Ehepaar, nach St. Petersburg zu fahren, um sich mit Pjotr zu beraten. Vielleicht gelang es, seine Unterstützung zur Beschaffung des nötigen Geldes zu bekommen.

Vorsorglich meldete Ludwig sein Kaufinteresse an. Er war angespannt, denn sie mussten die Rückkehr Pjotrs aus dem Ausland abwarten. Hoffentlich war es dann nicht zu spät. Reisevorbereitungen wurden getroffen. Elisabeta musste ihre Garderobe dringend ergänzen. Sie fürchtete sich vor der ersten Trennung von ihren Kindern – aber nicht so sehr, dass sie deshalb nicht mitfahren wollte. Mascha, die frühere Kinderfrau Ludwigs, wurde zu ihrer Betreuung aus der Wäschekammer ins Kinderzimmer zurückgeholt. Ludwig ordnete seine beruflichen Termine und besprach mit Pitkievich die notwendigen Entscheidungen für das Gut während seiner Abwesenheit.

Das Ehepaar überlegte anfangs, mit der Bahn zu reisen, die damals in Russland eine stürmische Entwicklung nahm. Die Züge waren bequem, dabei verlässlich, und man brauchte keinen Kutscher. Außerdem blieb den Reisenden der oft abenteuerliche Zustand der Straßen erspart. Aber von Feodorovka zum Bahnhof nach Mogiljov war es ein weiter Weg. Bei der Entscheidung für die Kutsche gegen die Bahn gab wohl das umfangreiche Gepäck den Ausschlag. Nach einigem Hin und Her nahmen sie die große und bequeme, aus England stammende Kutsche, mit der Ludwig so gerne beruflich quer durch Russland reiste. Sie muss eindrucksvoll gewesen sein, denn noch Jahrzehnte später wurde sie von Ludwigs ältestem Sohn Vladimir von Kign in seinen Erinnerungen genau beschrieben. Sie sei sehr stabil gewesen, man konnte sich während der tagelangen Fahrten bequem ausstrecken. Trotzdem wirkte sie elegant. Die Kutscher fuhren sie mit Stolz. Für den lebhaften Verkehr in der Stadt war sie allerdings etwas schwerfällig, weshalb man in St. Petersburg Mietdroschken bevorzugte. An die zwei Millionen Einwohner lebten damals in der Metropole, die Peter der Große errichten hatte lassen. Seither erstrahlte sie in unwirklicher Schönheit im Ladoga-Gebiet, an der Mündung der Newa. Für die einen war sie mit ihrem internationalen Flair das „Fenster zu Europa", für die anderen wegen des verbreiteten freien Lebensstils ein Sodom und Gomorrha, das Russlands Seele zerstörte. Für die „wahren" Russen blieb eben Moskau die wirkliche Hauptstadt.

Bei ihrer Ankunft wurden Ludwig und Elisabeta ganz nach altem russischem Brauch von Bruder und Schwägerin mit Brot und Salz begrüßt. Pjotr und Daria hatten die Wohnung der Familie gegen ein Haus getauscht, das ihren Ansprüchen eher entsprach. Daria wurde in der Gesellschaft als das verkörperte Ideal einer aristokratischen Dame bewundert. Alle waren ihr ergeben, Pjotr, das

Personal, ganz besonders aber auch die Spitzen der Gesellschaft. In ihrem Haus Zutritt zu haben, galt als Auszeichnung. Bei ihren „Jours" fuhren die elegantesten Wagen vor. So viel Bewunderung, selbst von ihrem pragmatischen Mann, löste bei Elisabeta begreiflicherweise kritische Distanz aus. Sie suchte das „Geheimnis" ihrer Schwägerin zu ergründen. Zu ihrer Überraschung sah sie täglich, wie ihre Schwägerin, die keine Kinder bekommen konnte, dennoch das Leben unbeschwert genoss. In Darias Gesellschaft fühlte sich jeder sichtlich wohl, sie gab allen das Gefühl, wichtig und interessant zu sein. Bald wurde Daria auch von Elisabeta bewundert und geliebt. Dank ihrer einfühlsamen Hilfe verflüchtigten sich Elisabetas Unsicherheit und die Angst vor gesellschaftlichen Auftritten.

Daria war schlank, von mittlerer Größe und immer ganz einfach gekleidet. Es war eine aufsehenerregende Einfachheit, die nur mit absolutem Stilgefühl zu erreichen war. Das galt auch für die Einrichtung und Haushaltsführung. Bevor es sich noch allgemein durchgesetzt hatte, ließ sie bei großen Essen die Speisen „à la russe", servieren. Das bedeutete, dass, wie heute allgemein üblich, die Speisen nicht in großer Menge in die Mitte des Tisches gestellt, sondern die einzelnen Gänge nacheinander, schon portioniert, aufgetragen wurden. Daria war sehr gebildet und eine ausgezeichnete Pianistin. Es gab kein Thema, ob Musik, Philosophie, Literatur oder Schauspiel, in dem sie nicht bewandert war. In ihrem kleinen Tee-Salon lagen alle wichtigen Magazine der Zeit, die sich mit aktuellen Themen und Entwicklungen besonders in der Kunst beschäftigten. Über Politik sprachen Damen auch bei Daria nicht oder nur ganz privat, denn solche Gespräche zerstörten jede angenehme Atmosphäre. Viele Jahre später, als Student, ließ sich ihr Neffe Vladimir zum Kummer seiner Eltern von diesem Lebensstil viel zu sehr ablenken und beeinflussen.

Im späten Frühling vor der Sommerpause reihten sich konkurrierend wunderschöne Bälle, exquisite Diners, Theateraufführungen und Abendgesellschaften aneinander, für die St. Petersburg berühmt war. Anfangs ließ sich Elisabeta vom rauschenden Leben der Stadt mitreißen, wollte keine Einladung versäumen und freute sich über ihren Erfolg. Nicht ein einziges Mal saß sie, wie sie befürchtet hatte, bei den alten Frauen, die das Treiben vom Rande des Saales beobachteten. Ihr Mann konnte zufrieden sein. Ludwig aber hatte Mühe, einen Tanz mit ihr zu bekommen oder bei Tisch in ihrer Nähe zu sitzen. „Ich kenne dich nicht wieder", stellte er erstaunt fest. Er war nicht sicher, ob ihm das gefiel. Es wurde Zeit, an die Heimreise zu denken.

Letztlich sah Elisabeta aber auch die wunderschöne Stadt St. Petersburg kritisch. Unter der glänzenden Oberfläche gab es viel Elend und viele Laster, die man oft kaum zu verbergen suchte. In vielen Salons wurde frivole Konversation zur Kunst erhoben. Jeder wollte möglichst nahe an der absoluten Macht sein, also dem Zaren, um echte oder falsche Informationen zum eigenen Vorteil zu nutzen. Der Zar und seine Familie waren deshalb das bevorzugte Thema. Für eine gute Anekdote in geschliffener Sprache konnte man schon die Wahrheit und den guten Geschmack vergessen. All das wirkte auf sie sehr abstoßend. Bei allen gesellschaftlichen Ereignissen war in St. Petersburg Französisch die bevorzugte Sprache. Deutsch war auch viel zu hören. Leider war es kein böses Gerücht, sondern Tatsache, dass die Zarin, eine geborene deutsche Prinzessin, die ja in vielem tonangebend war, die Sprache ihrer Untertanen nicht beherrschte. Russisch sprach nur das einfache Volk. Als Russin, die ihre Sprache liebte und andere Sprachen nur mangelhaft beherrschte, konnte sich Elisabeta kaum Gehör verschaffen. Höflich suchte man plaudernd auf sie Rücksicht zu nehmen, um bei nächster Gelegenheit in andere Sprachen zu wechseln.

An einem Abend stimmte Elisabeta ihrem Tischherren deshalb aus vollem Herzen zu, als er die Meinung vertrat: „Ich will nicht, dass immer im Ausland Lösungen gesucht werden, die Antwort der Probleme liegt doch bei uns in Russland!" Der Beweis für die Stärke Russlands sei die rasante Entwicklung der alten Stadt Moskau, für die „wahre" Russen sich begeisterten. Die alte Metropole war nach der Zerstörung während des Napoleon-Krieges sehr schnell wieder aufgebaut worden, blieb aber trotzdem den heiligen russischen Traditionen nahe. Als Krönungsstadt mit dem Kreml und als moderner Eisenbahnknotenpunkt des Reiches behielt Moskau eine zentrale Bedeutung. Die Stadt nahm eine stürmische wirtschaftliche und industrielle Entwicklung, die sie zum Ende des Jahrhunderts auf den ersten Platz des Reiches katapultieren sollte.

Der eigentliche Zweck des Besuches von Ludwig und Elisabeta war zu Beginn ihres Aufenthaltes in wenigen Tagen geklärt worden. Nach intensiven Gesprächen der Brüder miteinander und mit Beratern stimmte Pjotr dem Kauf Dedlovos zu. Er erlaubte sogar, Feodorovka dafür zu belasten. Zum abschließenden Kaufgespräch trafen sie in St. Petersburg Fürstin Maria und ihren Mann in deren Stadtpalais. Die ausgehandelten Bedingungen sind nicht mehr bekannt. Tatsache ist, dass beide Güter, Feodorovka und Dedlovo, gemeinsam verwaltet wurden, bis Ludwig seinem Bruder Feodorovka schließlich abkaufte.

5.

Ludwig und der Starost Dedlovos

Ludwig und die Dorfregierung – Fluch und Segen des Gemeinschaftsbesitzes – schwierige Reformen – einflussreiche Kirche – vom Charakter russischer Bauern – Elisabeta gewinnt das Vertrauen aller

Es dauerte eine Weile, bis sich nach der Übernahme des Gutes das Leben in Dedlovo einspielte. Aber dann versuchte Ludwig, seine liberalen Ideen umzusetzen. Sein mächtiges Gegenüber war der Starost17, Dorfältester und Bauer, gewählter Sprecher der Dorfgemeinschaft des „Mir"[18], an dem letztlich Fürstin Maria gescheitert war. Er erschwerte auch Ludwigs Reformversuche dadurch, dass er sich gegen jede Neuerung der jahrhundertealten Gepflogenheiten stemmte.

Der Starost verkörperte das Ideal des russischen Bauern, war eine eindrucksvolle Persönlichkeit, der die christlichen Tugenden der Freigiebigkeit, des Mitgefühls und der Bescheidenheit lebte. Zudem besaß er ein natürliches Gefühl für Würde, Gleichheit und Gerechtigkeit – alle sind Kinder Gottes. Schlank und großgewachsen, mit langem Haar und wild wucherndem Bart, trug er ein langes russisches Hemd aus einem von seiner Frau gewebten Stoff. Als Selbstversorger, der seine Hütte selbst gebaut und mit handwerklichem Geschick eingerichtet hatte, verkaufte er am Wochenmarkt die im Winter erzeugten Bastschuhe, Holzlöffel und Schüsseln und die von seiner Frau und den Töchtern gewebten Stoffe. Er lebte bescheiden, aber unabhängig und aus eigener Kraft. Dadurch erwarb er sich die besondere Achtung Elisabetas, die ehrfürchtige Bewunderung der Bauernschaft und aller russischen Patrioten auf Dedlovo und im Gouvernement. Selbst für Intellektuelle wie studierende Söhne des Popen und des Verwalters Pitkievich war er unangreifbar. Das alles verlieh ihm Glaubwürdigkeit und Autorität bei der Ausübung seines Amtes als „Regent". Seit jeher gehörte es zu seinen Aufgaben, im Kriegsfall eine festgesetzte Zahl von Rekruten aus seinem Dorf auszuwählen. Wie schwierig das war, welche Dramen sich dabei abspielten und welche Konsequenzen diese willkürliche Wahl für die Familien und deren Zukunft hatte, lässt sich denken.

Immer schon war der jeweilige Starost in seinem Dorf ein mächtiger Mann und nach der Aufhebung der Leibeigenschaft 1861 war er es noch mehr. Denn nun übte auch er Rechte aus, die früher dem Gutsherrn zustanden. Ungefähr zwei Drittel des Volkes waren ja damals noch Bauern und lebten in und von der dörflichen Gemeinschaft. Sie waren jetzt frei und auch wieder nicht. Wollte etwa ein Mitglied des Dorfes nach Moskau reisen, musste es früher einen Pass beim Gutsherrn beantragen, den er nun vom Starost bekam – oder auch nicht. Der leibeigene Bauer, der in die Stadt ging, hatte dem Gutsherrn etwas für die ihm entgangene Arbeitsleistung zu zahlen. Der „Freie" musste immer noch bezahlen, diesmal aber an die Dorfgemeinschaft. Das den Gutsbesitzern abgenommene Land ging nicht in das persönliche Eigentum der Bauern über, sondern in das Gemeinschaftseigentum des Dorfes.

Das wurde von den Bauern akzeptiert, denn sie kannten es nicht anders. Gemeinschaftsbesitz an Grund und Boden war uralte Tradition und fest im bäuerlichen Bewusstsein verankert. Die „heilige russische Erde" gehörte seit jeher allen für immer und ewig. Folglich waren nach Meinung der Bauern Grund und Boden der dörflichen Gemeinschaft von den Gutsherren gestohlen – gleichgültig wie dieser erworben, ererbt, verliehen oder gekauft worden war. Wenn die Dörfler, wie bei Fürstin Maria, ihr Vieh auf deren Wiesen trieben, deren Bäume fällten und Wild jagten, machten sie ihrer Ansicht nach nur von ihrem „Recht" Gebrauch. Diese Überzeugung bekamen später auch erfolgreiche ehemalige Leibeigene zu fühlen, die als selbstständige Bauern zu Wohlstand gelangt waren.

Der Starost nahm alle drei Jahre eine Umverteilung des dörflichen Bodens vor. Die gute Absicht dahinter war es, eine gerechte Nutzung des Bodens sicherzustellen. Alle Familien des Dorfes sollten gleichen Anteil an guten, mittleren und schlechten Grundstücken erhalten. Diese Praxis hatte Ludwig schon immer bekämpft, weil die Umsetzung sehr leicht zum Nachteil der Tüchtigen geriet. So wie bei Sergej. „Ich muss deinen Anteil am Land verkleinern", sagte der Starost zu dem jungen Mann, der in der Stadt eine eigene Existenz aufzubauen versuchte. „Warum?", fragte der Angesprochene irritiert. „Wir haben jetzt im Dorf mehr junge Leute, die bleiben und ernährt werden müssen." – „Um wie viel willst du meinen Anteil verkleinern?" – „Um die Hälfte!" – „Oh nein! Das ist wirklich unmöglich! Ich habe mit dem Ertrag für meine Familie und mich fix gerechnet!", sagte Sergej entsetzt. „Es tut mir leid – es gibt nicht genug Land für alle. Du findest dein Auskommen ja in der Stadt. Wir hier brauchen es", sagte der Starost mit Nachdruck. Die Chancen für Sergej, sich als Bäcker in der Stadt selbstständig zu machen, sanken damit auf null. Die Dorfgemeinschaft nahm die Hälfte seines geringen Anteils an Boden für Arme und dazu noch Geld von seinem kleinen Lohn. Unter diesen Bedingungen waren seine Pläne nicht zu verwirklichen. Tüchtig oder schwach, gehen oder bleiben, Armut war weiterhin das Los.

Aber sich ohne Rücksicht einfach davonzumachen bedeutete, ohne Geborgenheit der Gemeinschaft, der Familie und des Dorfes leben zu müssen, und das wollte keiner. Vielleicht hätte auch Sergej das große Heer der Wanderarbeiter vergrößert, die oft als heimatlose Flüchtlinge in Elendsquartieren endeten. Aber zufällig erfuhr Ludwig von seiner Geschichte. Er rief ihn in sein Büro, hörte ihn an und lieh ihm Geld. In der Folge ließ sich der Starost überreden, im Gegenzug für die Nutzung von Sergejs Boden auf dessen Zahlungen zu verzichten. Später sollte Sergej als Gewerbetreibender Ludwigs Partner im Semstwo werden.

Mit der Zeit fand Ludwig Mittel und Wege, den Starost in vielem auf seine Seite zu ziehen. Gleichzeitig warb er beharrlich für Semstwo und eine Änderung der Gesetze, damit diese Organisation liberaler Selbstverwaltung endlich auch politische Realität würde. Die zähe Langlebigkeit des alten dörflichen Gemeinwesens ist schwer zu erklären. Am ehesten noch damit, dass es dort trotz großer Armut Geborgenheit von der Wiege bis zur Bahre gab. Jede Familie mit ihren Angehörigen hatte ein Recht auf einen Anteil am Ertrag der Arbeit des Dorfes.

Mächtig im Dorf war auch die Kirche, denn sie und der orthodoxe Glaube gehörten zur russischen Identität. Deshalb meldete Elisabeta bei erster Gelegenheit ihren Besuch im Pfarrhof an. Der Pope lebte mit seiner Familie nahe der Kirche wie ein Bauer. Sein Amt hatte er wie viele andere Priester geerbt. Mit seiner kleinen Landwirtschaft, Spenden und Schreib- und Rechenunterricht für die Kinder wohlhabender Bauern und auch der kleinen Söhne Kign hielt er seine Familie über Wasser. Viele Söhne von Popen, auch seine, wurden Beamte. Bis zur allgemeinen Schulpflicht erhielten sie ihre höhere Bildung in der Regel nur in kirchlichen Institutionen. Die Priestersöhne zählten sich zur „Intelligenzija" und schlossen sich in großer Zahl den Nihilisten und verschiedenen, oft radikalen Widerstandsgruppen an.

Als Elisabeta eines Tages bei dem kleinen Holzhaus des Popen vorfuhr, trat er durch die Haustür, die so niedrig war, dass man sich bücken musste. „Das erspart ihm die Begrüßungsverbeugung", dachte sie. Er trug einen dichten Vollbart und ein kaftanartiges, bodenlanges Hemd. Die Hände, mit denen er sie ins Haus wies, hatten dicke Schwielen und unter den Fingernägeln waren schwarze Ränder. Die Besucherin wurde von Sofia, der Frau des Popen, respektvoll, aber mit Distanz empfangen. In der peinlich sauberen Stube gab es eine Ofenecke mit Sitz- und Schlafbank. An der Fensterseite stand der Webstuhl der Hausfrau, dem gegenüber der große Tisch mit dem Samowar und rundherum Bänke. An den freien Wänden hingen viele vom Kerzenlicht geschwärzte Ikonen.

Bei einer Tasse Tee und angenehmen Gesprächen entspannte sich die Atmosphäre. Die Unterhaltung drehte sich um Schicksale, Sorgen und Nöte der Menschen in der Gemeinde. Ganz alltägliche Probleme konnten für sie schnell bedrohlich werden. Was tun, wenn die Ziege verendete und keine Milch mehr im Haus war, der Vater sich verletzt hatte und nicht arbeiten konnte oder bei Kinderkrankheiten verzweifelte Hilflosigkeit ausbrach? Elisabeta versprach ihre Unterstützung, wo sie nur konnte. Von nun an gehörten zu ihren Pflichten im Alltag auch noch regelmäßige Krankenbesuche im Dorf und Beratungen mit dem Popen.

Bei all diesen Bemühungen hatten sowohl die Gutsherrschaft als auch der Pope von Zeit zu Zeit Schwierigkeiten mit dem extremen, oft unberechenbaren Charakter der russischen Bauern. Dieser schwankte immer wieder von fast heiliger Sanftheit hin zu unkontrollierter Grausamkeit und Gewalttätigkeit; von tiefer, kindlicher Frömmigkeit bis zu rohem, anarchistischem Handeln; von Würde und Klugheit zu Stumpfsinn im Dauerrausch. Es gab Familienoberhäupter, welche vorbildlich als Selbstversorger das Überleben ihrer Familien sicherten, und dann plötzlich grausam Frau und Kinder schlugen und alle durch Alkoholexzesse an den Bettelstab brachten. Die Gutsherrschaft versuchte, mit Belohnen und Disziplinieren bei den Arbeitern ein Gefühl der persönlichen Verantwortung zu entwickeln. Der Pope seinerseits beschwor die ihm anvertrauten „Schäfchen", doch dem orthodoxen Glauben zu folgen, zu dessen zentralen Tugenden Sanftmut und Bescheidenheit gehörten.

Zahlreiche wunderschöne kirchliche Feste waren von zentraler Bedeutung im Leben jedes Einzelnen. Sie leiteten und bestimmten das bäuerliche Leben und gaben ihm besonderen Glanz und Orientierung.

Die Kirche von Dedlovo war damals neben der Familiengruft der Kigns das einzige gemauerte Gebäude im Dorf. Auf der Turmspitze und in ihrem Inneren glänzten goldene Verzierungen. Im Gottesdienst entstand eine ergreifende Wirkung durch vielstimmige Chöräle, ein Lichtermeer der Kerzen, heilige Ikonen und die farbenprächtig gekleideten Priester. Niemand konnte sich dieser Atmosphäre entziehen. Die Seele wurde im intensiven Gebet in eine andere, mystische Dimension getragen, die den Geist Gottes ahnen ließ. Das alles bedeutete auch Elisabeta sehr viel, wie sie ihrem Mann gegenüber immer wieder betonte. In diese Sphären konnte und wollte Ludwig seiner Frau nicht folgen. Doch auch er glaubte ja irgendwie und an etwas – aber woran? Irritiert fragte er sich manchmal: „Flüchtet sie sich in Frömmigkeit?"

Die Kirche war als Hüterin der jahrtausendealten Traditionen des Landes für die Menschen identitätsstiftend, was sie sehr mächtig machte. Misstrauisch, manchmal ironisch, fragte Ludwig, wieso der Pope den Willen Gottes so genau zu kennen glaubte. In Wahrheit aber fürchtete er einen unkontrollierten Einfluss auf seine Frau und damit auf seine Rechte. Doch als er bemerkte, wie sehr Elisabeta durch das Ausüben des Glaubens das Vertrauen ihrer

Bauern gewann, unterdrückte er seine Ablehnung. Mit ihren wachsenden Aufgaben wandelte sich allerdings auch das sanfte und fromme Wesen seiner Frau. Es wurde bestimmt, energisch, ja stur, vor allem in religiösen Fragen.

Pjotr Pitkievich zog sich nach und nach auf sein Altenteil zurück. Aus diesem Anlass bekam er vom Gutsherrn ein ordentliches Stück Land zu seinem Anwesen dazu, wie früher sein Vater und Großvater. Ivan, sein ältester Sohn, übernahm seinen Posten als Verwalter. Durch diesen Wechsel bekam Elisabeta automatisch mehr Einfluss bei der Leitung des Gutes. Sie wuchs schnell in diese Aufgabe hinein und drückte dem Besitz bald ihren „russischen" Stempel auf.

Elisabeta gab an die Pilger, die als „Leute Gottes" geschätzt wurden, ohne Ludwigs Einwilligung abzuwarten, Essen aus. Viele von ihnen – und das macht Ludwigs Ablehnung verständlich – fanden durch die monatelange Abwesenheit von zu Hause während ihrer Pilgerreise nicht mehr in ihr altes Leben zurück und versanken in Armut und Elend. Es gehörte für Menschen aus allen Schichten des Volkes zum Russentum, auf der Suche nach Wahrheit und dem Sinn des Daseins regelmäßig als Pilger zu den heiligen Stätten Russlands zu wandern. Dort erhofften sie von der unbestimmten Unruhe, die sie stetig an- und weitertrieb, Heilung zu finden. Da lagerten sie nun in Gruppen vor dem Küchentrakt des Gutshauses und sangen zum Dank für die Mahlzeit alte russische Lieder.

6.

Gouvernante gesucht

*Die alte Mascha herrscht im Kinderzimmer – eine Gouvernante ergreift
die Flucht – Susan folgt ihr nach, sie ist ein Glücksfall – ein Baby kündigt
sich an*

Die Kinder der Herrschaft hörten den wandernden Sängern gerne
zu. Sie kannten die Lieder von Mascha, Ludwigs ehemaliger Kinderfrau und seit Elisabetas Reise nach St. Petersburg auch die
ihrer Kinder. Maschas gefühlvolle Seele und tiefer mystischer
Glaube fanden beim Singen der Volkslieder starken Ausdruck. Sie
trug üblicherweise einen langen, dicken schwarzen Rock, dazu
eine dunkle Bluse und auf den glatt nach hinten gekämmten weißen Haaren eine Art kleine schwarze Haube. Sie saß neben den
Kindern, hörte den Sängern zu und strahlte dabei große Zufriedenheit aus. Unbekümmert sprach sie das seit Beginn des 19.
Jahrhunderts verbotene Weißrussisch und brachte es auch den
Kindern bei. Mit Hingabe und unglaublich fesselnd erzählte sie
weißrussische Märchen, in die alte überlieferte Volksweisheit verpackt war. Je nach aktuellem erzieherischem Bedarf wandelte sie
die Aussage ab. Sie verstand es, mit spannenden, unheimlichen,
schönen und oft grausamen Erzählungen eine phantastische Welt
vor den Augen der Kinder entstehen zu lassen. Geister, Fabelwe-
sen, gute und böse Menschen, Fürsten und Bettler bevölkerten
dann das Kinderzimmer. Vladimir war dafür besonders empfäng-
lich. Obwohl ihn manche Bilder im Schlaf verfolgten, wollte er
um keinen Preis auf die Geschichten verzichten. Maschas Märchen hatten eine jahrhundertelang erprobte Dramaturgie und ent-
falteten eine poetische Kraft mit besonders nachhaltiger Wirkung.
Vladimirs leidenschaftlicher Wunsch, selbst zu erzählen, einmal
Dichter zu werden, hat sicher hier eine Wurzel.

Der Anblick der Kinderfrau mit seinen Söhnen vor dem Küchentrakt empfing Ludwig bei seiner Heimkehr – und machte ihn
wütend. Hatten sie nichts anderes zu tun? Kaum war er abwesend,
wurde der regelmäßige Unterricht vernachlässigt. Elisabeta ließ

sich Ludwigs Ansicht nach einfach von Mascha zu sehr beeinflussen, die meinte, dass „die Lieblinge noch zu klein seien, um ihre Köpfe mit unnötigem Zeug vollzustopfen". Sogleich ließ sich Ludwig von seinen Söhnen ins Schulzimmer führen und ihre Aufgaben zeigen. „So geht das nicht weiter! Da ist ja gar kein Fortschritt zu erkennen", schimpfte er. Elisabeta hatte ein schlechtes Gewissen, aber Mascha pflanzte sich kampfbereit vor dem Herrn auf: „Bei Euch war das nicht anders – und hat es nicht gereicht?" – „Niemand hat dich gefragt", sagte er böse. Mascha Vorwürfe zu machen war sinnlos. Sie selbst hatte nie Schreiben und Lesen gelernt, das bereitete ihr aber keinen Kummer.

Damals waren die Söhne Ludwigs zirka fünf und neun Jahre alt. Nach der Tradition der Familie war es höchste Zeit, Vladimir für ein Gymnasium und Internat in Moskau vorzubereiten. Aber wie sollte das hier auf dem Lande möglich sein? Nach einigem Überlegen teilte Ludwig seiner Frau mit: „Ich habe mich entschlossen, sehr bald eine englische Erzieherin und einen deutschen Lehrer zu beschäftigen! Möglichst noch vor dem Sommer!" Elisabeta schwieg nachdenklich. Sie selbst war von ihrer Mutter unterrichtet worden und hatte keine Erfahrung, was es bedeutete, Kinder für das Gymnasium vorzubereiten. „Mach dir keine Sorgen, du wirst sehen, die Entscheidung ist gut und richtig, es war in meiner Kindheit nicht anders, nicht wahr, Mascha? Im Sommer bin ich wochenlang zu Hause und werde mir die Arbeit der Erzieher ansehen!" Mascha rollte die Augen und schnaubte verächtlich. Die ausländischen Lehrer würden nach ihrer Überzeugung die Seelen der Kinder mit nichtrussischem, gottlosem Zeug nur verwirren und sie ihrer Mutter und der Kinderfrau entfremden. Bevor Mascha in Traurigkeit und Resignation über die bevorstehende Trennung von den Buben versinken konnte, vertraute ihr Elisabeta ein Geheimnis an. Wenn nach Gottes Willen alles gut gehen sollte, würde in ein paar Monaten wieder ein Baby in der Wiege liegen. Maschas Freude war riesig, denn diese Nachricht verlängerte ihre Herrschaft im Kinderzimmer um eine lange Zeit.

In den folgenden Jahren sollten die Eheleute in vielen Diskussionen um den weiteren Bildungsweg für ihre Söhne ringen. Ludwig prangerte die seiner Meinung nach zu „verzärtelnde" russische

Erziehung an. „Erstaunlich", meinte Elisabeta nicht wirklich überzeugt, „dass dennoch so viele von ihnen den Weg in ein verantwortungsvolles Leben finden." – „Wir", antwortete er, „standen immer unter einem gewissen Erwartungs- und Leistungsdruck in Richtung eines Zieles – das scheint mir sehr sinnvoll!"

Ludwigs Eltern hatten, lange bevor die Schulzeit zu Ende ging, die Wahl eines Studiums besprochen. Noch vor dessen Abschluss war dann eine Familiengründung das Ziel gewesen. „Daher kommen die vielen frühen Ehen bei uns! Prinzipiell scheint mir das kein Fehler", ergänzte Ludwig und begann alle beispielhaften Paare, die ihm einfielen, aufzuzählen. „Ja, ein Schlendrian war uns nicht erlaubt und den" – er sah Elisabeta dabei streng an – „möchte ich bei unseren Söhnen auch nicht dulden!" Wie sich später zeigen sollte, hatten auch Ludwig und Elisabeta keine verlässlichen Rezepte, ihre Erziehungsziele zu erreichen.

Die englische Gouvernante, die Ludwig wie geplant im Frühsommer engagierte, kam, sah und ergriff die Flucht. Die verblüfften Dienstgeber fragten sich: „Was ist bloß schiefgelaufen?" Die junge Britin aus dem England Königin Viktorias hatte sich ihr Gastland und das Leben auf dem Gut ganz anders vorgestellt, möglicherweise ähnlich wie die Schwestern Brontë in ihren Büchern das Leben auf einem herrschaftlichen Landsitz schilderten: palastartige Bauten mit zahlreicher Dienerschaft, in deren Bereich sich die Herrschaft niemals verirrte, genauso wenig wie in die Kinderzimmer. Außer Madame hatte niemand der Gouvernante etwas zu befehlen. Ein förmlicher Umgangston und streng geregelter Tagesablauf waren üblich. Religiosität erschöpfte sich mit dem sonntäglichen Kirchenbesuch.

In Dedlovo hingegen herrschte bei den verzärtelten Kindern der alte Drachen Mascha, der die „Neue" einfach ignorierte. Die Mythen und Bräuche der orthodoxen Religion lagen förmlich in der Luft. Die Mentalität der Menschen war laut, das Personal rückständig und das Essen schrecklich. Die russische Sprache, auf die alle so stolz waren, zu erlernen, war nicht ihre Aufgabe. Was sollte sie hier? Die Gouvernante reiste also noch ab, bevor sie ihre Schrankkoffer ausgepackt hatte. Auf der stundenlangen Fahrt zum Bahnhof über holprige, schlammige Straßen schaffte sie es, dem Kutscher nonverbal die Überlegenheit des englischen Straßennetzes zu vermitteln. Im Gutshaus machte sich indessen Erleichterung breit. Natalia, die Wirtschafterin, sagte sinngemäß – und alle stimmten zu – „Es ist unerträglich, ständig mit der personifizierten britischen ‚Überlegenheit' zu leben!" Mascha triumphierte – aber nicht lange.

Eine neue englische Gouvernante, Susan, traf bald darauf ein und sofort wehte ein neuer, frischer Wind. Sie hatte ein offenes Wesen, Humor und ein sehr großes Selbstbewusstsein. Hübsch war sie für russische Begriffe nicht, dafür war sie zu dürr. Das war kein Nachteil. Es würde weniger Komplikationen durch unpassende Bewunderer geben. Die Überlegenheit des Empire, davon war Susan überzeugt, wurzelte in der englischen Erziehung. Fairness, Sport, Abhärtung, Pünktlichkeit und Ausdauer bildeten die Basis aller Bemühungen. Sofort ging sie ans Werk, erstellte einen Stundenplan, den sie mit Ludwig abstimmte. Für einen Erfolg war es nötig, wie sie meinte, den Lebensstil der Buben zu ändern. Mascha verging das Lachen, denn der Herr sagte zu allem Ja und Amen. Susan ließ sich durch böse Blicke und kleine Bosheitsakte nicht einmal die Laune verderben.

Ab sofort gab es für Vladimir und Alexej am Morgen eine kalte Dusche. Nach dem Frühstück, exakt um 9 Uhr, folgten der Unterricht in englischer Sprache, dann abwechselnd Schreiben, Lesen und etwas Musik, dazwischen viel Bewegung. Bei schönem Wetter wurde der Unterricht oft ins Freie verlegt. Religion, Russisch und Rechnen unterrichtete wie bisher der Pope. Zu Mittag gab es eine Pause für ein leichtes Essen und danach etwas Erholung. Zur Teestunde war dann Zeit, die Eltern zu sehen. Diese strikte Einteilung fördere die Konzentrationsfähigkeit der Kinder, erklärte Susan. Am Abend bestand sie auf einem täglichen Bad für die Buben, und dass sie bei offenem Fenster schliefen. Das war leichter gesagt als durchgesetzt, denn Mascha kam zum Abendgebet ins Kinderzimmer und schloss die Fenster wieder. In ihren Augen reichte es, wenn die „gottlose Verrückte" bei jedem Wetter stundenlang mit den Kindern durch die Landschaft stürmte. Gehen konnte man das beim besten Willen nicht nennen. Susan achtete in allem auf eine gewisse Etikette und Manieren. Die junge Gouvernante war eindeutig „comme il faut". Sie stammte aus einer sehr guten, aber verarmten Familie. Für Russlands Geschichte und Kultur zeigte sie Interesse und große Sympathie. Das machte ihre besondere Stellung im Haus leichter und ihre Person der Familie sehr angenehm. Susan war ein Glücksfall!

Bald sahen die Buben nicht nur blühend aus, sondern waren auch sehr fröhlich und übermütig. Ludwig war zufrieden: „Sie sind ausgelastet und das tut ihnen sichtlich gut!" – „Das stimmt!", sagte Elisabeta. „Nur habe ich sie jetzt viel weniger bei mir!" Wann immer es möglich war, ging sie ins Schulzimmer, aber nicht nur, um in der Nähe ihrer Kinder zu sein, sondern auch, um nach dem Rechten zu sehen. Es gab zu viele Geschichten in der Familie über Erzieher, die mit ihren Methoden die Schüler grausam quälten. Sie selbst fühlte sich jetzt, da alles gut war, sehr wohl. Ihre Schwangerschaft machte keine Beschwerden und sie war sich sicher, dass der baldige Sommer sehr schön werden könnte.

7.

Sommer auf Dedlovo

Eine von allen ersehnte Zeit – zahlreiche Sommergäste kommen – Familien- und Freundesbande werden gestärkt – Tante Sophia aus Petersburg – große Freiheit für die Kinder – Erntefest

Die Vorstellung eines Sommers auf russischen Landgütern ist zumindest bei literarisch interessierten Lesern von berühmten Theaterstücken wie Turgenjews „Ein Monat auf dem Lande", von Tschechows „Platonow" oder „Der Kirschgarten" geprägt. Hochverschuldete Gastgeber scharen hier aus lähmender Langeweile blasierte, ebenso gelangweilte, passive Menschen um sich. Gemeinsam ist Männern und Frauen, dass sie mit sich und ihrem Leben nichts anzufangen wissen. Es sind Menschen, für die es sogar zu anstrengend ist, sich um die Liebe zu bemühen. Möglicherweise war das ein Teil einer Wirklichkeit, aber mit Sicherheit nur ein Teil.

Auf Dedlovo war der Sommer eine von allen ersehnte Zeit. Es war so schön, wenn endlich die Tage länger wurden und die Sonne stark, die Luft heiß flirrend, wenn alle Wege und Straßen fest waren und am Horizont unter dem unendlichen Himmel weiße Wolken tief über die goldenen Getreidefelder zogen. So richtig begannen die Sommerferien auf Dedlovo für die Großfamilie und deren Freunde erst, wenn Ludwig nicht mehr verreiste. Endlich hatte er Zeit für alle – auch für die Gäste, die jährlich kamen.

Anfangs spürte man noch die Unruhe und Probleme, die sie aus dem temporeichen Leben in der Stadt mitbrachten. Daria war da keine Ausnahme. Vergleichsweise ereignislos lagen plötzlich die Stunden und Tage da, und das wiederum führte zu sich selbst zurück. Nicht immer angenehm. Rituale konnten den Sommergästen darüber hinweghelfen. Das übliche wochenlange enge Zusammenleben war wichtig, um die Familienbande zu erneuern und zu stärken.

Daria und Pjotr, die immer mit großem Gepäck ankamen, waren und blieben Elisabetas liebste Gäste, die ihr Leben bereicherten.

Das bedeutet aber nicht, dass es keine Missverständnisse und Spannungen zwischen den Erwachsenen gab. Daria musste lernen, ihren Perfektionismus zu vergessen. Umgekehrt versuchte Elisabeta, Darias Art nicht als Vorwurf zu empfinden. Bei allen Diskussionen galt aber die Regel: „Nicht vor den Kindern oder dem Personal und niemals eine Grenze überschreiten." Am Ende des Sommers war man dann einander näher als zuvor.

Kaum vorgefahren, wurde der Wagen Darias und Pjotrs von Familie und Personal umringt und ausgepackt, und die Kinder sprangen neugierig um die Schrankkoffer mit Kleidern herum. Eine Prozession lachender und durcheinander sprechender Menschen trug alles in den Seitentrakt.

In diesem Sommer 1865 half Elisabeta Daria wie jedes Jahr beim Auspacken und ließ Tee bringen. Sie plauderten irgendwie befangen, kein Wunder nach der langen Trennung. „Wie war die Reise?" – „Danke, lang! Wie fühlst du dich?" – „Immer schwerfälliger, aber ohne Beschwerden!" – „Was hältst du von Literaturnachmittagen wie letztes Jahr? Sollen wir sie heuer vielleicht englischen Neuerscheinungen widmen? Susan hilft beim Übersetzen." – „Gerne!", sagte Daria. „Ich wollte dir ohnehin gemeinsame Malstunden im Freien vorschlagen, für dich jetzt eine passende Beschäftigung."

Währenddessen zeigte Ludwig seinem Bruder wie jedes Jahr alle Neuerungen auf dem Gut. Sie ritten im Park langsam an den jüngsten Pflanzungen vorbei und bewunderten Sträucher und Bäume aus dem Süden, die den Winter in der vergrößerten Orangerie gut überstanden hatten. Vorbei ging es am Ufer des kleinen Sees, in dem ein neuer Holzsteg meterlang ins Wasser reichte. Auf Holzstangen montierte weiße Stoffbahnen dienten nun als Umkleidekabine. Der nahe Wald war sehr gepflegt und um einen kürzlich gepflanzten Jungwald vergrößert. Auf den Feldern stand das Korn hoch und in der Tenne des Dorfes gab es eine neue Dampfdreschmaschine. An die Wirtschaftsgebäude drückten sich einige neue kleine Häuser für Arbeiter und deren Familien. Zum Abschluss der Besichtigung prosteten die Brüder einander mit einigen Gläschen Wodka in der eigenen kleinen Brennerei zu, auf die Ludwig so stolz war. Pjotr war beeindruckt und froh. Bald würde er sein verliehenes Geld wieder sehen. Beschwingt kehrten sie nach Hause zurück.

Am Abend strahlte das Haus festlich beleuchtet und auf der großen Tafel im Speisesaal glänzten Gedecke in Silber und Kristall. Überraschend waren Freunde auf der Durchreise angekommen – ein Professor der Musikhochschule in Moskau mit seiner Frau. Sie blieben schließlich zum Abendessen und es war nicht schwer, sie auch zum Übernachten zu überreden. Die Stunden verflogen unglaublich schnell mit Tratsch, Diskussionen, Erzählungen und Späßen. Erst im Morgengrauen zogen sich alle in ihre Zimmer zurück. Bevor man sich trennte, vereinbarten Daria, der Professor und eine Nachbarin für den nächsten Tag ein kleines Konzert zur Teestunde. Um sich zu schonen, hatte sich Elisabeta noch vor Mitternacht zurückgezogen.

Für den nächsten Tag erwarteten sie Besuch aus St. Petersburg: Tante Sophia, eine entfernte Verwandte Ludwigs. Sofia war alleinstehend, unbestimmten Alters und früher einmal Hofdame gewesen. Sie galt als sehr liebenswürdig und angenehm. Wovon sie lebte, wusste niemand genau. Vermutlich erhielt sie Unterstützung durch Verwandte. Gleich nach dem Frühstück kontrollierte Elisabeta das ihr zugedachte Gästezimmer. Danach ging sie nachdenklich zum spiegelglatten See hinüber, der zum Baden einlud. Ein schönes Ruderboot, von Mücken umschwirrt, lag an seinem Ufer.

„Kommen Sie doch zum Schwimmen mit", rief die sportbegeisterte Susan, als könnte sie Gedanken lesen. „Schwangerschaft ist keine Krankheit, Madame!" – „Sie sind ja Expertin für werdende Mütter, nicht wahr?", spöttelte Elisabeta. „Versuchen Sie es doch! Nur untertauchen!" Elisabeta sah sich schnell um, sie waren noch ungestört, schlüpfte aus dem leichten weißen Kleid und ließ sich, von den Vorhängen abgeschirmt, ins Wasser gleiten. „Herrlich, Susan, ich fühle mich so leicht wie schon lange nicht mehr! Das mache ich jetzt jeden Tag!" Lachend schickten sie ein Stoßgebet zum Himmel, dass niemand sie so sehen konnte, und liefen barfuß ins Haus zurück.

Daria kam eines Tages strahlend von ihrem Morgenritt zurück und fragte nach den Buben. „Die sind mit Ludwig unterwegs", antwortete Elisabeta. „Beide?" – „Ja, Alexej ist mit seinen fünf Jahren eigentlich noch zu klein. Aber er schreit und weint und will unbedingt mit. Erst wenn er mit seinem Bruder in Vaters Sattel sitzt, ist er zufrieden. Dann verhält er sich so still, dass man ihn vergisst. Vladimir hingegen plaudert unbefangen mit Arbeitern und Bauern. Er tollt und rauft mit den Dorfkindern, während Ludwig arbeitet. Ja, Vladimir ist ungemein beliebt und wir sind sehr stolz auf unseren Ältesten, den künftigen Herren." – „Er ist meine ganze Hoffnung", soll Ludwig schon bei seiner Geburt gesagt haben, und die schien sich zu erfüllen.

Für Vladimir bedeuteten diese Sommerwochen die große Freiheit. Es gab kaum Unterricht, dafür wilde Spiele in Wald und Flur mit Söhnen von Pitkievich und dem des Popen. Unverdrossen versuchte Susan dennoch, für die beiden Buben ein Minimum an Ordnung aufrechtzuerhalten. Nach einem langen Vormittag trafen sich alle wieder zu einem kleinen Mittagsimbiss. Das Professorenpaar schwärmte von einer schönen Bootsfahrt und Spaziergängen durch den Park. Nach kurzer Mittagsruhe wurde im Salon zur Vorbereitung für das Hauskonzert Klavier und Geige geübt.

Mit Besuchen und Gegenbesuchen, Picknicks, Wanderungen, Reittouren, Lesungen, Fischen, Musizieren verging der Sommer. Die Ernte wurde eingebracht und in der Tenne wurden lange Tische zum gemeinsamen Essen und Feiern aufgestellt. Dedlovos Arbeiter und Bauern waren zufrieden. Zwar hatten sie von Sonnenaufgang bis Sonnenuntergang gearbeitet, aber bei reichlich gutem Essen und für angemessenen Lohn. So klang das Erntedankfest mit vielstimmigen Chören der Dörfler fröhlich und friedlich aus. Sollte es in den Sommern auch in Dedlovo Verwirrung der Gefühle und verbotene Liebesbeziehungen gegeben haben, wie sie in der Literatur als typisch beschrieben sind, so waren sie in Dedlovo bedeutungslos, denn darüber ist nichts berichtet.

8.

Russische Gastfreundschaft endet nie

Sommerende – schwerer Abschied – Elisabetas Arbeitspensum – Tante Sophia bleibt für immer – Familiengeschichte als Lebenskundeunterricht – Gespenster im Kinderzimmer – Elisabetas schwere Stunde – Stille, die einer Tragödie vorausgeht – wer kümmert sich um Olga?

Als Daria Ende August, Anfang September zu packen begann, war auch dieser Sommer wirklich zu Ende. Elisabeta sah ihr dabei traurig zu. „Ich werde mich ohne dich einsamer fühlen." – „Ich schenke dir meine Staffelei, damit du weiter malst, denn es wäre schade, würdest du aufhören." – „Wirklich? Danke! Ich hätte nie gedacht, wie viel Freude mir das macht." Daria umarmte ihre Schwägerin. „Wofür bedankst du dich? Ich bin es, die dir zu danken hat für die wunderschönen Wochen hier, du gibst dem Haus eine Seele, deine reiche Seele! Hier ist so viel Spontaneität, Lebendigkeit und Wärme zu spüren!" Sie blickte auf Elisabetas riesigen Bauch. „Das wirst du auch gut machen, glaube mir!" – „Meinst du? Je näher die Geburt rückt, desto mehr Angst habe ich. Bemerkt man meine Sorge?" – „Nein, aber ich kann es mir vorstellen. Es scheint doch ganz normal. Zum Glück hast du aber keinen Grund!" – „Wenn ich sterbe …" – „Nein, denk so etwas nicht, nein!" – „Bitte, Daria, lass uns darüber reden, es beruhigt mich. Also wenn ich sterbe, bitte kümmere dich um die Kinder, ja? Ich weiß, was ich von dir verlange, aber ich kenne sonst keinen Menschen, dem ich so vertraue. Mit Ludwig kämst du auch zurecht." Weinend fielen sich die beiden Frauen um den Hals.

Die Schatten wurden länger, der Morgen zu kühl zum Schwimmen. Zur Jagdzeit wurde das Haus noch einmal für ein paar Tage voll. Für Elisabeta war es höchste Zeit, zur Ruhe zu kommen, um sich auf die Geburt vorzubereiten. Sie machte nun keine Krankenbesuche mehr und stellte ihre Rundgänge im Dorf ein. Aber in der Kirche sah man sie bis zuletzt immer wieder im Gebet.

In den vergangenen Wochen waren dreimal täglich mindestens zwanzig Personen, vom 15-köpfigen Personal abgesehen, mit

Mahlzeiten versorgt worden und die Erzeugung und Bevorratung der Lebensmittel, die alle aus dem eigenen Betrieb kamen, war zu überwachen gewesen. Das große Haus und die Wirtschaftsgebäude mussten in Schuss gehalten werden. Auch die umfangreiche Bett- und Tischwäsche aus schwerem Leinen benötigte eine sehr zeitaufwendige, kenntnisreiche Behandlung – angefangen beim mühevollen Waschen über Fleckenentfernen bis hin zum Bügeln. Der Park mit seinen Blumen, den Elisabeta sehr liebte, kostete viel Zeit. Trotz Personals war ihr Arbeitspensum enorm. Heute würde man ihre Tätigkeit auf dem Gut als Management eines Betriebes bezeichnen. Elisabeta selbst hatte sich nie Gedanken über den Wert und das Ausmaß ihrer Arbeit gemacht. Mit ihrer Eheschließung hatte sie Familienpflichten übernommen – und Punkt. Aber keine Frage, es war nicht immer leicht, während der Abwesenheit ihres Mannes allein die Geschicke der Familie und der Betriebe zu lenken.

„Wenn du willst, Elisabeta", schlug Tante Sophia eines Tages vor, „bleibe ich noch etwas bei euch, um dir Gesellschaft zu leisten." Und sie blieb – und das für immer. Die russische Gastfreundschaft war berühmt für ihre Großzügigkeit und manchmal, wie in diesem Fall, endete sie nie. In der schlechten Jahreszeit, die jetzt begann, war Tante Sophias unerschöpflicher Vorrat an Geschichten besonders beliebt. Die Erwachsenen unterhielt sie mit Erlebnissen vom Hof des Zaren, gewürzt mit Tratsch und Klatsch. Im gemütlichen, nach Lavendel duftenden Zimmer der alten Dame verbrachten Vladimir, Olga und Alexej viele Stunden. Tante Sophia gehörte zu jenen Erwachsenen, die Kinder vollkommen ernst nahmen und dafür sehr geliebt wurden. In ihrer Gesellschaft zeigte sich jeder ganz selbstverständlich von der besten Seite. Selbst der kleine Alexej saß ausdauernd dabei. Niemand hatte eine Ahnung, ob und was er von allem mitbekam. Sophia schilderte den Kindern spannende Episoden aus der jahrhundertelangen Vergangenheit der Familie. Wie im Märchen begann alles in einem fernen, fernen Land mit einem kühnen, tapferen Ritter, von dem der ursprüngliche Familienname „Khuen, der kühne Ritter" stammt. Im Laufe der Generationen wiederholten sich Aufstieg und Niedergang der Kigns – manchmal aus eigener Schuld, oft durch Kriege und deren Folgen.

Eine Lieblingserzählung Vladimirs war jene über das dramatische Schicksal seiner Groß- und Urgroßeltern in den napoleonischen Kriegen. Der Bericht galt als pädagogisch wertvoll, denn die Moral der Geschichte war, sich niemals zu beugen und niemals aufzugeben. Sophia begann mit den Sätzen: „1812 fiel Napoleon Bonaparte mit seiner Grande Armée und ihren über tausend Kanonen in Russland ein. Es war die gewaltigste Armee, welche die Welt je gesehen hatte. Anfangs erbeutete der Feind noch Lebensmittel für seine Soldaten, aber schon bald fanden sie nur noch verbrannte Erde vor. Die Bevölkerung war vor der riesigen Streitmacht ins Landesinnere geflohen." – „Warum flohen sie?", fragte Vladimir jedes Mal. „Um ihr Leben zu retten!" Sophia sprach weiter: „Mit Gewaltmärschen, also ohne Pause, ohne Essen und Trinken, trieb Napoleon sein Heer in die Region Witebsk voran, in der damals das wunderschöne, reiche Gut der Kigns lag. Napoleon hoffte, in dieser Stadt die russische Armee zu stellen und deren Vorräte zu erobern. Aber er kam zu seiner Überraschung in eine verlassene Stadt. In nur einer Nacht hatte die Bevölkerung von Witebsk in fieberhafter Eile die Stadt vollständig geräumt. Die Franzosen, von extremer Hitze und wahren Regenfluten erschöpft, mussten hungern, bis endlich ihr Nachschub kam." – „Das geschieht ihnen recht!", triumphierte Vladimir. „Trotzdem marschierten sie unaufhaltsam weiter."

Sophia nahm Vladimirs Hand und ging mit ihm hinaus auf die Terrasse, von der man den Gutshof und die Wirtschaftsgebäude sehen und weit ins fruchtbare Land blicken konnte. „Denk dir, der Feind nähert sich – wie ihn aufhalten? Was tun?" – „Wir verstecken uns!", schrie das Kind. „Unmöglich, es sind zu viele! Wen sie finden, nehmen sie gefangen oder töten ihn. Deine Großeltern jedenfalls hatten keine Wahl. Verzweifelt räumten sie ihren Besitz und flohen zu Verwandten ins Landesinnere. Der Verwalter und sein Herr, so wird erzählt, blieben kurz zurück, um in allen Gebäuden Feuer zu legen. Der tüchtige Verwalter Pitkievich und seine Familie, dessen Nachkommen noch hier arbeiten und leben, blieben bei ihnen. Alle anderen Bewohner des Gutes zerstreuten sich im ganzen Land." Vladimir sah in seiner Phantasie Dedlovo brennen und war verzweifelt. „Warum alles verbrennen?" – „Der Feind sollte auch hier keinen Stützpunkt haben können. Glaube mir, das zu tun, war furchtbar!" – „Warum sind sie nie mehr zurückgegangen?" – „Nach dem Ende des Krieges war das Land so verwüstet, dass dort selbst Ratten nicht mehr überleben konnten. Die Großeltern mussten aufgeben und von Neuem beginnen – und, wie du siehst, ist es ihnen gelungen. Alles endete schließlich gut. Denn schöner als hier konnte es in Witebsk nicht gewesen sein!" – „Jetzt kann so etwas doch nicht mehr geschehen – sag, Tante Sophia?" – „Nein, ein Krieg darf und wird nicht mehr kommen", beruhigte sie das Kind. Doch noch in diesen Tagen gab es Berichte über den preußisch-österreichischen Krieg und dessen mögliche Folgen, die Sophias Versprechen relativierten. Der Zar sympathisierte offen mit Preußen, wollte sich aber neutral verhalten. Es gab also keine Ursache, sich zu sorgen – oder doch?

Zum Missfallen Susans beschäftigten sich nun Vladimirs Spiele mit den Buben im Dorf mit Angriff und Verteidigung und Krieg und Frieden. In der Regel verliefen sie sehr wild, denn es herrschte das Recht des Stärkeren. Ludwig wollte das nicht unterbinden oder regeln – das sollten die Buben selbst tun. Aber abends vor dem Einschlafen kamen in der Phantasie Vladimirs und Alexejs Gespenster in das Kinderzimmer und ließen die Buben vor Angst nur schwer einschlafen.

Tante Sophia tat alles, um in die Familie hineinzuwachsen. Überallhin streckte sie ihre Fühler aus – kein Geheimnis war vor ihr sicher. Sie hatte einen leisen Schlaf und der war ihr heilig. Für sie bedeutete eine schlagende Uhr im Zimmer Folterqualen. Um das Pendel anzuhalten, kletterte sie täglich vom Sessel auf den Tisch und von dort auf einen Fußschemel. Das Zimmermädchen brachte es, unbeeindruckt von Sophias Protesten am nächsten Tag, wieder zum Schwingen. Erst Elisabetas Einschreiten beendete das „Spiel".

Als nun eines Nachts – Ludwig befand sich noch auf Reisen, wurde aber jeden Moment zurückerwartet – bei Elisabeta Wehen einsetzten, half kein Flüstern und leises Auf-Zehenspitzen-Balancieren, Sophia hörte alles. Mit den Worten „Es ist so weit" warf sie sich unerschrocken ihren Morgenmantel um die Schultern, blickte in den Spiegel, strich die Haare zurück – dafür musste selbst in Todesgefahr Zeit sein – und lief ins Haupthaus. Mascha und die Wirtschafterin Natalia hielten Lampen hoch und liefen kopflos um die Hausfrau herum, die bleich mit beiden Armen schützend ihren Bauch umfasste. „Das arme Kind", dachte Sophia, „in dieser Situation ohne den Beistand von Mutter und Ehemann!" Sie setzte sich zu Elisabeta, nahm ihre Hand und sagte beruhigend: „Steh nicht auf, bleib sitzen, Ruhe ist das Wichtigste!" – „Tante Sophia, ich wollte dich nicht stören! Vielleicht ist es ja auch ein falscher Alarm", sagte die junge Frau zaghaft. Elisabeta war nicht sicher, ob ihr Sophias Anwesenheit angenehm sein würde. Doch die übernahm entschlossen die nötigen Entscheidungen: „Wir schicken nach dem Doktor, ja? Natalia, holen Sie bitte die Pflegerin aus ihrem gesegneten Schlaf und bringen Sie ein Glas Wasser!" – „Es dauert Stunden, bis der Arzt hier sein kann", gab Elisabeta zu bedenken. „Wer?" – „Der Doktor!" Sophia nickte ungeduldig. „Ich habe zwar keine Kinder, aber soviel ich weiß, dauert eine Geburt in der Regel einige Stunden. Bis dahin" – sie winkte Natalia – „bereiten Sie Madames Zimmer für die Niederkunft vor."

Noch bei seiner Abreise hatte Sophia zu Ludwig unter vier Augen energisch gesagt: „Ich hoffe, dass du in der schweren Stunde deiner Frau zurück sein wirst! Und bitte, wenn du sie schon hier und nicht in St. Petersburg entbinden lässt, dann schlage ich vor, ab sofort eine geschulte Geburtshelferin kommen zu lassen!" So geschah es dann auch und sie bewährte sich jetzt durch gute Betreuung und Geburtsvorbereitungen. Die Mädchen trugen Stöße weißer Leinentücher und auch Heißwasserbehälter hinein, Madames Bett wurde von allen Seiten zugänglich gemacht und zuletzt schob Mascha einen Stubenwagen zum Fenster. Immer, wenn sich die Tür öffnete, hoffte Elisabeta sichtlich, es wäre ihr Mann. Wo blieb er nur? Sophia kämpfte bei dem Gedanken mit Panik, allein, ohne familiäre Unterstützung zu bleiben. Zu viel hatte sie schon erlebt. Eine Geburt war immer ein Ereignis mit ungewissem Ausgang. War Ludwig nicht bewusst, wie verlassen sich seine Frau fühlen musste?" – „Nein, natürlich nicht", beantwortete sie ihre Frage selbst, „welcher Mann überlegt sich das schon?" Der Morgen graute und die Stärke der Wehen nahm zu. Elisabeta stöhnte immer wieder auf. Ein Wagen fuhr vor. „Gott sei Dank! Der Doktor ist gekommen!", rief Sophia schnell, als erwartete niemand den Hausherrn. Der Arzt zeigte sich zufrieden, es sei alles normal, nun gelte es, der Natur vertrauensvoll ihren Lauf zu lassen.

Endlich hielt Ludwigs Kutsche vor dem Haus. Sophia empfing ihn mit Vorwürfen: „Du kommst spät, zu spät, um Elisabeta noch zu stören. Sie leidet schon seit Stunden!" Sophia wollte der Gebärenden ersparen, Rücksicht auf ihren Mann nehmen zu müssen. Der sah sie aber verständnislos an, schob sie beiseite und ging zu seiner Frau. Durch den Türspalt war kurz zu sehen, wie glücklich Elisabeta über sein Kommen war. „Ich dachte schon, es sei dir etwas geschehen, Ludwig!" Draußen vor der Tür schimpfte Sophia: „Nicht zu fassen – sie sorgt sich um ihn!" Drinnen meinte Elisabeta zu ihrem Mann: „Ärgere dich nicht, sie lebt allein und hat keine Ahnung von unserer Verbundenheit!"

Das stimmte so aber nicht. Sophia hatte bei Hofe und in ihrer großen Familie vieles gesehen und erlebt. Eine längere Krankheit oder die Folgen einer schweren Geburt konnten eine Ehe zum Nachteil der Frau – ob hoch oder niedrig geboren – schwer erschüttern. Bei Sophia tauchte die Erinnerung an das Schicksal der vor einigen Jahren verstorbenen Zarin Alexandra Fjodorowna, der Ehefrau Nikolaus' I., auf. Die beiden hatten aus Liebe geheiratet und wurden ein glückliches Paar, sie bekamen sieben Kinder. Als Alexandra kränkelte und sich schonen musste, präsentierte ihr der Zar eine ständige Mätresse, praktischerweise aus ihrem Gefolge. Alexandra Fjodorowna entschied sich auf kluge Art, um ihre Stellung zu kämpfen. Es ging ja nicht nur um ihre eigene Zukunft, sondern auch um die ihrer Kinder, Verwandten und ihres Personals. Sie verbarg ihre tiefe Kränkung und Enttäuschung und akzeptierte anscheinend die Situation. Die Mätresse blieb in ihrer Umgebung als „liebe Freundin" und Vorleserin. Der Zar war erleichtert, seine Frau ersparte ihm ein schlechtes Gewissen und erhielt ihm ein „harmonisches" Familienleben. Das dankte er ihr mit seiner Freundschaft und ihrem unangetasteten Status. Für die Zarin war es aber ein Leidensweg, verbunden mit Existenzangst und dem Verlust der Selbstachtung.

Je mehr Stunden mit Warten vergingen, desto schwärzer wurden Sophias Gedanken. Sie ging in ihr Zimmer, ungewöhnlich für sie, um zu beten. „Oh, mein Jesus, schütze diese junge Familie … aber Dein Wille geschehe, nicht der meine! Aber Dein Wille wird doch barmherzig sein?" Sie hatte eine „Not-lehrt-Beten"-Frömmigkeit: Wurde sie erhört, vergaß sie ihre Ängste und auch, dem Herrn zu danken. Wenn nicht, haderte sie mit ihrem Glauben.

Nach weiteren Stunden trat im Haus Stille ein, eine Stille, wie sie manchmal einer Tragödie vorausgeht. Sophia gab ihre Zurückhaltung auf und lief in Panik zum Gebärzimmer, riss die Tür auf und sah, wie die Hebamme mit der Hand einen winzigen, bleichen Körper klopfte und kaltes Wasser auf ihn spritzte. Es war ein nicht lebensfähiger Bub, der sofort auf den Namen Petar getauft wurde. Kurze Zeit noch war sein schwaches Wimmern zu hören, bis es für immer verstummte. Trotz aller Mühen und Gebete hatte er nur wenige Stunden gelebt. Noch am selben Tag wurde der kleine Sarg zu Grabe getragen. Obwohl Petar nur kurz am Leben gewesen war, schien danach das Haus leer zu sein und das Leben stand gleichsam still. Elisabeta war erschöpft und litt.

Wie Ludwig auf den Verlust seines Kindes reagierte, wissen wir nicht. Er war sicher sehr schmerzlich, traf ihn aber nicht unvorbereitet. Denn die Kindersterblichkeit war damals noch sehr hoch und jede Familie war zumindest einmal von ihr betroffen. Von Ludwigs neun Geschwistern war Ioann mit fünf Monaten an Krämpfen gestorben und etwas später Ludwig an den Pocken, kaum ein Jahr alt. In Erinnerung an seinen verstorbenen Bruder war er selbst Ludwig getauft worden – ein Vorgehen, das heute ungewöhnlich anmutet, damals aber übliche Praxis war.

Nach der ersten Trauer soll sich Ludwig verstärkt seinen Söhnen, und da besonders Vladimir, gewidmet haben. Olga als einzige Tochter wurde zwar sehr geliebt, hatte aber als Mädchen in der Familie wenig Bedeutung. Aus Tante Sophias Sicht geriet sie dadurch ganz automatisch ins familiäre Abseits, weshalb Olga ihr Schützling wurde, dem lebenslang ihre ganze Liebe und Fürsorge galt.

Es dauerte eine Weile, bis das Leben wieder in geordneten Bahnen verlief. Die folgenden Jahre hätten sehr glücklich und sorglos sein können, wäre Vladimir nicht nach Moskau in die Schule gekommen.

9.

Internatsleben in Moskau

Vladimirs Schulerinnerungen in einem Buch – mit neun Jahren in ein deutsches Internat nach Moskau – eine Spirale erzieherischer Gewalt – Elisabeta weint mit ihrem verstörten Kind – ein neuer Direktor bringt die Wende und die Traumschule – russische „Wilde" und deutsche „Wurstfresser" – nihilistische Spiele – Vladimir als Opfer einer Bestechung

Vladimir schilderte später als bekannter Schriftsteller in einem Buch unter seinem Pseudonym Dedlov die für ihn so schwierige Zeit in der Schule. Er machte darin sie und russische Erziehungsmethoden für viele persönliche Probleme und verhängnisvolle Entwicklungen Russlands verantwortlich. Das macht seine Schilderungen über die persönlichen Erlebnisse hinaus interessant.

„Im August 1865 brachte mich meine Mutter nach Moskau, damit ich dort das Gymnasium besuchen konnte", schrieb Vladimir in seinen Schulerinnerungen. „Ich war damals neun Jahre alt, als ich mit meiner Mutter in Vaters großer, schöner Kutsche drei Tage und drei Nächte unterwegs war." Vorausgegangen war ein schwerer, tränenreicher Abschied von zu Hause für beinahe ein ganzes Jahr. Tränen bei Mascha, die überhaupt kein Verständnis dafür hatte, ohne Not ein Kind „wegzugeben", Tränen bei Tante Sophia, die am ehesten eine Idee davon hatte, was den kleinen selbstbewussten Burschen erwartete. War sie doch selbst Zögling des berühmten „Smolny-Instituts" gewesen, lange die einzige Bildungsanstalt für adelige Mädchen in Europa. Sie wurde damals vor Heimweh sehr krank. Diese Monate der Verlassenheit und Einsamkeit konnte sie nie vergessen. Elisabeta, selbst noch privat zu Hause unterrichtet, hatte zum Glück für Ludwigs Pläne keine Ahnung von einem Internatsbetrieb. Segenswünsche für Vladimir kamen vom versammelten Personal, Schulterklopfen vom Vater mit der Aufmunterung: „Du schaffst das schon!"

Ludwig Kign hatte das Untergymnasium der deutschen „Petri-Paul-Schule" in Moskau ausgesucht. Für seinen unter Frauen aufgewachsenen neunjährigen, sehr „russisch" verwöhnten Sohn war es wichtig, die deutsche Sprache, Disziplin und Ordnung zu erlernen.

Später – so war es geplant – würde er ein renommiertes russisches Oberstufen-Gymnasium des Adels und der Oberschicht besuchen. Er musste jedenfalls wechseln, denn die Oberstufe der „Petri-Paul-Schule" berechtigte nicht zum Besuch einer Universität. Ludwig legte den Bildungsweg seiner Kinder ganz nach der Tradition seiner Familie fest. Ein humanistisches Gymnasium zu absolvieren war selbstverständlich gewesen, ein mögliches Scheitern dabei nicht vorgesehen. Noch lange bevor die Gymnasialzeit zu Ende ging, hatten die Eltern das passende Studium gewählt. „Unsere Mutter", erklärte Ludwig seiner Frau, „erwartete viel von uns. Dadurch standen wir immer unter einem gewissen Druck, Ziele zu haben und sie auch zu erreichen – und das scheint mir auch für unsere Söhne sinnvoll!"

In Moskau angekommen, bezogen Mutter und Sohn in der Nähe des Kremls ein komfortables Hotel. Gleich am nächsten Tag machten sie Besuch beim Direktor der Schule, einem Deutschen, der schlecht Russisch sprach. Das irritierte Elisabeta verständlicherweise sehr. Er begrüßte Vladimir herzlich und wirkte dabei nett, aber einfach – sehr einfach. Die meisten Schüler dieser evangelischen Kirchen-Schule stammten aus Handwerksfamilien und von kleinen Kaufleuten ab, die einen Besuch der Universität gar nicht anstrebten.

Wieder zurück im Hotel, meldete sich der Abschiedsschmerz wieder. Elisabeta kämpfte mit sich, Vladimir einfach wieder mitzunehmen. Aber was half es, da mussten sie durch. Ludwig dachte nicht daran, wie es früher üblich war, während der Schulzeit der Kinder den gesamten Haushalt nach Moskau zu verlegen. Seine Pläne für Dedlovo in dieser Zeit des wirtschaftlichen Umbruchs erlaubten dies nicht. Im kommenden Winter sollte unter der Aufsicht Elisabetas die Leinenweberei vergrößert werden. Pitkievich war zwar ein fähiger Verwalter, aber die unternehmerischen Entscheidungen mussten sie selbst treffen.

Am nächsten Tag sah Vladimir seine Mutter für Monate zum letzten Mal. Die Szene brannte sich in sein Gedächtnis: Sie trat aus der Direktion, ging an seinen Klassenfenstern vorbei, achtete nicht auf sein Klopfen und verließ das Gebäude, ohne sich noch einmal umzusehen. In diesem Moment begannen Tränen unstillbar über seine Wangen zu rinnen. Nichts konnte sie stoppen. Kein Trösten, kein Schimpfen oder Nichtbeachten half, er weinte und weinte. Nach Stunden steigerte sich seine Verzweiflung zu Schreien und Toben. „Der Oberaufseher B., der in der Schule wohnte, holte mich zu sich, damit seine Frau sich um mich kümmerte. Ich weinte in ihren Rock und vergaß, dass es nicht meine Mutter war. Erst als die junge Frau sagte: ‚Er ruiniert mir ja mein Kleid‘, habe ich verstanden, wie unmöglich ich mich verhielt, und hörte zu weinen auf!"

Von da an war Vladimir der Schützling von Frau B., dem sie half, wo sie konnte, bis er eines Tages Opfer eines Bubenstreiches wurde: Ein älterer eifersüchtiger Zögling bat Vladimir, Herrn B. zu fragen, ob seine Frau eine Hure sei, ein Ausdruck, den Vladimir nicht kannte. Bei Gelegenheit stellte er diese Frage – mit schrecklichen Folgen. Der Lehrer wurde vor Wut rot und blau, packte Vladimir und schleuderte ihn durch die Luft! Von da an strafte ihn das Ehepaar ohne weitere Erklärung mit völliger Nichtbeachtung. Nun kümmerte sich niemand mehr um ihn, auch nicht um seine Wäsche und die Körperpflege. Seine Vernachlässigung war bald nicht mehr zu übersehen. Die Leistungen des Kindes verschlechterten sich und wurden ungenügend. Als einer der adeligen Schüler, um die sich das Institut damals bemühte, hatte Vladimir bis dahin so manche Vergünstigung genossen. Zum Beispiel durfte er regelmäßig beim Pastor an einem köstlichen Essen teilnehmen. Doch als ungepflegtes, schlampiges Kind hatte er diese Ehre nun nicht mehr. „Nicht in zerrissenen Hemden und mit verfilzten Haaren", hieß es.

Vladimir geriet in eine Spirale erzieherischer Gewalt, aus der ihn niemand befreite, der er sich aber auch nicht ergab. Immer härtere Sanktionen lösten bei ihm immer heftigeren Widerstand aus. Geduzt zu werden, empfand er als Nichtachtung, in der Ecke knien zu müssen als ungerechte Demütigung, Ohrfeigen als sinnlose Brutalität. Er konnte seine Lehrer nicht achten und benahm sich ihnen gegenüber frech und aufsässig. Mit Kameraden, die ihn hänselten, prügelte er sich. Er verwilderte regelrecht. Der Unterricht überforderte ihn vollkommen und steigerte täglich seine verborgene Verzweiflung. Das erste Weihnachten im Internat näherte sich und damit das erste Semester-Zeugnis. Unter dem Weihnachtsbaum lagen für alle Kinder Geschenke, für Vladimir nur Ruten. Laut seiner Schülerbeschreibung war er schrecklich, schändlich, niederträchtig und nur im Schreiben mittelmäßig. Im Zeugnis stand, Vladimir wäre der 53. von 54 Zöglingen. Er versteckte sich, um bei dem Gedanken an die Enttäuschung seiner Eltern hemmungslos und verzweifelt zu weinen. Endlich war Silvester und Elisabeta kam für einige Tage nach Moskau, um ihren Sohn zu besuchen.

In den vergangenen Monaten hatte die Leitung der Schule gewechselt. Das dabei entstandene Vakuum war vermutlich eine der Ursachen für die skandalöse Behandlung Vladimirs. Der Kirchenrat der „Petri-Paul-Schule" hatte seinen neuen Direktor vom Institut „Birkenruh" an der Ostsee abgeworben. „Birkenruh" galt als eine moderne deutsche Schule für Söhne fortschrittlicher, adeliger Familien. Als Elisabeta die Direktion betrat, stand sie Dr. Lesch, dem neuen Direktor, gegenüber. Er hatte einen roten Bart, einen dichten Haarkranz um den kahlen Kopf und schickte sogleich nach Vladimir. Sekundenlang erkannte Elisabeta ihren Sohn nicht wieder. Fassungslos umarmte sie ihr offensichtlich verstörtes Kind. „Gemeinsam weinten wir ungefähr eine Stunde", schrieb Vladimir in seinen Erinnerungen. „Dr. Lesch blickte berührt aus dem Fenster und wartete, bis sich unser Gefühlssturm gelegt hatte." Dann sprach er leise, tröstlich und erklärend, währenddessen strich er über Vladimirs verfilzten Kopf und sagte: „Gnädige Frau, glauben Sie mir – er ist ein guter Junge und wird sich sicher bald verbessern!" Die Wirkung dieser positiven Meinung und warmherzigen Worte auf Vladimir war verblüffend. „Von dieser Minute an fühlte ich mich wie neu geboren und wollte ab nun der beste und vernünftigste Zögling sein." Es gelang ihm, in nur einem Semester vom 53. Leistungsplatz zum 8. aufzusteigen.

Nach drei Tagen, erfüllt mit Gesprächen und Vorsätzen, reiste Elisabeta bangen Herzens wieder ab. Der Direktor versprach ihr, regelmäßig Berichte über seinen Zögling nach Dedlovo zu senden; er hielt sich auch daran – eine besondere Leistung bei seinen vielen Schülern! Zudem wurde Vladimir angehalten, regelmäßig seine Erlebnisse nach Hause zu schreiben, damit sich solche schlimmen Ereignisse nicht wiederholen konnten.

Die neue Leitung brachte einen vollkommenen Wandel im Erziehungs- und Lebensstil des Instituts. Bald befand sich Vladimir in seiner Traumschule. „Es war eine lebendige, freie Schule. Die neu aufgenommenen Lehrer und Aufsichtspersonen waren keine despotische Macht, sondern leitende Mitglieder einer Schulfamilie." Dafür bewunderte und liebte er Dr. Lesch: „Der Direktor hatte sein Leben vollständig der Schule und der Pädagogik gewidmet. Um fünf Uhr früh begann sein Tag, wann er endete, war nicht festzustellen!" Manchmal erwachte Vladimir und sah den Direktor durch die Schlafsäle wandern. „Keiner hat ihn je in Wut, Zorn, Gereiztheit oder anderen unwürdigen, ungesunden Gefühlen gesehen. Es gab bei ihm kein Kartenspiel und keine Trinkgelage mit Besuchern, ein Krug Bier und eine Pfeife genügten ihm zu seiner Entspannung. Dr. Lesch war ein echter Kapitän auf seinem Schiff im Sturm." Er unterrichtete Latein und Griechisch, Sprachen, die zu lernen Vladimir bisher überflüssig fand. Durch Dr. Lesch änderte er seine Meinung über die toten Sprachen, denn dessen Unterricht war lebendig und gewürzt mit lustigen, spannenden Geschichten. Die Antike mit ihren Helden, Staatsformen und ihrer Philosophie zog die Schüler mehr und mehr in ihren Bann.

Doch ein problemloser, angepasster Schüler konnte Vladimir nie sein, das ließen sein Temperament und rebellischer Charakter nicht zu. Nach dem Wunsche der Eltern sollte sein Wesen ja erhalten bleiben, doch er musste lernen, es zu beherrschen. Das Erziehungsziel von Schule und Eltern hieß Selbstverantwortung, ausgedrückt in dem alten Leitgedanken: „Was du auch tust, tue es gut und bedenke die Folgen". Elisabeta und Ludwig bekamen weiterhin vom Direktor „pädagogische Traktate", die sich ausführlich mit der Persönlichkeit und Entwicklung ihres Sohnes beschäftigten. Vladimir war nach wie vor in Schlägereien verwickelt, die zwar geduldet wurden, aber nach Regeln ablaufen sollten. Er vergriff sich nach wie vor im Ton gegenüber Aufsichtspersonen und Lehrern, die nicht alle die pädagogische Begabung des Direktors hatten. Vladimir wehrte sich heftig gegen körperliche Strafen wie Kopfstücke, Ohrfeigen und Stockschläge. Als Verbündeten hatte er dabei den Direktor. Welche Konflikte er auch heraufbeschwor und welche Strafen er bekam, „die ständige Aufsicht des Direktors stützte mich immer. Er behandelte ohne Ausnahme alle Kinder gleich, auch mich!"

Die Zöglinge erhielten von ihm viel Freiraum und Möglichkeiten, sich zu erproben. So bildeten sich verschiedene Gruppen für Freizeit und Spiel. Vladimir schloss sich der frechsten an, deren Anführer der Schüler T. war, ein Russe, schon 16 Jahre alt, hochintelligent und charismatisch. Vladimir befreundete sich vorzugsweise mit Russen. Deutsche Mitschüler verachteten ihre russischen Kameraden als primitive Wilde. Das ärgerte ihn, weil sie selbst seiner Meinung nach großteils ungeschliffen, derb und schwerfällig waren. Um sich zu revanchieren, verspotteten er und seine Mitschüler die Deutschen wegen ihres Leibgerichts als simple „Wurstmacher und -fresser".

Der Schüler T. wurde Vladimirs Vorbild bei Sport und Spiel. Er war lebhaft und früh politisch sehr interessiert. Nach römischem Vorbild aus dem Lateinunterricht gründeten die beiden Buben eine Republik. Eine Partei in der Mikrorepublik führte T. an und eine Vladimir. Nach einem Streit der beiden Anführer, den Vladimir für sich entschied, gründete T. einfach eine neue Partei, die aus 20 Mitgliedern bestand. Wie sollte Vladimir reagieren? Er beschloss, sein Recht in einem fairen Kampf zu erzwingen. Vladimirs Anhänger warteten mit gemischten Gefühlen auf den „Kriegsbeginn". Inzwischen erklärte T. seiner Gruppe heimlich, er bevorzuge die Methode Philipps von Makedonien, nämlich die Bestechung. Also wurden Semmeln, Federn, Bildchen usw. in Vladimirs Partei verteilt, die sich danach schnell auflöste. „So blieb ich allein auf mich gestellt, T. verlangte meine Kapitulation, die ich verweigerte. Ich erklärte, dass für mich die Regeln einer fairen Schlägerei unter diesen Umständen nicht mehr gelten. Von da an hatte ich immer Steine und Stöcke bei mir." Die Treulosen attackierten den einsamen Kämpfer immer brutaler. „Beinahe wäre ich in den Händen des Feindes gewesen, da pfiff T. plötzlich zum Rückzug. Er trat zu mir und sagte: ‚Schließen wir Frieden, du bist wirklich ein mutiger Mensch.‘ T. war zwar kein ehrenhafter, aber ein begabter Anführer und so hatte er mich, trotz allem, endgültig für gemeinsame Aktionen gewonnen!"

Andere Aktivitäten waren harmloser. Einmal fasteten sie, um ihren Willen zu stärken. In einer frommen Phase lasen sie in vielen Nächten das Evangelium und beteten. Dann wieder ernannte T. sich zum Diktator. „Wir gründeten eine Verwaltung, Gesetzgebung, Armee und ein Währungssystem. Es gab Banker, die unser echtes Geld – 10 000 Rubel – für eine Kopeke[19] kauften und diese dann für 1,5 Kopeken verkauften. Der Markt war bald überfüllt, die Geldnoten wurden entwertet, der Staat ging pleite. Der Diktator, der die Banknoten eingeführt hatte, verlor viele Millionen. Das machte ihm aber nichts aus, doch ein Aufstand der Geprellten stürzte ihn. Die Brüder L., die unser Geld gekauft hatten, erwirtschafteten aber ein riesiges Vermögen von 30 Kopeken. (10 Kopeken waren Vladimirs Taschengeld für einen Monat). Ich glaube, sie wurden später erfolgreiche Bankiers."

Eines Tages spukte es im Internat und es gab keine Erklärung dafür. Das Gerücht tauchte auf, es wäre der Teufel. Angst machte sich bei den Zöglingen breit und vernebelte ihre Urteilsfähigkeit. Schutzsuchend schlossen sie sich dem „furchtlosen" T. an. „Siehst du, mein Freund", sagte er zu Vladimir, „wie Glaube entsteht! Alle in der Schule glauben jetzt an die Gegenwart des Teufels! Ich bin Atheist – und du?"

Bevor Vladimir weiter der Faszination T.s und dessen Zynismus erliegen konnte, griff der Direktor ein. „Was hast du dir dabei gedacht, deine Kameraden so zu schockieren?", fragte er Vladimir. „Für mich war es ein Scherz, mit dem sie erschreckt werden sollten." – „Aber bei T. geht es um mehr, wie du schon wissen müsstest. Er handelt strategisch, skrupellos aus Geltungssucht und Machtgier, ohne Verantwortung. Zerstörung ist das Ergebnis seines Handelns. Er ist kein Freund und Vorbild für dich!"

Vladimir war dem Direktor für die Warnung sehr dankbar. T. blieb bei seiner destruktiven Energie und konnte sich an der

Schule nicht halten, denn vom Atheismus zum Nihilismus[20] ist es oft nur ein kleiner Schritt. Es war nur folgerichtig, dass er sich später als Student der Untergrund-Organisation „Narodnaja Wolja" („Volkes Wille") anschloss, deren Mitglieder später Zar Alexander II. ermordeten und dabei zahllose unschuldige Opfer in Kauf nahmen.

Im Juni endete das Schuljahr und Vladimir trat die lange Heimreise in einer Postkutsche an. Der Schuldiener hatte im Wagen einen mittleren Platz für Vladimir erworben. In Podolsk verkaufte der Schaffner allerdings kurzerhand den Platz des Kindes an einen fremden Herrn. Das heißt, er ließ sich auf Kosten des allein reisenden Schülers bestechen. Vladimir setzte er in den Kofferraum hinter der Kutsche, „eine dunkle, metallene und deshalb heiße Box. Drei Tage und Nächte verbrachte ich dort, aber ich ertrug es leicht, weil ich ja nach Hause fuhr!"

Endlich sah er durch einen Schlitz im Gepäcksraum die vertraute heimatliche Landschaft. Sie näherten sich endlich der heimatlichen Kreisstadt Rogatschov. Stadt und Land lagen am westlichsten Rand des Riesenreiches. Sie waren Teil von Alt-Weißrussland oder damals auch Kleinrussland genannt, dem heutigen Belarus. Auf dem Stadtplatz erwartete Vladimir der Kutscher Anton mit leichtem Wagen und einem schnellen Gespann. „Ein wunderbareres Glücksgefühl gab es in meinem Leben vorher und nachher nicht mehr!", erinnerte sich Vladimir.

10.

Russisches Roulette in der Schule

Am prunkvollen russischen Oberstufengymnasium für adelige Schüler –
Vladimir trägt keine Flanellhemden mehr – doch alles ist Lug und Trug –
Lehrer und Schüler sind Feinde – es regiert „russische Protektion" –
Schule zieht Neurotiker heran – Spiel mit dem Tod – Ludwigs kraftrauben-
des Arbeits- und Reisepensum – schleichende Entfremdung – die bäuer-
liche Selbstversorgung geht zu Ende – was soll aus Olga werden?

Der Sommer war wieder viel zu schnell vorbei und mit dem
Herbst der Schulbeginn da. Vladimir besichtigte mit seinem Vater
in Moskau ein renommiertes russisches Oberstufengymnasium
für adelige Schüler, von dessen Pracht er beeindruckt war. Die
Jahre an der Petri-Paul-Schule in Moskau, die er nicht ungern
verlassen hatte, waren vorbei. Der Stachel nationaler Nichtachtung durch deutsche Mitschüler hatte sich bei ihm nicht verflüchtigt, sondern festgesetzt. Durch diese Erfahrung blieb seine Haltung ihnen gegenüber immer ambivalent. Menschlich lehnte er
die Deutschen ab, bewunderte aber ihre beispielhaften fortschrittlichen Leistungen auf allen Gebieten. Anscheinend mühelos
erreichte Deutschland damals eine wirtschaftliche Stärke, die der
Englands nahekam. Stolz schrieb Emanuel Geibel in einem
Gedicht: „Am deutschen Wesen kann die Welt genesen". Deutsche hatten, was den Russen zum Bedauern Vladimirs immer
fehlte: nationales Selbstbewusstsein. Die Deutschen blickten auf
das Positive ihrer nationalen Eigenschaften, die Russen auf das
Negative. Vladimir war da keine Ausnahme.

Das Schulgebäude des Gymnasiums lag in einem großen Park,
von einem prunkvollen Gitter aus Schmiedeeisen nach außen
abgeschlossen. Von der riesigen Empfangshalle führte eine
prachtvolle Stiege in den ersten Stock. Eine Tür ging in eine
Bibliothek mit bequemen Sitzgelegenheiten und großen Bücher-
regalen, die Vladimir eifrig zu benutzen gedachte. Kein Vergleich zum bescheidenen Bücherzimmer von Dr. Lesch. In
einem beeindruckenden Festsaal im ersten Stock hingen glän-

zende Namensschilder von ausgezeichneten Schülern. Es würde herrlich sein, überlegte Vladimir in seinen Schulerinnerungen, im wunderbaren Garten viel Freizeit zu verbringen. „Ich war beeindruckt und stellte mir vor, wie wir uns hier in unserer schönen Uniform überall bewegen konnten. Der Schulvorsitzende wurde ‚Eure Exzellenz' genannt und siezte die Zöglinge. Ich war jetzt kein einfacher Petri-Paul-Schüler mehr, der nur Flanellhemden trug!"

Doch im realen Schulalltag stellte sich für Vladimir alles als Lug und Trug heraus. Im Vergleich zur Deutschen Schule fand er nicht einen positiven Punkt. „Was ich hier als Erstes kennenlernte, war die sogenannte ‚russische Protektion', also Bestechung. Wer bei der Verteilung der Uniformen dem Diener kein Geld zusteckte, bekam eine alte, oft getragene unappetitliche Uniform zugeteilt. Vladimir hatte kein Geld und bekam eine Uniform, die noch aus der Epoche Zar Nikolaus' I. stammte. Sie war also ein rund 40 Jahre altes, schmuddeliges Stück. Externe Schüler hingegen, die bei ihren Eltern wohnten, durften ohne Bestechung neue, schöne Uniformen tragen. Vladimir fühlte sich gedemütigt, nach dem heutigen Empfinden zu Recht deklassiert. Auch die wundervolle Bibliothek war eine Enttäuschung, denn sie blieb den Schülern verschlossen. Der Saal war höchstens einmal im Jahr geöffnet. Die Prunkstiege betrat nur der Gouverneur und der Salon blieb Gästen vorbehalten. „Das Verhältnis zwischen Lehrern und Schülern war von Feindschaft bestimmt, was nützt es da, gesiezt zu werden?", stellte Vladimir enttäuscht fest. Den Unterricht erlebte er so lähmend langweilig, dass ihm sogar die Gliedmaßen einschliefen. Vladimir beschäftigte sich währenddessen mit anderen Dingen. Er las, zeichnete Eisenbahnpläne, formte aus Brot Figuren usw. Im großen schönen Park durften die Zöglinge nicht einmal spazieren gehen, geschweige denn spielen und toben. Die Buben hatten dadurch viel zu wenig Bewegung. Das machte aus den Schülern „kleine alte Zwerge". Sie machten keinen Lärm, rauften nicht, waren nicht fröhlich und freundeten sich nicht miteinander an. Jeder lebte in seiner „inneren kleinen Welt". Gerüchte, dass Schränke der Schüler von einem Aufseher auf Verbrechersuche heimlich durchwühlt wurden, wollte Vladimir lange nicht glauben. Bis er selbst davon betroffen war.

Jedes Abweichen von Regeln wurde sofort mit schweren Strafen und der Drohung, den „Wolfspass" zu bekommen, unterdrückt. Der gefürchtete „Wolfspass" war ein Bescheid, der die gemaßregelten Schüler für immer vom Besuch eines Gymnasiums im ganzen Land ausschloss. „Mit diesen Methoden erzog man uns", schrieb Vladimir, „zu Schleimern, Melancholikern, Verzweifelten und zu unterdrückter Bosheit. Kurz, die russische Schule zog Neurotiker heran!"

Vladimirs Freund G. erklärte eines Tages, er denke über das Nirwana nach. „Es scheint mir eine Möglichkeit zu sein, in uns Gleichgültigkeit gegenüber dem Dasein zu erzeugen. Denn das Leben ist sinnlos!" Absolute Wunsch- und Bedürfnislosigkeit zu erlangen erwies sich aber für beide mühsamer als erhofft. G. entschloss sich daher, auf einfachere Art der Sinnlosigkeit des Daseins zu entkommen. Er überlegte verschiedene Methoden des Selbstmordes, die er mit Vladimir diskutierte. Schließlich entschied er sich für Mord als Selbstmord getarnt. Vladimir schildert die folgende schreckliche Szene kommentarlos: „Eines Tages gab G. mir seine Pistole und bat mich, ihn zu erschießen, sobald er eingeschlafen war! Er schrieb vor mir einen Abschiedsbrief, damit ich für meine Tat nicht zur Verantwortung gezogen werden konnte." Dieses Dokument legte G. feierlich unter den Kopfpolster und schloss die Augen, während er sich fragte: „Wird er schießen oder nicht?" Vladimir blieb mit der geladenen Pistole im Raum und wartete, dass sein Freund einschlief oder aufgab.

Entsetzt fragt man sich, wie weit das krankhafte Spiel noch getrieben werden sollte. Weit! Denn Vladimir berichtete: „Nach einer Weile setzte sich G. auf und sagte: ‚Ich muss dir sagen, dass ich den Abschiedsbrief aufgegessen habe!'" Er traute Vladimir offenbar den Mord zu und sorgte damit dafür, dass er nicht ohne Strafe davongekommen wäre! Das „russische Roulette" um Leben und Tod war ohne Opfer und unentschieden ausgegangen. „Unser Gruseln haben wir weggelacht", so Vladimir. Offen bleibt, warum die Schüler ganz selbstverständlich eine Pistole bei sich hatten.

Schlimm für Vladimir war auch, dass er alles vergaß, was er in der Peter-Paul-Schule gelernt hatte. Mit der von ihm so verachteten Protektion konnte er aber in die höheren Klassen aufsteigen. Vladimir bat seinen Vater, die Schule wechseln zu dürfen, aber der reagierte streng: „Du musst lernen, dich durchzubeißen, Lehrjahre sind keine Herrenjahre!" Vladimir musste sich fügen und blieb an der Schule, beendete widerwillig das Schuljahr gerade noch mit genügendem Erfolg.

Um seinen Sohn in die Schule nach Moskau zu bringen oder beruflich nach St. Petersburg zu reisen, benötigte Ludwig sechs Tage und Nächte hin und zurück. Ständig große Entfernungen zu überwinden und unermessliche Weiten zu durchqueren, gehörte zum Alltag der Russen, kostete aber viel Kraft und schuf Schwierigkeiten. Nur wenige berufliche Ziele waren innerhalb eines Tages und einer Nacht zu erreichen. Anton Tschechow schrieb darüber[21]: „Bei uns ist zu viel Raum – Raum ist bei uns so viel, dass das kleine Menschenkind nicht Kraft genug hat, sich zu orientieren!" – und die Entfernungen zu bewältigen – wie wahr!

Ludwigs Reisepensum war gewaltig. Die Witterungsverhältnisse waren viel zu oft unberechenbar: die Straßen im Winter schneeverweht und im Frühling im Morast versunken – kaum passierbar. Bei solch Kraft und Lebenszeit raubenden Reisebedingungen kann man verstehen, dass so mancher Gutsherr es vorzog, ständig in der Stadt zu leben, selbst wenn er dadurch seinen Besitz der Willkür und der Ausbeutung eines Verwalters überließ. Die Eigentümer hatten für regelmäßige, strapaziöse Fahrten auf ihr Land „nicht Kraft genug". Andererseits gab es Herren, die sich um ihren Landsitz kümmerten und dort lebten. In der Einsamkeit wurden sie nicht selten Sonderlinge. Ein solcher „sesshafter" Gutsherr soll einmal nach dem Winter – fast verrückt vor Einsamkeit – Reisende von der Landstraße gelockt und mit Gewalt dazu gebracht haben, einige Tage mit ihm zu verbringen.

Doch Ludwig hatte keine andere Wahl, als ständig viele hundert Werst zurückzulegen und somit wochenlang fern von der Familie zu sein, wenn er die Entwicklung seiner Betriebe vorantreiben wollte. Das war schwer für ihn, aber auch für Elisabeta, und führte mit der Zeit zu einer schleichenden Entfremdung des Paares. Was sie einte, war die Hoffnung, durch ihren Einsatz einen ertragreichen Besitz zu schaffen, der ihnen und den nächsten

Generationen eine Existenz sicherte. So problembeladen ihr Leben auch war, dieses herrliche, fruchtbare Land mit seinen guten Menschen bot alle Zukunftschancen und war jede Mühe wert.

Das nächstgelegene und fast täglich besuchte Ziel war das alte Städtchen Rogatschov mit seinem eindrucksvollen Schlossberg im Zentrum. Das Verwaltungs- und Wirtschaftszentrum der Region lag malerisch zwischen den Flüssen Drut und Dnepr an der alten Handelsstraße Mogiljov-Kiew-Odessa. Riesige Ländereien mit Gutsbetrieben und ihren Dörfern – neuerdings auch Gewerbebetriebe und Kleinindustrie – umgaben die Stadt. Der Aufschwung seit Beginn der 70er Jahre des 19. Jahrhunderts war nicht zu übersehen. Mehr und mehr Ziegelbauten an Stelle der alten Holzhäuser veränderten das Stadtbild. Neue Läden und Handwerksbetriebe, auch von ehemaligen Leibeigenen aus Dedlovo, zeugten von wachsendem Wohlstand. Aus dem ehemaligen kleinen Ort, manche nannten ihn „Kaff am Ende der Welt", entstand das wachsende wirtschaftliche und gesellschaftliche Zentrum der Region, vorangetrieben durch das Semstwo. Die gewählte regionale Selbstverwaltung hatte sich von einer verschlafenen Organisation zu einer dynamischen Kraft in Gesellschaft und Wirtschaft entwickelt. Der Verkehr hatte sich entsprechend vervielfacht, große und kleine Kutschen, mächtige Fuhrwerke und zweirädrige Karren rollten durch die Hauptstraße. Darunter Fuhrwerke aus Dedlovo, mit Getreide, Wodka, Holz und Leinen beladen, die ihre Waren mehrmals wöchentlich in Lagerhäuser lieferten. Um den Weitertransport zu überprüfen, kam der Verwalter Pitkievich auf seinen tagelangen Inspektionsfahrten durch die Ländereien des Gutes oft nach Rogatschov. Er benützte einen speziellen, damals für Verwalter üblichen geschlossenen, sehr großen Pferdewagen, in dem er sogar bequem schlafen konnte. Seine Kontrollen sollten verhindern, dass Stoffballen, Getreidesäcke und Whiskybehälter irgendwo liegen blieben, vergessen wurden und verdarben – eine „russische Krankheit", die oft vorkam und selbst in Hungerjahren nicht gänzlich abzustellen war.

Amtswege und Geschäfte zwangen auch Ludwig, regelmäßig nach Rogatschov zu kommen. Wenn es möglich war, besuchte er nach getaner Arbeit zu seiner Erholung und Entspannung den etwas verstaubten, aber gemütlichen Adels-Club – damals Treff-punkt Gleichgesinnter. Doch als durch Semstwo die Politik im Club Einzug hielt, änderte sich dessen Atmosphäre. Alle drei Jahre wählten die Herren aus ihren Reihen den Adelsmarschall für den Vorsitz im Semstwo auf Gouvernements-Ebene. Zwischen den Wahlen vergifteten immer wieder harte Diskussionen – mit Wodka angeheizt oder durch ihn besänftigt – das Clubleben. Die Vorbereitung der Wahl des einflussreichen Adelsmarschalls beanspruchte viel Zeit, der Weg nach Hause war dann oft nicht mehr zu schaffen. „Das Clubhaus ist dann mein zweites Wohnzimmer", erzählte Ludwig gerne in St. Petersburg über die „Mühsal der Demokratie".

Besonders in den Sommermonaten waren in Rogatschov Markttage und kirchliche Feste Höhepunkte des ländlichen Lebens und eine willkommene Abwechslung für die Kigns und deren Sommergäste. Die Bauern kamen aus den entlegensten Dörfern nach stundenlanger Fahrt an. In ihren Gesichtern wucherten Bärte, die sie niemals abschnitten. Und jeder trug ein gegürtetes Bauernhemd mit Stehkragen, ihre Frauen waren mit weiten, bunten Röcken bekleidet und trugen bestickte Tücher um den Kopf geschlungen. Auf ihren von einem Pferd gezogenen Wägelchen transportierten sie selbsterzeugte Gegenstände: aus Holz gefertigte Löffel, Schüsseln, Bretter, Filzpantoffel und Stiefel, bestickte Stoffe aus Leinen. Manchmal nahm Ludwig sein Töchterchen Olga dahin mit. Das bunte Treiben, die einfachen und schönen Pferdewagen begeisterten das Kind. Beide schlenderten durch die Reihen und sahen alles an, Olga mit einer großen Zuckerstange in der Hand. Auf Schritt und Tritt trafen sie Bekannte, die erpicht waren, Neuigkeiten loszuwerden und auch zu hören. Manche versuchten plaudernd, Geschäftsideen anzusprechen. Aber alle kamen Ludwig mit besonderer Höflichkeit und Achtung entgegen. Das beeindruckte und prägte das Kind. Eine Bäuerin wollte selbstgewebtes Leinen verkaufen, aber das Geschäft ging schlecht. Trotz aller Plage sah es nie so fein und weiß aus wie zum Beispiel jenes aus der Weberei in Dedlovo. Durch diese Konkurrenz ging die alte Tradition bäuerlicher Selbstversorgung langsam zu Ende, denn auch die Einheimischen kauften inzwischen Erzeugnisse aus den Fabriken.

Wenn nach so einem Tag die Sonne tief stand, die Jahrmarktmusiker immer lauter und manchmal falsch spielten, die allgemeine Fröhlichkeit in Ausgelassenheit kippte, war es höchste Zeit für Olga und Ludwig, an den Heimweg zu denken. Während der stundenlangen Heimfahrt ergaben sich ungestörte Vater-Tochter-Gespräche, für die sich im Alltag zu wenig Zeit und Ruhe fand. Das machte diese Fahrten zu etwas Besonderem. Olga vertraute ihrem Vater ihre kleinen Wünsche und „großen" Sorgen an. Er war ein sehr guter Zuhörer, der alles ernst nahm. Bei diesen Ausflugsfahrten ergaben sich für Olga Gelegenheiten, mit ihrem Vater, in der Kutsche gemütlich in Decken eingepackt, über Themen wie ihre neuen Hundebabys zu sprechen: „Ich glaube, jedes hat schon einen eigenen Charakter!" – „Es spielt dabei auch eine Rolle, wer zuerst geboren wurde!" – „Wirklich?" Sie diskutierten weiter, welches von ihnen sie behalten durfte. „Warum nur eines, es wäre doch so allein." – „Gut, maximal zwei, weil du sie selbst betreuen musst!" – „Das mache ich doch so gerne, danke!" Olga dachte: Warum nicht gleich den nächsten Herzenswunsch ansprechen? „Was denkst du, Papa, Tante Sophia meint, dass ich schon bald groß genug für ein eigenes Pferdchen bin?" – „Doch, bald. Etwas musst du aber schon noch wachsen. Meine Mutter", sprach Ludwig weiter, „also deine Großmutter, zeigte bereits als kleines Mädchen einen angeborenen ‚Pferdeverstand' – vielleicht hast du ihn von ihr?" Es wurde dunkel, die Kutsche schaukelte angenehm dahin. „Bitte erzähl mir von früher, Papa!", murmelte das Kind. Während Ludwig noch überlegte, womit beginnen, war Olga bereits eingeschlafen.

1872 wurde Olga 14 Jahre alt und Tante Sophia machte sich Sorgen, wann wohl in diesem Hause endlich an Olgas Zukunft gedacht würde. In den vergangenen Jahren hatte sich alles nur um das Wohl und Wehe Vladimirs gedreht. Seine ständigen Probleme überschatteten das Leben auf Dedlovo. Damit musste jetzt Schluss sein. Seit Olgas Geburt träumte Sophia von der glanzvollen Rolle, die sie mit ihrer Hilfe einmal in der Gesellschaft spielen sollte. Sophia hatte immer darauf geachtet, dass aus ihrem Schützling kein „Landei" wurde. In dieser Umgebung war das schwer gewesen, sehr schwer. Aber ihre Bemühungen hatten Erfolg. Olga hatte tadellose Manieren, ein zurückhaltendes

Wesen, hielt sich gut und bewegte sich in ihrem weiten, kurzen Kinderkleid sehr anmutig. Das schöne dunkle Haar flocht Mascha sorgfältig zu einem langen dicken Zopf, der beinahe bis zur Taille reichte. Sie versprach eine Beauté zu werden. Leider war der Unterricht, den sie erhielt, besonders in Französisch, zu wenig anspruchsvoll. Der Besuch des berühmten Smolny-Instituts für adelige Mädchen in St. Petersburg könnte alle Defizite ausgleichen, dachte Tante Sophia. So entschloss sie sich, ihre gebotene Zurückhaltung aufzugeben, um mit den Eltern darüber zu sprechen.

„Können wir", fragte Sophia bei Gelegenheit vorsichtig, „endlich über Olgas Zukunft sprechen? Was habt ihr vor? Soll sie hier verkümmern?" Der Ausdruck rutschte ihr einfach heraus – peinlich. „Was heißt verkümmern?", fragte Elisabeta entgeistert. Tante Sophia ließ sich nicht beirren und rückte damit heraus, dass es nötig wäre, mit der Vorbereitung zur Aufnahme Olgas in das Smolny-Institut zu beginnen. „Dort bekommt sie Schliff und eine umfassende Bildung!" – „Aaaaaber", weiter kam Elisabeta nicht. „Du kannst beruhigt sein, auch in der Haushaltsführung!" – „Aber Sophia, nirgendwo kann sie so viel lernen wie bei uns auf dem Gut", widersprach sie erstaunt. Sophia seufzte und blieb lieber eine Antwort schuldig. „Ist das nicht eine Schule für künftige Hofdamen?", überlegte Elisabeta. „Verzeih", mischte sich Ludwig ein, „aber bei Hofe sehe ich sie nicht!" „Das war einmal. Heute stehen auf dem Lehrplan neben Etikette und Tanzen auch Fremdsprachen, Musik, Zeichnen, Mathematik, Hauswirtschaft und Literatur. Aber es stimmt, es ist eine Erziehung zur Schönheit und Freude. Ist das so falsch? Olga wäre begeistert."

Vladimir reagierte entsetzt: „Ein Internat? Das sollten wir Olinka unbedingt ersparen! Was wäre mit einem der neuen Kurse mit Universitätsniveau für Mädchen? Ein Lehramt oder das Medizinstudium könnten doch auch für Olga, die so leicht lernt, interessant sein!" Abwehrend sagte Ludwig: „Das kommt alles viel zu früh – absurd ... tsss Medizin!" – „Warum nicht, davor müsste sie allerdings eine externe Prüfung über den Stoff des Gymnasiums ablegen!" – „Das ist nicht möglich!" – „Doch, Papa, das weißt du! Für den entsprechenden Unterricht müsstet ihr natürlich, wie andere Eltern auch, in die Stadt ziehen!" Niemand ging auf diese Provokation ein und so verließ Vladimir den Raum. Papa würde für Olga, davon war er überzeugt, seine Prinzipien aufweichen. Tante Sophia war zufrieden – ein Anfang war gemacht. Zuerst kam eine Französin ins Haus und später eine geprüfte Privatlehrerin für den Stoff des Untergymnasiums.

11.

Ungleiche Brüder

Endlich Ferien! – Bestechung, ein Thema für Anton Tschechow – Schule ist Teufelswerk – Vladimir langweilt das Landleben, Alexej liebt es – die Liebe der Eltern ist purer Egoismus – der künftige Erbe Vladimir wiegelt die Bauern auf – Alexej baut mit Dorfkindern ein Haus – Vladimir gründet einen Literaturclub – er erkennt die Fähigkeiten seines jüngeren Bruders

Am Ende des nächsten Schuljahres reiste Vladimir mit dem Zug nach Hause. Der Schuldiener hatte ihm einen Platz reserviert, der ihm nicht gefiel. Voll schlechtem Gewissen schrieb er darüber: „Ich habe das erste Mal bestochen, und zwar den Schaffner, damit er mir ein bequemes Abteil verschafft! Ich schlief danach nicht, weil mein Gewissen mich plagte!" Ist doch derjenige, der besticht, genauso verwerflich wie jener, der sich bestechen lässt. Er, der die allgemeine Bestechlichkeit anprangerte, war ihr jetzt selbst erlegen. Bestechlichkeit vergiftete Russlands Staat und Gesellschaft und war eine der Ursachen, die das ganze Land vergifteten. Er schrieb auch, dass „Erste Bestechung" ein gutes Thema für eine Erzählung Anton Tschechows wäre. Denn „alle Autoren behandeln das Thema ‚erste Liebe', als ob das Thema ‚erste Bestechung' nicht viel wichtiger wäre!"

In Rogatschov erwartete ihn der Kutscher Anton, der den jungen Herrn vom Bahnhof abholte und von dessen Schulerlebnissen nicht genug bekommen konnte. „Haben Sie viel gelernt, Herr?" – „Ja, denk dir nur, der Mensch stammt vom Affen ab!", trumpfte Vladimir auf. Als Anton das hörte, bekreuzigte er sich erschrocken: „Sie machen sich über mich lustig, Herr!" – „Nein, glaube mir, das haben wir gelernt!" Anton drehte sich entgeistert nach Vladimir um – war er verrückt geworden? Zu Hause warnte er seine Kinder: „Die Schule ist Teufelswerk und nichts für euch. Man sieht es an dem jungen Herrn!"

„Endlich zu Hause", erzählte Vladimir, „schwebte ich zunächst auf Wolke sieben. Mutter hörte sich geduldig meine Schulgeschichten an, Vater las mir laut Artikel seines bevorzugten Jour-

nalisten vor, um darüber zu diskutieren. Mit meinem adrett aussehenden Bruder Alexej führte ich unendliche Gespräche über
Pferde, Hunde und sein Projekt, in den Ferien mit seinen Freunden aus dem Dorf eine richtige Lehmhütte zu bauen." Es war ihm
bewusst, dass man von ihm als Ältestem viel erwartete. Das zu
vergessen, war ihm zu Hause ganz unmöglich, denn er wurde
ständig aus diesem Blickwinkel beobachtet. Jeden Tag nahm er
sich aufs Neue vor, vernünftig zu sein und niemanden zu enttäuschen. Aber sein Vorsatz hielt nicht lange.

Er fand die Stallungen auf Dauer nicht so interessant, wie Alexej
es tat. Für ihn war es bald langweilig, den Vater zu begleiten und
seinen endlosen Gesprächen mit den Leuten zuzuhören oder bei
der Ernte zu helfen. Reiten und Schwimmen füllten keinen Tag
und nahmen ihm seine Unruhe nicht. Es war viel spannender, mit
Leo, einem jüngeren Sohn des Dorfpriesters, Streitgespräche über
Gott und die Welt zu führen. Mit Hingabe entwickelten sie
gemeinsam verschiedene gesellschaftliche Theorien. Einmal
waren sie zu dem Schluss gekommen, dass die Liebe der Eltern
zu ihren Kindern nichts anderes sei als purer Egoismus.

Diese neue Erkenntnis, wie alle vorangegangenen, ersparte Vladimir seinen Eltern leider nicht. Er platzte mit ihr heraus, als die
Familie entspannt beim Nachmittagstee saß. Die Wirkung war
schrecklich. Elisabeta brach erschüttert in Tränen aus und Ludwig
schrie nach einer Schrecksekunde: „Unverschämter Bengel, bist
du endgültig übergeschnappt?". Tante Sophia zischte empört:
„Gerade du hast es nötig" und rauschte hinaus, dabei winkte sie
Olga und Alexej, ihr zu folgen.

Eltern so ohne weiteres zu widersprechen, war an sich schon ein
unmögliches Benehmen, sie aber des Egoismus zu beschuldigen,
eine Ungeheuerlichkeit. Heute scheint uns das Verhalten des halbwüchsigen Vladimir typisch pubertär und sogar verständlich. Als
künftiger Erbe von Dedlovo stand er unter großem Erwartungsdruck und fürchtete, die in ihn gesetzten Hoffnungen zu enttäuschen. Seine Eltern wussten, so war er überzeugt, nichts von seinen Selbstzweifeln, Sehnsüchten und Problemen. Er fragte sich
bang, ob sie ihn noch lieben könnten, auch wenn er ihren Erwartungen nicht entspräche und seine Pflichten ihnen gegenüber

nicht erfüllte. Er sollte die gesteckten Ziele erreichen, aber es waren nicht seine Ziele, sondern die vom Vater vorgegebenen. War das elterliche Liebe?

Nach diesem Zwischenfall herrschte tagelang im gesamten Haushalt deprimierte Stimmung, vor der Vladimir ins Freie flüchtete. Eines Tages, beim ziellosen Umherstreifen, traf er einen Bauern bei der Arbeit mit seinen Bienen an. „Bekommst du viel Geld durch die Bienen?", fragte er. „Nein, nicht so viel", antwortete der. „Musst du viel Steuern zahlen?" Vor allem lokale Steuern waren damals das große Thema. „Ja, viel!" – „Dann zahle einfach nicht", schlug Vladimir vor. „Wenn du keine Steuern zahlst, bleibt das Geld dir und du hast mehr davon!" – „Das ist gut", sagte der Bauer zufrieden. Er ging ins Wirtshaus und berichtete von seinem Gespräch mit Vladimir Kign, dem künftigen Herrn. Von dort machte es die Runde zurück zu den Eltern, dem Gendarmen und schließlich zur Geheimpolizei. So gelangte Vladimir wegen Aufwiegelung der Bauernschaft unter ständige Beobachtung der Geheimpolizei. Wie der Name es sagt, war sie geheim und lange ahnte niemand etwas davon. Doch eines Tages sollte ihn diese Geschichte doch noch einholen und in Schwierigkeiten bringen.

Ludwig zeigte sich über den neuesten Streich seines Sohnes sehr verärgert und die gewählten Mitglieder im Semstwo waren wütend, denn sie bemühten sich damals sehr um mehr Einsicht bei der Bevölkerung, gewisse Abgaben im Interesse aller zu leisten. Es galt, Schulen und Spitäler zu errichten sowie die Straßen im Bezirk zu erhalten und auszubauen. Doch die Dörfler stemmten sich gegen jede Reform, die sie als Anfang vom Ende ihrer Freiheit sahen. Schließlich sei noch nie etwas Besseres nachgekommen. Nur Mascha fand gut, was Vladimir gesagt hatte, und sie lobte ihn sehr, denn es sei „Volkes Wille", keine Steuern zu zahlen.

Von den Vorfällen beunruhigt, suchte Elisabeta ein Gespräch mit dem Popen, dessen Sohn Leo sich mit Vladimir angefreundet hatte. Es seien junge Menschen, sagte der, die alles in Frage stellen dürften, ja müssten. Die Welt sei ungerecht, das sei nicht zu leugnen. Sie brauchten Zeit, um ihren Platz im Leben zu finden.

Das Gebet werde ihr helfen, Geduld und Kraft aufzubringen. Elisabeta gab ihm Recht. Doch Ludwig war nicht davon abzubringen, dass Vladimir längst an die Konsequenzen seines Handelns denken müsste. Vladimir würde noch eine Weile für Unruhe und Konflikte in Dedlovo sorgen, so viel stand fest.

Alexejs Wesen hingegen war gefühlvoll, bestimmt, und zu seinem Charakter gehörten die sprichwörtliche russische Geduld und Sanftmut. Gleichzeitig konnte er sehr zielstrebig und durchsetzungsfähig sein. Alexejs gewinnende ruhige Art machte ihn auch zum Liebling der Frauen, von der Küchenmagd bis zu Tante Sophia. Obwohl jünger, war er für Olga ein beschützender Bruder, der ihre Tierliebe teilte, ihr Tricks beim Reiten beibrachte, Vogelnester aufstöberte, half, Katzenjunge in ihr Zimmer zu schmuggeln, und ihr zeigte, wie man Frösche fängt. Es gelang ihm sogar, den Unterricht zu unterbrechen, um ihr ein neugeborenes Fohlen zu zeigen. Selbst Tante Sophias bei vielen Gelegenheiten geäußerte Mahnung: „Das schickt sich nicht" ignorierte er. Wie für diesen Sommer geplant, baute er mit seinen Freunden eine große Lehmhütte am Rande des Waldes. Anfangs beteiligte sich Vladimir mit Vorschlägen. Doch wie mögen die ausgesehen haben? „Mein Bruder und seine Freunde", schrieb er später, „ergriffen die Flucht vor mir und versteckten sich – aber ich fand sie überall!" Doch allen eifersüchtigen Störmanövern zum Trotz baute Alexej das Häuschen fertig. „Viele Jahre später stand es noch immer", sagte Vladimir anerkennend. Alexej spielte ganz realistisch, verstieg sich nicht in Phantasiewelten. Seine Kameraden aus der Kindheit waren später die Männer, mit denen er zusammenarbeitete und viel erreichte. Alexejs natürliche Autorität beeindruckte auch Vladimir, und er erinnerte sich: „Eines Tages kam mein kleiner Bruder in die Schule, um mich abzuholen. Mit Pelz am Kragen war er hübsch anzusehen. Der damals achtjährige Knirps erklärte Direktor Lesch liebenswürdig und ernst, dass es der Wunsch der Mama sei, mich sofort gehen zu lassen." Alexejs Gespräch mit dem Direktor verlief so vergnüglich, dass sich die roten Koteletten auf seinen Wangen durch sein breites Lachen horizontal aufstellten. „Ja", sagte er, „wenn die Mama es befiehlt, bleibt nichts übrig, als Vladimir gehen zu lassen!"

Die Liebe und Aufmerksamkeit seiner Mutter galt aber ihm, Vladimir, dem Sorgenkind. Vater Ludwig war sehr unglücklich über die Schwierigkeiten mit seinem „Kronprinzen". Die „Thronfolge" zu ändern, ihm das Erstgeburtsrecht zu nehmen, gedachte er aber nicht. So quälten sich alle noch jahrelang. Vladimir litt unter einem Gefühl des Versagens, Alexej unter der Nichtbeachtung seiner Fähigkeiten. Doch als jüngerer Sohn hatte er den Vorteil, sich ohne Erwartungsdruck entwickeln zu können. Seine Interessen galten von klein auf ausschließlich Dedlovo. Konsequenterweise strebte er früh das Studium an einer landwirtschaftlichen Hochschule an. Was das Gut betraf, war er seinem älteren Bruder immer überlegen. Während Vladimir den Leitspruch der Familie „Nie aufgeben" als ständigen Kampf verstand, überwand Alexej seine Schwierigkeiten auf ruhige, ausdauernde Art.

Das alles muss für den halbwüchsigen Vladimir sehr deprimierend gewesen sein. Er erkannte die Fähigkeiten seines Bruders früher als Vater und Mutter. Doch was sollte er tun? Er liebte seine Familie und wollte von ihr geschätzt werden, was ihm immer weniger gelang. Als Reaktion zog er sich zurück, um zu lesen, viel zu lesen. „Es war mein größtes Vergnügen – wie ein Fenster zum wirklichen Leben, zum vielschichtigen Leben ohne Tabus", schrieb er später darüber. Schriftsteller wurden sein Vorbild und Dichtung allmählich sein Lebensinhalt. Er begeisterte Freunde aus dem Dorf für die Idee, eine „Gesellschaft für Literatur" zu gründen. Brieflich gewann er Internatskollegen als Mitglieder und diskutierte in langen Abhandlungen die Werke verschiedener Autoren. Schließlich konnte Vladimir das Ende der Ferien kaum erwarten, so sehr freute er sich auf die „Literatenrunde" in Moskau.

12.

Vladimirs Odyssee zur Reifeprüfung

Literatur wird Vladimirs Lebensinhalt – schreibend die Welt verbessern –
Einfluss nihilistischer Autoren – Vladimir erhält den „Wolfspass" –
Petersburg, eine Stadt ohne Atmosphäre – im Visier der Geheimpolizei –
das Drama seiner Schulzeit endet- „Ich möchte glücklich sein, kann es
aber nicht" – Vaters Ziel wartet

Wieder im Internat, entstand unter Vladimirs Leitung ein Literaturclub. Die Mitglieder wählten seinen Freund Kolja zum Präsidenten, brachten Kapital ein, um Bücher kaufen zu können,
zunächst russische Literatur. In ihren regelmäßigen Sitzungen
wurde gemeinsam Gelesenes leidenschaftlich diskutiert. Vladimir
präsentierte stolz erste eigene Texte und war glücklich. Seine
Freude hielt aber nicht lange an. Wie sich bald zeigte, fehlte eine
kompetente, leitende Führung wie die Dr. Leschs. Sie trafen die
Auswahl der Literatur selbst und entschieden sich gegen Tolstoi,
dessen geschilderte „Liebesgeschichten und Intrigen" sie in
„Krieg und Frieden" langweilig und altmodisch fanden. Turgenjew und Dostojewski wiederum waren ihnen zu romantisch und
realitätsfern. Für ihr Ziel, schreibend die Welt zu verbessern,
konnten sie ihnen keine Vorbilder sein. Dafür wählten sie die
Schriften von Iwanowitsch Pissarew, einem wichtigen Vordenker
des russischen Nihilismus, Alexandrowitsch Dobroljubow, einem
materialistischen Philosophen und revolutionären Demokraten,
und Gawrilowitsch Tschernyschewski, ebenfalls ein Leitbild
unzähliger nihilistischer Revolutionäre.

Nach nur drei Monaten hatte sich die Literaturgesellschaft in einen
Zirkel von grausamen Revolutionären verwandelt, die sich in einen
wahren Blutrausch hineinsteigerten. Bald sprachen sie nur noch
von Untersuchungen, Verhaftungen, falschen Pässen, Morden, Hin-
richtungen, selbst Unschuldige müssten, wenn nötig, für die Revolution auf Laternen aufgehängt oder mit Heugabeln aufgespießt
werden. Bevor alles in gegenseitiger Gewalt eskalierte, trennte sich
Vladimir von ihnen. Er war reifer geworden. In seinen Erinnerun-

gen über diese Zeit schreibt er: „Ich sah in ihren Augen nicht Kraft und Lebensfreude, sondern Schwäche und Hoffnungslosigkeit." Er erkannte den unüberbrückbaren Gegensatz zwischen ihren Idealen und dem Weg zu deren Verwirklichung. „Es war klar", so Vladimir, „dass sie die angesprochenen Probleme nie lösen können." Diese Erkenntnis versetzte ihn in einen Zustand tiefer Trostlosigkeit, machte ihn aber zu einem leidenschaftlichen Gegner nihilistischer Strömungen. Seine Freunde, die intelligenten, aber verwahrlosten adeligen Jugendlichen, die keine Einzelerscheinung waren, blieben bei ihrem Fanatismus und der zerstörerischen Ideologie. Jahrzehnte später ging die nihilistische Saat, unter anderem durch die Adeligen Lenin und Dserschinski, auf.

Wie konnte Vladimir ohne Literatur – „sein Fenster zum wirklichen Leben" – die trostlose Schulzeit überdauern? Seine Enttäuschung machte ihn neuerlich widerspenstig. Aufsässig diskutierte er mit einem Professor über die richtige Anrede für Lehrer. Am Ende wurde er aus der Klasse geschickt und danach angehalten, in der Ecke zu stehen. Vladimir weigerte sich, das zu tun. „Der Direktor erschien und verwies mich höflich der Schule", schilderte Vladimir die Szene. Reue zu zeigen und sich zu entschuldigen, hätte ihm noch eine Chance eröffnet, den Ausschluss abzuwenden. Doch dazu war Vladimir um keinen Preis bereit und so wurde er nach Hause geschickt. Damit hatte er nicht gerechnet. „Was für eine Schande! Ich war schwer getroffen! Man hatte mich ungerechterweise ausgeschlossen." Er geriet in große Wut. „Ich fühlte mich hilflos inmitten einer bösen Macht!" Was würden seine Eltern sagen?

Das Ausmaß des Kummers seiner Eltern traf ihn dann tief. Für sie war ihr Ältester nun eine verlorene Seele. Die gesamte Familie war enttäuscht und verzweifelt. Kein Toben und Drohen seines Vaters konnte ihn dazu bringen, sich beim Vorsitzenden der Schule zu entschuldigen, um ihn zu bewegen, den „Wolfspass" zurückzunehmen. In den Nächten hörte er seinen Vater schlaflos umhergehen. Vladimir schlief auch nicht, weil er sich heimlich die Augen aus dem Kopf weinte.

Als nach rund drei Monaten erschöpfte Ruhe einzog, senkte sich, wie es Vladimir schien, eine unendliche Bedrücktheit über ganz

Dedlovo. Das zu ertragen war ihm unmöglich. Spät, aber doch, entschloss er sich, nach Moskau zu fahren, um sich – obwohl ohne Einsicht – beim Direktor in aller Form zu entschuldigen. Doch die einberufene Konferenz nahm seine Entschuldigung nicht mehr an: Es sei bekannt geworden, dass er die Bauern aufgehetzt hätte, keine Steuern zu zahlen, und schändliche Ideen verbreite. Der Rat wollte ihn nicht mehr aufnehmen. Der endgültige Ausschluss schien der Familie ungerechtfertigt, denn eine Entschuldigung war Bedingung gewesen, die Vladimir letztlich doch erfüllt hatte. Ludwig war empört, aber der Ansicht, dass eine Wiederaufnahme zu erzwingen Vladimir nur das Leben erschweren würde. Die Suche nach einem Ausweg und einer Möglichkeit, doch noch zur Reifeprüfung zu kommen, begann.

Kurz danach, bei einer von Daria gegebenen Gesellschaft in St. Petersburg, wurde eine Reform der Erziehung in Russland, damals ein Dauerthema, heftig diskutiert. Traditionell oder fortschrittlich war die Frage. Ludwig konnte einiges zum Thema beisteuern, als er die Geschichte seines Sohnes erzählte. Gleich am nächsten Tag erschien ein Artikel in einer bekannten Zeitung: „Strafe und traditionelle Erziehung". Darin wurde Vladimirs Geschichte mit seinem vollen Namen geschildert und die Schule und ihr Vorstand namentlich genannt und kritisiert. In der Folge gab es Erwiderungen und Erwiderungen der Erwiderungen – immer mit Vladimirs vollem Namen. Danach waren er und seine Geschichte in ganz Russland bekannt – mit dem Ergebnis, dass ihn keine Schule mehr aufnehmen wollte. Der in Darias Gesellschaft anwesende Journalist hatte sich bei Ludwig nicht zu erkennen gegeben und vor der Veröffentlichung auch nicht um Zustimmung gebeten. Das war ein unseriöses Verhalten – besonders im Freundeskreis. Daria lud ihn nie mehr ein, aber was half es, der Schaden war angerichtet und Vladimirs Odyssee zur Reifeprüfung durch obskure private „Institute" begann.

Nach seinem Ausschluss aus disziplinären Gründen blieben Vladimir alle Gymnasien des Landes verschlossen. Auf der Suche nach einer Möglichkeit, den „Wolfspass" zu umgehen, konnte Ludwig nicht mehr wählerisch sein. Er gab Vladimir in ein Institut am Rande Moskaus, das seine Existenz Schlupflöchern im

Gesetz verdankte. Nach nur drei Monaten nahm Ludwig seinen Sohn wieder heraus. Die Schüler und Lehrer verbrachten mehr Zeit im Wirtshaus als im Klassenzimmer. Die Leistungen der Knaben waren entsprechend katastrophal. Der Direktor kassierte von Ludwig zum Abschied noch eine größere Summe Schulgeld. Wütend machte er seinem Sohn Vorwürfe und stellte ein Ultimatum: „Meine Geduld ist jetzt zu Ende! Ich schlage vor, dass du zum Militär gehst oder – deine letzte Chance – dich in der Stadt, in der ich kürzlich zu tun hatte, auf die Reifeprüfung vorbereitest. Du wohnst bei einem alten deutschen Beamten als zahlender Gast und hast dich anzustrengen und zu fügen!" Vladimir zeigte sich zerknirscht und versprach, sich zu bessern, denn zu den Soldaten wollte er keinesfalls. Bei einem Deutschen zu wohnen, erschien ihm Strafe genug.

Sein neuer Quartiergeber versuchte, ihn sogar noch härter als befürchtet zu erziehen. Mit kalten Duschen, Gymnastik und geregeltem Tagesablauf wollte er Vladimir zu mehr deutscher Disziplin und Leistung bringen – mit dem Ergebnis, dass dieser aus Protest nichts dergleichen tat. Er lernte nicht, sondern vertrödelte die Tage in Lokalen, bei Schulkameraden und mit ausgedehnten Spaziergängen. Das Schuljahr ging zu Ende und er konnte wieder keinen Erfolg nach Hause bringen.

Der Enttäuschung, dem Zorn und der Verzweiflung beider Eltern folgte große Ratlosigkeit. Ein Verwandtenbesuch aus St. Petersburg brachte in den Ferien unerwartet neue Hoffnung. Eine Cousine Darias mit Ehemann und zwei netten Jugendlichen, Nikolai und Sonja, erwiesen sich als liebenswürdige Gäste. Der Bursche und seine Schwester waren ungefähr im Alter Vladimirs, äußerst wohlerzogen und, wie man hörte, ausgezeichnete Schüler. Die jungen Menschen freundeten sich miteinander an. Vladimir zeigte sich von seiner liebenswürdigsten Seite und kümmerte sich vorbildlich um die beiden. Bei Hauskonzerten, Lesungen, aber auch bei Diskussionen über Literatur, Kunst und Politik glänzte er als ein vielseitig interessierter und informierter Gesprächspartner. Er war ein guter Zuhörer – bei seinem unsteten Charakter erstaunlich. Vor allem die Reiseberichte Darias und Pjotrs über England, Frankreich, Österreich und Deutschland fand er unglaublich spannend.

Nach einem sehr lebhaften, gelungenen Abend bemerkte Daria Ludwig gegenüber: „Vladimir ist doch ein sehr intelligenter, liebenswerter Bursche, seine Schulprobleme müssen doch zu lösen sein!" Sie erntete dankbare Blicke von Elisabeta. „Alles gut und schön, aber was waren denn unsere Themen?", fragte Ludwig. „Reisen, Literatur, Kunst und Politik – davon bekommt er kein Reifezeugnis!" Unvermeidlich folgte wieder eine Debatte, in der es auch um das Versagen der Schule ging. „Die frühe Trennung der Kinder von den Eltern kann nicht gut sein!" – „Aber es war immer so und ich habe sie auch überstanden", sagte Ludwig, fühlte dabei aber deutlich seinen Schmerz von damals. Er erinnerte sich wieder an die rührenden, ahnungslosen Abschiedsworte seiner Mutter und ihre Mahnung, immer gut und brav zu bleiben, aber vor allem das Abendgebet nie zu vergessen. Es folgten für ihn Jahre der Einsamkeit, bis er Elisabeta traf. Laut sagte er: „Vladimir muss lernen, sich auch in ungeliebte Situationen zu fügen." Daria war aufgebracht: „Nicht alle Kinder reagieren gleich und die Erzählungen Vladimirs über seine Internatszeit sind ja schrecklich!"

Vor Schulbeginn entschlossen sich die Eltern, die herzliche Einladung der Familie R. anzunehmen, Vladimir bei sich in St. Petersburg aufzunehmen und mit ihren Kindern in die Schule zu schicken. Ihrem guten Ruf und ihren intensiven Bemühungen war es zu danken, dass Vladimir trotz „Wolfspass" einen Platz in dem St. Petersburger Gymnasium bekam, das auch Nikolai und Sonja besuchten. Ihr gutes Beispiel, hofften Ludwig und Elisabeta, würde ihn mitziehen und endlich zum Erfolg führen. Doch alle Mühe seiner Gastfamilie war vergeblich. Vladimir vermisste sein geliebtes Moskau und fühlte sich wie ein „echter Russe" in St. Petersburg nicht wohl. Die glanzvolle Stadt war für Vladimir „ohne Atmosphäre": „... die Straßen wie mit dem Lineal gezogen, die Häuser in einer Höhe; die Steine auf der Straße lagen in strengen Reihen, selbst die Zäune in den Gassen waren gleich gestaltet und in einer Linie gezogen. Ich fühlte mich beim Spazierengehen wie im Gefängnis!" Die Landschaft fand er flach wie ein Billardtisch und er vertrug das Klima schlecht. Er behauptete, davon Fieber und Kopfweh zu bekommen. Mit einem Wort: Vladimir war unglücklich und deprimiert, die Unruhe in seinem

Wesen wurde wieder stärker. Er träumte von den Hügeln Moskaus, den Villen und Gärten, den kurvigen Straßen, den vielen Teichen und Flüssen und den alten Kirchen. Er vermisste sogar die so lästigen Tauben und die Krähenschwärme der alten Hauptstadt. „Warum", so fragte er sich, „gibt es in der Nähe Dedlovos kein Gymnasium für mich?"

Eines Tages erschien Polizei im Hause seiner Verwandten, um Vladimir zu verhaften. Wie sich denken lässt, war das für ihn und seine Gastfamilie ein schwerer Schock. Ohne weitere Erklärungen wurde er abgeführt. In einem dunklen Zimmer der Behörde saß er ohne Beistand den Offizieren, die ihn verhörten, gegenüber. Sie konfrontierten ihn mit seinem Leben, über das sie genau Bescheid wussten. Lächerliche Szenen wie sein Spaziergang durchs winterliche St. Petersburg in Lackschuhen und mit Sonnenbrille wurden erwähnt. Ebenso fragten sie nach Texten, die er verfasst und schon vergessen hatte. Über Wirtshausdiskussionen mit Freunden waren sie informiert, genauso wie über seine Ferien auf Dedlovo. Sie wussten alles über ihn! Überall hatten sie ihre Nasen und schmutzigen Finger gehabt. Wer aus seiner Umgebung hat wann welche Informationen weitergegeben und warum? Auch aus der Schule stammten viele Informationen. Das war kein Spiel, kein Experiment, das war bitterer Ernst. Gericht, Gefängnis und Verbannung drohten. Es war ein Albtraum!

Im Laufe der Befragung wurde ihm klar, dass der Auslöser seiner Beschattung die alte Geschichte war, in der er dem Bauern geraten hatte, keine Steuern zu zahlen. Vladimir nahm sich in seiner Reaktion sehr zusammen und schließlich ließ man ihn gehen. „Diese Erfahrung hat in meinem Leben Spuren hinterlassen. Beim bloßen Thema ,Polizei und Beobachtung' fühle ich mich geängstigt und nervös!" Seiner liebenswerten Gastfamilie, die auf ihren guten Ruf bedacht sein musste, war er nach dieser Episode nicht mehr zumutbar. Er kehrte wieder einmal als ein Gescheiterter heim.

Viele Tage und Nächte verbrachten Ludwig und Elisabeta im Streit um die Zukunft Vladimirs. Am Ende schickte der Vater seinen Sohn nicht wie angedroht zum Militär, sondern ließ sich von Vladimir überreden, ihn in ein privates, fragwürdiges Institut nach Moskau zu schicken. Kurz nach seiner Ankunft wurde es gesperrt, der Direktor verhaftet, weil er zahlreiche Zeugnisse verkauft hatte. Ludwig suchte und fand für seinen Sohn noch eine Möglichkeit, ohne Zeitverlust quer einzusteigen, diesmal wieder an einem Institut in St. Petersburg. Ständige Änderungen der Unterrichtsgesetze, die Ludwig nützte, hatten wohl den „Wolfspass" bedeutungslos gemacht. Dort saßen in einer Klasse nur fünf Schüler, die unter der Aufsicht junger tüchtiger Lehrer sehr fleißig arbeiteten. Vladimir meinte zwar, sie lernten nicht, sie würden lediglich dressiert. Doch die „Dressur" zeigte Wirkung. Er verbrachte erstmals Monate mit totalem Büffeln, sowohl bei Tag als auch bei Nacht, und lebte wie im Fieberwahn.

Endlich kam der Frühling 1875 und mit ihm die vier abschließenden Prüfungswochen. Vladimir bestand die Reifeprüfung! Das Drama seiner Schulzeit war endlich zu Ende. Er konnte es kaum glauben und sich auch nicht freuen. „Ich bildete mir ein, in der Newa zu ertrinken oder überfahren zu werden, bevor ich das Zeugnis meinen Eltern zeigen konnte!" Vladimir: „Ich möchte glücklich sein, kann es aber nicht. Deshalb bin ich doppelt unglücklich, und das macht mich unendlich traurig!" Erschöpfung und Trauer über seine katastrophale Schulzeit machten sich bemerkbar. Vladimir blieb aber keine Zeit, um damit fertig zu werden, das nächste Ziel – Vaters Ziel – ein Jurastudium, wartete auf ihn. Eine bedrückende Aussicht, besonders wenn man wie er Schriftsteller werden wollte. Das behielt der künftige Student natürlich für sich, um den neuen Frieden mit seinen Eltern nicht zu stören. Es war für alle ein Friede ohne Freude, wie er sich nach einem langen, opferreichen Kampf einstellt. Zu feiern hatte niemand wirklich Lust. Die für Maturanten übliche monatelange Reise durch Europa fiel aus. Vladimir sollte besser danach trachten, das verlorene Jahr an der Universität wieder einzuholen.

13.

Mitte des Lebens

Mascha stirbt – in Olgas Herz wird ein Platz frei – Susan kehrt nach England zurück – Elisabeta hat Sorgen über Sorgen, fühlt sich im Stich gelassen – ihre schlechte Stimmung vergiftet allen das Leben – Tschaikowsky berührt unmittelbar Elisabetas russisches Herz – Idee zu einer Volksliedersammlung – Alexej kommt problemlos ins Oberstufen-Gymnasium – Ludwig errichtet eigenen Wohnsitz in Petersburg

Mascha, inzwischen über 60 Jahre alt, war schon länger krank. Sie magerte stark ab und litt unter starken Schmerzen, versuchte aber, ihren Zustand zu verbergen, ja sie wurde böse, wenn sie jemand darauf ansprach. Eines Tages brach sie zusammen und starb, ohne das Bewusstsein wiedererlangt zu haben. Der Arzt, der ihren Tod feststellte, diagnostizierte Angina Pectoris. Man hätte nichts für sie tun können, außer für ihre Schonung zu sorgen. Elisabeta machte sich schwere Vorwürfe, weil sie das versäumt und den Leidendruck der alten Kinderfrau nicht einmal bemerkt hatte. Natalia, die Wirtschafterin, die Mascha kannte, seit sie denken konnte, wusste mehr und sagte tröstend: „Sie wollte es so, Madame" und Susan stimmte ihr zu. Aber in Elisabetas Erinnerung tauchten viele kleine Szenen und Gespräche auf, in denen, wie sie nun erkannte, ein Hilferuf verpackt war. Voll Trauer und schlechtem Gewissen kümmerte sie sich persönlich um die Begräbniszeremonien für Mascha. In der Nähe der Gruft der Kigns erwarb sie ein Grab und suchte das Totenkleid selbst aus. Sie bestimmte die große Stube des Gesindewohnhauses für die Aufbahrung. Trauergäste aus dem Ort kamen in Scharen, um die Heimgegangene noch einmal zu sehen. Am offenen Sarg, beim Abschied für immer, beugte sich die Herrin – alle konnten es sehen – über die Verstorbene. Sie küsste Mascha auf die bleiche Stirn wie ein Familienmitglied. Die Totenmesse mit Gesang der Dorfbewohner, den die Verstorbene so liebte, war in den Augen mancher schon zu viel der Ehre, schließlich „war sie keine Fürstin".

Auch Vladimir kam zur Beerdigung. Der Tod seiner Kinderfrau ging ihm sichtlich sehr nahe. Mit ihr würde die geheimnisvolle Welt der Mythen, Märchen und die alte Sprache, die sie ihn gelehrt hatte, aus seinem Leben verschwinden. Er begriff: Die kleine alte Mascha hinterließ eine große Lücke. Olga war verzweifelt, niemand durfte sie trösten – auch ihre Mutter nicht, was Elisabeta als bitteren Vorwurf empfand. „Wie konnte ich mein Kind so aus den Augen verlieren?" Weinend gab sie sich gleich selbst die Antwort. „Wann saß ich zuletzt abends an ihrem Bett? Wie oft nahm ich an ihrem Unterricht teil? Aber in der Dorfschule bin ich regelmäßig. Olga forderte keine Aufmerksamkeit, machte nie Probleme, sie war ein liebes Mädchen. Vielleicht nur, weil ihr nichts anderes übrig blieb?" Besondere Zuwendung von ihrer Mutter kam nur dann, wenn sie sich angepasst zeigte, wenn sie gehorsam war und sich bei Aufgaben zur Führung des Haushalts geschickt erwies. Die Vorhaltungen Sophias, dass man sich zu wenig um Olga gekümmert hätte, erwiesen sich also als berechtigt. „Aber", entschlossen wischte Elisabeta ihre Tränen ab, „durch Maschas Tod wird im Herzen Olgas ein Platz frei, der mir gehört, und ihn werde ich mir zurückholen!"

Im Frühjahr bat Susan um ein Gespräch. Sie teilte Elisabeta ihren Entschluss mit, nach England zurückzukehren. Ihre alten Eltern brauchten sie und auf Dedlovo hätte sie keine wirkliche Aufgabe mehr. Gerade jetzt aber fiel es Elisabeta schwer, sie gehen zu lassen. Sie waren einander sehr nahe gekommen, ja befreundet. Susans nüchterne, humorvolle Art würde allen sehr fehlen.

In diesen Monaten gab es Streit im Semstwo wegen des Ausbaus einer Dorfschule. Demokratie hin oder her, Elisabeta wollte die ergebnislosen Diskussionen nicht mehr abwarten. Sie entschloss sich deshalb, den Bau selbst zu finanzieren, denn ohne Privatinitiative würden alle Bemühungen im Sand verlaufen. 90 Prozent der Bevölkerung Russlands waren damals Analphabeten – eine schwerfällige Masse, die Fortschritt und Entwicklung hemmte. So lag es auch im ureigensten Interesse der Familie, nach ihren Möglichkeiten dagegen anzukämpfen. Bald danach war die Schule fertig. Eine Schwierigkeit war, dass die Kinder in ihren Familien als Arbeitskräfte dienten, auf die niemand verzichten wollte. Eine allgemeine gesetzliche Schulpflicht hätte sehr geholfen, existierte damals aber noch nicht. Trotzdem bewegte sich etwas, denn immer mehr Kinder besuchten die Schule, die aus einem einzigen Klassenzimmer bestand.

Die junge Lehrerin beklagte sich bei Elisabeta über die herrschenden Zustände, die ihr die Arbeit erschwerten und den Erfolg gefährdeten. Elisabeta versprach ihr, alles für eine Vergrößerung der Schule zu tun und sich auch um „Schulschwänzer" zu kümmern, fürchtete sie doch, die gut ausgebildete Pädagogin zu verlieren. Also ging sie selbst in die Häuschen, schimpfte, lobte und half, einen Weg zu finden, um den Kindern einen regelmäßigen Schulbesuch zu ermöglichen. Und doch wurde Madames Eingreifen nicht immer geschätzt: „Sie mischt sich in Dinge ein, die sie gar nichts angehen!", hieß es dann. Längerfristig stärkte Elisabetas Einmischung aber die Frauen sehr und brachte Ordnung in das Hauswesen.

Es war noch so viel Überzeugungsarbeit zu leisten! Aber woher sollte Elisabeta die vielen Stunden nehmen? Natalia wurde alt, das war nicht mehr zu übersehen. Ohne sie zu kränken, galt es, eine Nachfolgerin zu finden. Obwohl es unsinnig war, fühlte sich Elisabeta nach Maschas Tod von ihren wichtigsten Stützen im Stich gelassen. Ihre Stimmung wandelte sich immer öfter von zuversichtlich und optimistisch zu nervös und gereizt. Entdeckte sie Nachlässigkeiten in Haus, Park und im Dorf, schwankte sie zwischen Wut und Resignation. Sie fühlte sich wie Sisyphos mit seinem Stein, der trotz steter Anstrengung immer wieder zum Ausgangspunkt zurückrollt. Ludwig war nach wie vor viel auf Reisen und viel zu oft nicht da, wenn sie ihn brauchte. Natürlich war dieser Vorwurf ungerecht, klar, sie hatte ja seiner weitgestreuten anwaltlichen Tätigkeit zugestimmt. Doch Verstand und Gefühl lassen sich nicht zusammenzwingen.

Als Tante Sophia eines Abends ein Fest zum 45. Geburtstags Elisabetas vorschlug, brach die in Tränen aus. „Nein, danke, daran kann und will ich nicht denken. Es wird mir alles zu viel und es gibt in diesen Zeiten gar keinen Grund zum Feiern." Die alte Dame schwieg eine Weile. Dann sagte sie: „Überlege es dir einfach noch einmal. Alle haben sich darauf gefreut, sie wären sehr enttäuscht!" – „Soll das jetzt ein Fest für mich sein oder für die anderen?", dachte Elisabeta ärgerlich. In den Spiegel blickend, fand sie sich erschöpft und alt aussehend. Manchmal kämpfte sie mit Atemnot. Trotz Reiten und viel Bewegung war ihre Figur fülliger geworden und die grauen Fäden in den Haaren waren zu zahlreich, um sie verstecken zu können. Ein Kompliment für ihr Aussehen hatte sie schon lange nicht mehr bekommen.

Die Dörfler kamen nicht auf die Idee, dass die Herrin ihren Geburtstag am liebsten übergehen würde. So machten sie sich wie jedes Jahr nach dem sonntäglichen Kirchgang auf den Weg zum Gutshaus. Unterwegs stießen noch viele Arbeiter im Sonntagsstaat dazu. Sie trugen Instrumente mit sich. Von Geburtstag zu Geburtstag vergrößerte sich die Schar der Gratulanten. Elisabeta wurde geliebt und verehrt. Sie teilte die Sorgen und Freuden mit ihren Leuten und diese mit ihr. Man erzählte einander von ihrem Kummer um Vladimir, sorgte sich, wenn sie selbst einmal krank war oder Ärger hatte. Elisabeta erschien auf der Treppe des Hauses, um alle Wünsche entgegenzunehmen. Zum Dank für „Mütterchen", wie sie auch genannt wurde, erklangen aus vollen Kehlen ihre Lieblingslieder.

Ihre trübe Stimmung blieb jedoch bestehen und in schlaflosen Nächten wälzte sie Probleme: Vladimir studierte nicht allzu schnell und hatte kein Interesse an den nettesten Mädchen. „Keine Eile, er ist ja noch nicht mit seinem Studium fertig", meinte Ludwig. Sie wusste aber von Daria, in deren Haus Vladimir sich sehr viel aufhielt, dass er hauptsächlich in Künstlerkreisen verkehrte. „Wo würde das hinführen? Sicher nicht zu einer guten Eheschließung!" Auch fragte sie sich sorgenvoll, was die neue allgemeine Wehrpflicht für ihre Söhne bedeutete, denn Russland führte mit der Türkei Krieg. Würden sie womöglich einberufen? Sorgen, nur Sorgen, die anscheinend niemand teilte. Doch eine dauernde schlechte Stimmung der Hausfrau, Mutter, Ehefrau und Gastgeberin vergiftet allen das schöne Heim, ja das Leben. Es musste also etwas geschehen.

Eines Tages flatterte eine Einladung Darias aus St. Petersburg ins Haus. „Du musst Tschaikowsky sehen und hören! Seine Musik wird dich begeistern!" Ludwig und Tante Sophia, die stolzen Initiatoren, warteten gespannt auf Elisabetas Reaktion. „Oh, wäre das schön, aber ich kann doch nicht weg", rief sie aus, während sie sich auf einen Sessel fallen ließ, und schon liefen Tränenbäche über ihre Wangen! „Aber wieso denn nicht?" – „Ich habe doch so viel zu tun!" – „Was ist denn so wichtig, um Gottes willen?", fragte Ludwig irritiert. „Das ist es ja eben, du hast keine Ahnung", sagte sie, schlug die Tür zu und schloss sich weinend in ihr Arbeitszimmer ein. „Ludwig hat ja recht, was mache ich denn schon, außer alles falsch", klagte sie ihrer Gottesmutter-Ikone. „Ich sollte von Herzen dankbar sein für all das Schöne hier, bin es aber nicht!" Sie blickte sich um, betrachtete freudlos den zierlichen Schreibtisch mit dem kostbaren Schreibgerät, die elegante Chaiselongue, das Bücherregal, die ausgesuchten Gemälde russischer Maler, die Porträts ihrer Eltern, den prachtvollen Teppich und die feinen Leinenvorhänge aus der eigenen Produktion, auf die sie doch so stolz war. Wann hatte sie sich zuletzt gefreut, so richtig gefreut? Seit langem nicht mehr! Ihr Blick fiel auf ein hübsches Aquarell. Es zeigte ein Motiv von Russlands „Land, in dem die Zitronen blühen", wo Wein wuchs, das Meer lärmte und hohe Zypressen standen – der wunderschönen Krim nämlich, die ein beliebter eleganter Ferienort für Adel, Wohlhabende und Künstler war. „Dort wollte ich schon lange einmal sein, nur sein; aber es wird wohl nie dazu kommen!", meinte sie pessimistisch. Elisabeta kämpfte mit einer Depression.

Vor dem Ende der Wintersaison reiste Elisabeta mit Olga dann nach St. Petersburg. Ludwig traf sie in der Stadt. Daria hatte unbeirrt von Elisabetas Stimmung Karten für ein Tschaikowsky-Konzert besorgt. Der Komponist, Pjotr Iljitsch Tschaikowsky, war noch wenig bekannt und dazu sehr umstritten. Kritiker schrieben, seine Musik sei trivial und vulgär. Der an Bach, Beethoven, Berlioz und Liszt geschulte Geschmack des russischen Publikums änderte sich nur langsam. In seinen Kompositionen zitierte Tschaikowsky gerne russische und ukrainische Volkslieder, was die Fachleute ablehnten. Elisabeta aber liebte diese Melodien sehr und begann, eine Volksliedersammlung anzulegen, die in Teilen bis heute erhalten ist.

Während der Auffahrt zum Konzertsaal waren elegante Menschen in beeindruckenden Wagen und schönen Kleidern zu bewundern. Olga war begeistert. Allerdings – so urteilten die Türsteher und Kutscher – fehlte bei den Konzerten dieses Komponisten der Glanz der Spitzendiplomatie und des Hofes als Zuhörer. Tschaikowskys neues 1. Klavierkonzert, op. 23 in b-Moll, das an diesem Abend aufgeführt wurde, traf Elisabeta mitten ins Herz. Das Chaos ihrer Gefühle, Schmerz, Sehnsucht, Trauer, Liebe, Einsamkeit, aber auch Hoffnung, alles, wofür ihr die Worte fehlten, stürmte mit den Klängen auf sie ein. Mehr noch als in der gesamten russischen Dichtung fand sie in dieser Musik alles ausgedrückt, was sie bewegte. Pjotr Iljitsch Tschaikowsky war die russische Antwort auf europäische Komponisten, die üblicherweise in Russland den Kulturbetrieb beherrschten. Es fiel ihr schwer, den aufsteigenden Tränen nicht freien Lauf zu lassen. Es war so schön und das Konzert viel zu schnell zu Ende, aber die Wirkung war nicht auf alle gleich: Olga wandte sich ab, denn die Emotionalität ihrer Mutter verwirrte sie, Daria erwartete Lob und Anerkennung für ihre gelungene Idee, die ihre Schwägerin davor bewahren sollte, sich auf Dauer in Dedlovo zu verkriechen, Ludwig besuchte Opern und Konzerte vorwiegend seiner Frau zuliebe und war anscheinend müde. An diesem Abend blieb Elisabeta mit ihrer Begeisterung allein und nahm sich vor, die nächsten Aufführungen mit Vladimir zu besuchen. Er würde sie verstehen. Zu Hause – bei einem späten Abendessen – drehten sich die Gespräche noch lange um Tschaikowsky, den als überspannt und gehemmt bekannten Komponisten. „Eine gewöhnungsbedürftige Musik", sagte Pjotr seufzend. Er war mit seiner Skepsis nicht allein und konnte sich dabei auf den Freund und Mentor des Komponisten, Nikolaus Rubinstein, berufen. Der Gründer und Leiter des St. Petersburger Konservatoriums soll das 1. Klavierkonzert als zu trivial und vulgär abgelehnt haben. Unberührt von allen kritischen Stimmen reiste Elisabeta von nun an zu den Uraufführungen der Werke Tschaikowskys. Das Ballett „Schwanensee" fiel spektakulär durch, aber das schmälerte ihre Begeisterung nicht. Die Ausflüge nach St. Petersburg wurden ein unverzichtbarer Ausgleich zu ihren täglichen Pflichten auf dem Gut.

In den folgenden Jahren wurden Elisabetas spontane Aufenthalte in St. Petersburg länger, im Herbst kam sie regelmäßig, später dehnte sie sie bis in den Januar aus. Die großzügige Beleuchtung der Straßen und Häuser in der Zarenstadt machte den langen, dunklen russischen Winter freundlicher und leichter zu ertragen. Als dann Alexej in der Stadt die Oberstufe des Gymnasiums besuchte, gab Ludwig seinen Widerstand auf und richtete einen ständigen Wohnsitz in St. Petersburg ein. Vermutlich wurde das Anwesen Pjotrs einfach vergrößert, denn nach der Überlieferung gab es nur eine Adresse in St. Petersburg. Dieses sehr große Wohnhaus mit Parterre, Beletage, einem Stockwerk und Park nahe dem Zentrum von St. Petersburg steht heute noch.

14.

Wirtschaftskrise – Ehekrise

Wirtschaftskrise erreicht Dedlovo – nur die Wodkafabrik floriert – der Starost ist besorgt – Reisepläne werden aufgeschoben – Pferdezucht als zusätzliches Standbein – wilde Demonstrationen in Petersburg – Ludwigs gesundheitliche Probleme – politische Gespräche im Herrenclub – Betriebsbesichtigungen ohne Elisabeta – Alexejs passende Freunde – Zerwürfnis des Ehepaares – Vladimir fühlt sich als Schriftsteller anerkannt

Russland schlitterte in eine große Wirtschaftskrise, die 1873 schleichend begonnen hatte und zu Beginn der Achtzigerjahre auch Dedlovo erreichte. Als Ende der Siebzigerjahre der Absatz von Leinen und Stärke stagnierte, dachten alle, es sei nur vorübergehend. Um das Erreichte halten zu können, unternahm man verstärkte Anstrengungen und stellte wieder einmal private Pläne zurück. Ein geplanter Besuch der Weltausstellung in Paris wurde abgesagt. „Nicht so schlimm", meinte Pjotr in der Diskussion mit seinem Bruder, „denn Deutschland, unser wichtigster Handelspartner, nimmt nicht daran teil." Bei Elisabeta und Ludwig hatten sich die Kraft und der Optimismus ihrer Jugend verflüchtigt. Sie hofften aber, die Krise durch Disziplin und langjährige Erfahrung zu meistern. Der Druck war groß, denn von ihren unternehmerischen Fähigkeiten lebten inzwischen viele Familien.

In den Betrieben arbeiteten immer mehr Frauen und so begann allmählich eine Machtverschiebung in den Familien zu Gunsten der verdienenden Frauen. Sie bestimmten über die Verwendung des Einkommens und das brachte Stabilität in die Großfamilien. Würde dieses zarte Pflänzchen des Wandels zugrundegehen, wenn die Leinen- und die Stärkeproduktion jetzt zurückgefahren werden mussten? Nur die Spirituosen-Fabrik florierte weiter, weil die Leute auf ihren Wodka nicht verzichten wollten. Elisabeta sah mit Sorge, dass der Schnaps als Sorgentöter und Tröster wieder an Bedeutung gewann. Pitkievich erzählte ihr, dass die Trunksucht in Dörfern deutscher Kolonisten durch striktes Alkoholverbot erfolgreich bekämpft wurde. Das schien ihr sehr vernünftig und in diesen schwierigen Zeiten die richtige Maßnahme. Elisabeta versuchte ihren Mann zu überzeugen, es den deutschen Kolonisten gleichzutun. Ludwig aber wies ein prinzipielles Verkaufsverbot aus wirtschaftlichen Gründen weit von sich. Als Kompromiss erreichte seine Frau, dass Schnaps nur außerhalb der Dörfer ausgeschenkt werden durfte. Die Wirkung war aber nur mäßig und manchmal sogar kontraproduktiv, denn es war für Frauen leichter gewesen, ihre Männer zu kontrollieren, wenn diese die Schenke im Ort besuchten.

Die Probleme wurden verstärkt durch arbeitslose Wanderarbeiter, die heimkehrten, um vom dörflichen Gemeinschaftsbesitz zu leben, wie es ihr Recht war. „Wie alle Mäuler stopfen?", fragte der Starost besorgt. Die Menschen, die zu ernähren waren, wurden ständig mehr, Grund und Boden, von dem sie leben mussten, aber nicht. Geld für einen Zukauf wurde vom Dorf nie erwirtschaftet und darüber auch nicht einmal nachgedacht.

So kam es, dass vor dem Küchentrakt des Gutshofes wieder Menschen auf eine gespendete Suppe warteten. Wieder musste Elisabeta erst Ludwigs Zustimmung erstreiten. Der schränkte ein: „Erst, wenn auch andere mitmachen – dann wir auch!" Aber es gelang nicht, die neuen selbstständigen und wohlhabenden Bauern dazu zu bringen: „Sie sind geiziger, als es der strengste Gutsbesitzer es jemals war", urteilten die Arbeiter über sie und fügten noch hinzu: „Ihre Kinder schuften ohne Rechte und härter als sie selbst früher als Leibeigene, und ihre Tagelöhner haben es noch schlechter!" Ein Urteil, das aber oft von Neid diktiert war, weil manche Bauern die Mittel aufbrachten, zumindest einen ihrer Söhne studieren zu lassen. Ja, die Großbauern saßen prinzipiell auf ihrem Geld. Die meisten von ihnen waren schwer zu überzeugen, dass es klug wäre, in der Krise zu investieren. Geld zu leihen war teuer, denn bisher scheiterten alle Versuche, eine Agrarbank zu gründen. Obwohl wirtschaftlich so dringend notwendig, sollten noch Jahre vergehen, bis sie endlich zustandekam. Ludwig selbst kaufte Land, aber nur einige Landwirte taten es ihm nach.

Russlands Getreideexport blieb erfolgreich – nur noch Amerika war am Weltmarkt ein Konkurrent! Trotzdem dachten Ludwig und Pitkievich über ein neues wirtschaftliches Standbein nach.

Nach längeren Diskussionen einigten sie sich auf Pferdezucht. „Du wirst also wieder nervöser, angespannter und noch weniger zu Hause sein", stellte Elisabeta missmutig fest. „Unsere Reise nach Paris", fiel er ihr ins Wort, „wird nur verschoben." – „Was ist mit Jalta", fragte seine Frau unbeirrt, „auch das kann ich wohl vergessen?" – „Ich habe keine Wahl – die Umstände erfordern unternehmerische Entscheidungen, da ist es nicht möglich zu verreisen. Außerdem kann ich so meine guten Leute halten und die Einkommensverluste minimieren!" – „Wenn es ein Erfolg wird ...", zweifelte Elisabeta. „Was ist los mit dir? Natürlich klappt das. Pferde werden immer gebraucht! Techniker träumen zwar schon länger von einem pferdelosen Wagen, eventuell mit Gas angetrieben, aber das sind wohl Hirngespinste", lachte Ludwig. Den Sommer und Herbst verbrachte Ludwig, wie seine Frau vorhergesehen hatte, mit nichts anderem als dem Errichten von Ställen, Koppeln und dem Einkauf von Pferden.

Anfang Oktober reisten Elisabeta und Olga allein nach St. Petersburg. Ludwig wollte in einer Woche nachkommen. „Warum?", fragte Olga. „Was hindert Papa, mit uns zu kommen?" Elisabeta dachte kurz nach. „Keine Ahnung", antwortete sie und versuchte, das missbilligende Kopfschütteln ihrer Tochter zu übersehen. „Ich weiß es nicht! Wir fragen ihn einfach, wenn er kommt!"

Die Wirtschaftskrise mit ihren Folgen hatte St. Petersburg sichtlich fest im Griff. Gleich bei ihrer Ankunft, noch auf dem Bahnhof der Hauptstadt, gerieten sie in Demonstrationen und Streiks. Vladimir, der an der Kaiserlichen Rechtsschule[22] studierte und sie am Bahnhof erwartete, hatte Mühe, Mutter und Schwester zum Wagen zu schleusen. Aus allen Teilen des Reiches strömten Menschenmassen nach St. Petersburg, um Arbeit und Brot zu finden, dazu wuchs die Bevölkerung in Russland rasant. Auch dadurch wirkten alle Bemühungen, die Not in den Griff zu bekommen, nur wie ein Tropfen auf den heißen Stein.

Endlich im Haus eingetroffen, fielen Elisabeta und Olga sofort einige unbekannte Gesichter auf. „Hast du neues Personal?", fragten sie Daria. „Nein", erklärte diese. „Ich habe der Köchin erlaubt, ihre Nichte bei sich in der Kammer schlafen zu lassen. Es ist eine Notlösung im wahrsten Sinn des Wortes. Das Mädchen kommt aus dem Süden und hat sonst niemanden. Was soll ich tun? Unser Gärtner hat seit ein paar Tagen seinen Bruder, der dringend Arbeit sucht, bei sich aufgenommen. Beide sind so treue und gute Menschen, die mich noch nie um etwas gebeten haben. Verstehst du? Wie kann ich da hart bleiben? Außerdem steht der Winter vor der Tür und das macht mir Sorgen! Ich habe keine Ahnung, wie es weitergehen soll." – „Wer weiß das schon in diesen Tagen", antwortete Elisabeta. Bevor Vladimir sich verabschiedete, planten sie für die nächsten Tage noch gemeinsam ihr übliches „St. Petersburger Programm": Besuche und Gegenbesuche, Konzerte, Ausstellungen und Theateraufführungen.

Ludwig traf ein und machte sich auf den Weg in seinen Herrenclub zum Mittagessen. Er freute sich auf die unkomplizierte Möglichkeit, Freunde und Bekannte zu treffen. Außerdem ermöglichte ihm der illustre Kreis der Mitglieder, aktuelle Hintergrundinformationen aus Wissenschaft, Politik und Gesellschaft zu bekommen. Informationen, die ihm schon manches Mal bei wichtigen Entscheidungen geholfen hatten. Auf den Straßen behinderten protestierende Menschen den Verkehr und das ärgerte ihn. Die Demonstration war von einer Populisten-Gruppe „Land und Freiheit" organisiert, deren Teilnehmer, hauptsächlich Studenten, Zukunftsangst hatten wie er selbst, das konnte er verstehen. Das war aber ihre einzige Gemeinsamkeit, denn er empfand ihre Forderungen als unrealistisch und weltfremd.

In der eleganten Halle des Clubhauses wurde Ludwig wie immer liebenswürdig und respektvoll begrüßt. Die Ausstattung der Räume war kostbar, dicke Teppiche verschluckten den Klang der Schritte, üppige Vorhänge dämpften die Stimmen. Alles strahlte Ruhe aus. Für das Wohlbefinden der Mitglieder sorgten eingespielte Rituale. Ein uniformierter Diener nahm Ludwig Hut und Stock ab, informierte ihn flüsternd, welche Mitglieder anwesend waren, und fragte: „Ihren gewohnten Drink in die Bibliothek?" Kaum hatte er in seinem gewohnten Fauteuil Platz genommen, wurden ihm mit dem Drink seine bevorzugten Zeitungen gebracht. Eine wahre Wohltat – solange er nicht wollte, würde ihn niemand stören. Aus dem Billardzimmer klang die Stimme Dr. Becks herüber, des bekanntesten Arztes St. Petersburgs. „Ah", überlegte Ludwig, „soll ich die Gelegenheit nützen und ihn nach einem Mittel gegen meine Schlaflosigkeit und ständige Müdigkeit fragen? Später!" Aber bevor er zu Tisch ging, wollte er noch eine ausgiebige Begrüßungsrunde absolvieren.

Im Moment beschäftigten sich die Gespräche – und das war interessant – mit der allgemeinen wirtschaftlichen Situation, über die sich alle äußerst besorgt zeigten, aber auch keine weiteren Lösungsvorschläge hatten. Ludwig mischte sich ein: „In unserem Gouvernement werden wir mit einigem Glück und unserer Selbstverwaltung die Stagnation besser überstehen." Es kam keine Reaktion aus der Runde seiner Zuhörer. Ludwig konnte aber sein Lieblingsthema nicht lassen: „Warum sollte sie in den Städten nicht auch funktionieren?" Rundherum skeptische Gesichter. „Zugegeben, es ist ein mühsamer Prozess, aber haben wir eine Wahl? Sicher, unterstützende Gesetze fehlen noch." Schweigen. Ludwig fühlte sich plötzlich müde. Verärgert dachte er bei sich: „Und diese Menschen gehören zu unseren Entscheidungsträgern!" Semstwo war bei diesen Männern wie in der Sicht vieler Adeliger, Beamter und Politiker eine Zumutung und das Ergebnis liberaler Hirngespinste. „Wo kommt man schließlich hin, wenn Bauern, Kaufleute und Kleinbürger sich überall einmischen und Forderungen stellen? Nicht nur das, bei Semstwo treffen sie Entscheidungen und ziehen sie auch notfalls selbst durch – an den bisher zuständigen Beamten vorbei." Die Gegner Semstwos empfanden es als besonders empörend, dass sich auch Adelige für die regionale Selbstverwaltung starkmachten.

Das Essen begann. Die Herren schätzten es, ohne Protokoll und Rücksichtnahme auf die Damenwelt zu debattieren, ausgiebig zu trinken, zu rauchen und Tratsch weiterzuerzählen. Der größte Skandal des Jahres wurde auch hier besprochen, dass nämlich Alexander II., nachdem die Zarin Maria Alexandrowna vergangenen Sommer in ihrem Sarkophag zur ewigen Ruhe gebettet worden war, in pietätloser Eile seine langjährige Favoritin, die Fürstin Dolgorukowa, heiratete, die nun als seine morganatische Ehefrau zur Prinzessin Jurewskaja aufstieg. Die Herren im Club interessierten nicht so sehr die Umstände der Eheschließung, sondern die politischen Konsequenzen: Wie viel Einfluss hat die

Prinzessin auf den Herrscher? Wer wird durch sie aufsteigen und an Macht gewinnen? Welchen Rang werden ihre fünf Kinder haben? „War es wirklich ihre verrückte Idee", fragte ein hoher Beamter, „dass Alexander II. im russisch-türkischen Krieg an die Front ging?" – „Möglich wäre es." – „Seine Majestät, der Zar, unterstützte damit mutig die dort unterdrückte russische Bevölkerung!" Diese förmliche Wortmeldung meinte: Achtung, Geheimdienst hört auch hier mit! „Wir werden sehen, aber bestimmt ist mit der Prinzessin zu rechnen", bestätigte Graf T. die Vermutung.

Als sie beim Kaffee beisammen standen, fragte Dr. Beck: „Wie geht's dir, mein Lieber?" – „Gut", antwortete Ludwig. „Ich werde nur meine ständige Müdigkeit und Schlafprobleme nicht los!" – „Schon länger?" – „Vielleicht seit einem Jahr." – „Du bist schmal, fast hager geworden, siehst verändert aus", überlegte Dr. Beck nachdenklich. „Es gibt sicher keinen Grund zur Sorge, aber komm in meine Ordination, dann können wir weiter sehen! Je eher du da sein wirst", mahnte er, „desto rascher kann ich helfen!" – „Danke, danke, ich melde mich", antwortete Ludwig, dachte aber: „Zeitverschwendung, ich bin ja nur müde, nicht krank!" Beim Abschied sagte Fürst S. überraschend zu ihm: „Wir sollten uns unbedingt weiter unterhalten!" Die beiden Männer vereinbarten ein Treffen zum Erfahrungs- und Meinungsaustausch in der Textilfabrik des Fürsten. Einen Meinungsaustausch unter Gleichgesinnten, das war es, was Ludwig von seinem Club erwartete.

Von Ludwigs geplanter Betriebsbesichtigung bei seinem Clubfreund Fürst S. wusste Elisabeta nichts. Durch eine Bemerkung der Fürstin S., bei der sie zum Tee gebeten war, erfuhr sie zufällig davon. Natürlich wäre sie gerne dabei gewesen! Sie ärgerte sich über Ludwig dermaßen, dass sie der Unterhaltung kaum folgen konnte. Warum hatte er sie nicht informiert? Die Weberei in Dedlovo war auch ihr Werk. Wieso wurde sie plötzlich von Informationen ausgeschlossen? Während also die Damen im Stadtpalais Tee tranken, führte der Direktor der Fabrik den Eigentümer und seinen Gast durch das riesige Areal.

Die große Leinenfabrik des Fürsten S. lag am Stadtrand von St. Petersburg. In haushohen Hallen ratterten gigantische Spinn- und

Webmaschinen, die riesige Ballen Leinen produzierten. Die Firma war 1860 nach englischem Vorbild gegründet worden. Das Elend der Arbeiter in England war sprichwörtlich. Deshalb legte der Fürst Wert darauf zu zeigen, dass in seinem Unternehmen für die Arbeiter gesorgt werde. Die Spinnerei war menschenleer bis auf eine einzige Arbeiterin, die die Maschinen beaufsichtigte. Daneben saßen an den in langen Reihen aufgestellten Webstühlen Männer in sauberen russischen Bauernhemden, die bis zur Hüfte reichten und ordentlich mit einem Gürtel zusammengehalten wurden. Die Qualitätskontrolle machten Frauen in weißen Schürzen über ihrer Kleidung. Die Fabrik arbeitete normal, als gäbe es keine Streiks. Bis zur Decke gestapelt wartete in einem Speicher das fertige Leinen auf den Abtransport. „Derzeit produzieren wir zu viel auf Vorrat", meinte der Direktor, „nicht zu lange, hoffen wir!" Die Männer besichtigten auch Unterkünfte für zugewanderte Arbeiter. Für Ehepaare gab es hübsch eingerichtete Stuben und für Unverheiratete ordentliche Schlafsäle. „Dafür wenigstens müssen wir nicht sorgen, denn unsere Arbeiter stammen aus unseren Dörfern", stellte Ludwig seufzend bei dem Gedanken, was zu Hause alles zu tun wäre, fest. Es folgten wertvolle Diskussionen, wie und wodurch gebleicht wurde und welche politische Unterstützung zur Erschließung neuer Märkte und Absatzmöglichkeiten hilfreich wäre. Die sozialen Standards waren hier beispielhaft. Sie wurden allerdings freiwillig erbracht, denn gesetzliche Regelungen gab es nicht. Ludwig war beeindruckt und zeigte es auch.

Auch Herr v. P., Clubmitglied und Schuhfabrikant, hatte an der Besichtigung teilgenommen und schlug vor, gleich anschließend auch seine nahegelegene Fabrik zu besuchen. So fuhr man gemeinsam weiter. Die Tore seiner Schuhfabrik waren geschlossen und wurden von bewaffneten Jugendlichen zu Pferde bewacht. „Leider ist das zum Schutz vor Demonstranten, aber auch vor verzweifelt nach Arbeit Suchenden nötig", erklärte Herr v. P. Die offene Einfahrt gab dann einen Blick auf „englische Verhältnisse" frei: schmutzige Höfe, in denen sich Abfall türmte, schmutzige Hallen, schmutzige, gedrückt wirkende Menschen, und dazwischen barfüßige Kinder in zerschlissener Kleidung. Mit „Wir sind keine Leinenfabrik, meine Herren", reagierte v. P. auf das offene Missfallen seiner Besucher. Und: „Durch den Streik haben sich Rückstände angesammelt. Es ist schwer, Kinder von der Arbeit auszuschließen, wenn sie sonst hungern müssten!" Der Betrieb war noch jung, aber sehr erfolgreich, denn die Produktion konnte stetig gesteigert werden. Dazu gratulierten die Besucher beim Abschied. Auf dem Weg zu den Wagen sagte Fürst S.: „Meine Arbeiter sorgen selbst für die Sicherheit des Geländes und ihrer Familien, das ist mein Beitrag gegen die Kinderarbeit! Ohne Gesetze wird es aber nicht gehen!" Er berichtete Ludwig von Entwürfen zur Sozialgesetzgebung, die Kinderarbeit wenigstens beschränken sollten. Parallel würde es nötig sein, Inspektionen der Fabriken einzurichten. Zehn Jahre sollte es noch dauern, bis es so weit war.

Für Ludwig endete der interessante Tag leider mit einem Zerwürfnis mit seiner Frau. „Wie finde ich das?", fragte sie erbost. „Obwohl ich mich um die Weberei kümmere, darf ich nicht mit zur Besichtigung?" – „Die Fürstin war ja auch nicht dabei!" – „Ja, und das, obwohl die hohen sozialen Standards der Fabrik, wie sie mir erzählte, im Wesentlichen ihr zu danken waren!" Nach einigem Hin und Her wurde für die Damen ein informeller Besuch in der Fabrik organisiert. Anschließend fuhr Elisabeta zufrieden nach Hause, rechtzeitig genug, um sich für ihre Abendgesellschaft umzuziehen. Im Hause Kign waren Einladungen für Freunde und Verwandte fixer Bestandteil jeden Aufenthaltes in St. Petersburg, zu dem auch Vladimir erscheinen musste. Zum Ärger seines Vaters kam er wie so oft zu spät.

Diesmal war unter den Geladenen die Familie R. mit ihren Kindern Nikolai und Sonja, deren schwieriger Gast Vladimir als Schüler gewesen war. Wie Vladimir studierte Nikolai an der Petersburger „Kaiserlichen Rechtsschule", die durch Reformen des Justizsystems unter Zar Alexander II. nach englischem und französischem Vorbild sehr an Bedeutung gewonnen hatte. Im Unterschied zu Vladimir studierte Nikolai schnell und glänzend. Vladimir, unangenehm an seinen unrühmlichen Abgang in der befreundeten Familie erinnert, fiel in alte Muster zurück und provozierte die national denkende Familie: „Die Universität macht nichts aus uns 2.500 Studenten! Wir haben keinen Kontakt zu Professoren und machen, was wir wollen!" – „Was wollt ihr denn?'", fragte Ludwig. „Träumen, Spaß haben, nichts tun!" – „Von den herrschenden schweren Zeiten bekommt ihr nichts mit, die sind euch gleichgültig?" – „Nein, sie sind uns nicht gleichgültig, aber all diese Probleme machen das Leben so trostlos." – „Amerika" – das war sein neues Credo – „Du hast es durch deine Freiheit besser"!

Vladimirs Schwärmerei für die Vereinigten Staaten stammte von seinem alten Freund G. aus dem Internat, den er kürzlich wieder getroffen hatte. Jener Freund, der intensiv über die Sinnlosigkeit des Lebens und verschiedene Methoden des Selbstmords nachgedacht hatte. „Jeder kann dort die Universitäten besuchen, die ganz anders und besser organisiert sind. Langeweile wie an russischen Universitäten gibt es nicht", behauptete er. Aber Vladimirs Studienkollege Nikolai R. ließ sich nicht provozieren und schwieg. Er war stolz auf die St. Petersburger „Kaiserliche Rechtsschule", seine Universität, an der ausgezeichnete Juristen eine moderne Rechtsordnung lehrten und sich für eine unabhängige Justiz einsetzten. Langeweile war schon in der Schule Vladimirs und seiner Freunde Lieblingswort gewesen. Als Vladimir von Amerika vorschwärmte, begann sich Ludwig zu ärgern. „In Amerika gibt es die härteste gesellschaftliche Auslese, das müsstet ihr doch wissen. Nur wenige kommen nach oben. Universitäten kosten ein Vermögen, kaum jemand kann sie sich leisten. Übrigens wurde die Sklaverei erst durch einen Krieg – ungefähr zugleich mit der Leibeigenschaft bei uns – beendet!" Ludwigs Empfindlichkeit rührte wohl auch daher, dass Amerika zunehmend eine zu beachtende wirtschaftliche Größe darstellte. Sorgen und Probleme gingen an Ludwig nicht mehr spurlos vorüber. Jedes Lob eines anderen Betriebes oder Landes empfand er als Vorwurf. Mit dem Stimmungstief seiner Frau schwand auch sein sprichwörtlicher Optimismus.

Alexej, der ohne Probleme das Gymnasium besuchte, wartete den unerfreulichen Wortwechsel ab und erzählte – von ihm ablenkend – von den Abenteuern mit seinem Schulfreund Ostrovski. „Der, zu dem du hin und wieder nach Twer fährst?" – „Ja, Maman, wenn du erlaubst, kommt er in den Ferien nach Dedlovo." – „In meinem Club verkehrt ein Sergeij Ostrovski", überlegte Ludwig.

„Ja, so heißt Boris' Vater." Diese passende Freundschaft Alexejs verbesserte Ludwigs Laune sehr. „Ich freue mich, Alexej, und kümmere mich noch hier in St. Petersburg um ein Treffen mit der Familie Ostrovski."

Vladimirs Schreibtalent und kritische Ader lenkten ihn von seinem Studium ab, brachten ihm aber erste Veröffentlichungen in verschiedenen Zeitschriften. Wegen der herrschenden Zensur konnten sie allerdings nur unter einem Pseudonym erscheinen. Er berichtete seiner Mutter, die dann sehr stolz auf ihn war, jeden noch so kleinen Erfolg. So hatte die angesehene Zeitschrift „Die Woche" seinen Text „Reifeprüfung" veröffentlicht. Ermutigt sandte er die Geschichte an den berühmten Dichter Turgenjew mit der Frage, ob er sie gut fände. Eine Zustimmung des großen Meisters hätte ihm damals Diskussionen mit seinem Vater erspart, der die künstlerischen Ambitionen seines Sohnes bestenfalls als Freizeitvergnügen akzeptieren konnte. Der Dichter las zwar die Arbeit nicht, beschrieb aber in seiner freundlichen Antwort, was einen „Schriftsteller" ausmachte. Vladimir fühlte sich erkannt, in seinem Streben bestätigt und wurde nach seinen ersten Veröffentlichungen von seiner Mutter ebenfalls bestärkt. Noch vor Ende des Studiums 1877/78 erschienen weitere von ihm verfasste Prosastücke.

15.

Winter in Dedlovo

Olga darf nicht in Petersburg bleiben – Weihnachten in Dedlovo – Krankmeldungen in der Weberei – Bildung macht Frauen unbescheiden – verzagte Junglehrerin Jelena – das Gerede von der Befreiung der Frau – Elisabeta macht Krankenbesuche, erkrankt selbst, ist dem Tode nahe – „Ich empfehle Madame eine Kur auf der Krim" – Zar Alexander II. wird ermordet – Elisabeta fehlt der Mut zur Aussprache

Weihnachten 1877 kam mit Riesenschritten heran und es wurde Zeit, an die Rückkehr nach Dedlovo zu denken. Nach Monaten in St. Petersburg wollte Elisabeta längst heraus aus den Mauern der Stadt und zurück in die freie Natur und das ländliche Leben mit seinen vielen Pflichten, ohne die sie nicht mehr sein wollte. Olga dagegen hatte einen netten Freundeskreis gefunden und wollte lieber in St. Petersburg bleiben. Das war kein Zufall, denn befreundete Mütter organisierten und beaufsichtigten abwechselnd die Aktivitäten ihrer halbwüchsigen Kinder. Auf dem Programm standen Teestunden, Tanzunterricht, Lesungen ausgesuchter Literatur, gemeinsame Musiknachmittage und an schönen Tagen auch Eislaufen. „Das alles wird mir fehlen! Ich bin einfach traurig!", klagte Olga.

Elisabeta hatte die Zirkeleinladungen brav mitgemacht, denn sie waren eine notwendige Vorbereitung für Olgas Debut in der Gesellschaft. Trotzdem kämpfte sie ständig gegen das Gefühl, ihre Zeit zu vertrödeln. „Es ist jetzt einfach genug der Geselligkeit. Olga! Du willst doch nicht hier Weihnachten feiern?" Nein, nein, das wollte sie nicht. Nirgendwo war Weihnachten so stimmungsvoll wie in Dedlovo. Aber, fragte sich Olga insgeheim, warum nicht später fahren, wie Papa und ihre Brüder? Sie fürchtete die langen, dunklen Winterwochen nach dem großen Christfest. Viele ereignislose Tage würden sich aneinanderreihen, die sie mit Lernen, Sticken und in der Schule aushelfend verbringen sollte. Das war keine verlockende Aussicht für ein junges Mädchen. Ohne große Begeisterung machte sich Olga reisefertig.

Auf dem Bahnhof des Dedlovo nahegelegenen Kreisstädtchens Rogatschov erwartete sie Pitkievich mit seiner Bauerntroika, denn der Kutscher Anton war krank. Eingewickelt in weiche Felle und mit fröhlichem Schellengeläute glitten sie im strahlenden Sonnenschein durch die endlose, glitzernde Schneelandschaft. Das Licht war so stark, dass es in den Augen wehtat. „Wie herrlich! Ich bin so glücklich, wieder hier zu sein! Du nicht?", meinte Elisabeta. Olga gab keine Antwort. Doch die wunderschöne Fahrt wie im Wintermärchen besänftigte ihre schlechte Laune.

Wie immer nützte Elisabeta die erste Gelegenheit, sich nach ihrer wochenlangen Abwesenheit vom Verwalter berichten zu lassen. „Was gibt es Neues, Pitkievich? Ist alles in Ordnung?" – „Ja, es ist alles in Ordnung, Madame! Bisher kein Waldfrevel, keine kranken Tiere, dafür neue Kälbchen! In den Fabriken der übliche Ärger mit dem Transport und nicht funktionierenden Maschinen." – „Gut, ich komme morgen Nachmittag, um mir die Bücher anzusehen!"

Endlich bogen sie in die Allee ein, an deren Ende das Gutshaus zu sehen war. Dicke Eiszapfen hingen vom Dach und die Zweige der Sträucher bogen sich unter der Schneelast bis zum Boden. Hinter den Wirtschaftsgebäuden stieg eine Rauchsäule in den Himmel – ein Zeichen, dass das Banja[23] geheizt war. Natalia erwartete sie nach der langen Abwesenheit gerührt und mit im Samowar sorgfältig zubereitetem Tee. „Wie geht es dir?" – „Wie immer!" – „Was fehlt Anton denn?" – „Leider weiß ich nichts Näheres! Er wird sich erkältet haben!" – „Maman, darf ich nach den Pferden sehen?" – „Zieh dich bitte zuerst um!" – „Natalia, bringst du mir die Post?" – „Sofort!" Elisabeta sah ihr bekümmert nach und dachte: „Wie schwerfällig sie geht – sie wird alt und braucht bei der Arbeit Unterstützung!"

Am nächsten Tag führte Elisabetas erster Weg in die Weberei. Die Frauen warteten schon auf sie und platzten mit ihren Problemen und Neuigkeiten heraus: Ein Webstuhl wäre nicht in Ordnung, Pitkievich wüsste aber davon. Einige Arbeiterinnen waren nicht an ihrem Platz, weil sie krank waren, Tanja allerdings wäre von ihrem betrunkenen Mann so verprügelt worden, dass sie sich nicht unter Menschen getraute. „Könnte Madame nachsehen?"

Der verdammte Alkohol! Ohne sich zu betrinken, würde Micha es gar nicht schaffen, seine Frau zu prügeln. Micha war bisher ein riesiger, gutmütiger Bär gewesen, was war bloß passiert? Es stellte sich heraus, dass er seine Frau schlug, um ihr Bescheidenheit einzubläuen, weil er es nicht ertragen konnte, von seinen Freunden wegen der Tüchtigkeit Tanjas gehänselt zu werden. Sie war es, die Geld ins Haus brachte, sagte, was zu geschehen hatte, und wichtig tat, weil sie schreiben und lesen konnte. Gegner der Schulbildung fühlten sich bestärkt: „Wie man sehen kann, macht Bildung die Frauen unbescheiden und das zerstört die Familie."

Verärgert schaute Elisabeta anschließend in der Schule vorbei. Die junge Lehrerin Jelena – blass und abgemagert – erklärte einem Buben an der Tafel geduldig seine Aufgabe. „Jelena?" – „Oh, Madame! Wie schön, Sie sind zurück!" Während Elisabeta die junge Frau umarmte, wollte sie wissen: „Warum sind Sie so dünn geworden?" – „Ach, alles ist so schwer. Ich bemühe mich so um die Kinder, aber niemand ist zufrieden. Was ich tue, ist den Leuten gleichgültig oder sie sind dagegen. Es ist ihnen egal, wenn unser Volk ungebildet und dumpf bleibt." Elisabeta widersprach energisch und stellte fest: „Eines ist wahr: Du hast eine sehr schwere Arbeit!" Eine Weile hörte sie dem Unterricht noch zu. Nachdenklich betrachtete sie das liebe, aber freudlose Gesicht der jungen Frau. Jelena war vermutlich Opfer ihres Idealismus, der den Schwierigkeiten der Realität nicht standhielt. Mit wachsender Verbitterung arbeitete sie nun weiter für die gute Sache, an die sie nicht mehr glaubte. Einen Ehemann würde sie kaum finden und wenn, müsste sie ihren Beruf aufgeben. „Ja, diese Lehrerinnen und auch die zugegeben tüchtigen ‚Medizinerinnen'[24] sind bedauernswerte Geschöpfe. Sie müssen Fremden dienen und ernten nur Undank. Das ist ein hartes Leben, das ich mir für meine Tochter auf keinen Fall wünsche", stellte Elisabeta fest. Nach wie vor gab es in der Familie Überlegungen, Olga zur Lehrerin auszubilden, aber Elisabeta wehrte sich dagegen. Wozu? Ihre Tochter würde heiraten, Kinder haben und Verantwortung für einen großen Haushalt tragen. Und wenn nicht? Diesen Gedanken schob sie beiseite, er war nicht aktuell! Das Gerede von der Befreiung und Selbstbestimmung, das mehr und mehr in der Gesellschaft in Mode kam, schien ihr verstiegen, ja weltfremd: „Befreiung wovon, frage ich mich – von den von Gott gegebenen Pflichten?"

Weihnachten mit seiner besonderen, feierlichen Fröhlichkeit war schnell vorbei und die Gäste abgereist. Olga winkte ihrem Vater und den Brüdern traurig nach, die sich auf den Weg machten, um ihren verschiedenen Verpflichtungen wieder nachzukommen. Die Christnacht in der Dorfkirche, die wunderbaren Weihnachtssänger, die lustigen Schlittenfahrten zu Nachbarn, geheimnisvolle Wahrsager, die Familie und Gäste unterhielten, Eislaufen am Weiher und Gesellschaftsspiele am Abend, all das waren nur noch Erinnerungen.

Der Winter war sehr kalt, schneereich und mühsam infolge vieler fiebriger Erkrankungen. Es gab auch an Lungenentzündung Erkrankte und bei einigen Verdacht auf Tuberkulose, eine Geisel der damaligen Zeit. Bei den Kindern grassierten Masern. In ernsten Fällen rief Elisabeta auf ihre Kosten den Arzt. Auf diese Idee kamen Arbeiter und Bauern gar nicht, gleichgültig ob sie die Mittel dafür hatten oder nicht. Eher holten sie ihn zu ihrem Vieh. Veterinärmediziner gab es noch nicht. Elisabeta besuchte kranke Alte, prüfte die Hygiene und brachte Essen zur richtigen Ernährung mit. Einen kürzlich erschienenen „Leitfaden der Heilkunde und Pflege" legte sie kaum mehr aus der Hand. In der Sorge, bald wieder geweckt zu werden, schlief sie unruhig und fühlte sich am nächsten Tag angestrengt und müde. Wieder einmal nahm sich Elisabeta vor, eine dieser „Medizinerinnen" zu beschäftigen, aber wie bei vielem blieb es bei der Absicht.

Eines Nachts wurde sie zur Lehrerin Jelena geholt, die krank und ohne Hilfe in ihrer Kammer lag. Die Witwe, in deren Häuschen sie wohnte, war ratlos. Ihre Mieterin fieberte seit Tagen und sie fürchtete, es gehe zu Ende. Das Zimmer war ungelüftet und nur von der Wärme temperiert, die vom Stubenofen kam. „Es ist nicht gut, dass Sie hier sind, Madame", krächzte die Kranke, „ich sterbe." Elisabeta hatte Mühe, ihr Erschrecken zu verbergen. „Kindchen, Sie hätten früher nach mir schicken sollen! Was fehlt Ihnen? Haben Sie Schmerzen?" Die Antwort kam stockend: „Schreckliches Kopfweh, jede Bewegung ist eine Qual und ich fühle mich ganz schwach." – „Ich schicke nach dem Doktor, ja?

Bis er kommt, bleibe ich da." Jelena bewegte verneinend den Kopf, schloss aber entspannt die Augen. Das Fieberthermometer zeigte besorgniserregende 40,5 Grad. Alles, was man damals zur Erleichterung für einen Kranken tun konnte, wurde in dieser Nacht von der alten Frau und Elisabeta getan: Laken gewechselt, kühlende Waschungen, Kräuterdämpfe. Aber alle Mühe war vergeblich, der geschwächte Körper hatte nicht genug Widerstandskraft. Als der Arzt endlich erschien, war die junge Frau tot. „Nach den geschilderten Symptomen", meinte er achselzuckend, „könnte es so etwas wie eine Influenza gewesen sein." Eine Diagnose beruhte damals in vielen Fällen einzig auf der Erfahrung des Arztes.

Auf dem Weg nach Hause zügelte Elisabeta nach einer Kurve die Pferde und hielt an, sie legte den Kopf in die Hände und weinte bitterlich. Es gab bei Jelena nicht den Trost, dass Gott sie als ein „frühvollendetes Menschkind" zu sich genommen hatte. Ein „frühvollendetes Menschenkind" tröstete in den letzten Stunden noch seine Angehörigen und wehrte sich nicht, den Tod anzunehmen. Diese junge Frau aber war unglücklich gewesen, hatte sogar mit ihrem Dasein gehadert und war nicht bereit gewesen zu gehen. So blieb die Frage, die Elisabeta an den Herrn stellte: „So jung – oh mein Gott, warum?" Nachdem sie sich gefasst hatte, betete sie laut: „Nimm sie ganz zu dir, oh Herr!" Dann setzte sie traurig ihre Heimfahrt fort.

Aufgewühlt von dem tragischen Erlebnis kam sie nach Hause. Sophia sah sie streng an: „Hat man dich wieder in der Nacht aus dem Bett geholt? Warum machst du das? Warum delegierst du nicht mehr?" – „Das ist nicht immer möglich, schon gar nicht bei Jelena." Olga nahm die zitternde, eiskalte Hand ihrer Mutter, während sie sich zu ihr setzte. „Was war? Maman, erzähle!" Zuerst stockend, bald überströmend redete sich Elisabeta alles, was sie bedrückte, von der Seele. Ihre Tochter versuchte zu trösten: „Wenn du nicht helfen konntest, dann niemand."

In der übernächsten Nacht bekam Elisabeta Schüttelfrost, gefolgt von einer Beklemmung, die ihr den Atem abschnürte. Sie versuchte aufzustehen, sich zu bewegen, um aufsteigende Panik zu unterdrücken. „Das Fieber kommt, das ist normal", beruhigte sie sich zähneklappernd. Bald glühte ihr ganzer Körper und vom Nacken breiteten sich rasende Kopfschmerzen aus. „Ich werde doch nicht ohnmächtig?" Nach einer Weile siegte ihre Angst über die Rücksichtnahme und sie läutete nach Natalia. „Schick nach dem Arzt und lass sonst niemanden zu mir", befahl sie der erschrockenen Haushälterin. Tante Sophia hielt sich selbstverständlich nicht an diese Anordnung. Auf dem Weg ins Krankenzimmer schimpfte sie und war besorgt: „Wahrscheinlich hat sie sich bei Jelena angesteckt!" Olga hatte das gehört und stand bleich wie ein Gespenst auf dem Flur. Tante Sophia versuchte das Mädchen zu beruhigen: „Deine Mutter ist stark, das ist etwas anderes." Als sie ins Krankenzimmer eintrat, war Elisabeta war nicht mehr ansprechbar. Es war schrecklich anzusehen, wie sie litt. Die alte Dame holte sich den neuen „Ratgeber für die Hauskrankenpflege" aus der Bibliothek, um sich während des langen Wartens auf den Arzt zu informieren. Was sie las, erschreckte sie mehr, als es ihr half. Die Symptome – hohes Fieber, Gliederschmerzen, Atemnot, rasende Kopfweh – konnten vieles sein, leider vor allem Zeichen schlimmer Erkrankungen. Nach Stunden erschien endlich der Arzt und stellte mit ernster Miene eine schwere Influenza mit beginnender Lungenentzündung fest. Er legte einen Brustwickel an, empfahl, ihn mehrmals zu wiederholen, und versprach, am nächsten Tag wiederzukommen.

Am späten Nachmittag erkannte Elisabeta niemanden mehr und redete im Fieberdelirium kaum verständlich wirr durcheinander. „Ludwig? Ich muss Ludwig sprechen!", glaubte Sophia zu verstehen. „Ach – ich hätte ihm längst telegrafieren sollen." Sie schickte Anton zum Telegrafen. „Elisabeta ernstlich krank – Komm sofort", lautete der Text. Das Personal lief verstört im Haus herum, unfähig, etwas zu arbeiten. Völlig verängstig wartete Olga auf ihren Vater. Pitkievich erkundigte sich nach dem Befinden der Herrin und brachte Marja, seine älteste Tochter, zur Unterstützung für Natalia mit. Sie sei, versicherte er, besonders geschickt und tüchtig in der Krankenpflege. Kein Wunder, in der großen Familie mit vielen Kindern vom Babyalter an bis hin zu den Erwachsenen war viel Gelegenheit gewesen zu üben. Sophia nahm dankbar an und teilte die Nachtpflege ein, verschlief dann aber ihre Stunden, weil sie zu erschöpft und zu alt war.

Am nächsten Morgen kam der Arzt wieder, untersuchte Elisabeta und schüttelte den Kopf: „Geduld! Geduld! Bis morgen wissen wir mehr!" Er ging mit bekümmertem Blick. Gegen Abend kam Ludwig. Vom Schneestaub zugeweht, war er kaum erkennbar. Olga rannte ihm weinend entgegen. „Maman hat nach dir gerufen – jetzt liegt sie still und atmet laut und schwer. Der Doktor sagt, es ist die Krise!" Was das bedeutete, begriff sie aber nicht. Ludwig, der eine Höllenfahrt durch einen Schneesturm hinter sich hatte, legte rasch den vereisten Pelz ab. Er nahm seine Tochter um die Schulter und ging hinauf. Sophia begrüßte ihn flüsternd, sichtlich erschöpft und voll Mitgefühl, als gäbe es bereits einen Trauerfall. Zu Olga sagte sie: „Bitte warte hier, es ist besser!" Ludwig drückte sein Kind fest an sich: „Ja, geh jetzt, ich rufe dich, wenn es Neuigkeiten gibt! Du auch, Sophia, ruhe dich aus – wir brauchen deine Kraft noch! Und danke!" – „Aber du kannst …" – „.. ich kann und ich möchte!"

Im Krankenzimmer lag Elisabeta, atmete rasselnd, glühte vom Fieber und ein krampfartiger Husten nahm ihre letzten Kräfte. Verzweifelt versuchte Ludwig, sie zu umarmen. Elisabeta öffnete die Augen und sah durch ihn hindurch in die Ferne. „Ich bin bei dir – alles wird gut", flüsterte er, aber sie reagierte nicht mehr. Mechanisch zog er einen Stuhl an das Bett seiner Frau und nahm ihre Hand, die kraftlos auf der Decke lag. In hilfloser Angst hörte er sich sinnlose Dinge sagen und beten wie seit der Kinderzeit nicht mehr.

Nach Mitternacht trat eine Besserung ein. Das Fieber war gesunken und die Patientin schlief ruhig. Ludwig küsste sie und strich über ihr nassgeschwitztes Haar. Sich selbst wischte er zitternd über die Augen: „Gott sei Dank, du hast es geschafft, du hast die Krise wirklich geschafft!" Er wartete noch etwas zu, bevor er Marja Pitkievich rief, damit sie die gute Nachricht weitergab. Die nötigen Pflegerituale würden Geschäftigkeit auslösen und seine Nähe zu Elisabeta stören. Er war dann, wie bei den Geburten seiner Kinder, fünftes Rad am Wagen, was er hasste. Deshalb ging er, noch bevor Elisabeta aufwachte.

Als Elisabeta zu sich kam, sah sie sich enttäuscht um. Ludwig war doch hier gewesen, das wusste sie genau. Aus wachsender

Entfernung und Höhe hatte sie auf ihn herabgeblickt und ihn über ihren regungslosen Körper gebeugt gesehen. Sie war in den Sog einer realen, aber geheimnisvollen Kraft gelangt, die sie von ihrem Körper getrennt und auf den Weg in eine wunderbare Ferne geführt hatte. Keine Sekunde zweifelte sie an der Realität ihrer Wahrnehmung. Dieses Phänomen, uns heute als Nahtoderlebnis bekannt, hatte für sie nichts Befremdliches oder Beängstigendes. Sie hatte doch nur erlebt, was der alte Volksglaube, mit dem sie aufgewachsen war, in seinen Sterberitualen praktizierte, nämlich: dass niemand wüsste, wann die Seele den Körper und seine Umgebung verließ. Daher waren die letzten Liebesdienste für Verstorbene, Waschen, Anziehen, Aufbahren, mit besonderer Sorgfalt und in Liebe und Würde zu verrichten. Besonders wichtig war es dabei, über die Toten nur Gutes zu sagen. Diese Überzeugung hatte durch ihre persönliche Erfahrung neue Tiefe gewonnen und ihr Lebensgefühl nachhaltig beeinflusst: Nervosität und Groll machten einer neuen Gelassenheit Platz. Der Tod verlor für Elisabeta den Schrecken. Ihre neue Gewissheit dürfte sie so überzeugend gelebt haben, dass sie sich auf ihre Umgebung übertrug, weitergegeben wurde, Krieg und Bürgerkrieg überlebte und noch ihre Urenkelinnen beeinflussen sollte.

Währenddessen ersuchte Dr. W. Ludwig um ein abschließendes Gespräch. „Eine vollständige Genesung Ihrer Frau wird Wochen dauern. Danach empfehle ich Madame eine Kur auf der Krim." Elisabeta, erschöpft und geschwächt, sträubte sich nicht dagegen. Als die Eiszapfen an den Dächern schmolzen, die Tage länger wurden, begann sie im Frühjahr 1881 mit den Reisevorbereitungen. Sie wurden von der erschütternden Nachricht unterbrochen, der Zar sei bei einem Attentat verletzt oder sogar ermordet worden. Aber es dauerte, bis gesicherte Informationen bekannt wurden. Pjotr und Daria bestätigten es telegrafisch: Am 1. März war Zar Alexander II., der viele Attentatsversuche überstanden hatte, durch eine Bombe ermordet worden.

Es war dies ein schwarzer Schicksalstag für das alte Russland und doppelt tragisch, weil es nicht mehr zur Unterzeichnung der ersehnten Verfassung kam, die auf seinem Schreibtisch fertig zur Unterschrift lag. Sie wäre die Krönung seines Lebenswerkes und seiner umfassenden Reformen gewesen, durch die das Reich endgültig den Anschluss an alle fortschrittlichen Staaten gefunden hätte. Vorbei! Tragisch war auch, dass der 12-jährige Nikolaus, der übernächste Zar, sich in unmittelbarer Nähe seines Großvaters befunden hatte, als dieser von einer Bombe getötet wurde; ein Trauma, das er nie überwinden sollte.

Was war geschehen? Eine vergnügte Gesellschaft hatte mit dem Zaren eine Ausfahrt gemacht. Etwa 50 Meter von der Eskorte entfernt war eine Bombe explodiert. Eine Menschenmenge hatte den Täter umringt, der sogleich festgenommen worden war. Der Zar war aus der Kutsche ausgestiegen und hatte sich persönlich informiert, dabei sah er verletzte Kosaken und ein verletztes Kind. „Trotz der vielen Opfer – ich bin unverletzt"[25], sagte er ungläubig. „Sehen Sie nur, Gott sei Dank bin ich unverletzt!" – „Danken Sie Gott nicht zu früh", zischte der Attentäter hasserfüllt, bevor er abgeführt wurde. Um den Platz zu inspizieren, ging Alexander II. noch einige Schritte den Kanal entlang. Nun folgte eine zweite gewaltige Explosion, diesmal unmittelbar vor den Füßen des Herrschers. Das ganze Gelände verschwand in einer Wolke aus Rauch, umherfliegenden Bombensplittern und Blut. Als eine Sicht wieder möglich war, bot sich ein entsetzlicher Anblick: Tote und Verletzte lagen auf dem Straßenpflaster – unter ihnen der Zar. Die Mörder, die behaupteten, mit einer solchen Tat die Welt zu verbessern, hatten unschuldige Opfer einkalkuliert. Der Körper des Zaren lag zerfetzt da, Blut floss in Strömen, aber er atmete noch. Er flüsterte: „Helft mir, es ist so kalt" und: „Bringt mich in den Palast zum Sterben."[26] Das waren seine letzten Worte. Nikolaus stand schwer geschockt und leichenblass daneben, das Blut seines getöteten Großvaters auf dem Matrosenanzug. Als der Tod des Zaren festgestellt wurde, fiel Prinzessin Jurewskaja, seine zweite Frau, mit einem Schrei wie ein gefällter Baum zu Boden, ihr weißes Kleid war von Blut durchtränkt.

Der Nachfolger, Alexander III., hatte nicht den Mut und die Kraft seines Vaters. In einem Manifest betonte er: „Wir werden … voller Zutrauen zur Gerechtigkeit und Kraft der Autokratie … gelassen die Geschicke unseres Reiches regieren, die von jetzt an zwischen Gott und uns alleine diskutiert werden!"[27] Würde der

Alleinherrscher nach seinen Diskussionen mit Gott die Reformen seines Vaters vorantreiben oder beenden?

Während ganz Russland die furchtbare Nachricht in allen Konsequenzen zu begreifen versuchte, näherte sich unaufhaltsam Elisabetas Abreise auf die Krim. Ihre Krankheit hatte sie verändert und auf das Wesentliche zurückgeführt. Vor allem wünschte sie sich nun die frühere Vertrautheit mit ihrem Mann zurück – Gespräche, Lachen, Streiten, Pläneschmieden. Aber wie konnte sie das verwirklichen? Ludwig blieb meist ernst, abweisend und in sich gekehrt, obwohl sie in den vergangenen Wochen besonders vorsichtig und rücksichtsvoll miteinander gewesen waren. Trotz der bevorstehenden monatelangen Trennung fand sie nicht den Mut, selbst ein klärendes Gespräch zu beginnen. Die Angst vor einer möglichen Zurückweisung war stärker, und so nahm sie die Ungewissheit mit auf die Reise.

16.

Elisabeta erholt sich auf der Krim

*Marja begleitet Madame auf die Krim – lässt sich die Herrschaft schei-
den? – mondänes Kurleben – spezielle gesellschaftliche Regeln – keine
Post von Ludwig – ein früher einsamer Tod – „es gibt keine wirklichen
Damen mehr" – Aussprache des Ehepaares – Eingeständnis, vieles falsch
gemacht zu haben – Vergebung und Neubeginn – Vladimir verliert das
Erstgeburtsrecht – Tante Sophia: „Du siehst mich unglücklich, Elisabeta"*

In Dedlovo herrschte noch winterliche Kälte, als Elisabeta in
Begleitung Marjas abreiste. Ludwig sah dem Wagen nach, bis er
aus seinem Blickfeld verschwand, dann ging er fröstelnd ins Haus
zurück.

Elisabeta bezog mit Marja ein Damenabteil und ließ sich Kissen
und Decken bringen, um die zwei Tage und Nächte der Bahnfahrt
bis Sinferopol besser überstehen zu können. Währenddessen ver-
staute ein Dienstmann das umfangreiche Gepäck. Den Beutel mit
Geld, Büchern, Reisekerzenleuchtern und allerlei persönlichen
Dingen behielt sie bei sich. Ruckend gewann die Lokomotive an
Fahrt und hüllte winkende Angehörige in ihren Dampf ein. Eine
ältere Dame nahm noch im Coupé Platz, wirkte dabei sympathisch
und zurückhaltend. Müde vom eintönigen Rhythmus rollender und
klopfender Räder und dem Zischen und Pfeifen der Lokomotive,
schlief Elisabeta bald ein. Durch einen starken Ruck und plötzliche
Stille erwachte sie wieder. Der Zug hielt in einer kleinen Station, in
der es in einem überfüllten Restaurant warmes Essen gab.

Auf dem weiten Weg in den Süden musste die unendliche, weite
Krimsteppe durchquert werden. Ein trostloser Anblick, der Elisabetas deprimierte Stimmung verstärkte. Allein in die Welt reisen
wollte sie nie und für ihre Ehe war die lange Trennung sicher falsch.
Erst bei Sewastopol, der schönen Stadt am Meer, endete die Steppe
und eine völlig fremdartige, nichtrussische Welt öffnete sich.

Um diese Jahreszeit, im März, konnte das Wetter auf der Krim
noch unsicher, regnerisch und kühl sein. Doch Elisabeta hatte

Glück, denn bei der Ankunft wärmte südliche Sonne, und lauer Wind brachte den Geruch des Meeres heran. Berge, wilde Schluchten, Weingärten, Pappeln, Zedern – eine Natur wie frisch- und blankgeputzt. Dazwischen viele große Hotels für die wach- sende Zahl Schwindsüchtiger, die hier Heilung oder zumindest Linderung ihres Leidens erhofften. Auf Rat von Freunden hatte Ludwig ein Hotel in Gurzuf gebucht, einem schönen, aber ruhi- gen Kurort, nur wenige Kilometer von Livadija entfernt, dem geliebten Schloss der Zarenfamilie.

Endlich angekommen, türmten sich im Vorraum ihrer Suite Schrank-, Hut- und Toilette-Koffer, die Marja sorgfältig aus- packte und im nicht allzu großen Garderobenraum geschickt ver- staute. Mit ihrem angenehmen Wesen, ihrer Umsicht und Intelli- genz hatte sie sich in Dedlovo unentbehrlich gemacht. Nun war sie die ideale Begleiterin ihrer Herrin. Nicht zuletzt deshalb, weil sie eine angenehme Vorlesestimme hatte.

Eine Suite mit mehreren Zimmern zu beziehen, war damals, besonderes bei weiten Reisen und monatelangen Aufenthalten, nichts Ungewöhnliches. Elisabeta erhoffte zudem Besuche von Familienmitgliedern, vor allem von Ludwig. In ihrem geräumi- gen Schlafzimmer umhergehend, tat Elisabeta sich so richtig leid und war kurz sogar davon überzeugt, von ihrer Familie einfach abgeschoben zu sein. „Was soll ich hier?" Währenddessen suchte sie einen Platz für die Reise-Ikone. Er war nicht leicht zu finden und so wanderten Kerze und Ikone von Zimmer zu Zimmer und wieder zurück. Vor dem Fenster des kleinen Salons stand ein Schreibtisch, dort blieb sie jedes Mal stehen und sah hinaus auf Pappeln, kleine Weingärten, Felsen über dem Meer und darunter eine blaue Bucht. Es war eine Landschaft wie auf dem Aquarell zu Hause, so schön und besänftigend für ihr unruhiges Herz, dass sich ihre Augen davon gar nicht lösen wollten.

Am späten Nachmittag war die Promenade von Spaziergängern, Kurgästen und Touristen bevölkert. Weiß gekleidete Damen mit eleganten Hüten promenierten am Arm ihrer Kavaliere hin und her. Zügig voranzugehen und die aufdringlichen Parfumwolken mancher Gäste hinter sich zu lassen, war erst am Ende des Ortes möglich. Auf einer einsamen Steinbank saß ein junges, wunderschönes Mädchen mit blassem Teint, ihre großen, schimmernden dunklen Augen schienen über das Meer hin auf den Horizont gerichtet. Elisabeta zog sich zurück. An den folgenden Nachmittagen wiederholte sich die stumme Begegnung und weckte schließlich das Interesse Elisabetas. Wie alt mochte das Mädchen wohl sein? Vermutlich nicht viel älter als Olga. Seltsam – ein junger Mensch sucht die Einsamkeit?

Sie selbst hatte ebenfalls kein Bedürfnis nach Gesellschaft, allein essen wollte sie aber auch nicht. Was sollte sie tun? Abendessen in der Suite oder im Speisesaal? Marja empfahl, einen ruhigen Tisch im Speisesaal zu suchen. Am nächsten Vormittag begutachtete sie vorsichtshalber den ihr zugedachten Platz. Sie war sehr zufrieden und belohnte den Chef de salle mit einem ansehnlichen Trinkgeld. Abends spionierte Marja für die Herrin, wie elegant gekleidet die Gäste zum Essen erschienen. „Sehr elegant, Madame", berichtete sie und schlug das schönste Kleid für den ersten Auftritt vor. „Mir scheint es angebrachter, unauffälliger zu sein", überlegte Elisabeta, „weil ich allein ohne meinen Mann bin!" Sie entschied sich für ein dunkelblaues, hochgeschlossenes Seidenkleid. Es war von der teuren Schlichtheit, wie Daria sie mochte.

Im Speisesaal angekommen, füllte sich dieser langsam mit einem eleganten, seriösen, aber auch schillernden Publikum. Das zu beobachten war sehr unterhaltend und kurzweilig, beinahe wie ein Schauspiel. Vis-à-vis, am Ende des Saales, nahm das schöne zarte Mädchen von der Promenade in Gesellschaft einer Dame Platz. Einige Eltern präsentierten ihre aufgeputzten, heiratsfähigen Töchter in der Hoffnung, einen Ehemann für sie zu finden. Spät – das gehörte zur Inszenierung – kamen die Damen der „demi-monde". Der Begriff „demi-monde" stammte aus Frankreich, ebenso wie der dazugehörige Lebensstil. In teuersten Roben und kostbarem Schmuck beherrschten sie auch hier den großen, luxuriösen Auftritt. Elisabeta beglückwünschte sich zur Wahl ihres einfachen Kleides als Gegensatz zu dem Stil der Halbwelt-Damen. Die Schönheiten verstanden glänzend die schwere Kunst der leichten Konversation, mit der sie Scharen von Bewunderern anlockten. Reihenweise ruinierten Männer ihre Existenz im kostspieligen Wettkampf um deren Gunst. So mancher, Elisabeta kannte einige Geschichten, landete verarmt in der Trophäensammlung der begehrten Dame. Auf der Krim, hörte man, zeigten sie sich nicht ganz so verschwenderisch und dekadent wie in Nizza, Trouville oder Dieppe, aber genauso ungeniert. Andere Gäste wiederum, ob Mann oder Frau, suchten sichtlich eine Gelegenheit für ein Abenteuer. Denn ein Kuraufenthalt war oft nur ein Vorwand, sich ohne Konsequenzen frei zu amüsieren. Aus Kurbekanntschaften entstanden keine gesellschaftlichen Verpflichtungen – so war die Regel. Wenn man nicht wollte, brauchte man später nicht einmal einen Gruß zu erwidern. Man tat, als wäre man einander nie begegnet.

Zurück in ihren Zimmern, schien ein heller Mond herein, der draußen dicke schwarze Schatten über den Park warf. Rundherum herrschte undurchdringliche Finsternis, nur das Wasser glänzte dunkel und ölig – es war vollkommen windstill. Elisabeta trat ans offene Fenster, dankte für den Tag, schloss voll Heimweh alle Lieben in ihr Gebet ein.

Bald entwickelte sich eine angenehme Routine, den Tag zu verbringen: Frühstück von Marja in der Suite serviert, vor dem Mittagessen ausgedehnte Spaziergänge, Mittagsruhe, Post erledigen, anschließend weite Wanderungen und danach bis zum Abendessen lesen, oder malen. Das milde Klima, Schlaf, Bewegung, die Meeresluft und Entspannung weit weg vom Alltag brachten langsam Erfolge. Elisabetas Dauerhusten wurde schwächer, sie schlief gut und ihr Wohlbefinden und die Stimmung hoben sich. Manchmal hatte sie sogar „Anfälle" von Energie und Optimismus.

Mittlerweile traf regelmäßig Post ein. Olga berichtete vom Wetter, den Schulstunden, ihren Plänen, nach St. Petersburg zu fahren, usw. Die Briefe endeten immer mit: „Hier ist alles bestens, keine Probleme, erhole dich nur recht gut!" Tante Sophia erzählte in ihren Briefen von ihren Bemühungen, den Haushalt neu zu organisieren – „damit du es bei deiner Rückkehr leichter hast". Und: „Unter uns gesagt, meine Liebe, Ludwig schätzt das inzwischen sehr!" Vladimir beklagte sich über die bevorstehenden Abschlussprüfungen und träumte von einer Reise. Alexej wollte seinen Freund Ostrovski besuchen. Allen ging es blendend. Ludwig schrieb regelmäßig knappe Berichte, wie es seine Art war. Er schloss sie immer mit der Floskel „in Liebe dein Ludwig!" Warum schrieb er nicht „Du fehlst mir"? Ihre Stimmung sank wieder, denn sie vermisste ihn sehr, mehr als alle anderen. Wiederholt ertappte sie sich bei Gedanken wie: „Was wird er jetzt wohl machen? und: „Das muss ich ihm unbedingt erzählen!" – „Genau genommen sagen die Jubelbriefe von zu Hause ja gar nichts, sind mir sogar verdächtig", überlegte Elisabeta. „Denken vielleicht alle, mich schonen zu müssen?"

So war es tatsächlich, denn in Dedlovo lief alles schief. Tante Sophia hatte das Regiment in die Hand genommen, um endlich zeigen zu können, wie ein aristokratischer Haushalt zu funktionieren hatte. Ludwigs Zuspätkommen wurde gerügt und seine Sonderwünsche für den Speiseplan als organisatorische Zumutung abgetan. Sie stritt mit der Wirtschafterin, die Köchin wollte kündigen. Olga mied die Mahlzeiten und bat um Erlaubnis, zu Tante Daria reisen zu dürfen. Pitkievich erschien nach einigen vergeblichen Schlichtungsversuchen nur noch, wenn er gerufen wurde. Lebensmittel wurden zu viele oder zu wenige bereitgestellt. Genervt brach Natalia regelmäßig in Tränen aus. Der Kutscher, hin und her geschickt, meldete sich krank. Ein Zusammenleben fand nicht mehr statt. Aus dem Dorf fragte niemand mehr um Rat und Hilfe, sondern nur, wann die Herrin denn wieder käme. Das empfand Tante Sophia als mangelndes Vertrauen in ihre Kompetenz und sie sagte: „Leider weiß ich das nicht!" – „Aha", sagte das Stubenmädchen, „sie kommt nicht wieder! Die Herrschaft hat sich getrennt!" Davon ahnte aber Elisabeta nichts.

In tagebuchartigen Briefen an alle Lieben malte Elisabeta ihrerseits nur schöne Bilder von ihrem Aufenthalt. Mit der Zeit erzählte sie aber mehr von ihren lustigen und tragischen Begegnungen und kritischen Beobachtungen. Neue Tischnachbarn stellten sich vor. Es waren Bekannte von Bekannten aus St. Petersburg und bald eine angenehme Gesellschaft. Mit ihnen besuchte sie Konzerte, Theateraufführungen – oft mit namhaften Künstlern –, die zur Zerstreuung der Gäste organisiert wurden. Eines Tages wurde Elisabeta sogar zu einer Séance im kleinen Kreis gebeten.

Damals war Spiritismus die große Mode in Europa. Er versprach Kontakte zur Welt der Toten, der Geister und Dämonen. Ein „Meister" und sein schüchternes Medium würden dabei, so wurde versprochen, auf Wunsch Kontakt mit Angehörigen im Jenseits aufnehmen. Nach kurzen Überlegungen widerstand Elisabeta der Versuchung, an der Sitzung teilzunehmen. Für sie war es ein zynisches Spiel mit der Trauer und dem nie verwundenen Verlust geliebter Menschen. Diese seltsame Praxis hatte gar nichts mit Spiritualität zu tun, eher mit schwarzer Magie. Für saturierte Gäste war jedenfalls ein gruseliges Erlebnis garantiert.

Einige Zeit nach ihrer Ankunft war die steinerne Bank am Ende der Promenade leer geblieben. Zögernd ließ sich Elisabeta auf ihr nieder und vergaß Zeit und Raum. Sie fühlte sich eins mit dem unendlichen Himmel und dem endlosen Meer mit seinem Geruch, seiner Bläue und dem leisen Wellenschlag. Ein lauer Wind strich über diesen magischen Platz. Eine Ahnung von ewiger Geborgenheit und wunderbarem Frieden berührte ihre Seele wie in einem Gebet. War es diese Nähe zu Gott, die die junge Unbekannte wie sie selbst gesucht und hier gefunden hatte?

Nach zwei weiteren Tagen schickte Elisabeta Marja mit einem Kärtchen zum Appartement der Fremden, um sich nach deren Befinden zu erkundigen. „Man erklärte mir", berichtete Marja, „das Fräulein habe gestern einen Blutsturz erlitten. Sie ringe jetzt mit dem Tode, die Familie sei verständigt." Eine solch schockierende Nachricht gehörte zum dunklen Kapitel des luxuriösen Kurbetriebes. Viele Tuberkulosekranke suchten im milden Klima der Krim Erleichterung, wenn nicht sogar Heilung. Es war ihre letzte Hoffnung, denn andere Behandlungsmöglichkeiten gab es nicht. Vornehme und weniger vornehme Schwindsüchtige in allen Stadien dieser Krankheit bevölkerten die Hotels und Kurhäuser. Sie erlebten Phasen trügerischer Stabilität, frei von Beschwerden, die sie dazu verführte, über ihre Kräfte, manchmal wie im Rausch, zu leben.

Das Los dieses Mädchens aber ging Elisabeta über Gebühr nahe. Die Sterbende hatte keine Chance auf eine eigene Familie gehabt, keine Zeit zu lieben und geliebt zu werden – so sehr sie sich danach auch gesehnt haben mochte. Ein einsamer Tod war ihr Schicksal, ohne Begleitung und Unterstützung durch ihre Familie, dachte Elisabeta traurig. „Und ich? Bin ich für meine Familie da? Habe nicht auch ich meinen Mann mit seinen Sorgen und gesundheitlichen Problemen allein gelassen?" Elisabeta konnte ihr Verhalten nun selbst nicht mehr verstehen. Heute noch würde sie ihm schreiben. Wenige Stunden später schickte sie per Eilpost einen langen, liebevollen Brief auf die Reise nach Dedlovo.

Einige Tage lang kam keinerlei Nachricht von daheim. Sorgenvolle Gedanken und Fragen beschäftigten sie: Was konnten die Gründe dafür sein? Gedankenverloren sah Elisabeta aus dem Fenster, während sie auf dem Schreibtisch Stifte von einer Seite zur anderen schob. Der Park lag verlassen in der prallen Mittagssonne, nur ein Spaziergänger näherte sich. Ludwig? Ludwig! Danach wurde die Hausdame Zeugin einer „schockierenden" Szene: Im Morgenkleid mit wehenden Röcken lief ein weibliches Wesen auf einen Mann zu und warf sich ihm in aller Öffentlichkeit an den Hals. Die beiden benahmen sich, als wären sie allein auf der Welt. Sie erkannte verwundert die nicht mehr ganz junge Dame von der Suite Nummer eins. „Zum Glück", dachte sie, „herrscht Mittagsruhe in Park und Haus. Ach ja, es gibt eben keine wirklichen Damen mehr!"

In den nächsten Wochen führte Elisabeta ihren Mann zur steinernen Bank und zu allen Plätzen, die ihr etwas bedeuteten. Gemeinsam wanderten sie viele Stunden am Meer entlang und zu den umliegenden Dörfern. Sie mieteten einen Wagen, um Massandra, Livadija und Jalta zu besuchen, und unternahmen verwegene, abenteuerliche Badeausflüge ans Meer. Damen gingen zwar schwimmen, durften aber auf keinen Fall dabei beobachtet werden. Deshalb suchten Ludwig und Elisabeta umständlich einen ganz versteckten Badeplatz. Die Badeausflüge wurden für die beiden eine Quelle ständiger Heiterkeit. Die nasse Badebekleidung legte sich – ob Hemd oder eine Art Pumphosen – „unanständig" an den Körper an. Die nächste Schwierigkeit bestand darin, nach dem Schwimmen zerzaust und „derangiert" ebenfalls ungesehen ins Hotel zu kommen. Mit Spaß und Spannung spionierte Ludwig jedes Mal den besten Weg und Augenblick dafür aus.

Der Hafen von Jalta, ein fester Bestandteil des Besichtigungsprogramms, wirkte romantisch und fremdartig, bei näherer Betrachtung war er aber armselig. Die Kurgäste saßen in einer Wolke aus Gestank wie von faulen Fischen und nassem Tauwerk, aßen zerkochten Fisch und tranken schlechten Wein. Menschen in verdreckten Lumpen, die Haut von der Sonne gegerbt, warteten auf Arbeit oder bettelten. Neugierig durchstreifte das Paar auch Tataren-Dörfer mit ihrem legendären, fremdartigen Reiz. Manche Herren im Hotel erzählten sogar von ihren Besuchen in Häusern mit Harem. Konnte man ihnen glauben? Durch Bekannte erhielt das Ehepaar eine Einladung auf eines der alten, wunderschön gebauten und gepflegten tatarischen Güter. Der Ausflug wurde zu einem besonderen Erlebnis! Die Gastfreundschaft war berühmt, die Hausleute liebenswürdig und kultiviert, das Essen großzügig und sehr würzig, allerdings etwas fett.

In nie versiegenden Gesprächen hatten Elisabeta und Ludwig in den vergangenen Wochen ihr bisheriges Leben betrachtet. Irrtümer waren eingestanden, Fehler bedauert, eine Bilanz gezogen worden. Die Erkenntnis, aus voller Überzeugung trotzdem oft das Falsche getan zu haben, tat weh, war aber letztlich befreiend. Sie konnten einander verzeihen. Alte und neue Zärtlichkeit wärmte ihr Herz und füllte es mit Heiterkeit, Humor und Zuversicht. Gestärkt planten sie die Zukunft. Ludwigs Herzbeschwerden mussten dabei berücksichtigt werden, sie erforderten eine Änderung des Lebens- und Arbeitsstiles. Sie sprachen endlich aus, dass Vladimir nicht, wie geplant, Ludwig in der Führung der Betriebe nachfolgen konnte. Das zu akzeptieren, fiel Elisabeta besonders schwer, bedeutete es doch, ihrem Ältesten das Erstgeburtsrecht zu nehmen. Obwohl die Entscheidung richtig war, verlor Elisabeta nie das Gefühl, ihrem Sohn etwas schuldig zu sein. Sie hörte auch nie auf, ihn zu unterstützen, ja zu beschützen.

Als der Sommer kam und Hitze schon am Morgen von den Mauern strahlte, trockener Wind über der Promenade Staub aufwirbelte, beschloss das Paar, nach Dedlovo heimzukehren. Sie reisten aber mit dem Vorsatz ab, regelmäßig wiederzukommen.

Flankiert vom gesamten Personal, erwartete sie Tante Sophia vor dem Gutshaus, alt und geschrumpft, kaum wiederzuerkennen. Vor der Heimkehr aus dem Süden hatte Ludwig seiner Frau von Tante Sophias eigenmächtiger Haushaltsführung erzählt und gemeint: „Ohne deutliche Zurechtweisung wirst du die Zügel nicht wieder in die Hand nehmen können!" Bei Tante Sophias Anblick empfand Elisabeta allerdings Mitgefühl. Sie wirkte nicht mehr dominant und energisch, sondern in erster Linie erschöpft. Später, als sie allein waren, sagte Sophia mit kleiner Stimme: „Du siehst mich unglücklich, Elisabeta. Ich fürchte, dass es mir nicht gelungen ist, dir zu helfen!" Erschrocken und voll Mitgefühl umarmte sie die alte Dame: „Nicht doch! Ich danke dir von Herzen! Verzeihe mir, ich hätte wissen müssen, dass hier alles eine große – zu große – Belastung für dich sein wird!" – „Ich bin alt, Elisabeta, und müde! Wenn ich das nicht akzeptiere, mache ich es mir und euch nur schwer." Elisabeta antwortete darauf, was sie selbst einmal gerne hören wollte: „Ruhe dich aus, Tante Sophia! Es ist wichtig, dich einfach bei uns zu haben. Lass dich verwöhnen, du hast genug geleistet!" Es waren, wie sich zeigen sollte, genau die richtigen Worte für die alte Dame.

17.

Zeit für Reisen

Ludwig hält Wort – wirtschaftlicher Aufschwung – Elisabetas Traumreise nach Wien, Venedig, Rom, Nizza, Paris – Gepäck wie für eine Expedition – Marja kümmert sich gekonnt um alles – glückliche Heimkehr – Alexej übernimmt Pflichten seines Vaters

„Gott sei Dank, keine Rede von einer Trennung", wurde auf den Feldern, in den Höfen, Schenken und Fabriken über die Ehe der Herrschaft eifrig diskutiert. Wäre die Ehe gescheitert, hätte das nämlich schwerwiegende Folgen für jeden Einzelnen gehabt. Aber die Entfremdung der Eheleute war sichtlich überwunden – ja, die Liebe zurückgekehrt. Das wusste Katja aus der Leinenfabrik direkt von der Köchin im Gutshaus. „Es wäre auch schön dumm vom Herrn, so eine Ehefrau wie die Herrin stehenzulassen. So eine wie sie gibt's nicht noch einmal!" Niemandem kam der Gedanke, dass vielleicht die Herrin gehen könnte! Russische Frauen verließen ihre Familien nicht.

Ludwig hielt Wort und zog sich, wie auf der Krim besprochen, aus dem anwaltlichen Beruf zurück, um mehr Freiheit und das Gut zu genießen. Viel später hätte seine Entscheidung nicht fallen dürfen, denn er war nicht mehr unbegrenzt belastbar. Wenn ihm Schlaflosigkeit, Atemnot und scheinbar grundlose Nervosität zu schaffen machten, fragte er sich voll Angst: „Sind denn meine Tage schon gezählt?", um gleich danach diese Gedanken wieder zu verdrängen. Getrieben vom neuen Bewusstsein der Endlichkeit versuchte er, Versäumtes nachzuholen. Je nach Jahreszeit und Laune hielten sich Elisabeta und Ludwig in St. Petersburg auf oder fuhren in den Süden und empfingen Gäste. Ein wirtschaftlicher Aufschwung unterstützte ihre optimistische Stimmung, die sich vom Gutshof bis in die entlegenste Hütte verbreitete. Manchmal fragte Elisabeta besorgt: „Unternehmen wir zu viel? Gesundheit geht vor!" – „Mach dir keine Sorgen – ich bin zäh! Du wirst mich nicht los – es ist zu schön auf der Welt!" – „Eben!"

An einem Frühlingsmorgen, etwa im Jahre 1884, lag ein großes Kuvert neben Elisabetas Gedeck. Während sie es in die Hand nahm und öffnete, starrten sie alle stumm und erwartungsvoll an. Sie las: Reservierung eines Coupés im Luxuswaggon der Internationalen Schlafwagengesellschaft nach Wien! Weiter kam sie nicht. „Endlich! Mein Traum wird wahr", rief sie lachend und weinend zugleich. Ludwigs Überraschung war gelungen. Er hatte mit Hilfe der Reiseprofis Pjotr und Daria eine damals bei Russen sehr beliebte Reiseroute zusammengestellt, die über Wien nach Venedig, Rom, Nizza und Paris führte, und er hatte auch gleich Hotels und den Besuch von Sehenswürdigkeiten vorgeschlagen. Auf Elisabetas Frage, welche Reisevorbereitungen zu treffen seien, schlug Daria vor, Marja mitzunehmen, die sich dann persönlich um ihre Kleider und das Gepäck kümmern könnte. Es gäbe in den Hotels zwar gut geschulte Hausdamen, die Zofen, Stuben und Kindermädchen zur Verfügung stellten und auch dirigierten, aber es seien in jedem Hotel natürlich andere. Außerdem sei die Verständigung mit dem Personal schwierig, weil es zwar meist etwas Französisch spreche, aber natürlich kein Russisch.

Ludwig und Elisabeta waren typische russische Reisende ihrer Zeit. Tagelang wurden in Schrank-, Tages-, Hut- und Toilette-Koffern unbedingt nötige Sachen verstaut. Wie für eine Expedition, spotteten die Herren. Es war wirklich eine Kunst, die umfangreiche Garderobe für Vormittag, Nachmittag, Abend und Feste einzupacken, abgesehen von Hüten, Schuhen und Toilette-Artikeln, aber Marja beherrschte diese Kunst perfekt. Endlich im Zug, soll Elisabeta beim Betreten ihres Abteils begeistert ausgerufen haben: „Was für ein Luxus!" Ein dicker Teppich, bequeme Betten, geschliffene Spiegel, große Fenster und eine angenehme Beleuchtung machten die Fahrt in Österreichs Hauptstadt unerwartet angenehm.

Wien war damals eine moderne und mondäne Stadt und der erste Höhepunkt der Reise vieler Russen. Elisabeta und Ludwig fanden sie unvergleichlich mit ihren wunderschönen Boulevards, den großen und kleinen Parks mit den vielen Denkmälern. Sie berichteten nach Hause von traumhaften, eleganten Geschäften und bewunderten die Architektur der neuen Gebäude als wahrlich moderne Baukunst. Wunderschön erschien ihnen der gotische Dom und gar nicht erdrückend, wie er ihnen zu Hause beschrieben worden war. Ein besonderes Vergnügen bereitete es, mit den schönen, für Wien typischen Droschken zu fahren. Man stelle sich vor, berichteten sie, die Kutscher trügen Gehrock und Zylinder. Ludwig kramte stolz seine Deutschkenntnisse hervor, wurde aber zu seinem Leidwesen sofort als Russe erkannt. Die Wienerinnen waren schön und elegant wie alles in der Stadt. Man konnte sie wandelnd und flirtend auf dem neuen Corso „Ringstraße" treffen. Es sei unglaublich, wie offen die Wiener auch über Politik und das Kaiserhaus sprächen, und das in verschiedenen Sprachen. In den Restaurants verrechneten sie aber kleinlich jedes Gedeck und zählten jede Semmel.

Vor ihrer Weiterreise nach Venedig suchten Ludwig und Elisabeta vergeblich ein Haus, in dem Ivan von Kign, ein Vorfahre Ludwigs, 1740 gelebt haben soll, als er sich auf der Flucht vor seinen Gläubigern in Russland befand. Ludwig erzählte, dass Ivan ein „seltenes Exemplar von einem ehrlichen Verwalter" beschäftigt hatte, der die Schulden seines Herrn tilgte und ihm damit eine ehrenvolle Heimkehr ermöglichte. „Sonst wäre ich ein Österreicher geworden! Nicht schlecht!", schloss Ludwig seine Geschichte. Elisabeta meinte nachdenklich: „Wir hätten uns aber nie getroffen. Und wenn: Fern von Russland zu leben, ist für mich ein schrecklicher Gedanke! Übrigens, glaubst du nicht, dass Pitkievich auch ganz ehrlich ist?"

In Venedig führte sie der erste Weg zur Post in der Hoffnung, postlagernde Briefe vorzufinden. Nichts! Ob das überhaupt funktionierte? Auf Wasserstraßen glitten Gondeln dahin, Orgelklänge tönten aus den Kirchen, die voll mit Bildern und Statuen halbnackter Menschen waren! Man wusste nicht, wohin man schauen sollte. Elisabeta vermisste die Ikonen ihrer Kirchen. Später, unter klarem Sternenhimmel in lauer Luft, hörte man von überall Musik und Gesang, Gesang und wieder Musik bis in die späte Nacht. Jeder ließ mit einer Stimme wie ein Opernsänger auch Volkslieder erklingen. Es war wirklich traumhaft. Elisabeta bekam ein schlechtes Gewissen, weil sie jeden Tag weniger an zu Hause dachte. „Vladimir wird es interessieren, dass hier berühmte Künstler in prunkvollen Grabmälern wie die Fürsten beerdigt werden!"

In Rom bezogen Ludwig und Elisabeta eine Suite im „Hotel Minerva" mit schönem Salon, Glaslüstern und Teppichen. Nach stundenlangem Besichtigen und Umherwandern war ihnen das Ausruhen in so komfortabler Umgebung sehr angenehm. Ludwig las seiner Frau ständig aus dem Baedeker vor. Oh, lange vergangene Schulzeit! In den antiken Trümmern des alten Rom suchte er mit feuchten Augen die Stelle, an der Cäsar ermordet worden war, und deklamierte selbstvergessen für seine Frau, die kein Wort verstand, berühmte Reden in Latein. Elisabeta nahm sich vor, zu Hause in Russisch nachzulesen. Sie konnte es nicht fassen, dass der Papst in einem Palast mit mindestens tausend Zimmern allein lebte! Es war heiß und vom Herumlaufen bekam Elisabeta dicke Füße. Auch Ludwig war ein bisschen angestrengt, weshalb sie beschlossen, einen Tag länger als geplant zu bleiben. Sie kauften zwei steinerne Vasen mit Fuß, wie sie in Rom in fast jedem Park standen.

„Poste restante" hatte doch noch geklappt – alle Briefe waren nachgekommen. Zum Glück war nichts Aufregendes dabei! Olga hielt sich mit Sophia ständig in St. Petersburg auf und unternahm viel mit Vladimir.

Nach Rom folgte, ein Muss für Russen, die Reise nach Nizza. Elisabeta blieb das unfassbar teure, aber köstliche Essen in den Restaurants der Stadt in besonderer Erinnerung. Trüffeln, Artischocken, Vogelzungen und raffiniert zubereitete Fische schmeichelten ihrem Gaumen. Die Raffinesse war ihr aber bald zu viel. Sie bekam Sehnsucht nach einfachen Blinis und deftigem Borschtsch! Ganz in der Nähe war Monte Carlo von vielen extravaganten Gästen bevölkert und deshalb bei den Russen sehr beliebt. Marja kümmerte sich Gott sei Dank um Elisabetas häufig wechselnde Garderobe. Elisabeta war dabei, als im Casino am Roulette-Tisch ganze Güter verspielt wurden. Vorsichtshalber hatte das Ehepaar nur einen fixen Betrag mitgenommen. Das Spiel war dann sehr unterhaltsam, aber trotzdem erlaubte Elisabeta ihrem Mann nicht, seine Uhr zu versetzen.

Bei ihrer Ankunft in Paris gerieten Elisabeta und Ludwig gleich in einen Aufruhr, der von wenigen Polizisten gewaltsam zerstreut wurde. Es war wie zu Hause! Der Innenminister musste sich im Parlament wegen des Einsatzes verteidigen! Das war allerdings anders als in Russland. Bemerkenswert schien ihnen der Besuch einer russischen Kirche, in der jeder – auch der Pope – Französisch sprach. Man stelle sich vor, es waren keine Männer- oder Knabenchöre zu hören, sondern der Gesang von Damen! Ungewohnt – wie im Theater! Elisabeta kaufte in eleganten Geschäften herrliche Seidenstoffe, schicke Accessoires und sündhaft teure und wunderschöne, feinst gearbeitete Unterkleidung. Sie fand es schade, dass man sie nicht zeigen konnte! Elisabeta schien es verwegen, aber der Besuch eines Nachtlokals gehörte zu Paris. Sie dachte, dass er gefahrlos für ihren Ruf wäre, weil ja niemand sie kannte. Die Tänzerinnen warfen Beine, Röcke und Unterröcke bis über den Kopf hoch, das nannte man Can-Can. Die Mädchen waren sehr schön. Irgendwie aber wirkte das alles grotesk. Im Publikum waren vorwiegend Männer zu sehen, darunter viele Russen, unter ihnen Bekannte – Elisabeta wollte in den Boden versinken. Doch die schienen sie nicht zu sehen oder gar zu erkennen. Ludwig beruhigte seine Frau, sie könnte sich sicher fühlen, denn Männer sprächen mit ihren Frauen nicht über solche Vergnügungen. Das fand Elisabeta interessant – sehr interessant!

In Paris konnte man denken, dass das Volk in Straßencafés lebte, es verbrachte viele Stunden an kleinen runden Tischen und sah den flanierenden Passanten zu. Engländer schienen Paris so zu lieben wie die Russen. Es wimmelte förmlich von englischen jungen Damen in Begleitung ihrer Gouvernanten, die sich bewegten, als hätten sie einen Stock verschluckt. Olgas Natürlichkeit war Elisabeta, wie sie immer betonte, viel lieber. Dass sie von Susan lange keinen Brief mehr bekommen hatte, fiel ihr jetzt ein. In Paris gab es eine riesige russische Kolonie. Ludwig und Elisabeta hatten Adressen von St. Petersburger Freunden, die sich eine ständige Wohnung in dieser Stadt leisteten. Es waren so viele, dass sie ständig „Jours" besuchen hätten können. Doch die Zeit raste – nach einem Empfang in der Botschaft traten sie die Heimreise an. Während der langen Rückfahrt plante das Paar bereits die nächste Reise, die es nach England und Deutschland bringen sollte.

Bei jeder Heimkehr stellten sie glücklich fest, dass es nirgendwo so schön war wie auf ihrem eigenen, gesegneten Flecken Erde! Trotzdem fanden Textilien und Rezepte aus Frankreich, Wiener Sessel, Steinarbeiten aus Italien, deutsche Technik und englische Gartenkultur ihren Weg nach Dedlovo. Die Gestaltung des Parks steigerte sich zu einer richtigen Leidenschaft, für die keine Kosten gescheut wurden. Ein englischer Gartenarchitekt legte jetzt den Park neu an und schulte die heimischen Gärtner. Nach seinen Ansprüchen entstand auch das erste gemauerte Personalhaus.

Elisabeta und Ludwig hielten bei ihren Ausritten gerne auf einer leichten Anhöhe inmitten ihrer Ländereien an, um den Ausblick zu genießen. Elisabeta schickte immer ein stilles Gebet mit Dank und einer Bitte für die Zukunft in den sanften Wind. Aber ihrem übervollen, glücklichen Herzen schien das nicht genug. Deshalb ragte bald auf ihrem Anwesen ein fünf Meter hohes, wuchtiges Holzkreuz in den Himmel – so, als könnte dieses Zeichen Gott beschwören, für sie die Zeit des Glücks anzuhalten.

18.

Alexejs heimliche Braut

Ist es Freundschaft oder Liebe? Es ist Liebe! – Ludwig regelt Rechte seines Sohnes in Dedlovo nicht, daher nur eine heimliche Verlobung – Jahre sollten vergehen – „Sie dürfen Dedlovo nicht aufgeben, junger Herr!" – die Ehre verlangt, Alexandra freizugeben, doch sie vertraut ihm – Zar Alexander III. beginnt, Semstwo zu beschneiden – Alexej stellt Weichen für politische Funktionen – Elisabeta baut eine Kirche – Vladimir hat Erfolg als Schriftsteller und Beamter – er lernt Anton Tschechow kennen

Eine ganze Weile schon ärgerte sich Ludwig über Unkonzentriertheit und Fahrigkeit Alexejs, fragte aber nicht nach. Unbewusst fürchtete er wohl eine Antwort, die Probleme aufwerfen könnte, und Elisabeta hatte auch eine harmlose Erklärung parat, dass es wahrscheinlich die andauernden Schwierigkeiten mit der Sauberkeit in den neuen Mühlen seien. Probleme mit den Mühlen gab es schon, aber sie waren nicht die Ursache für Alexejs verändertes Wesen. Elisabeta und Ludwig waren viel zu sehr mit sich beschäftigt, um mit ihrem Sohn ein Gespräch zu suchen. Daher ahnten sie nichts von dem, was ihm im Kopf herumging – seine Neigung zu Alexandra Ostrovski –, und nichts von der Frage, die ihn seit seinem letzten Besuch in Twer nicht mehr losließ, nämlich was er für Alexandra empfand: große Sympathie, tiefe Freundschaft oder Liebe? Eine schicksalhafte Frage, nicht nur für seine Zukunft, sondern auch für die Dedlovos. Bisher war Alexandra für ihn immer nur die acht Jahre jüngere kleine Schwester seines besten Freundes Fjodor gewesen. Seit Jahren schon ging er als gerne gesehener Gast in ihrem Elternhaus ein und aus und genoss deren Vertrauen. Das machte die Situation besonders heikel. Er hatte Alexandra heranwachsen sehen und sich bei Gelegenheit bereitwillig mit dem klugen, ernsten Mädchen unterhalten. Das war nicht ungewöhnlich, denn Alexej schenkte allen Menschen, ob alt oder jung, reich oder arm geboren, gleiches Interesse und seine konzentrierte Aufmerksamkeit. Auch die kleine Alexandra fühlte sich von ihm ernst genommen und suchte seine Gesellschaft. Mit den Jahren wurden aus den kindlichen Gesprächsthemen allgemein interessante, politische und schließlich persönliche. Wobei die Alexejs irgendwann immer bei Dedlovo endeten. Für sie wurde er ihr aus der Ferne verehrter Held. Eine Schwärmerei, die ihre Familie milde belächelte. Wer begeisterte sich nicht für den gut aussehenden, mit charismatischem Wesen beschenkten jungen Mann? Zahlreiche Ausritte, Picknicks, Jagden und Familienessen auf Twer, viele Soirées, Pflichttänze, Theaterbesuche in St. Petersburg und nie endende Gespräche später war die 18-jährige Alexandra der einzige Mensch, mit dem er seine Wünsche und Enttäuschungen besprach.

Als sich Alexej dabei ertappte, ihr nahe sein zu wollen, dämmerte es ihm, dass ihn mit dem jungen Mädchen mehr als nur die Freundschaft einer gemeinsamen Jugend verbinden könnte. Bevor irgendjemand bemerkte, dass er seine Unbefangenheit verloren hatte und er sich folglich festlegen musste, ergriff Alexej die Flucht. Das heißt, er zog sich mit Ausreden zurück. Freunde und Familie hatten nichts bemerkt, das Personal aber schon längst. „Glaube mir", sagte Alexandras Kinderfrau zu ihrem traurigen Schützling, „der kommt wieder!"

Auf Dedlovo hatte sich Alexej zur Ablenkung auf jede nur mögliche Arbeit gestürzt – mit mäßigem Erfolg und zum erwähnten Missfallen seiner Eltern. Mit der Frage, was mit ihm los sei, schlief er ein, um eines Morgens mit der Gewissheit aufzuwachen, dass er Alexandra liebte. Eine Erkenntnis, die ihn überraschte und bis ins Innerste erschütterte. Vor Aufregung zitternd rannte er zu den Stallungen, sattelte sein Pferd und stürmte in halsbrecherischem Ritt davon. Der Stallbursche sah ihm kopfschüttelnd nach. „Anscheinend hat der junge Herr Ärger gehabt! Solange er sich nur den eigenen Hals bricht, soll's mir recht sein!" Auf einem freien Feld zügelte Alexej sein Pferd zu ruhigem Gang, sein Kopf war wieder frei und er war glücklich. Nichts sprach gegen seine Liebe zu Alexandra, nichts gegen eine Heirat mit ihr, im Gegenteil, denn auch nüchtern betrachtet schien ihm diese Verbindung sehr vernünftig: Alexandra stammte aus bester Familie, hatte einen tadellosen russischen Stammbaum. Es machte ihr nichts aus, ständig auf dem Land zu leben – bei jungen Damen war das keine Selbstverständlichkeit. Sie sah sehr gut aus und teilte vollständig seine Interessen. In die Pflichten einer Gutsherrin würde sie hineinwachsen. Keinesfalls durfte er sie weiter über seine Gefühle und Pläne im Unklaren lassen und damit riskieren, sie zu verlieren. Wie ihm erzählt worden war, hatte der vermögende Graf L. für seinen Sohn um die Erlaubnis gebeten, Alexandra den Hof machen zu dürfen.

Zurück im Haus, packte er seine Sachen, murmelte zu seinen Eltern irgendetwas von dringenden Erledigungen und raste mit dem leichten Wagen in Richtung Twer. Alexej hatte ein Problem, das er aber beiseiteschob: Es fehlte ihm die Basis für eine Eheschließung, um offiziell bei Alexandras Vater um ihre Hand zu bitten. Die Basis nämlich, seiner künftigen Frau eine sichere, standesgemäße Existenz bieten zu können. Denn Alexej hatte noch immer keinen Vertrag, der seine Zukunft, seine Rechte und Pflichten auf Dedlovo regeln sollte, wie es ihm für die Zeit nach seinem Studium an der renommierten Novo-Alexandrovsky-Landwirtschafts-Hochschule versprochen worden war. Als er kürzlich seinen Vater an diese Vereinbarung erinnert hatte, hatte er nur zur Antwort bekommen, dass er es keinen Grund gäbe, die Sache zu überstürzen. Es sei einfach noch so viel zu bedenken, das müsste Alexej doch verstehen. Dagegen war ja nichts zu sagen. Doch ohne diesen Vertrag, von dem er bisher dachte, er wäre nur noch eine bloße Formsache, war es für ihn unmöglich, ein einigermaßen selbständiges Leben zu führen und an Heirat zu denken. Alexej war von seinen Eltern schrecklich enttäuscht und seine Achtung und Liebe für sie wurden auf eine harte Probe gestellt.

Was konnte er in dieser aussichtslosen Lage tun? Ohne die offizielle Zustimmung des Brautvaters zu haben, fehlte ihm die Voraussetzung, den eigenen Eltern seine Heiratsabsicht mitzuteilen. Um den Teufelskreis, in dem er sich befand, zu durchbrechen, entschied sich Alexej, die Konventionen zu übergehen und sich heimlich zu verloben. Alexej glaubte, das riskieren zu können, denn er würde sich intensiv bemühen, seine Position in Dedlovo rasch zu klären. Trotzdem war dieser Vorschlag eine Zumutung für Alexandra, das war ihm bewusst, denn sie wurde dadurch gezwungen, ihre Eltern zu hintergehen und sich nur auf sein Wort zu verlassen. Keine Sekunde zweifelte er daran, dass Alexandra ihn liebte, aber war sie auch stark genug, um darauf einzugehen?

In Twer angekommen, traf er Alexandra glücklicherweise allein vor den Stallungen an. Sie war in Gedanken versunken und dabei, sich für einen Ausritt fertig zu machen, als Alexej herantrat, um sie zu fragen, ob er sie begleiten könne. Überrascht drehte sie sich um und starrte Alexej an, als wäre er ein Gespenst. Mechanisch zeigte sie auf einen schönen Braunen und beide saßen stumm auf. Erst als sie außer Sichtweite des Hauses waren, sprangen sie von ihren Pferden und umarmten einander stürmisch. Atemlos suchten sie einen versteckten Platz, wo Alexej sofort um ihre Hand bat und ihr erklärte, dass es vorläufig eine heimliche Verlobung bleiben müsse. Sie redeten gleichzeitig aufeinander ein, als könnten sie alle versäumten Gespräche auf einmal nachholen. Ausführlich besprachen sie ihre Zukunft. Alexandra stimmte Alexejs Plänen aus frohem Herzen zu. Es machte ihr nichts aus, auf ihn zu warten, wenn er es wünschte. Alexej versprach nachdrücklich, dass alle Heimlichkeiten bald ein Ende haben würden! Sie vereinbarten ein Treffen in sechs Wochen bei einer Einladung in St. Petersburg. Glücklich und zuversichtlich trennte sich das Paar.

Alexej übernahm auf dem Gut immer mehr Aufgaben und wurde von seinem Vater öffentlich sehr gelobt, wie ausgezeichnet er seine Sache mache und wie sehr er selbst sich entlastet fühle. Stolz fügte er hinzu: „Wie erwartet!" Alexej war ratlos. Lob allein ermöglichte ihm keine Heirat. Er suchte die Unterstützung seiner Mutter, die kein Problem erkennen konnte: „Du weißt doch, wie gerne wir jederzeit eine Schwiegertochter bei uns aufnehmen würden." – „Wie stellen Sie sich das vor, Maman?", fragte Alexej. „Es ist doch wirklich reichlich Platz bei uns. Details regeln wir, wenn es soweit ist!" Seiner Mutter war das sichtlich ernst, wie er konsterniert registrierte. Besorgt sah er vor sich, wie sie Alexandra mit ihrer großzügigen Umarmung die Luft abschnürte.

Aber wie konnte er dagegen argumentieren, wenn seine Mutter offensichtlich ihre ersten schweren Jahre als junge Ehefrau ohne eigenes Heim ganz vergessen hatte? „Nichts", hatte sie ihnen oft voll Emotionen geklagt, „nichts gehörte mir. Nicht einmal über euch, meine Kinder, konnte ich allein bestimmen!" Insgeheim hatten die Söhne deswegen dem Vater Vorwürfe gemacht und sich vorgenommen, ihren künftigen Ehefrauen so ein Leben, eine Existenz in Abhängigkeit, nicht zuzumuten. Der bis heute bekannte Satz „Solange du deine Beine unter meinen Tisch streckst ...", sagt viel über das Zusammenleben der Generationen von damals. Spielregeln der Schwiegereltern, die eigene Kinder noch hinnehmen konnten, waren für deren Ehepartner oft unerträglich.

Für unverheiratete Söhne war die Abhängigkeit auch durchaus angenehm: Es standen ihnen sehr komfortable Zimmer mit Service, alle Einrichtungen Dedlovos, Reitpferde, schwere oder leichte Wagen und Tennisplätze usw. zur Verfügung. Doch es war üblich, jeweils bei den Eltern höflich die Erlaubnis einzuholen: „Ist es in Ordnung, wenn ich morgen den Zweispänner nehme?" Oder: „Ich lasse mir eine Reithose anfertigen, ja?" – „Gut, die Rechnung schicke bitte an das Büro!" Ein passendes englisches Sakko durften sie sich zum Geburtstag wünschen. Selbstverständlich konnten die erwachsenen Söhne gehen und kommen, wann und wie sie wollten, aber nicht ohne zu sagen, was sie vorhatten und wann sie voraussichtlich zurückkehren würden. Diese eingespielten Gewohnheiten waren sicherlich auch nach einer Hochzeit nicht zu ändern.

Was also konnte Alexej tun? Wäre er Jurist und Anwalt wie sein Vater geworden, hätte er realistischere Chancen gehabt, bald auf eigenen Beinen zu stehen. Diese Überlegungen waren sinnlos, weil sie zu spät kamen. Außerdem – ob als Landwirt oder Anwalt – aus dem Nichts heraus eine Existenz zu gründen, würde seine ganze Kraft brauchen und bedeuten, Dedlovo aufgeben zu müssen – und dazu war Alexej letztlich nicht bereit.

Wie so manches Mal fuhr er eines Tages zum Anwesen der Familie Pitkievich, um sich mit dem erfahrenen Verwalter auch über seine persönlichen Angelegenheiten zu beraten. Die beiden Männer kannten, schätzten und vertrauten einander. Alexej war oft zu Besprechungen im Haus und Büro des Verwalters, der sich – wann irgend möglich – nur noch mit dem jungen Herrn besprach. Alexej sah – wirtschaftlich gut ausgebildet und vertraut mit neuen Methoden der Landwirtschaft – viele Versäumnisse. Sein Vater war nicht mehr so bei der Sache, wollte aber trotzdem immer das letzte Wort behalten. Die unausgesprochene Botschaft an den Sohn hieß: „Nach meinem Tod kannst du machen, was du willst!"

„Da gibt es einmal den idealen begabten Nachfolger", schimpfte
der Verwalter gegenüber seiner Frau, „und dann wird er vertrieben!" Sein eigener Besitz war im Laufe der Zeit zu einem richtigen Landgut angewachsen. Später, aus Anlass seiner Pensionierung, erwartete ihn noch mehr Land von der Herrschaft als Dank
für seine treuen Dienste. In seinem eindrucksvollen großen Holzhaus mit Hof, Stallungen, Bauerngarten und Badehaus – alles
sehr gepflegt – hatte er auch ein Büro. Hier waren sie ungestört
und diskutierten zuerst kurz die Modernisierung der Mühlen. Die
notwendige Sauberkeit zu erreichen, war ein ständiges Problem.
Sollten sie von Wind- auf Dampfkraft umstellen? Die beiden
beschlossen, besser noch zu warten, weil die Maschinen nicht
genügend erprobt waren.

Schweigend blickte Alexej zum Fenster hinaus. Nach einer Weile
sagte er traurig: „Ihr Besitz wäre mir schon genug, um auf eigenen Beinen stehen zu können!" – „Junger Herr, ich weiß Bescheid
und rate dringend zu Geduld, Vorsicht und zu einer Veränderung
in kleinen Schritten! Bedenken Sie, wie viele Vermögen durch
eine ungeordnete Übergabe an die nächste Generation verloren
gingen!" Alexej zuckte mit den Achseln. Da fuhr Pitkievich sein
schwerstes Geschütz auf: „Mit Verlaub gesagt – es geht hier nicht
nur um Sie. Die Existenz zu vieler Menschen wäre vom Niedergang Dedlovos betroffen!" – „Wenn ich wenigstens mit Feodorovka als Wohnsitz rechnen könnte. Abgesehen davon, dass es
immer als Altersitz meiner Eltern gedacht war, wird es derzeit
vollständig als Gäste- und Personalhaus genützt!" Geschickt
lenkte Pitkievich die trüben Gedanken seines Visavis zu Lösungs-
ansätzen und Zukunftprojekten, die nur auf ihn warteten:
„Warum versuchen wir nicht, das alte Gutshaus erst einmal frei zu
bekommen? Bauen wir das Personalhaus, von dem schon länger
die Rede ist. Madame möchte auch eine neue Schule und eine
größere Kirche stiften, die Ihre Planung und Aufsicht benötigen."

Die Beratung endete mit der Idee, für die geplanten Bauten aus
Kostengründen eine eigene Ziegelerzeugung einzurichten. Dafür
gab es Vorbilder deutscher Kolonisten, die fast so etwas wie ein
Monopol auf die Herstellung von Ziegeln hatten. Eine ihrer kleinen Fabriken war kürzlich abgebrannt und dem Besitzer fehlten

die Mittel, neu zu beginnen. Warum nicht hier einsteigen? Das Projekt seiner Heirat war plötzlich eines unter vielen und dabei blieb es. In der Hoffnung, seine persönlichen Ziele mit Unterstützung des Verwalters nach und nach durchsetzen zu können, riskierte Alexej weiter diese schwierige Gratwanderung.

Wie würde Alexandra es aufnehmen, dass es ihm nicht gelungen war, mit seinem Vater eine Regelung zu treffen, die ihnen eine gemeinsame Zukunft ermöglichte? Vom baldigen Ende der Heimlichkeiten, wie er es ihr versprochen hatte, konnte damit keine Rede sein. Auf dem Weg zu seiner Braut quälte ihn sein Gewissen. Er musste sich eingestehen, dass es falsch, ja ein Unrecht war, das junge Mädchen an sich zu binden. Die Ehre verlangte es, Alexandra freizugeben.

Als er ihr dann gegenüberstand, ihr alles erzählte, auch Pitkievichs Mahnung erwähnte: „Es geht hier nicht nur um Sie …", verließen ihn die guten Vorsätze, sich aus Verantwortungsgefühl von ihr zu trennen. Er fragte nur noch, ob sie ihr Wort zurückwollte, er würde es verstehen! Das war aber undenkbar für Alexandra, sie hatte volles Vertrauen zu Alexej, konnte warten und drängte ihn zu nichts. Sie war stolz auf die Verantwortung, die er zu tragen hatte, und wollte ihm dabei keinesfalls im Wege stehen.

Alexandra lebte von da an zurückgezogen in ihrer Familie, in Gedanken an Alexej. Von Brief zu Brief, von Treffen zu Treffen hoffte sie, dass er endlich mit seinem Vater ihre gemeinsame Zukunft regeln konnte. Immer wenn ein Wagen vorfuhr, dachte sie: Es ist Alexej, der mich von hier fortbringt. Wenn sie ihn endlich sah, klagte er über seine Einsamkeit, hatte aber viel zu erzählen. Es war keine Frage, wer die Last der Verbindung trug. Er war ihr Lebensinhalt und seiner Dedlovo. So vergingen Jahre – eine Prüfung für beide. Noch viel mehr Briefe wurden geschrieben, noch mehr heimliche Treffen sollten vergehen, ehe sie ihr Ziel erreichten.

Die Nachrichten aus der Politik waren nicht erfreulich. Zar Alexander III. unterstützte zwar die Industrie und baute Bahnlinien aus, darunter das Jahrhundertwerk „Transsibirische Eisenbahn"[33], schränkte aber die Autonomie der Universitäten weiter ein. Er stärkte das russische Nationalgefühl und begann, die Unabhängigkeit des Semstwo zu beschneiden. Die alte, schwerfällige, korrupte Verwaltung wehrte sich, wie Ludwig es schon vor Jahren befürchtet hatte, erfolgreich gegen das Ende ihrer Allmacht. Mit der Frage, wie man dem gegensteuern konnte, musste sich nun Alexej herumschlagen.

Ganz pragmatisch, seinem Charakter entsprechend, ließ er sich in den Semstwo wählen und begann zugleich, als Beamter in der Gouvernements-Verwaltung, nicht allzu weit von Dedlovo, zu arbeiten. Als Teil von beiden Systemen konnte er seine ausgesprochene Begabung, wichtige politische und wirtschaftliche Kontakte herzustellen, dort wunderbar nützen – letztlich war das ein Vorteil der schlecht bezahlten Beamtentätigkeit. Nach kurzer Zeit wurde Alexej zum Titularrat ernannt. Das war keineswegs ein spektakulärer Titel, aber bei seiner Jugend doch bemerkenswert. Der Volksmund sagte damals „Titularräte trinken Wodka – die Arbeit machen andere!" Tatsächlich erledigten Untergebene die Routine- und Schreibarbeit und nützten dabei die Gelegenheit, durch Bestechlichkeit ihr schmales Einkommen zu verbessern.

Nach zeitraubenden Vorarbeiten und der Zustimmung seines Vaters konnte Alexej endlich mit der Errichtung der eigenen Ziegelfabrik beginnen; doch war es zu spät für den Bau der neuen Kirche, die zum großen Fest der Slawen-Apostel Kyrill und Method hätte eingeweiht werden sollen. Eine Tatsache, die zur großen Enttäuschung Elisabetas und Ludwigs wurde, die auf diese Art einen Beitrag zu den großen Feiern „1000 Jahre russische Identität" leisten wollten. Alexej bekam ihren Missmut deutlich zu spüren und er schrieb frustriert an Alexandra: „Vladimir hat es viel besser, er ist jetzt der gute Sohn!"

So war es tatsächlich. Unbelastet von Erwartungen seiner Eltern an einen künftigen Nachfolger genoss Vladimir seine Aufenthalte in Dedlovo. Endlich fühlte er sich von seiner Familie akzeptiert, anerkannt – und geliebt. In Vladimirs Schlepptau kamen zu ihrem Vergnügen mehr und interessantere Gäste denn je. Elisabeta und Ludwig waren nun auch wirklich stolz auf ihren Ältesten, sammelten seine Veröffentlichungen und lasen einander die Texte vor. Vladimir arbeitete zur Erleichterung seines Vaters als Jurist im Innenministerium in St. Petersburg. Die schlecht bezahlte Beamtentätigkeit ließ ihm aber viel Zeit für seine künstlerischen Ambitionen. Bald verwendete er nur noch das Pseudonym „Dedlov", den Namen seiner Heimat. Er tat dies einerseits, um mit den Standespflichten eines Beamten nicht in Konflikt zu kommen, und andererseits, um die Aufmerksamkeit der Zensur von sich abzulenken und zugleich den für russische Ohren so fremd klingenden Namen Kign loszuwerden. Mit Vergnügen diskutierten Vater und Sohn, von Jurist zu Jurist, neue Gesetzesvorlagen und deren Folgen. „Weißt du, Elisabeta, dass er einen hellen Verstand und ein scharfes Urteil hat?" – „Also bitte, das sagte ich ja immer, aber nicht nur ich. Das ist nun wirklich nichts Neues!", ärgerte sich Elisabeta. Ludwig legte seinen Arm um ihre Schultern. „Ich meine damit, dass ich mich ja freue – und wie!"

Es wäre jedoch nicht Vladimir gewesen, hätte er sich auf Dauer mit einem beschaulichen Beamtendasein und seinen Erfolgen als Schriftsteller zufriedengeben können. Nicht einmal das abwechslungsreiche Leben nach Dienstschluss in der Hauptstadt wie Freundes- und Künstlerrunden, Ausstellungen, Theater, Konzerte und internationale Begegnungen konnten seine Unruhe besänftigen. Möglicherweise spielte bei Vladimirs Entschluss, St. Petersburg zu verlassen, die radikale Unterdrückung jeder Meinungs- und Pressefreiheit nach der Ermordung Alexanders II. eine Rolle. Sie erschwerte erheblich Veröffentlichungen seiner Texte.

Trotz Einschränkungen durch die Zensur machte im Literaturbetrieb ein junger Autor von sich reden. Zunächst nur ein Geheimtipp, der unter dem Pseudonym Antoscha Tschechonte Texte in Witzblättern veröffentlichte, ist er bis heute als Anton Tschechow weltberühmt. Vladimir war von dem jungen Autor sofort derart überzeugt, dass er sich um eine Übersetzung seiner Arbeiten ins Deutsche bemühte. Aus dieser Zeit stammt wohl der Kontakt, den er mit Anton Tschechow bis zu dessen Tod 1904 hatte.

Vladimir bewarb sich im Jahr 1887 um eine Stelle als Richter in Mogiljov, der Stadt, in der Elisabeta aufgewachsen war. In dieser Position, so war er überzeugt, konnte er modernes Recht durchsetzen und im Kampf gegen die Korruption wirklich etwas erreichen. Bei diesem Entschluss spielte die relative Nähe zu Dedlovo sicherlich eine große Rolle.

19.

Liebe ist nicht genug

Olga verliebt sich – Tante Sophia fördert Rendezvous – Graf Nikolaus bezaubert als Gast in Dedlovo – Ludwig forscht nach: „Er ist nicht der Richtige für meine Tochter, denn Liebe ist nicht genug für die Ehe" – Alexej unterstützt seine Schwester, vergeblich – „Mein Leben ist vorbei" – das kränkt Tante Sophia tief – sie stirbt bald danach

Ludwig war vollkommen überrascht, als Vladimir vor dem Sommer desselben Jahres erschien und sagte: „Graf Nikolaus S. bittet, einen Antrittsbesuch machen zu dürfen! Ich denke, es geht um Olga!" – „Wer?" – „Nikolaus S." – „Dein Freund?" – „Na ja, Freund … – eher ein ehemaliger Schulkollege!" Die Situation war unangenehm für Vladimir, denn er hatte bisher keine Ahnung gehabt, dass sein ehemaliger Kamerad sich für seine Schwester interessierte, was ihm nicht hätte entgehen dürfen. Dabei hatte er nur auf Tante Sophias Wunsch hin das Ende der Saison in St. Petersburg abgewartet. Olga durfte in Abwesenheit der Eltern sonst keine Gesellschaften geben oder Einladungen annehmen. In seinen Augen war das eine reine Formsache, die ihn nicht einschränkte, weil Olga sich ja in Tante Sophias Obhut befand. Erst als Graf Nikolaus S. ihn informierte, offiziell um Olga werben zu wollen, wurde ihm manches peinlich klar.

Olga hatte Nikolaus bei einer Soirée, die sie in Begleitung ihrer Anstandsdame Tante Sophia besuchte, zum ersten Mal gesehen. Alle Blicke richteten sich auf das Mädchen, als sie anmutig, selbstbewusst und gleichzeitig irgendwie scheu, ohne jegliche Koketterie ihre Begrüßungsrunde begann. Nikolaus ließ das Mädchen, das, wie sich herausstellte, Vladimirs Schwester war, nicht mehr aus den Augen. Vielleicht war sie zu reserviert, aber Offenheit und Fröhlichkeit hatte er selbst für zwei. Nach Mitternacht, als sie das Fest verließ, fragte er sich nur noch: „Wie kann ich sie kennenlernen?"

Zuerst erneuerte er seine Schulbekanntschaft mit Vladimir und ließ sich bei erster Gelegenheit Tante Sophia vorstellen. Danach verstand er es so einzurichten, ihnen oft „zufällig" zu begegnen. Mit seinen glänzenden Manieren, witziger, leichter Konversation und Gesprächen über gemeinsame Bekannte gewann er sie für sich. Olga wurde dabei vorsichtig mit höflicher Aufmerksamkeit einbezogen. „Endlich ein passender Bewerber für das Kind", dachte Tante Sophia zufrieden. Sie kannte das Spiel und wusste, dass es bei den Aufmerksamkeiten nicht um sie ging, sondern um Olga. Gerne forderte Sophia den jungen Mann auf, sich ihnen bei „zufälligen" Begegnungen anzuschließen.

Olga verlor in Nikolaus Gegenwart schnell ihre Zurückhaltung und vergaß bald, dass Graf S. beinahe zehn Jahre älter war als sie. Sie fragte ihn unbekümmert aus, wie er lebte, was ihn denn interessierte. Graf Nikolaus erzählte von Reisen, von Moskau, dem Stadthaus, in dem er wohnte, von „Ostaskievici" und seinen Ländereien, die er schon länger nicht besucht hatte, und von seinen Pferden. Pferde waren beider Leidenschaft. Neben Pferden war der Gutsbetrieb Olgas großes Thema, zu dem sie trotz ihrer Jugend viel beisteuern konnte und wollte, was damals nicht alltäglich für ein junges Mädchen war. Nikolaus schwankte zwischen Bewunderung und Spott und nannte sie „ma petite Allemande". Dem folgte ein wütender Protest einschließlich Türen-Zuschlagen und Mit-den-Füßen-Stampfen. Sie war doch keine Deutsche, sondern durch und durch Russin! Alle Neckereien endeten dank Nikolaus' Humor und seinen lustigen Schwüren, sich zu bessern, immer mit Gelächter. Olga lernte durch ihn, ernste Dinge leichter zu nehmen und prinzipiell positiv zu denken. Nikolaus wollte schon längst offiziell um sie werben, war aber nicht sicher, wie sie darüber dachte. Die alte Weisheit „In der Liebe siegt, wer flieht" sollte ihm helfen, das herauszufinden. Und so war der Graf plötzlich wie vom Erdboden verschluckt.

Olga begann, sich über die mögliche Ursache Gedanken zu machen, dabei wurde ihr bewusst, wie sehr Nikolaus ihr fehlte, und sie fragte sich: „Was habe ich falsch gemacht, wodurch ihn vertrieben?" Niemand brachte sie so zum Lachen wie er und nahm sie dennoch ernst. In seiner Begleitung wurden die einfachsten Aktivitäten zu einer unbeschwerten, aber auch interessanten Unternehmung. Nun reihten sich die Tage grau und trüb aneinander. Da kam Vladimir nach Hause und erzählte, dass Graf Nikolaus seinen Besuch bei Papa angekündigt hatte. Seine Schwester fiel ihm jubelnd um den Hals und wirbelte Tante Sophia glücklich herum. Die Frage, ob es ihr angenehm sei, erübrigte sich und wer dem Grafen einen Wink gegeben hatte, auch.

Die Informationen über Graf Nikolaus S., die Vladimir seinem Vater vor dessen Antrittsbesuch geben konnte, waren leider nicht nur erfreulich. Nikolaus hatte zwar an dem Elitegymnasium für Aristokraten in Moskau maturiert, das er selbst aus disziplinären Gründen verlassen hatte müssen, von einem abgeschlossenen Studium Graf Nikolaus' war ihm aber nichts bekannt. Als einziger Sohn – die Eltern waren früh verstorben – und Erbe riesiger Ländereien lebte er auf großem Fuß. Allerdings bereits auf Pump, wie man hörte. Ob das den Tatsachen entspräche, könne er nicht sagen.

Tante Sophia saß im Salon in ihrem Lehnstuhl, sah harmlos drein und genoss die Szene: „Der junge Mann ist ‚comme il faut', das spürte ich sofort und das ist es doch, was zählt! Schulden – wer hat denn keine Schulden in Russland? Bei ein bisschen gutem Willen müssten sie kein unlösbares Problem sein!" Ludwig versuchte, sich zu beherrschen. Sophias Rolle bei der fragwürdigen Bewerbung war noch zu klären. Für ihn steckte hinter „comme il faut" nur zu oft eine verzärtelnde, oberflächliche, auf Äußerlichkeiten gerichtete, nachlässige Erziehung! Er hatte keine Lust, ihn zu empfangen. Aber Alexej war der Meinung, dass man zu wenig wisse, um den Grafen zu brüskieren. „Außerdem sollten wir unbedingt mit Olga sprechen, um sie geht es ja!" Alexej konnte nicht glauben, dass Tante Sophia ihre Urteilskraft verloren hatte. Das Ganze passte auch nicht zu seiner Schwester, denn schnöselige Bewunderer gab es genug. Sie war auch gar nicht der hilflose Typ und brauchte seiner Ansicht nach keine Bevormundung mehr. Sollte er einmal eine Tochter haben, würde er nicht wie sein Vater einfach über ihren Kopf hinweg Entscheidungen treffen.

ach dem Abendessen war ein gemütliches familiäres Beisammensein für ein Gespräch mit Olga angesetzt. Aber durch Ludwig bekam es eher die Züge eines Tribunals. Alexej sollte aber Recht behalten, seine Schwester war keineswegs ein weltfremdes

162

Geschöpf. Sie wurde gefragt: „Willst du ihn einladen, um ihn näher kennenzulernen?" – „Ja, bitte, es würde mich freuen!" – „Er soll sich um seine Güter nicht kümmern und sogar Schulden haben!" – „Dass er die Ländereien von Ostaskievici schon länger nicht besucht hat, weiß ich. Er hat mir erzählt, dass er es nach dem Tode seiner Eltern nicht ertragen konnte, dort zu sein. Natürlich habe ich ihm auch gleich gesagt, dass ich es nicht richtig finde, die Güter sich selbst zu überlassen. Ob er tatsächlich Schulden hat, weiß ich nicht!" Elisabeta fragte entsetzt: „Hast du ohne unser Wissen mit ihm über die Zukunft gesprochen?" – „Nein, selbstverständlich nicht! Ich erzählte von Dedlovo und er von seinem Gut – das ist doch normal! Man unterhält sich mit ihm besonders leicht, Ihr werdet es sehen!" Olga wollte gute Stimmung machen und erwähnte ihrem Vater gegenüber: „Übrigens – Nikolaus liebt Pferde so wie Sie!" – „Das ist aber leichtsinnig, eine so teure Liebhaberei zu pflegen." Aber in seinen Augen blitzte Interesse auf.

Nikolaus' Besuch war für ihre Familie wichtiger als für Olga selbst. Obwohl noch unausgesprochen, stand für Olga fest, dass er ihr einen Antrag machen und sie ihn auch annehmen würde. Ihre Sicherheit kam von der besonderen Art ihrer Begegnung. Das der Familie zu erklären, war noch unmöglich. Vielleicht bei einer anderen Gelegenheit.

Wenige Tage später stand vor Ludwig ein junger Bartträger mit offenem Blick, selbstbewusst, sehr elegant und zugleich lässig, um nicht zu sagen, nachlässig gekleidet, aber sichtlich teuer. Am Ende einer kurzen, angenehmen Konversation wurde Graf S. höflich „auf Wunsch meiner Tochter" nach Dedlovo eingeladen. „Ich könnte ihn sogar sympathisch finden, wollte er sich nicht um unsere Tochter bemühen", bemerkte Ludwig gegenüber seiner Frau. „Was meinst du, wie finanziert er seinen aufwendigen Lebensstil und wie verbringt er seine Tage?" Darauf wusste Elisabeta auch keine Antwort: „Das wird sich herausstellen!"

Der Besuch des jungen Mannes in Dedlovo war Ludwigs Chance, Olga auf Nikolaus' Defizite aufmerksam zu machen. Doch der Plan ging nicht auf. Nikolaus brachte viel Unbeschwertheit und Lebensfreude mit, gewann alle mit einer Liebenswürdigkeit, die aus dem Herzen kam. Jeder unterhielt sich gerne mit ihm, wobei er mühelos von Russisch zu Französisch oder Englisch wechselte. Nur Deutsch war mit ihm etwas mühsam. Er muss wohl überall in Europa gewesen sein – „nur nicht auf seinen Besitzungen", dachte Ludwig unbeeindruckt. Die übrige Familie und Freunde schätzten Nikolaus mehr und mehr als idealen Gast. Am zweiten Tag umarmte Elisabeta ihre Tochter und flüsterte ihr zu: „Ich verstehe dich!"

Die Woche verflog für Olga wie im Traum. Sie machten lange Ausflüge in großer Gesellschaft, manchmal mit einem Picknick, besichtigten das Gut und die Betriebe und Schulen. Sie genossen den Morgenritt und das Frühstück danach, köstliche, unterhaltsame Dinners, Schwimmen, Fischen und Ruhestunden vor dem Nachmittagstee.

Nach dem Essen blieben die Damen meistens unter sich – die Herren verschwanden zum Rauchen, um den besten in Dedlovo erzeugten Wodka zu trinken und Männergespräche zu führen. Alexej und Nikolaus sprachen erst über Gott und die Welt, dann über Vergangenheit und Zukunft. „Ich bekomme richtig Lust, es dir gleichzutun und meinen Besitz zu modernisieren", sagte Nikolaus am letzten Abend. „Fang endlich an!" – „Mein Dasein war bisher ziel- und sinnlos! Das hat sich nun, seit ich Olga kenne, vollkommen geändert, du verstehst?" – „Ja, natürlich, und ich wünsche dir viel Glück dafür."

Aber erst wenige Stunden vor seiner Abreise fand Nikolaus Gelegenheit, sich mit Olga auszusprechen. Beide waren sich über ihre Gefühle längst im Klaren, wussten, was sie wollten. Sie suchten und fanden Worte, einander alles zu sagen, alles zu versprechen – für ein ganzes Leben. Trotzdem war Nikolaus besorgt, weil er abreisen musste, ohne sicher zu sein zu können, dass ihr Vater einer Heirat zustimmen würde. Olga lachte aber und meinte, ihr Vater würde höchstens eine Probezeit verlangen, denn ihre Mutter und Alexej unterstützten sie massiv. Voll Anerkennung meinte Nikolaus: „Erstaunlich, was dein Bruder schon leistet und er ist doch jünger als ich." – „Ja, er ist unglaublich tüchtig, hat eine heimliche Liebe, die nicht mehr wirklich heimlich ist – es wird nur nicht über sie gesprochen!"

Doch Ludwigs schlechte Meinung über Nikolaus war geblieben, und er fragte sich nur noch, wie er sein Kind vor einem folgenschweren Fehler bewahren konnte. Allein mit der Familie, sagte Ludwig, dass sich für ihn nichts geändert hätte: Das Problem der schlecht bewirtschafteten Besitzungen und katastrophalen finanziellen Verhältnisse blieb ungelöst. Tante Sophia wollte protestieren, kam aber nicht dazu. Ludwig reagierte gereizt: „Der Charme der alten Aristokratie ist nicht genug, um im Leben zu bestehen. Er reicht auch nicht, um Verantwortung für die Zukunft meiner Tochter zu tragen!" Es folgten von ihm weitere, schon bekannte Einwände. Aber alle Bedenken und Warnungen perlten nur so an Olga ab. „Er ist der Richtige für mich, Papa! Finden Sie sich ab damit. Ich weiß es!" Dann lief sie davon. Alexej kam dazu und mischte sich ein: „Nikolaus kennt seine Versäumnisse und ist zu allem bereit. Er will möglichst rasch aufholen. Eine Probezeit hat wenig Sinn, denn Olgas Kenntnisse und Fähigkeiten könnten ihm helfen und er hat vor, sie schalten und walten zu lassen." Ludwig erwiderte scharf: „Bitte akzeptiert, dass ich für diese Eheschließung niemals meine Zustimmung geben werde! Es wäre gut für Olga und würde ihr helfen, wenn die Familie mich unterstützt!" Er verließ den Raum und ließ die Familie schockiert und ratlos zurück.

Nach dem Drama der gescheiterten Verlobung Olgas verschwand Alexej für ein paar Tage, ohne zu sagen, wohin. Das machte er öfters, wenn er Alexandra besuchte. Zum Abschied umarmte Olga ihren Bruder weinend und sagte flüsternd: „Ich bin so unglücklich. Mein Leben ist vorbei!" Tatsächlich sollte sie noch lange leben, aber niemals heiraten.

Dass Olga und Nikolaus nicht einfach ihren eigenen Weg gingen, lag auch daran, dass sich Olga mit einem solchen Schritt von ihrer Familie losgesagt hätte. Bei einer Eheschließung ging es aber nicht nur um ihr persönliches Glück, sondern auch um Verantwortung für künftige Kinder, die nicht einer fragwürdigen, unsicheren Existenz ausgesetzt werden dürften. Nikolaus heiratete später eine reiche Erbin, die aber nach einiger Zeit mit ihren Kindern getrennt von ihm lebte. Ursache soll sein tyrannischer Kammerdiener gewesen sein, der die junge Frau hinausekelte; und auch, weil Nikolaus' kostspielige Leidenschaft für Pferde ihr Vermögen verschlang. Wäre sein Leben mit Olga anders verlaufen? Vermutlich nicht, denn als Frau war sie nicht geschäftsfähig und ihre Autorität war von ihrem Mann abgeleitet. Das galt zwar für ihre Mutter auch, doch sie herrschte – von ihrem Vater unterstützt – uneingeschränkt auf Dedlovo. Nikolaus hatte keine Ahnung von Wirtschaft, sie interessierte ihn auch nicht. Wie hätte er Olga dann sachkundig unterstützen können? Möglicherweise wäre sie bereits am alten, intrigenerprobten Kammerdiener gescheitert.

Mit dem Platzen der Verlobung ihres Lieblings war für Tante Sophia ein Lebenstraum vernichtet. Müde und ausgelaugt erholte sie sich nicht mehr von dieser großen Enttäuschung. Ludwigs Vorwurf, sie hätte die Liebe des Paares nicht eigenmächtig unterstützen dürfen, kränkte sie tief. Die Sorge, ob Olga doch noch einen passenden Ehemann bekommen würde, belastete sie. Sie wollte ihr unbedingt das eigene Schicksal, von der Großzügigkeit anderer leben zu müssen, ersparen.

Eines Tages wurde Tante Sophia tot in ihrem Lehnstuhl gefunden – im Gesicht einen Ausdruck tiefen Friedens. Der Herr hatte sie im Schlaf zu sich gerufen. Elisabeta tat ihr mit Unterstützung Marjas den letzten Liebesdienst: Sie wuschen den kindlich zarten Körper, beteten und sprachen leise nur gute Worte über sie. Viele Kerzen brannten bei den Ikonen und spendeten ihr lebendiges und warmes Licht. Die Atmosphäre war mehr feierlich-erhebend als erschütternd. Tante Sophia hatte sich schon längere Zeit auf den Weg in die andere Welt gemacht. Olgas Hochzeit zu erleben, das war ihr großes Ziel gewesen. Nach der geplatzten Verlobung mit Nikolaus zog sie sich innerlich zurück, bereit zu gehen. Sie erhielt einen Platz in der Familiengruft, die erst vor kurzem renoviert und vergrößert worden war. Auf dem kuppelartigen Dach blinkte danach weithin sichtbar ein eindrucksvolles Spiegelkreuz.

20.

Richter in Zeiten des Umbruchs

*Vladimir will Russlands Fortschritt als Richter dienen – daneben bleibt
Zeit für seine Arbeit als Schriftsteller – Dedlovo ist nahe – Ludwig wird
sichtlich alt – Alexej eröffnet Handelsniederlassungen – Probleme der
modernen Rechtsprechung – der Dichter Graf Tolstoi als Beispiel – Vladimir gibt nach drei Jahren auf, er ist wie Tschechows „Ivanov" – eine Hungersnot mit biblischen Ausmaßen – Uljanow, später Lenin, will die Menschen sterben lassen – Alexeij gründet das Rote Kreuz*

Wie geplant, trat Vladimir 1887 eine Richterstelle in Mogiljov an.
Die Stadt entwickelte sich stürmisch und war durchaus ein Ort,
um sich auf Dauer niederzulassen. Nach Meinung seiner Familie
war es höchste Zeit für ihn, mit 32 Jahren ernsthaft an die Gründung eines eigenen Hausstands zu denken. Warum nicht in
Mogiljov? Die Stadt war längst keine „kulturelle Wüste" mehr.
Hotels, Restaurants, Clubs, Theater, Schulen und das große
Gericht verbreiteten großstädtisches Flair. Das Land befand sich
in einer Phase der wirtschaftlichen Erholung, Industrien, Handwerk und Handel blühten.

Der Beruf des Richters, seit der Justizreform von 1864 sehr gut
bezahlt und angesehen, ermöglichte es Vladimir, sich täglich für
modernes Recht und Gerechtigkeit einzusetzen. Wie der typische
Russe seiner Generation und seines Standes wollte Vladimir in
erster Linie der Allgemeinheit dienen und sein geliebtes Russland
vor Rückständigkeit und vielfältigen Missständen retten, die der
andauernde Umbau des Staates noch zu verstärken schien. Besonders der Korruption, die er bereits als Schüler angeprangert hatte,
wollte er den Kampf ansagen. Damals schon meinte er ja streng,
dass bereits ein Trinkgeld für den Schaffner Bestechung sei. Vladimir war als Idealist im Amt sehr unnachsichtig.

Angenehmerweise ließ ihm seine neue Stelle, wie schon die frühere, genügend Zeit für schriftstellerische Arbeit und ausgiebige
Besuche in dem 85 km entfernten Dedlovo. Durch neue Bahnverbindungen und ein im Auftrag von Semstwo verbessertes Stra-

ßennetz hatte sich die Reisezeit angenehmerweise spürbar verkürzt. Da Vladimir die wunderbare Landschaft seiner unmittelbaren Heimat sehr liebte, dürften ihn die zeitraubenden, stundenlangen Heimfahrten nicht sehr belastet haben.

Für Elisabeta und Ludwig kam die Übersiedlung ihres Sohnes nach Mogiljov und damit in die Nähe seiner Eltern gerade zur rechten Zeit. Der Tod Tante Sophias hatte in ihrem Leben eine große Lücke hinterlassen. Um leichter auf andere Gedanken zu kommen, war Olga nach der Lösung ihrer „Verlobung" zu ihrer Tante mütterlicherseits, Tatjana L., nach Moskau gereist. In ihrem Haus lebte sie sich so gut ein, dass die Stadt für sie eine zweite Heimat wurde. Bekümmert besuchte Ludwig die verlassenen Zimmer seiner Tochter. Olga, das war ihm schmerzlich bewusst, würde ihm in ihrem Herzen nie verzeihen. Das setzte ihm zu. Trotzdem, er hatte nicht anders handeln können und würde es genauso wieder tun.

Jeder in Dedlovo und Feodorovka sah nun, dass der Herr alt und nicht mehr ganz gesund war. Seine Herzbeschwerden konnten ihm auch die besten Ärzte in Deutschland nicht nehmen. Der Radius seiner Tätigkeiten verkleinerte sich sichtlich, Reisen hörten auf, Reiten war verboten und immer seltener ließ Ludwig zum Ausfahren anspannen.

Vladimir war daher zu Hause willkommener denn je. Er brachte die Eltern auf andere Gedanken und hellte ihre Stimmung wieder mit Gesprächen über Politik, Kunst, Kultur, aber auch mit Plaudereien über „Bekannte von Bekannten" auf. Umso dankbarer konzentrierte sich Elisabetas Fürsorge auf den „Dichtersohn". Sie sorgte wieder für bequeme Zimmer und einen nach seinen Gewohnheiten eingerichteten Tagesablauf. Vladimir bekam Gesellschaft, wenn er sie wünschte, wollte er allein sein und sich zurückziehen, sorgte Elisabeta auch dafür. Ob Alexej eifersüchtig war und sich zurückgesetzt fühlte, weiß man nicht. Verständlich wäre es, denn noch immer war seine Nachfolge in den Betrieben offiziell nicht geregelt und das erlaubte ihm weiterhin nicht zu heiraten. Doch seine persönlichen Probleme wirkten sich nicht auf seine Arbeit aus. Vorausschauend richtete er in der boomenden Stadt Mogiljov Lagerhäuser und ein kleines Büro ein, um den Export und Warenaustausch seiner Erzeugnisse zu erleichtern.

In den Straßen von Mogiljov begegnete Vladimir Bekannten, wurde viel eingeladen und war bald ein begehrtes Mitglied der Gesellschaft. Doch bei den Einladungen wurde nicht nur versucht, ihm eine Braut zu vermitteln, sondern auch zwischen Haupt- und Nachspeise einen „Fall" zu besprechen. Das machte es ihm als Richter schwer, Distanz zu wahren, die innere Unabhängigkeit zu behalten, und verdarb ihm die Freude an Geselligkeit. 24 Jahre nach der großen Justizreform waren die Probleme, eine neue unabhängige Gerichtsbarkeit zu etablieren, immer noch gewaltig. Seit Menschengedenken lag bei Streitigkeiten der Dörfler untereinander die Rechtsprechung in ihrem eigenen Einflussbereich. Früher war sie im Wolost und von Gutsbesitzern oder Beamten mehr schlecht als recht wahrgenommen worden. Nun fand sie vor unabhängigen Gerichten und nach festen Verfahrensregeln statt. Doch in Russland herrschte traditionell große Sympathie für Gestrauchelte, Gescheiterte, die nach „altem" Rechtsempfinden Barmherzigkeit und Gnade erwarten konnten. Doch beides hatte in einer genormten Rechtsprechung keinen Platz. Geschworenengerichte, in denen alle Bevölkerungsschichten vertreten waren, urteilten viel zu milde und forderten staatliche Eingriffe heraus. Ein bekanntes und ungeheures Aufsehen erregendes Beispiel von damals ist der Freispruch der Attentäterin Vera Sassulitsch nach deren Attentat auf General Trepow.[28]

Durch die neue „verordnete", gänzlich andere Rechtauffassung fühlte sich das Volk aus seiner durch Jahrtausende unverändert gebliebenen, weitgehend bäuerlichen Kultur herausgerissen und – so sahen es viele – in die für sie unverständliche, fremde europäische Kultur hineingestoßen. Das alte System brach nach und nach zusammen, ohne dass die Menschen das neue verstehen konnten und annehmen wollten. Alle Stände hatten nach einer unabhängigen Justiz gerufen, aber wenn es um persönliche Interessen ging, herrschte tiefes Misstrauen in der Bevölkerung. Bei den Adeligen genauso wie im Bürgertum und besonders bei den Bauern, die ja ihre Streitigkeiten weiterhin im Dorfgericht selbst aushandeln wollten.

Aushandeln im wahrsten Sinn des Wortes. Denn wie, fragten sie, konnte ein Außenstehender, noch dazu ein sehr junger Mann, über ihre Angelegenheiten Bescheid wissen? Drohende Gerichtsverfahren hinderten in Folge die Bauern weiterhin nicht daran, ihr Vieh auf fremde Weiden zu treiben und Holz aus herrschaftlichen Wäldern zu stehlen. Sie ignorierten die Gesetze und versuchten, den in ihren Augen selbstherrlichen Richter ins Leere laufen zu lassen. Vladimir wurde als Richter zunehmend ungeduldig. Er sah nur die Probleme und nicht den vergleichsweise ungeheuren Fortschritt innerhalb weniger Jahre. Sein für das Richteramt zu idealistischer Charakter, seine mangelnde Geduld und Neigung zum Pessimismus ließen das nicht zu.

Nicht nur Bauern wollten sich der neuen Rechtsprechung verweigern, auch viele Aristokraten. In der Theorie war der berühmte Dichter Graf Leo Tolstoi zwar ein Kämpfer für Menschenrechte und soziale Gerechtigkeit, als er aber eines Tages wie ein Bauer vor Gericht geladen wurde[29], zeigte er sich ob dieser „Zumutung" schwer schockiert. Die „Zumutung" war nach unserem Empfinden ein normaler Vorgang: Einer der Hirten Tolstois war in dessen Abwesenheit von einem Stier getötet und der Gutsherr von den Angehörigen verklagt worden. Ein „Grünschnabel von Untersuchungsrichter" wagte es, den Grafen aufzufordern, genauere Aussagen über den Unfall zu machen. Aber nicht nur das, der junge Richter verwendete bei der Befragung des Grafen ein neutrales Formular, das auch „unverschämte, ehrenrührige" Fragen zur Feststellung der Personalien enthielt: Ob der Graf wohl der legitime Sohn seiner Eltern sei, usw. Zum Schluss machte der Richter Tolstoi aufmerksam, dass er bis zur Klärung des Sachverhaltes nicht verreisen dürfe. Ob dieser „Frechheit" geriet der außer sich vor Wut, der Bojar in ihm war stärker als alle seine sozialen Ideen und Programme von der Gleichberechtigung der Menschen. Tolstoi nützte seine Verbindungen zum Zaren, den er verachtete, um sich zu beschweren. Ihm gegenüber drohte Tolstoi sogar mit dem Verkauf seiner Güter und der Auswanderung seiner gesamten Familie nach England. Die Intervention wirkte. Alexander III., der bekanntlich autokratisch regierte, mischte sich zu Gunsten Tolstois ein und in einem späteren ähnlichen Fall gab es gar keine gerichtlichen Erhebungen mehr.

Solche Interventionen waren ein Rückschlag für alle Bemühungen um Vertrauen in die neue Gerichtsbarkeit. Dennoch waren große

Fortschritte nicht zu leugnen – die Uhr ließ sich nicht mehr zurückdrehen. Von Bestechlichkeit der gut bezahlten Richterschaft war nicht mehr die Rede. Die Verfahren waren öffentlich und wurden schneller abgewickelt. Europäische Reisende berichteten, dass die Gefängnisse nach bewährten Einrichtungen in England, Preußen und Belgien in humaner Weise reorganisiert waren. Die Jahre 1882 bis 1890 standen weiter im Zeichen wirtschaftlichen Fortschritts, Sozialgesetzgebung, Arbeitszeitbeschränkung und gesetzlich verpflichtender Inspektionen in Fabriken[30]. Allerdings drückte eine strenge Zensur auf die Stimmung der „schreibenden Zunft", der sich Vladimir hauptsächlich zugehörig fühlte. Plötzlich war sie wieder da und unüberwindlich, seine latente Unruhe, Unzufriedenheit, Langeweile – eine Umschreibung für innere Leere.

Wieso, fragen wir uns, fand Vladimir wieder keinen festen Platz im Leben? Er hatte doch alle Möglichkeiten. Er war begabt, gebildet, kultiviert, materiell unabhängig und hatte ein schönes Zuhause. Unbestritten gehörte er zu jenen wohlgeborenen, idealistischen jungen Herrn, die zu schnell zu viel und alles auf einmal erreichen wollten. Ihnen hat Anton Tschechow, der meisterliche, als unpolitisch geltende Chronist seiner Zeit, damals selbst erst 28 Jahre alt und somit Angehöriger der entwurzelten Jugend, mit seiner Figur des Ivanov im gleichnamigen Theaterstück ein Denkmal gesetzt. Über sie schrieb Tschechow[31] an seinen Verleger Suworin: „... er, Ivanov, hat eine leicht erregbare, hitzige, sehr zu Begeisterung neigende, ehrliche Natur, wie die meisten gebildeten Adeligen ... Kaum der Schulbank entwachsen, nimmt er eine Last auf sich, die seine Kräfte übersteigt ... er führt ‚Krieg‘ gegen Tausende, will mit dem Kopf durch die Wand, ... aber die russische Erregbarkeit (Begeisterungsfähigkeit) trägt eine besondere Eigenschaft in sich: sie wird von Ermüdung abgelöst ... er beginnt, Langeweile (Leere) zu spüren ...“

In dieser Phase dürfte Vladimir 1891 wieder gewesen sein, als er seine ideal scheinenden Lebensumstände und das Richteramt nach nur drei Jahren aufgab, um als Regierungsbeauftragter Bessarabien und Sibirien zu bereisen.

Während Vladimir seine Inspektionsreise durch Bessarabien plante, verbreitete sich die Nachricht von einer furchtbaren Hungersnot in zwanzig Gouvernements Zentralrusslands. Nach einer Missernte hatte sie im Winter bereits tausende Menschenleben gefordert. Die Katastrophe, die biblische Ausmaße erreichte, wurde in ihrem vollen Umfang erst durch Zeitungsberichte bekannt. Das Saatgut für die nächste Ernte war bereits aufgezehrt und ohne Hilfe würden weitere hunderte, wenn nicht tausende Menschen sterben, und da zu allererst Kinder und Alte. Ganz Russland stand im Banne dieser Katastrophe und suchte einen Ausweg. Ein flammender Aufruf zur Hilfe kam von Sofia Tolstaja, der sogar im Ausland gehört wurde und durch den große, erfolgreiche private Hilfsaktionen anliefen. Prominente Persönlichkeiten wie Anton Tschechow und Leo Tolstoi reisten an Ort und Stelle, um konkrete Hilfe zu leisten und deren Verteilung zu überwachen. Monatelang waren die Tage von immer neuen Berichten über das große Elend und Sterben in einem riesigen Gebiet überschattet.

In Dedlovo wollte niemandem mehr im Haus das Essen schmecken. Die schrecklichen Ereignisse wurden aufmerksam verfolgt und diskutiert, wie möglichst rasch Hilfe geleistet werden könnte. Wieder waren die riesigen Entfernungen ein besonderes Problem und die vorhandenen Mittel leider wie ein Tropfen im Ozean. Die Familie Kign sandte wie viele andere auch Nahrungsmittel und Geld in die Hungerregion.

Während endlich eine gigantische Hilfswelle zu rollen begann, verurteilte Iljitsch Uljanow, später Lenin genannt, die Hilfsaktionen mit einer zynischen Wortmeldung scharf: Es wäre richtiger, die Menschen sterben zu lassen. Denn die Hungersnot mit möglichst vielen Toten würde die Menschen ganz von selbst in Richtung seiner geplanten Revolution treiben. Eine Idee, die durch ihre Grausamkeit und Verrücktheit breite Aufmerksamkeit erregte.

Lenin war Anwalt und wie Alexej erbadeliger Gutsherr, doch es gehörte nicht zu seinen Vorstellungen, durch zähe, harte Arbeit der Allgemeinheit zu dienen. Uljanow hasste seine Bauern und verfolgte sie gnadenlos, machte ihnen den Prozess, wenn sie das Vieh auf seine Wiesen trieben, und zog bei seinen hungernden Bauern eiskalt Pacht ein, gleichgültig gegenüber den Folgen. Ihr

Glaube an Gott als den Einzigen, dem sie sich wirklich verpflichtet fühlten, und ihr archaisches Verständnis von Landbesitz machten sie zu störrischen Hindernissen von Lenins privaten und revolutionären Plänen.

Lenins Methoden und Ideen zur „Rettung" Russlands waren bekannt und erinnern schauerlich an die wohlhabenden Internatskollegen Vladimirs, deren politisches Programm immer mit mörderischen Terrorphantasien endete. Tatsächlich setzte Lenin 27 Jahre später skrupellos eine Hungersnot, die Millionen Opfer forderte, als eines seiner politischen Mittel ein.

Alexej hingegen gründete in seinem Bezirk als Reaktion auf die Erfahrungen der Hilflosigkeit während der Hungersnot in Zentralrussland ein regionales Rotes Kreuz. Diese noch junge kleine Organisation hatte sich im Katastrophengebiet durch schnelle professionelle Hilfe überzeugend bewährt. Das Rote Kreuz war in der Lage, rasch öffentliche Küchen einzurichten, fahrbare, mit Steinkohle beheizte Öfen aufzustellen, eigene Vorräte und fremde Hilfsgüter zu verteilen, usw. Dieses Modell wollte Alexej in seinem Gouvernement flächendeckend einführen, um für künftige Katastrophen schnell und ausreichend gerüstet zu sein.

Doch leider war die dafür nötige Vorbereitungsarbeit im Semstwo schwierig. Hier wirkten sich die neuen Gesetze Zar Alexanders III. nachteilig aus, die den Ländern und Gemeinden die früher gewährte regionale Unabhängigkeit und die damit verbundenen bewährten Freiheiten nahmen. Semstwo, die wirkungsvolle Schule der Demokratie, war auf Privatinitiativen zurückgeworfen – ein schwerer Rückschlag für liberale Kräfte im Wettlauf um die Gestaltung der Zukunft mit den „Bewahrern" und im Kampf gegen radikale, gewaltbereite Gruppierungen. Es war deprimierend, aber ein weiterer Ausbau der Verkehrswege für eine bessere Erreichbarkeit von Handelszentren und auch schnelleren Zugang zum Meer rückten in die Ferne. Ebenso das Ziel, den Handel mit Europa und Amerika weiter auszubauen. Bei manchen enttäuschten Bürgern tauchte verschiedentlich wieder die alte Idee eines unabhängigen Staates auf dem heutigen Gebiet Weißrusslands und der Ukraine auf.

21.

Vladimir als Revisor

Reise nach Bessarabien – Kolonisten hüten verbissen ihre jeweilige Nationalität – Weigerung, Russisch zu lernen – Deutsche leben nach eigenen Gesetzen – Vladimir verurteilt sie scharf, aber sie sind tüchtig – die russische Seele nicht verlieren – warum Vladimir bei Patrioten unbeliebt ist – Sibirien ist anders – Folgen der Massenzuwanderung – Land der Extreme in Natur und Gesellschaft, reich an Bodenschätzen – Frauen bestimmen – sanftes Tartarenvolk – glanzvolle Städte, elende Dörfer – gäbe es keine Korruption ... – Vladimir bekommt einen Orden – will nur noch als Schriftsteller leben

Vladimir hatte 1891/92 als Regierungsbeauftragter die Lebenssituation der Kolonisten in Bessarabien und anschließend die Folgen einer Massenzuwanderung nach Sibirien zu untersuchen. Diese Aufgaben führten ihn quer durch den Kontinent und das Reich bis an die chinesische Grenze.

Zuerst reiste er in den Süden nach Bessarabien, wo die Bevölkerung jüdisch, rumänisch, bulgarisch, russisch, gagausisch oder deutsch war. In der heiß umkämpften Pufferzone zwischen den Großmächten Österreich, Russland und dem Osmanischen Reich verteidigte jede Gruppe verbissen die eigene Nationalität. Dieses Gebiet in Südosteuropa erstreckte sich zwischen den Flüssen Pruth und Dnjestr bis hin zum Schwarzen Meer, wobei der Norden in der heutigen Ukraine liegt. Ein Teil deckte sich mit dem westlich liegenden Moldawien, das erst 1812 zu Russland gekommen war. Vladimir besuchte die Dörfer, untersuchte die unterschiedlichen Kulturen und Sprachen, den Bildungstand, Besitz und die Konfessionen ihrer Bewohner, überprüfte deren Einfluss auf die russische Bevölkerung und suchte die Ursache einer zunehmenden Landnot.

Russland musste sich schon damals auf Grund seiner mehr als einen ganzen Kontinent überspannenden Ausdehnung mit Problemen mangelnder Integrationsbereitschaft und Massenzuwanderung auseinandersetzen – Themen, die uns mittlerweile auch in

Mitteleuropa geläufig sind. Die Ergebnisse der Studien Vladimirs sollten in neue Gesetze zur Regelung der Probleme einfließen. Seine Inspektionsreisen geben bis heute einen Einblick in die Bemühungen des Zarenreiches, den stürmischen Wandel, in dem es sich befand, zu bewältigen.

Gemeinsam war allen Kolonisten, dass sie sich starrsinnig weigerten, Russisch zu erlernen. Diese Tatsache war Vladimir völlig unverständlich, denn er liebte seine Muttersprache. Solange aber die Kolonisten ihre Steuern brav bezahlten, hatte sich bisher niemand darum gekümmert. Nun kam plötzlich ein Revisor in ihre Dörfer, um die Anordnung des Zaren durchzusetzen, dass seine Bürger Russisch in Wort und Schrift beherrschen müssten. Eine Schwierigkeit dabei war, dass nicht der Staat die Schulen erhielt, sondern die Kolonisten selbst. Generell stellten die Gemeinden für Bildung ohnehin zu wenig Geld zur Verfügung, aber wenn russische Lehrer beschäftigt werden sollten, verweigerten sie weitere Mittel. Verärgert konstatierte Vladimir, dass sie nicht über ihre Kirchtürme, Moscheen usw. hinaussehen wollten.

Die Kolonisten[32)] hüteten eifersüchtig, um nicht zu sagen fanatisch, ihre jeweilige Identität. Eheschließungen zwischen den einzelnen Volksgruppen wurden nicht geduldet und kein Fremder, schrieb Vladimir in einem Bericht, durfte auf ihren Friedhöfen begraben werden. Kehrte ein Dörfler nach längerem Militärdienst nach Hause zurück, ließ er sich zum Dorfeingang die heimatliche Tracht bringen, weil er Angst hatte, mit anderer Kleidung „als Verräter" im Dorf zu gelten.

Rumänen und Deutsche hatten den Ruf, wirtschaftlich besonders tüchtig zu sein, aber insgesamt gesehen waren die deutschen Siedler am erfolgreichsten. Seltsam berührt reiste Vladimir durch ganze Landstriche mit Ortsnamen wie Sophiental, Johannestal, Lichtental, Neu-Dennewitz oder beispielsweise Gnadental. Die Dörfer sahen nicht nur so deutsch aus, wie sie sich nannten, das Leben dort war wie früher in Deutschland. Es erreichte jetzt allerdings nicht mehr die aktuellen Standards.

Vladimir kritisierte aus seiner russischen Sicht deutsche Eigenheiten scharf: „Die Deutschen zeigen bei jedem Zusammentreffen sehr deutlich ihre tiefe Verachtung gegenüber russischen Händlern und Arbeitern. Auf den Wegen weichen sie niemals aus, weil es bei ihnen ein beliebtes ‚Spiel' ist, den folgenden Wagen in ihrer Staubwolke hinter sich zu lassen. Sie greifen häufig zur Selbstjustiz, da sie zu den nicht-deutschen Gerichten wegen deren Langsamkeit und Milde kein Vertrauen haben. Feldfrevel und einfache Diebstähle bestrafen sie mit Verprügeln, den Raub von Pferden und Rindern mit dem Tode. Bettlern geben sie grundsätzlich nichts, Reisenden reichen sie selten Wasser und wenn doch einmal, dann niemals in Bechern. Wer in ihren Dörfern vom Schneesturm überrascht wird, riskiert zu erfrieren, da sie niemanden in ein Haus einlassen. Sogar Deutsche der Mittelschicht – reiche Gutsbesitzer, Ärzte, Semstwo-Beamte – behandeln Russen so, wie sie sonst nur mit Polen umgehen!" Die deutschen Kolonisten kauften damals exzessiv Land, um ihre durch Erbteilung verkleinerten Besitzungen in wirtschaftlich relevanter Größe zu erhalten. Die Russen verurteilten das als Preistreiberei. Denn inzwischen konkurrierten die Russen mit den Deutschen bei Pacht und Kauf von Land – was einen gewissen Fortschritt bestätigte, denn bisher waren sie dazu gar nicht in der Lage gewesen. Mit deren wachsendem wirtschaftlichem Erfolg zogen viele russische Händler und Arbeiter zu. Dadurch wurde es für die Deutschen schwieriger, unter sich zu bleiben und ihre Sprachinseln zu erhalten. Ein Kulturkampf bahnte sich an. „Wir wehren uns gegen eine Zwangs-Russifizierung", erklärten die Siedler dem Revisor. Dessen russisches Herz empörte sich, dass außer Lohnarbeitern, Händlern und Landstreichern niemand Russisch sprechen konnte und wollte. War Vladimir in seiner Kritik zu parteiisch? Es scheint aber, als meldeten sich alte zwiespältige Gefühle aus der Schulzeit gegenüber den „Wurstmachern" und machten ihn wütend.

Ein wenig zeigen Vladimirs Reaktionen auch ein „gespaltenes Herz", wie es bei vielen Russen zu finden ist: geteilt in ein westlich „europäisch-leistungsorientiertes" und in ein östlich „großzügig-barmherziges". Bei allem Erfolgsstreben sollte die „russische Seele" nicht verloren gehen. Das schien Vladimir für einen eigenen russischen Weg in die Moderne unverzichtbar. Aber kann russisch, großzügig und barmherzig dauerhaft erfolgreich sein? Vladimir war davon überzeugt und Anzeichen dafür gab es. Am Ende seiner Recherchen befürwortete Vladimir in seinem Bericht, dass der Unterricht in allen Schulen künftig – außer in Religion – in russischer Sprache erteilt werden müsse. Als weitere Maßnahme regte er die Gründung einer Bauernbank an, die russische Käufer unterstützen sollte und so den deutschen Landkauf wirkungsvoll bremsen würde. Ein anderer Revisor vertrat allerdings die Auffassung, dass der deutsche Erfolg einfach Neid und Missgunst errege und dass zu wenig beachtet würde, wie die Deutschen ihren Wohlstand erreichen – nämlich mit harter Arbeit! Das war auch nicht zu leugnen, und deshalb stellte Vladimir seinen Landsleuten bei jeder Gelegenheit die ungeliebten Deutschen als Vorbild hin: „Warum macht ihr es nicht wie sie?", fragte er. Speziell im Visier hatte er dabei seine geliebten Bauern: „Den Unsinn eines Gemeinschaftsbesitzes kennen sie nicht, sie bewirtschaften ihre Güter selbst, in den Dörfern herrschen Fleiß, Ordnung und Wohlstand!" Damit machte er sich, was nicht verwundert, auch bei russischen Patrioten sehr unbeliebt.

Anschließend an Bessarabien reiste Vladimir 1892 quer durch den riesigen Kontinent nach und durch Sibirien bis an die chinesische Grenze. Sibirien zu bereisen, war ein enormes, unglaublich faszinierendes, aber äußerst strapaziöses Abenteuer. Zu Unrecht gilt Sibirien bis heute bei uns als das Land der Gesetzlosen, der Verdammten, der politischen Gefangenen in der Einsamkeit unerschlossener Gebiete. In unserer Vorstellung sehen wir endlose Reihen aneinander geketteter, verzweifelter Menschen auf dem Todesmarsch. Angetrieben von abgestumpften brutalen Wärtern, verschwinden sie für immer spurlos in der Steppe. Doch Ende des 19. Jahrhunderts war die Wirklichkeit wesentlich vielfältiger. Denn Sibirien war damals ein wildes, unerforschtes, aber gleichzeitig auch aufstrebendes Land, von Millionen Zuwanderern in Goldgräberstimmung überschwemmt. Im „Wilden Osten" Russlands, der in gewisser Weise dem „Wilden Westen" Amerikas ähnelte, war es zu gefährlichen Rivalitäten zwischen den alteingesessenen „Sibirjaken" und den „Neuen" gekommen. Vladimir hatte auch hier die Ursachen zu untersuchen und Missstände als Basis für gesetzliche Änderungen zu melden.

Doch es gab dort auch hochentwickelte, wirtschaftlich und kulturell blühende Städte, Dörfer und Siedlungen. Oft lagen sie wie „Inseln des Fortschritts" inmitten eines ungezähmten und von unberechenbaren, verwilderten Menschen bewohnten Landes, viele Tagesreisen auseinander. Deshalb waren sie nur mit ungeheurer Anstrengung und oft auf abenteuerlichen und gefährlichen Wegen zu erreichen.

Darauf musste sich Vladimir wie jeder Reisende einstellen. So wie es auf Fernreisen heute noch üblich ist, band er sich seinen Geldbeutel sicherheitshalber um den Bauch. Als Kälte- und Regenschutz diente ihm ein mit Fett eingeriebener Ledermantel, den er unterwegs auch als Schlafunterlage verwendete. Plumpe Filzstiefel, wie die Bauern sie anfertigten und trugen, waren Lederstiefeln vorzuziehen, weil sie Schlamm und Wasser länger standhielten. Wichtig war es auch, immer einen Notfallproviant, Tee und Wodka bei sich zu haben. Meistens gab es unterwegs – wenn überhaupt – nur schlechtes, ja ungenießbares Essen.

Transportmittel – wie zum Beispiel Mietdroschken – erwiesen sich als klapprig, unzureichend gefedert und wurden oft mit zerrissenem Verdeck von beängstigend ausgezehrten Pferden gezogen. Manche Kutscher sahen aus wie Räuber und waren es auch. Sie täuschten in unwirtlicher Gegend, womöglich in der Nacht, ein Gebrechen an der Droschke vor, das eine Weiterfahrt unmöglich mache. Durch einen Geldschein löste sich plötzlich das Hindernis in Nichts auf. Gute Vorsätze, sich von den Gaunern nicht erpressen zu lassen, ihnen nichts zu zahlen, schwanden bei langem Warten in Nässe, Kälte und ohne Essbares schnell dahin. Für solche Fälle lagen in den Stationen ordnungsgemäß Beschwerdebücher auf, anscheinend ohne Konsequenzen auszulösen, denn so ohne weiteres konnte man nicht mit einem Pferd zur Weiterreise rechnen. Empörend war auch, dass zwar Straßenaufseher und Polizeikommissare unterwegs waren, doch auf ihren Schutz konnten sich Bürger und Bauern nicht verlassen und manche der Kommissare waren bestochen und verprügelten die Schutzsuchenden ungestraft!

Wie mag sich Vladimir in solchen Situationen verhalten haben? Setzte er sich gegen die Erpresser durch, oder gab er wie andere

Reisende zermürbt nach? Vermutlich eilte ihm der Ruf, Revisor zu sein, voraus. Die Reaktion war wohl oft so wie in Gogols Theaterstück „Der Revisor": Die bloße Ankündigung der Ankunft eines Revisors wirbelte wohl den jeweiligen Ort durcheinander. Alle Bürger waren plötzlich geeint im Bemühen, sämtliche Missstände zu vertuschen. Parallel dazu wurden alle Vorkehrungen zur verdeckten und offenen Bestechung getroffen. So versuchten ihn ehemalige Verbannte mit rührseligen Lebensgeschichten, die man glauben konnte oder nicht, günstig zu stimmen. An manchen Orten, an denen Vladimir seine Arbeit tat, wollte man den Revisor ganz selbstverständlich mit einer Einladung zum Essen oder in ein Freudenhaus beeinflussen.

Zu der Zeit, als Vladimir Sibirien bereiste, war es wirtschaftlich auf der Überholspur, produzierte einen Getreideüberschuss, exportierte Butter, Holz, Kohle und entdeckte Salz-, Eisen-, Blei-, Kupfer- und reiche Goldvorkommen. In vielen Städten gab es auf den Straßen und in den Häusern bereits elektrisches Licht. Doch es war das Gold, das in wenigen Jahren einen flutartigen Zuzug von dreieinhalb Millionen Russen auf der Suche nach Glück und schnellem Reichtum auslöste. So wie im „Goldenen Wilden Westen" Amerikas verbreiteten sich mit den Glücksrittern auch in Sibirien Gewalt und Gesetzlosigkeit. Misstrauisch beobachtet, entstand eine neue reiche Oberschicht, die ihren Reichtum ohne soziales Empfinden protzig zur Schau stellte und schwere soziale Konflikte anheizte. Denn das Wirtschaftswunder erreichte nicht alle rasch genug und viele Menschen wurden sträflich ausgebeutet. Arbeiter der Goldminen hausten vielfach in Erdhöhlen oder unter Planen, Misshandlungen an ihnen waren an der Tagesordnung. Ihr schwer verdientes Geld wurde von den exorbitanten Lebenshaltungskosten wieder aufgefressen, weil sie gezwungen waren, zu überhöhten Preisen in firmeneigenen Geschäften einzukaufen. Vladimir sollte überprüfen, wie negative Folgen dieser Entwicklung verhindert oder zumindest aufgefangen werden konnten. St. Petersburg war weit und die Organisation der Gerichtsbarkeit und zentralen Verwaltung hinkte hinterher. Das alles zu melden und Änderungsvorschläge zu machen, gehörte zu Vladimirs Aufgaben.

Der im vergangenen Jahr begonnene Bau der Transsibirischen Eisenbahn ließ weitere Menschenströme aus armen Regionen Russlands erwarten. Zar Alexander III., der unglücklicherweise zur gleichen Zeit Semstwo stoppte, setzte sich für dieses segensreiche Jahrhundertwerk ein, das eine beinahe zehntausend Kilometer lange Verbindung von Moskau bis zum asiatischen Eisenbahnnetz herstellen sollte. Die wochenlange Anreise über Flüsse und kaum vorhandene Straßen verkürzte sich auf zehn Tage. Dieses gigantische Vorhaben in Planung und Durchführung wurde international als Pionierleistung russischer Ingenieure anerkannt. Mit Genugtuung konnten Russen, vermutlich auch Vladimir, in ausländischen Zeitungen, zum Beispiel in der angesehen Pariser Zeitung „La France"[34], lesen: „Nach der Entdeckung Amerikas und dem Bau des Suezkanals kennt die Geschichte kein anderes Ereignis, das so große direkte und indirekte Konsequenzen hat wie der Bau der Transsibirischen Eisenbahn."

Ganz erheblich trugen ehemalige Verbannte und Gefangene zum Erfolg und Wandel Sibiriens bei. Ein Geheimnis dieses Erfolges sah Vladimir darin, dass es keine gesellschaftlichen Barrieren gab, etwas, worum sich Semstwo im übrigen Russland erst bemühte. Nicht einmal eine kriminelle Vergangenheit war hier einem Aufstieg hinderlich. Dem Fähigen, gleichgültig woher er stammte, standen alle Türen offen. Viele der ehemaligen Gefangenen, ob Polen, Deutsche, Juden oder Russen, gelangten zu Wohlstand, ja Reichtum, und kehrten freiwillig nie mehr in ihre Heimat zurück. „In weiten Landstrichen", betonte Vladimir, „überwogen durch den Einsatz von gleichberechtigten Männern und Frauen mit Eigenverantwortung und Eigeninitiative Fortschritt, Kultur und Menschlichkeit!" Bewundernd schrieb er: „Ihre Frauen sind selbständiger als bei uns oder im übrigen Europa. Geschlagen oder beschimpft wurden sie von ihren Männern nie, denn sie waren genauso stark und selbstbewusst wie sie. Die Frauen kochten hervorragend und bestimmten im Haus und über die Erziehung der Kinder." Emanzipierte Frauen gefielen Vladimir offenbar sehr. Er berichtete nicht nur über Städte, sondern auch über kulturell unterschiedliche Dörfer: „Tataren sind nur wenige, aber es ist ein gutes, sanftes Volk!" Sogar Juden waren in Sibirien nicht selten. Bauern wurden in ihrer Gemeinde zu Vorstehern gewählt, weil sie für ein gutes Zusammenleben sorgten und weder Rohheiten noch unflätige Sprache duldeten.

Vladimir erreichte Irkutsk und war von dieser Stadt besonders angetan: „Irkutsk ist wunderschön, wirkt europäisch, besitzt Schulen, Universitäten, Theater, Konzertsäle. Man sieht Frauen nach französischer Mode gekleidet, und ungehemmt zur Schau gestellten Reichtum." Es schmeichelte ihm, dass hier seine Veröffentlichungen bekannt waren und auch besprochen wurden. Nach den enormen Reisestrapazen genoss er den Komfort in Hotels mit internationalem Standard und freute sich über die funktionierende Post. Die Post, das war bekannt, wurde über Land und das Meer transportiert und funktionierte erstaunlich verlässlich. Um erreichbar zu sein, genügte es, zu Hause telegrafische Adressen von Ämtern und Redaktionen zu hinterlassen, die er besuchen würde.

Nach seinem Aufenthalt in Irkutsk ging es wieder weiter und immer weiter, durch eine unendliche wilde Natur, von Stadt zu Stadt, von Dorf zu Dorf, je nachdem über staubige oder morastige Straßen. An manchen Morgen wurde Vladimir von bleichen Sonnenaufgängen geweckt und tagsüber von sich rasch nähernden Steppenbränden verfolgt. Einmal peitschten stürmische eiskalte Winde und Regen auf die Kutsche ein, ein andermal wehte Staub aus der Steppe und verklebte den Reisenden jede Pore. Immer wieder kam es zu unvorhergesehenen Aufenthalten: Entweder konnte man die Überquerung eines Flusses nicht riskieren oder das Fährschiff hatte sich aus unerfindlichen Gründen verspätet. Einmal erlebte Vladimir wie „seine" riesige Fähre in eine reißende Strömung geriet und die Flussüberquerung nur mit sehr viel Glück gelang. Die Passagiere auf den Booten waren ein bunter Haufen: Säufer, Witze-Erzähler, Sänger, Offiziere, Beamte, wüste Gestalten. Viele von ihnen erwiesen sich aber als besonders geduldig, kultiviert und freundlich. Unter den Fährleuten befanden sich ehemalige verbannte Kriminelle, die durch ihre wilde und gottlose Art Angst verbreiteten. Dann verabredeten die männlichen Passagiere vorsichtshalber, nur abwechselnd zu schlafen.

Schließlich drehten sich alle Gedanken Vladimirs nur noch um die Frage, wie die täglichen, ja stündlichen Herausforderungen der

Reise überstanden werden konnten. Ungepflegt und verdreckt, fühlte er sich schon selbst wie ein Landstreicher! Der gekaufte Tabak schmeckte ekelhaft und ließ seine Laune sinken. Der Baikalsee wurde ohne eine Möglichkeit, etwas Essen zu bekommen, überquert. In der Ferne am Ufer sah man nichts als Berge und Wälder, und die später angebotene Fischsuppe war ebenso ungenießbar wie der Wodka. Vladimir hungerte und träumte von der Küche in Dedlovo. „Maman", telegrafierte er später, „lassen Sie bitte eine Messe lesen, damit ich gut nach Hause komme!"

Als Fazit seiner Reise schrieb Vladimir, dass Sibirien reich an Schönem und Gutem sei, vor allem an wunderbaren Menschen! – „Wenn", schrieb Vladimir kritisch weiter, „es keine Korruption gäbe und keine Beamtenschaft die Bürger, Bauern und Verbannten tyrannisierte, ja, dann wäre Sibirien ein Paradies!" Vladimir litt wieder sehr an diesen anscheinend unausrottbaren Übeln. Nach all den Mühen und Strapazen war es doch unsicher, ob seine Empfehlungen in Gesetzesvorlagen überhaupt berücksichtigt werden würden. Sein ungeduldiger Charakter, der zu vieles zu rasch durchsetzen wollte, hinderte ihn, eine Entscheidung abzuwarten und, wenn nötig, darum zu kämpfen.

Nach den langen Monaten der Abwesenheit wieder daheim, hängte Vladimir fest entschlossen seinen Brotberuf an den Nagel, um sich nur noch der Kunst und Schriftstellerei zu widmen. Er war erst 36 Jahre alt, als er seine berufliche Tätigkeit beendete. Sicherlich fühlte er sich nach den außerordentlichen Strapazen seiner Inspektionsreisen müde und erschöpft. An seinem Entschluss änderte auch der „Orden des heiligen Stanislaus II. Klasse" nichts, den er als Anerkennung für seinen besonderen Einsatz und seine ausgezeichnete Arbeit verliehen bekam. Nun wollte er schreibend versuchen, die Welt zu verändern, und richtete sich dafür auf Dauer auf Feodorovka ein. Hier fand er die notwendige Ruhe. Denn das Schreiben war ein schwieriger Prozess, der aus Schreiben und Streichen und neuerlichem Schreiben bestand. Sein erster Roman, „Sasha", erschien, erntete besonderes Lob von Maxim Gorki34) und hatte bemerkenswerten Erfolg bei der Jugend, wurde aber auch sehr negativ kritisiert. Um seine Karriere als Schriftsteller, Reisejournalist und Kritiker voranzutreiben, hielt Vladimir sich wochenlang in St. Petersburg und Moskau auf. Ruhelos reiste er in den folgenden Jahren durch Russland, Polen, Italien, nach Frankreich, Syrien, Ägypten, Österreich, in die Türkei und nach Deutschland. In dem Bewusstsein, nirgendwo sonst leben zu können, kehrte er aber immer wieder, für kurze Zeit zufrieden, in sein geliebtes Russland zurück.

22.

„Die Herren sterben schwer"

Stürmischer Fortschritt der Naturwissenschaften und der Technik – Alexej arbeitet mit Gesellschaften der Industrie und Landwirtschaft zusammen – Telefon erspart Reisen – Ludwig erleidet Schwächeanfall – Alexej übernimmt – Alexandra Ostrovskajas Heirat in ein Sterbehaus – Ludwig wehrt sich gegen den Tod – warum weint und klagt Elisabeta nicht? – „Achte die Rechte deiner Mutter und Geschwister"

Während Vladimir etwa 1893/94 seinen dritten Anlauf in ein Berufsleben startete, diesmal als Schriftsteller, und gleichzeitig seine „Kavalierstour" ausgiebig nachholte, bemühte sich Alexej, das Gut Dedlovo weiter zu modernisieren. Vor allem die schrittweise Einführung von elektrischem Strom und dem Telefon bewirkte eine Revolution im Alltag, vergleichbar mit der Verbreitung des Internets heute. Das Telefon ermöglichte es Vladimir, von Feodorovka aus schnell in direkten Kontakt mit seinen Verlegern zu kommen, und Alexej, mit Geschäftspartnern.

Ein gewaltiger Fortschritt der Naturwissenschaften und der Technik hatte neue Industrien entstehen lassen: in Deutschland zum Beispiel eine bedeutende chemische Industrie für Farben, Arzneimittel und Kunstdünger. Alexej bereiste das Land, um zu klären, „ob es für uns realistisch und wünschenswert ist, neue Farbstoffe, Arzneimittel oder Dünger selbst zu erzeugen". Etwa um diese Zeit begann er in der „Gesellschaft für Fabrik- und Bergbauangelegenheiten" und in der Industrie mitzuarbeiten und gründete eine „Gesellschaft für Landwirtschaft". Alexej hoffte, wirtschaftliche Interessen gegenüber der Politik beziehungsweise der Gesetzgebung wirkungsvoller vertreten zu können. Aus dem gleichen Grund engagierte er sich intensiv im Adelsclub des Gouvernements.

Im Jahr 1893 erlitt Ludwig einen Schwächeanfall, der ihn in der Folge an sein Zimmer fesselte. Bald konnte er auch den Lehnstuhl nicht mehr verlassen. Eines Tages ließ er Alexej rufen und überreichte ihm die Schlüssel zum großen Panzerschrank in seinem Büro, in dem sich Familiendokumente, Pläne, Kaufverträge, Schuldscheine und Geld befanden – genauso wie er es schon bisher tat, bevor er auf weite Reisen ging. Alexej sah ihn fragend an. „Behalte sie", sagte Ludwig, „der Weg ins Büro ist für mich bereits zu beschwerlich." Nach einer erzwungenen Pause – sein Atem musste sich erst beruhigen – setzte er fort: „Achte die Rechte deiner Mutter und versage Olga und deinem Bruder nie Unterstützung, wenn sie diese benötigen!" Alexej versuchte eine Erwiderung, die sein Vater aber mit einer Handbewegung stoppte. Jetzt oder nie war für Alexej der richtige Moment, endlich seine persönliche Zukunft anzusprechen. Er gestand seinem Vater, dass er schon seit längerem überlege, Alexandra Ostrovskaja zu heiraten, und bat um seine Zustimmung. Sichtlich erfreut versuchte Ludwig, sich aufzurichten. „Ich frage mich, warum du so lange gewartet hast!" Ja, das frage er sich jetzt auch, überlegte Alexej. War es richtig gewesen, mit der Heirat auf eine offizielle Übergabe des Besitzes zu warten? War das die vielen einsamen Tage ohne Alexandra, die manische Arbeitswut, die Trennungen und die verlorenen gemeinsamen Jahre wert gewesen?

„Ja!", gab er sich selbst die Antwort, denn jetzt war der erhoffte ideale Moment für ihn gekommen, konfliktfrei Tatsachen zu schaffen und mit Alexandra als seiner Ehefrau in Dedlovo offiziell die Nachfolge seines Vaters anzutreten. Der Familie und dem Besitz drohten kein schädliches Machtvakuum, keine fragwürdigen emotionalen Entscheidungen und keine Konflikte. So würde es Mutter nach Vaters Tod leichter fallen, nach Feodorovka zu ziehen. Wobei sie sich dafür selbstverständlich jede Zeit der Welt nehmen konnte.

Elisabeta sah besorgt nach ihrem Mann: War es nötig, ihn so anzustrengen? Ludwig berichtete von Alexejs Entschluss, noch vor Weihnachten zu heiraten. Gerührt umarmte und drückte Elisabeta ihren Sohn und erklärte, wie sehr sie sich freue, endlich seine Alexandra auf Dedlovo begrüßen zu können. Sie forderte ihn auch auf, von ihr zu erzählen. Doch ihr Interesse war nur bemüht, weil sich ihre Gedanken von früh bis spät nur um Ludwigs Befinden drehten. Nur sie wusste, was ihm wohl tat und ihm sein Los erleichterte, und nur sie ertrug er in seiner Nähe. Alexej wusste das und fragte dennoch: „Wollen Sie nicht zur Hochzeit auf Twer mitkommen, eine Ablenkung würde Ihnen guttun!" Seine Mutter sah ihn verständnislos an. Bevor sie antworten konnte, meinte er beruhigend: „Olga und Vladimir werden bestimmt mit mir kommen und die Familie vertreten – ganz bestimmt!"

Die Befürchtungen, es würde eine traurige Hochzeit werden, bewahrheiteten sich nicht. Das Brautpaar wirkte wie von einer großen Bürde befreit und glücklich, es war am Ziel. Alexandras Position in Twer war nach dem Tod ihres Vaters ohnehin schwierig geworden, denn das Gut war an ihren Bruder gegangen und sie selbst nur noch eine geduldete Verwandte. Alexej sah zu Alexandra und dachte froh: „Nur noch die Hälfte der Sorgen und Schwierigkeiten lastet ab heute auf meinen Schultern!" Elegant und heiter traten sie vor den Traualtar. Nach der Hochzeit gab es für wenige Verwandte und Freunde einen kleinen Empfang mit Champagner, Konfekt und Obst. Lebhafte Kinder aus der Familie Ostrovski sorgten für Fröhlichkeit und Bemerkungen über Kindersegen im Allgemeinen und den für das Brautpaar im Besonderen.

Eine Hochzeitsreise war aus Rücksicht auf Alexejs Eltern, die Unterstützung benötigten, nicht beabsichtigt und so traten sie ihre erste gemeinsame Reise nach Dedlovo an. Nach den jahrelangen einsamen Fahrten nach Twer schien es Alexej unwirklich, Alexandra an seiner Seite zu haben. Er war sehr glücklich und sagte es ihr auch. Der Beginn ihres gemeinsamen Lebens auf Dedlovo aber war von Ludwigs Krankheit, Leiden und nahem Tod überschattet. Für Alexandra muss dieser traurige Beginn ihres Lebens mit Alexej auf Dedlovo sehr schwer gewesen sein. Für weitere düstere Stimmung sorgte der verbreitete Volksglaube, dass es Unglück brächte, in ein „Sterbehaus" zu heiraten. Aber Alexandra sollte das ihrem Mann gegebene Versprechen halten, sich durch nichts entmutigen zu lassen.

Ungefähr dort, wo Elisabeta vor vielen Jahren mit der Fürstin Maria angehalten hatte, um den Blick in das Land zu genießen, stiegen sie vom Wagen. So weit das Auge reichte Felder, Wälder, Dörfer, Bäche, Wiesen, Herden, Fabrikschornsteine – alles das gehörte zu Dedlovo. Das Herz der jungen Frau klopfte bis zum

Hals vor Staunen und Freude. Vieles schien ihr durch Erzählungen Alexejs ganz vertraut, als wäre sie schon hier gewesen.

Zum Empfang wartete Pitkievich gespannt mit dem gesamten Personal vor dem Haus auf die künftige Herrin. Eine schmale, großgewachsene junge Frau mit einem ernsten, prüfenden Blick nahm seine Glückwünsche entgegen. Ihre Haltung und Miene strahlten Entschlossenheit aus. „Die wird sie brauchen!" Er hoffte sehr, dass sie sich behaupten würde. Im Haus empfing Elisabeta Sohn und Schwiegertochter mit Salz und Brot, dann führte sie sie in schön gerichtete Räume, zwei davon ehemalige Zimmer Olgas, die – unverheiratet – keine Ansprüche stellte. Elisabeta begrüßte Alexandra herzlich als ihre Tochter und gab ihrer Hoffnung Ausdruck, dass sie sich bald heimisch fühlen würde. Danach war das Paar endlich allein. Als sie am nächsten Tag Ludwig kurz besuchten, weil er seine Schwiegertochter begrüßen wollte, schien er wieder schwächer. Alexandra versuchte, vom Personal mitleidig beobachtet, ihre Betroffenheit zu verbergen.

Während der nächsten Wochen zwischen trügerischem Hoffen und Bangen um Ludwig hatte niemand den Kopf frei, sich um Alexandra zu kümmern. Alexej nahm seine Tätigkeiten wieder auf und blieb fallweise tagelang weg. Alexandra in Gesellschaft ihrer Kinderfrau Naninja erhielt die Empfehlung, sich einfach umzusehen. Pitkievich würde ihr, wann immer es ihm möglich war, behilflich sein, andernfalls sein tüchtiger Sohn Michael.

Voller Tatendrang, beinahe unbemerkt und unerkannt, besichtigte Alexandra das Gut und die Betriebe. In der neuen Kirche begrüßte sie ein junger Priester, ein Nachkomme aus der Familie des Dorfpopen, an seinen Kaftan klammerte sich sein kleiner Sohn. Der Pope zeigte auf das schöne liturgische Gerät, die prachtvollen Ikonen, die vielen Kerzenhalter: „Fast alles hat die Herrin gespendet! Gott vergelte es ihr! Wir beten für sie und den Herrn in diesen schweren Tagen!" Einige der gestifteten Ikonen hatten berühmte Freunde Vladimirs gemalt.

Die Kirche war ein Ziegelbau wie auch die neue Schule sowie einzelne Arbeiterhäuser, die Sanitärstation und das mehrstöckige Personalhaus, in dem auch der Obergärtner mit seiner Familie wohnte. „Alles ist mit unseren Ziegeln gebaut!", betonte Pitkievich, während er auf die Fabrik zeigte. In der Schule war in den Klassen kein Platz frei. „Die Ernte ist vorbei", erklärte die Lehrerin. „Die Kinder kommen gerne. Und außerdem überprüft Madame die Fehlstunden! Hoffentlich kann sie bald wieder zu uns kommen, ich habe eine Bücherliste für sie!" – „Was kann ich hier tun?", fragte sich Alexandra bang. „Was ist hier meine Pflicht? Alles funktioniert reibungslos und alles trägt die Handschrift Elisabetas!"

Der erfahrene Pitkievich führte Alexandra zur Aufmunterung in die großen Stallungen und empfahl ihr, ein Reitpferd auszuwählen. Alexandras Augen strahlten vor Begeisterung. Wie der alte Verwalter wusste, war Reiten die Leidenschaft, die sie mit ihrem Mann teilte. Zufrieden sah er ihr nach, wie sie querfeldein ritt. Tage danach erzählte Pitkievichs Frau von ihren Beobachtungen: „Ich sehe die junge Herrin täglich stundenlang allein ausreiten, kümmert sich denn niemand um sie?" Ihr Mann erklärte: „Der junge Herr muss beruflich unterwegs sein!" – „Muss er jetzt nicht! Er lebt einfach wie ein Junggeselle weiter! Er lässt es zu, dass seine Frau sich im Haus wie eine Fremde fühlen muss – schlimm!" Pitkievich mahnte zur Geduld: „Wir müssen nur warten, bis Madame einmal nach Feodorovka übersiedelt, spätestens dann wird die junge Frau im Gutshaus zeigen, was sie kann!" Aber niemand in Dedlovo wollte wirklich, dass Madame im Alter das große Gutshaus verlassen musste. Der Gedanke war zu traurig.

Die Atmosphäre von Krankheit und Leiden übertrug sich auf Haus und Park und die Menschen in der näheren und weiteren Umgebung. Selbst Blumen und Sträucher schienen darunter zu leiden und hingen kraftlos zu Boden, sogar das Boot am Teich schaukelte trotz Sonnenscheins nur trübe vor sich hin. Das Plätschern des Springbrunnens störte und in der Küche war man ratlos wegen des ständig geänderten Speisezettels. Madame erschien kaum, und wenn, angespannt, in Gedanken versunken. Das Mitgefühl vieler galt mehr Elisabetas Kummer als dem kranken Herrn, dessen Persönlichkeit ihnen nie wirklich nahe war. „Ja, die Herren sterben schwer", brummte die Köchin und wischte sich voll Selbstmitleid eine Träne weg, „unsereins hält ja wenig auf der Welt!"

Ludwig fiel es schwer, die Welt und alles, was er liebte, zu verlassen. Tagelang rang er mit dem Tode. Jeden Morgen kam Vater Fjodor und reichte dem Schwerkranken die heilige Kommunion. Die laut gesprochenen Gebete strengten den Kranken sichtlich an. Er atmete nur mühsam, krampfte und ein Reizhusten quälte ihn immer wieder. Schließlich starb er, wie er gelebt hatte: unruhig, voll Zweifel, aber mit einem einzigen unerschütterlichen Gefühl für seine Frau, deren Hand er noch zum Abschied küsste. Im großen Salon war alles für die Aufbahrung vorbereitet, aber Elisabeta hatte sich mit dem Toten im Sterbezimmer eingeschlossen. Sie wirkte verwirrt, lief umher und sprach mit dem Verstorbenen. Es war seine Seele, zu der sie sprach. Sie war noch da, hatte den Raum noch nicht verlassen, davon war sie überzeugt. Seit ihrem Nahtoderlebnis vor vielen Jahren folgte sie überzeugt den alten Bräuchen, die sich während der letzten Liebesdienste für den Verstorbenen an den Glauben hielten, die Seele sei noch einige Zeit gegenwärtig. Stunden vergingen, bis es drinnen still wurde und Elisabeta endlich die Tür mit unbewegtem Gesicht öffnete. Mechanisch, irgendwie unbeteiligt und ohne Tränen, umarmte sie Olga und Alexej. Er verstand: „Es geht ihr wie mir. Ich kann es nicht glauben – in meinem Kopf dreht sich alles – Vater ist tot!" Der große Salon füllte sich mit Angehörigen und Personal zum Sterbegebet. Lange Menschenschlangen zogen betend am offenen Sarg vorüber.

Völlig erstarrt und tränenlos ging Elisabeta auf dem Weg zur Gruft steif hinter dem Sarg her. Der Anblick ihrer stummen, versteinerten Verzweiflung beim Sterbegebet und bei der Aufbahrung, dann in der Kirche und jetzt auf dem Friedhof, irritierte die Menschen sehr. „Warum weint und klagt sie nicht?", fragte das einfache Volk. „Der Herr hat es nicht verdient, ohne Tränen begraben zu werden." Klageweiber zur Unterstützung wie mancherorts gab es keine. Also weinten und schluchzten die Dörfler zur Ehre des Verstorbenen, man könnte beinahe sagen, um die Wette. Je mehr Klagen und Weinen, war der Volksglaube, desto eher kehrte der Trauernde ins Leben zurück.

Madame weinte nicht, aß nicht, sprach nicht, ging nur ruhelos umher und die ganze Nacht über brannte in ihren Zimmern Licht. Alexandra fürchtete sich, ihr zu begegnen, wusste nicht, was sie tun und wie sie helfen konnte. Sie wollte ihr gerne zeigen, dass sie nicht allein war, und bestürmte ihren Mann zu helfen: „Alexej, um Himmels willen, unternimm etwas!" – „Das Beste ist, sie einfach zu lassen; meine Mutter ist stark!" – „Du darfst jetzt nicht wegfahren, bitte! Was ist, wenn sie dich sucht?" So vergingen Tage. Endlich traf Daria, aus dem Ausland heimkehrend, ein. Sie ging zu Elisabeta, umarmte sie und sagte: „Ich bin gekommen, um nach dir zu sehen, aber will dich nicht stören. Du weißt ja, wo du mich findest!" Elisabeta nickte. „Danke" – und zog sich wieder zurück. Daria verbrachte nun die Zeit wie immer, wenn sie in Dedlovo war, mit Schlafen, Malen, Reiten, Spazierengehen, Lesen im Park und wartete, bis Elisabeta sie brauchte. Einmal, am Bootssteg, kam ihre Schwägerin auf sie zu, setzte sich zu ihr und nahm ihre Hand. „Ach Daria, es ist so furchtbar! Wo ist er? Er kommt nie mehr! Ich dachte, Ludwig auch nach seinem Tode immer in meiner Nähe zu fühlen, aber er ist nicht da, nirgends!" Verzweifelt begann sie zu weinen, schluchzen und schreien.

Die Nachricht: „Gott sei Dank, Madame kann endlich weinen" verbreitete sich schnell und kam durch ihre Naninja zu Alexandra. In diesen Stunden ahnte sie, welchen beherrschenden, unverrückbaren Platz ihre Schwiegermutter in den Herzen von Alt und Jung hatte. Alexandra war sicher, dass sie selbst mit zäher Pflichterfüllung zwar Achtung und Anerkennung gewinnen würde können, aber die Liebe und Bewunderung aller würden immer Elisabeta gehören.

Ein schriftliches Testament von Ludwig wurde nicht gefunden. Er hatte offenbar seinem Sohn Alexej vertraut, dass er seinen ihm gegenüber ausgesprochenen letzten Willen: „Achte die Rechte deiner Mutter, Olgas und hilf deinem Bruder, wenn es nötig ist" verlässlich erfüllen würde. Dieses große Vertrauen und zugleich eine unerwartete Anerkennung rührten und erschütterten Alexej zutiefst. Als er sich das erste Mal an Vaters Schreibtisch setzte, sagte er laut: „Danke für dein Vertrauen, es macht mich stolz und ich werde es niemals enttäuschen!"

Zweiter Teil

(1894 – 1913)

23.

Im Schatten der Schwiegermutter

Alexandra fällt aus ihren rosaroten Träumen – wie alle Pflichten meistern, wie Autorität erwerben? – Alexej ist unzufrieden: „Das soll das langersehnte Glück der Ehe sein?" – erst Trost, dann Anerkennung im Gestüt – Alexej öffnet es der „Neuen Gesellschaft" – frecher Diebstahl von Lebensmitteln – Ablenkung in Petersburg – die „Bibel" der Gutswirtschaft – Alexej braucht einen Erben und bekommt ihn – Alexandra ist frankophil – Alexej wird gewählter Adelsmarschall – Tschechow schreibt an Vladimir „... Sie haben Petersburg ganz vergessen..." – Vladimirs Buch „Zuwanderer und neue Orte" erscheint

Elisabeta hielt es nicht zu Hause. Sie reiste in Begleitung Olgas überallhin, wo sie mit ihrem Mann glücklich gewesen war, und kehrte einmal jährlich nach Gurzuf auf der Krim zurück. So kam es, dass Alexandra viel schneller als gedacht in der Nachfolge ihrer allseits verehrten und geliebten Schwiegermutter umfangreiche Pflichten auf Dedlovo übernehmen musste. Ohne Schonfrist fiel sie aus den rosaroten Träumen ihrer Verlobungszeit über das künftige Zusammenleben mit Alexej in die Wirklichkeit der Ehefrau eines Industriellen, Politikers und Gutsherrn. Jede einzelne Funktion allein konnte schon das Leben eines Mannes ausfüllen – alle drei erforderten eine leidenschaftliche, rastlose Tätigkeit und ausgezeichnete Mitarbeiter. Für Privatleben blieb da wenig Zeit. Die Haushaltsführung, von der Alexej keine Ahnung hatte, war jetzt Aufgabe seiner Frau und hatte reibungslos zu funktionieren. Sinn und Ziel war es, ein schönes Heim als Rückzugs- und Erholungsort zu gestalten. Ganz selbstverständlich erwartete er von ihr auch Entlastung bei der Führung des laufenden Gutsbetriebes. Mehr aus Pflichtgefühl und Liebe zu Alexej als aus Interesse soll Alexandra alles versucht haben, sämtlichen Erwartungen gerecht zu werden. Ihre ganze Leidenschaft aber galt dem Gestüt und dem Reitsport.

So jung und unerfahren in die „großen Fußstapfen" der Schwiegermutter treten zu müssen, war schwieriger, als sie sich das vorgestellt hatte. Der Alltag auf Twer, von dem Alexandras Wissen über einen Gutshaushalt stammte, ließ sich nicht mit dem auf Dedlovo vergleichen. Erschwerend für die junge Herrin kam hinzu, dass Marja, die erfahrene Wirtschafterin, fehlte, weil sie Madame auf deren Reisen begleitete.

Seit der Übernahme Dedlovos vor Jahrzehnten durch Elisabeta hatte sich prinzipiell nicht viel verändert. Es war nur alles größer geworden: das Haus, der Park, die Zahl der Gäste und des Personals. Die vielfältigere eigene Lebensmittelerzeugung, die Vorratshaltung für das ganze Jahr, eine riesige Wäschekammer und auch der Ziergarten erforderten kenntnisreiche Aufmerksamkeit und Kontrolle. Genauso aufwändig waren die täglichen Mahlzeiten, die für bis zu 35 Personen zubereitet wurden. Zahlreiches Personal, von Elisabeta aufgenommen und geschult, war Alexandra dabei Stütze und zugleich Problem. Ständig musste sie hören – meistens nur vorgeschoben: „Madame will es so haben und nicht anders!" Die neue Herrin hatte es schwer, Autorität zu erwerben. Zu all dem waren nicht eine, sondern zwei Schulen zu betreuen, eine neue Sanitätsstelle mit Krankenpflege und Arzt zu kontrollieren und zwei Kirchen zu unterstützen. Besonders in die alte kleine Kirche ging Alexandra gerne, weil sie dort Ruhe und Besinnung fand. Das lag auch an der Persönlichkeit des Popen, der sie unauffällig abschirmte. Obwohl sie nie etwas Privates mit ihm besprach, schien er dennoch zu wissen, wie es ihr erging, und es gelang ihm, sie zu verstehen.

Alexandras ganzes Bestreben war es, ihrem Mann zu beweisen, dass sie ihre Pflichten tadellos meisterte. Andauernd überlegte sie, ob sie es richtig oder falsch machte. Aber ihr Ehrgeiz – mit Unsicherheit gekoppelt – bewirkte das Gegenteil ihrer Bemühungen. Anders als Alexejs Mutter verlangte Alexandra bei jeder Verspätung zu den gemeinsamen Essen von Alexej kleinlich Rechenschaft. In Wahrheit scheute sie sich aber, ihre Anordnungen für die Küche zu ändern, weil sie vor der Köchin nicht unsicher wirken wollte.

Ihr Verhalten störte ihn sehr und eines Tages machte er ihr Vorwürfe: „Weshalb empfängst du mich so schlecht gelaunt?" – „Weil ich dich kaum zu sehen bekomme", antwortete sie vorwurfsvoll. Während der Mahlzeit – Alexej hörte irritiert zu – sprach seine Frau ohne Punkt und Komma nur von Vorräten, Tischwäsche, verstaubten Gästezimmern, Speisezetteln und verdorrten Blumen. Zornig fragte er sich, ob das jetzt die Themen der Tischgespräche sein würden. Die Lust, Alexandra von seinem Tag zu erzählen, verging ihm gründlich. So behielt er die wichtige Neuigkeit, die ihm auf der Zunge brannte, nämlich von seinem Club zur Wahl des Adelsmarschalls vorgeschlagen worden zu sein, für sich. Genervt schob er seinen Sessel zurück, stand auf und warf die Serviette auf den Tisch. Ein Wort gab das andere – ein erster großer Streit entspann sich. Alexandra schluckte, war sichtlich gekränkt und fühlte sich in ihren Bemühungen missachtet. „An wen soll ich mich denn wenden, wenn nicht an dich?", fragte sie und sah sehr unglücklich aus. „Ich bin ungerecht, entschuldige!", lenkte Alexej ein. Sie versöhnten sich, bevor Alexej ging. Doch die Verstimmung blieb. Bei Alexandra, weil sie erkannt hatte, dass er nicht gewillt war, sich mit ihren Schwierigkeiten zu beschäftigen – sie musste also schauen, wie sie allein damit fertig wurde, Alexej wiederum sah seine Hoffnung schwinden, dass er – wie erträumt – gemeinsam mit ihr „nur noch die halbe Last zu tragen" haben würde. Er war bitter enttäuscht. Bedrückt dachten beide: „Das soll das langersehnte, vielgerühmte Glück der Ehe sein?"

Wer weiß, wie sich die Ehe der beiden entwickelt hätte, wäre nicht das Gestüt gewesen. Hier fand Alexandra Trost, Entspannung und schließlich Anerkennung. Nur im Gestüt begegnete einander das Ehepaar von Anfang an auf Augenhöhe. Alexandra war nicht nur eine ausgezeichnete, leidenschaftliche Reiterin, sondern auch Pferdekennerin und -liebhaberin – es lag ihr im Blut. Sie erntete Bewunderung vom Stallburschen bis zum Herrenreiter und wurde ihrem Mann nach und nach eine unverzichtbare Partnerin. Gemeinsam besichtigten sie andere Betriebe, vergrößerten die Stallungen, planten die Koppeln neu und erweiterten den Parcours.

Doch auch hier gab es Stoff für Konflikte. Alexej nützte die Pferdezucht geschickt, um das Gut allen Schichten, die im Semstwo vertreten waren, zu öffnen und so vielseitige Kontakte zu pflegen, die er auch politisch nützen wollte. Doch im privaten Bereich Menschen aller Schichten, die sie oft nicht einmal kannten, zu empfangen, war für Herrin und Dienerschaft immer wieder gleichermaßen irritierend. Szenen wie die folgende nährten Alexandras Aversion: Kokett forderte die neue Gutsnachbarin Kitty P. Alexej auf, ihr Pferd zu begutachten. Das teure prachtvolle Tier konnte man nur bewundern. Arrogant winkte sie den Stallmeister weg und reichte Alexej die Hand: „Helfen Sie mir in den Sattel?" Die Frage war ein Befehl. Alexej lächelte zustimmend und beeilte sich, dem Wunsch nachzukommen. Was blieb ihm auch anderes übrig? Dabei konnte er nicht umhin, bewundernd den kleinen Fuß und die schlanke Figur zu bemerken! Sein fröhlicher Blick begegnete zufällig dem seiner Frau, der Bände sprach, und auch der Stallmeister blickte finster, denn niemand durfte ihn achtlos ohne Anrede herumscheuchen.

Alexej kümmerte sich nicht darum. Nach seiner politisch liberalen Denkweise kam es auf den Einzelnen und dessen Leistungen an, um zur Elite zu zählen. Also Elite in dem Sinn, dass unabhängig von der Herkunft jener dazu gehört, der mehr leistet, mehr weiß, mehr Verantwortung übernimmt und sich gegen einen totalen Machtanspruch des Staates stellt. Wer konnte bestreiten, dass sein Gast, Michael P., Kittys Ehemann, all das erfüllte? Er war gebildet und außerordentlich erfolgreich. Als Kind Leibeigener geboren, war er nun ein hervorragender Ingenieur, der große Projekte durchführte, in Deutschland gearbeitet hatte, England kannte und aus eigener Kraft zu Vermögen gekommen war. Das Ehepaar gehörte zu den Aufsteigern, die sich in der Nähe von Dedlovo ein Gut für den Sommer leisteten, die ja zahlreich zum Verkauf standen. Frau P. war früher Gouvernante gewesen und genoss nun ihren neuen Status der vermögenden Frau und Gutsherrin. Sehr selbstbewusst achtete sie darauf, mit besonderer Höflichkeit behandelt zu werden – vor allem von den Bediensteten, die unterschwellig Geringschätzung signalisierten: „Für die Herrschaft zu arbeiten, ist ja in Ordnung! Sie sorgen für uns und behandeln uns gut, aber sich von unseresgleichen arrogant hin- und herschicken zu lassen, das geht zu weit", empörten sie sich in den Personalräumen.

Tatsächlich gelang es Alexej, Michael P. für den Semstwo zu gewinnen. Er forderte seine Frau auf: „Gewöhne dich besser an solche Gäste und bringe es auch unseren Leuten bei!" Für Alexej war das einfach, weil er seit seiner Kindheit mitten in der sich wandelnden Gesellschaft lebte und arbeitete. Aber wie sollte seine Frau beim Personal eine Änderung der Einstellung herbeiführen, wenn sie selbst damit schwer umgehen konnte?

Und noch ein Problem war für Alexandra zu lösen: Es war zu Unregelmäßigkeiten in der Wäschekammer und zu Schlampereien in der Küche bei den Lebensmittelvorräten gekommen. Alexej bemerkte es sogleich, als die Milch einer kranken Kuh serviert wurde. Er zeigte sie seiner Frau, die ihn fragend ansah: „Siehst du nicht, sie ist bläulich und riecht unangenehm", sagte er und schickte den Krug zurück. „Macht nichts, so etwas kann einmal passieren", beruhigte sie. Einen Stockfleck auf dem Tischtuch entdeckte Alexandra dann selbst und auch, dass Lebensmittelvorräte unerklärlicherweise schwanden. Wie sich zeigte, fehlte einiges. Der Diebstahl war so frech, dass er bestimmt nicht der erste dieser Art war. Alexandra war verzweifelt. Anscheinend rechnete man mit ihrer Unerfahrenheit und damit, dass sie nichts bemerkte. „Es stimmt ja – ich habe keine Erfahrung! Ich fühle mich schrecklich und weiß nicht mehr weiter." Zum Glück konnte Alexandra die Angelegenheit Pitkievich übergeben, denn Alexej beschloss kurzfristig, mit seiner Frau für ein paar Wochen nach St. Petersburg zu reisen. Vielleicht hatte er einen Tipp von Vladimir bekommen. Eher aber half Alexej sein besonderes Talent, Menschen zu motivieren und auch bei seiner Frau endlich das Richtige zu tun.

Nach den langen Jahren ihrer heimlichen Verlobung sowie der Trauerzeit um den Vater und den dadurch schwierigen Beginn ihrer Ehe erlebten sie nun die unbeschwerten Tage in St. Petersburg wie im Rausch. Der Terminkalender füllte sich mit Einladungen von Freunden, die sie endlich als Ehepaar begrüßen wollten, Konzertbesuchen und Theateraufführungen. Vladimir lud seinen Bruder und die Schwägerin in Künstlerlokale ein und zeigte ihnen ein Restaurant, in dem eine berühmte und berüchtigte Zigeunerkapelle Russlands aufspielte.

Olga kam aus Moskau zu Besuch. Das gab Alexandra reichlich Gelegenheit, sich mit einer Freundin, das war Olga inzwischen für sie geworden, auszusprechen. „Hier bin ich so glücklich, Olga, wirklich! Ich will im Moment gar nichts von Dedlovo hören!" Trotzdem sprach sie in vielen Stunden mit Olga nur von der Wirtschaft, dem Personal und ihrem Ehemann. Dabei wurde viel gelacht. „Sei froh", meinte ihre Schwägerin, „wenn Alexej sich nicht einmischen will. Hast du übrigens schon deine eigene Wirtschafterin gefunden?" – „Nein – ich kann doch nicht, bevor Maman ..." Olga unterbrach: „... nach Feodorovka übersiedelt ist? Natürlich kannst und musst du, gleich nach deiner Rückkehr!"

Währenddessen führte Fjodor Ostrovski Alexej in den Herrenclub ihrer Väter ein. Wie erwartet, nahm man ihn sehr freundlich auf. Der alte Butler zeigte ihm den Lieblingsplatz seines Vaters in der Bibliothek und brachte ihm wortlos einen eisgekühlten doppelten Wodka. So war es eben, die Generationen kamen und gingen – der Club blieb unverändert bestehen. Wie überall, gewann Alexej auch hier schnell Freunde mit den unterschiedlichsten Interessen, die für seine Kontaktpflege sehr nützlich waren. Pferdeliebhaber waren aber in der Überzahl und später oft zu Gast in Dedlovo, um das Gestüt zu bewundern und den Reitsport zu pflegen. Zum Abschied von St. Petersburg führte Alexej seine Frau zu einem berühmten Juwelier und Goldschmied, der nach ihren Wünschen ein prachtvolles Collier für sie anfertigte.

Wieder zurück in Dedlovo, fügte sich für das Ehepaar alles zum Guten. Bei Besprechungen für Instandhaltungsarbeiten an der Orangerie lernte Alexandra den Obergärtner und seine Familie näher kennen. Er stammte aus einer anderen Region und kam ihr völlig unbefangen entgegen. Aus seiner Familie holte sie ihre eigene Wirtschafterin ins Haus, Anna, eine kinderlose Witwe. Bevor sie Anna in ihre Aufgaben einführte, machte sie bei einem Rundgang zufällig eine Entdeckung, die ihr die Führung des Gutshaushalts sofort wesentlich erleichterte: In Marjas Arbeitsraum fand Alexandra zwischen Rechnungen, Arbeitsplänen und Inventarlisten ein dickes Buch mit abgewetztem Deckel und hervorstehenden, vergilbten losen Seiten. Wie sich herausstellte, hielt sie die „Bibel" der Gutshauswirtschaft Dedlovos in der Hand. Elisabeta hatte sie offenbar ihrer Stütze zum Gebrauch überlassen. Sie nahm das in viele Kapitel gegliederte Buch an sich und las seitenlange Erfahrungsberichte. Staunend dachte Alexandra: „Da steht alles, was ich wissen muss. Außerdem finden sich hier – von Generationen gesammelt – Tipps und Tricks für die Praxis im Alltag." Sie las von auf dem Gut zubereiteter Medizin für die Kinder- und Krankenpflege, hergestellt aus eigenen Kräutern, von den durch Jahreszeiten bedingten Arbeiten, der Pflege von Bettzeug und Wäsche, die genauso beschrieben wurde wie die Versorgung von Seide, Schleier, Spitze, Wolle bis zum Leinen. Weiter stand da zu lesen, wie man Polstermöbel aus Brokat, Plüsch, Leder oder Gobelin reinigen sollte. Besondere Aufmerksamkeit war der Erzeugung von Lebensmitteln, deren Verbrauch und Konservierung gewidmet. Alle empfohlenen Mittel waren selbst erzeugte und durch Generationen erprobte Rezepte, die man hütete. Die ersten Aufzeichnungen stammten von Alexejs Urgroßmutter aus der Zeit vor Napoleon mit besonderem Schwerpunkt für Not- und Hungerjahre. Neuere Kapitel waren von Elisabetas Hand hinzugefügt und behandelten die Desinfektion von Räumen und Gegenständen nach modernen Erkenntnissen. Früher angewandte, gefährliche Methoden mit Schwefel, Kalk und Asche verloren dadurch an Bedeutung.

Niemand mehr vom Personal machte von nun an Alexandra so leicht etwas vor. Auch Anna nicht, der sie bald vertrauen konnte. Trotzdem entschloss sie sich zu regelmäßigen genauen Kontrollen – ohne Ansehen der Person, gleichgültig, wie lange sie schon in Diensten stand. Weil sich das alte Wort – Vertrauen ist gut, Kontrolle aber besser – bestätigte, führte sie lebenslang diese Überprüfungen durch. Das brachte Alexandra den Beinamen „die Strenge" ein, mit dem sie in die Familiengeschichte einging.

Im Herbst sprach sich auf Dedlovo herum, dass Alexandra guter Hoffnung war und die Geburt des Kindes für das nächste Frühjahr erwartet werde. Sofort befand sie sich im Mittelpunkt einer allgemeinen fürsorglichen Aufmerksamkeit. Bei den in Wirtshäusern und Stuben abgeschlossenen Wetten tippte die Mehrheit auf einen Sohn. Man wünschte dem Gutsherrn und Dedlovo von Herzen einen Erben. Nur der fehlte noch zu aller Glück, weil damit die Zukunft Dedlovos eine ganze Generation länger gesichert wäre.

Im März 1894 brachte Alexandra in Dedlovo tatsächlich einen Sohn zur Welt, der ihre Stellung festigte. Alexej aber wurde als ein Mann bewundert, dem alles gelang: Er brauchte einen Sohn – und bekam ihn auch. Dimitri, so wurde er getauft, war ein wunderschönes Baby mit blondem Haarflaum auf dem Köpfchen. Tagelang feierte man seine Geburt, stieß dabei hunderte Male auf seine Gesundheit an und prophezeite ihm eine glückliche Zukunft.

Auf Alexandras Wunsch zog eine junge Amme in die Kinderzimmer ein. Sie trug eine schöne Tracht mit großen Puffärmeln, einem weiten bunten Rock und einer halbmondförmigen, bestickten Kopfbedeckung, die wie ein Diadem wirkte. Auf dem Weg zu seinem Sohn hörte Alexej einmal durch die offene Tür des Kinderzimmers vertraute vergessene Laute und Worte in Maschas Tonfall und Sprache – dem verbotenen Weißrussisch. Plötzlich war der Zauber seiner Kindheit wieder da. Berührt betrat er den Raum und wandte sich hin zur Wiege. Es schien ihm, als würde der Winzling ihn mit prüfendem, fragendem Blick ansehen. Gerührt nahm er sich fest vor, auf ihn zu achten. Mit abgewinkeltem Zeigefinger strich er seinem Sohn sachte über die Wange, bis dieser die Augen schloss und einschlief. Währenddessen machten Alexejs Gedanken eine Zeitreise und er sah sich Dimitri Reitunterricht geben, später mit ihm auf Reisen gehen – bis nach Amerika. Ein Schul-Drama wie bei Vladimir würde er nicht zulassen. Sein Sohn, das hatte er längst bei sich beschlossen, würde als Erster der Familie eine Dorfschule besuchen, nämlich die in Dedlovo, und später das nächstgelegene Gymnasium. Laut sagte er im Gehen: „Nun schlafe gut und wachse erst einmal ordentlich!"

Die Eltern des kleinen Dimitri, das heißt vor allem Alexej, hatten einen genauen Plan für die Erziehung ihres Sohnes erstellt. Nach der Pflege durch die Amme, aber noch als Kleinkind, so war beabsichtigt, würde man ihn zusätzlich von einem französischen Kindermädchen betreuen lassen, wobei die Aufsicht über das Kinderzimmer bei der alten Kinderfrau Alexandras lag. Mit Französisch sollte er aufwachsen, wie es Alexandra wünschte, die sehr frankophil war. Vielleicht aber auch, weil Russland und Frankreich politisch näher zusammenrückten und sich die deutsch-russische Freundschaft abgekühlt hatte. Später, im Schulzimmer, würden sich Hauslehrer um seine Allgemeinbildung, Sport, Deutsch- und Englischkenntnisse kümmern.

Von seinem Club gedrängt, stellte Alexej sich der Wahl zum Adelsmarschall für sein Heimat-Gouvernement Mogiljov. Zugleich wählte der Adel ihn zum Präsidenten des Semstwo dieses Gouvernements und zum Selbstverwaltungsfunktionär, der auch die Interessen des Semstwo gegenüber der Regierung vertreten würde. Für Alexej war das eine äußerst ehrenvolle Nominierung, denn: „die Adelsmarschälle sind meist die hervorragendsten Persönlichkeiten ihres Gouvernements"[35].

Alexej gewann haushoch und übernahm den Vorsitz im Semstwo! Alte Bekannte und ein neuer Kreis, der sich im Sommer bei Sport, Schach, Klavierabenden und Lesungen angefreundet hatte, aber auch Mitarbeiter feierten ihn stürmisch – Wodka floss in Strömen. Diese Wahl war zugleich Triumph und Anerkennung für seine Bemühungen, alle widerstrebenden Kräfte des Kreises zu einen. Doch so lange Zar Alexander III. autokratisch herrschte, würde kein großer Ruck durch Russland gehen können. Dennoch war es nur eine Frage der Zeit, bis Reformen kämen, war Alexej überzeugt, spätestens beim nächsten Zaren. Sein Gouvernement würde dann ganz vorne dabei sein.

Vladimir lebte seit 1894 beinahe ständig im Haushalt seiner Mutter. Künstler wie er bevorzugten zunehmend das Landleben. Anton Tschechow, der seinen Rückzug bemerkt hatte, schrieb[36]: „... Sie haben St. Petersburg ganz vergessen. Früher strebte das gescheite und intelligente Publikum in die Hauptstadt, aber heute geschieht das Gegenteil. Nicht wenige Schriftsteller träumen von Dorfruhe und von einem kleinen Anwesen in einem Dorf." Diesem Trend war Tschechow selbst gefolgt, als er Gut Melichovo für sich erwarb und viel Zeit dort verbrachte. Oft eingeladen, kam es aber nie dazu, dass der Dichter Feodorovka besuchte. Sicherlich auch, weil die Entfernung für ihn zu groß war: „Ich habe eine große Landkarte Russlands bei mir hängen", schrieb er, „und versuchte, Dovsk (Dedlovo) zu sehen. Ich habe es gefunden und das beruhigt mich ein wenig. Anscheinend kommt mein Brief zum Adressaten."

Inzwischen war Tschechow aus gesundheitlichen Gründen mehr und mehr dazu gezwungen, möglichst viel Zeit in Jalta zu verbringen. Im selben Brief erkundigte er sich bei Vladimir auch nach einem Ort und einem geeigneten Hotel. „Ich habe vor, in Gurzuf im Hotel Gubenin zu wohnen, schreiben Sie mir, denn wenn ich Ihrer Meinung nach nicht dorthin fahren soll, dann fahre ich nicht." Elisabeta bestätigte ihm Gurzuf als den idealen Platz.

Noch im selben Jahr 1894 erschien Vladimirs Buch „Zuwanderer und neue Orte", das sich mit Problemen im russischen Osten beschäftigte[37]. Es wurde von der Kritik als eine wahrheitsgetreue Darstellung des Lebens bedürftiger Bauern, ihres Hungers, ihrer Krankheiten und der Trägheit des zuständigen Beamtenapparates gelobt. Erstmals aber warf man ihm aber wegen seines Bestrebens, eine wachsende „Germanisierung" zu stoppen, chauvinistische Tendenzen vor. Es hieß, Dedlov bewege sich von der liberal-bürgerlichen Aufklärung hin zu Konservatismus und Chauvinismus[38].

24.

Der Zar ist tot, es lebe der Zar!

Nikolaus II. weckt Hoffnungen – „Ich bin nicht vorbereitet, Zar zu werden" – Hochzeit mit Alix von Hessen in Trauerstimmung – eine niederschmetternde Rede vor den Abgesandten der Semstwos, darunter Alexej ...
„dass ich die Prinzipien der Autokratie aufrechterhalte" – Folge: weiter Reformstau

Nach einem schönen langen Sommer meldete der Hof am 20. Oktober 1894: „Der Zar ist tot – es lebe der Zar!" Zar Alexander III. war überraschend gestorben und seine Gefolgsleute und Berater würden nun in die Bedeutungslosigkeit verschwinden – es sei denn, sein Sohn, Zar Nikolaus II., ließ sich von deren Unersetzlichkeit überzeugen. Ein neuer Zar für eine neue Zeit bringt automatisch große Aufbruchsstimmung, aber auch Machtkämpfe, und daher stellte sich die zentrale Frage: „Wer steht dem neuen Zaren am nächsten?"

Über die Persönlichkeit des neuen Zaren Nikolaus II. war wenig bekannt. Auch in Dedlovo wusste man nichts, außer dass er freundlich und ein angenehmer Gesprächspartner sei und sehr gut aussähe. Voll Spannung blickte die politische Öffentlichkeit nach Livadija, den geliebten Sommersitz der Zarenfamilie, nun auch Sterbeort des Alleinherrschers, und wartete auf erste Entscheidungen seines Sohnes im Hinblick auf seine Berater. Doch der Thronfolger hatte bereits eine Entscheidung getroffen, aber anders als gedacht: Von niemandem bemerkt, war seine Verlobte und große Liebe – Alix von Hessen, damals 22 Jahre alt – bereits in den Krisentagen der Krankheit des verstorbenen Zaren seine einzige Vertraute und Stütze geworden. Von Familie und Hof wurde Alix von Hessen als sehr schüchtern und zurückhaltend wahrgenommen. Man klagte: „Es ist mir bisher nicht gelungen, ein einziges Gespräch mit ihr zu führen!" – „Mir auch nicht!" – „Aber sie lächelt immer so freundlich, wenn man sie grüßt! Klingt nach unbedeutend, nicht wahr?" Dem Zaren aber bedeutete sie alles. Er schrieb in sein Tagebuch: „Es ist schwer,

Alix so wenig zu sehen. Ich kann es nicht erwarten, verheiratet zu sein, denn dann gibt es keine Abschiede mehr!" Unmittelbar nach dem Tod seines Vaters überfielen Nikolaus II. Angst, Verzweiflung und ein Gefühl der Ohnmacht. Die Erinnerung an die Ermordung seines Großvaters, die er als Kind miterleben musste, war wieder da und er fühlte sich wie damals in seinem blutbespritzten Matrosenanzug. Von Panik erfasst schrie er[39]: „Oh Gott, was soll ich tun? Was wird aus uns, aus Mutter, aus Alix, aus Russland? Ich bin nicht vorbereitet, Zar zu sein. Ich wollte nie einer werden. Ich verstehe nichts von Regierungsgeschäften. Ich weiß nicht einmal, wie man mit Ministern spricht!" Großfürst Alexander Michailowitsch, in der Familie Sandro genannt, war fassungsloser Zeuge dieser Szene, die er in seinen Memoiren schilderte. Wie man später erfuhr, hatte der Vater seinen Sohn absichtlich von Regierungsgeschäften ferngehalten[40], angeblich weil er in der Familie von Politik unbehelligt bleiben wollte. Nikolaus erfuhr rasch, dass ein Zar niemandem gegenüber Schwäche zeigen durfte und zur Einsamkeit verdammt war. Aber er hatte seine Verlobte Alix, die ihm ihre bedingungslose Liebe und Unterstützung schenkte[41]: „Sag mir alles, Duschka, du kannst mir vertrauen, sieh mich an wie ein Stück deiner selbst. Lass deine Kümmernisse und Freuden die meinen sein, dann werden wir immer näher zusammenrücken. ... Wie ich dich liebe – Einziger! Wenn du unglücklich und traurig bist – komm zu deinem Sonnenschein!" Nikolaus II. war entschlossen, auf die Nähe seiner Braut und einzigen Vertrauten nicht länger zu verzichten. Seine Liebe zu ihr gab ihm die Kraft zu einem ungewöhnlichen Schritt, nämlich den Hochzeitstermin energisch und ungeachtet der offiziellen Trauerzeit auf den 14. November, also nur drei Wochen nach dem Tod seines Vaters, festzulegen[42]. Für diesen einen Tag ließ er die Staatstrauer aufheben.

Wie alle Russen verfolgte auch Alexandra in Dedlovo mit großer Anteilnahme die Berichte über die „stille" Vermählung Nikolaus' II. Wie bei ihr selbst war die Hochzeit – das schönste Fest im Leben – von Trauer und düsteren Prophezeiungen überschattet. Freunde aus St. Petersburg hatten Gelegenheit zu persönlichen Beobachtungen des Brautpaares in der Trauungskirche gehabt und erzählten: „Die arme Zarin bot einen bedauernswerten Anblick. In ihrem schlichten Kleid, mit Perlen um den Hals, sah sie zart und blass und zerbrechlich aus. Sie wirkte wie eine Märtyrerin auf dem Weg zur Hinrichtung." – „Die Ärmste – wie schrecklich!" – „Es war offensichtlich schwierig für sie, sich Tausenden von Blicken auszusetzen." – „Sag ich ja", seufzte Alexandra. „Ein Hochzeitsfest in Trauerstimmung …" – „Dafür ist sie jetzt die ‚gottesfürchtige Zarin und Kaiserin aller Russen', Alexandra Fjodorowna!", lachte Olga.

Wenige Monate später, in der Nacht vor dem 17. Januar 1895, schlief Alexej kaum, denn eine schicksalhafte programmatische Rede des neuen Zaren zu den dringenden Anliegen der Semstwos stand bevor. Als Adelsmarschall seines Gouvernements war Alexej, zugleich mit hunderten gewählten Vertretern aus ganz Russland, in den Nikolajewski-Saal des Winterpalais in Petersburg geladen worden. Die Abgesandten forderten ihre Rechte zur regionalen Selbstverwaltung zurück, die ihnen der Reformer Alexander II. gewährt hatte, die ihnen aber vom nun verstorbenen Zaren wieder genommen worden waren. Ohne diese Rechte hatten sich bereits Stillstand und Resignation, aber auch Aggression ausgebreitet. Dass es in Russland noch immer keine gesetzliche Schulpflicht gab, war nur eines von den nach wie vor ungelösten Problemen. Zum Vergleich: Preußen hatte sie bereits seit 180 und Österreich seit gut 120 Jahren.

Von der Erklärung des Zaren hing die Zukunft der Arbeit Alexejs und des Landes ab. Unruhig wanderte Alexej umher und hielt damit seine Frau wach: „Was ist von dem jungen Mann zu erwarten? Ist es denkbar, dass er wie sein Vater ‚Entscheidungen nur mit Gott allein diskutiert'?" Alexandra hörte schweigend zu. Sie wollte ihren Mann nicht verärgern. Aber sie sah seine Abgeordneten kritisch, waren sie doch oft derb, ungehobelt und ihre Loyalität zum Herrscher bei manchen mehr als zweifelhaft. Alexej beendete vor ihrem Bett stehend seinen Monolog hoffnungsvoll: „Aber warum eigentlich sollte er nicht nach seinem Großvater geraten?" Vielleicht wird man ihm nur ein wenig Zeit zubilligen müssen, überlegte er weiter und versuchte – etwas entspannter – weiterzuschlafen.

Nikolaus II. dürfte in seinem Palais ebenfalls kaum Ruhe gefunden haben. Es graute ihm bei dem Gedanken, vor den selbstbewussten Abgeordneten, Stadt- und Landräten sprechen zu müssen. Seine Zuhörer waren keine Wirrköpfe oder Anarchisten, sondern Männer, die in ihren Regionen dabei waren, Staat und Gesellschaft nach demokratischen Ideen umzubauen. Denn in den Semstwos war nach wie vor die Basis des russischen Liberalismus beheimatet, der die Autokratie strikt ablehnte und mehr Autonomie für die Länder forderte. Niemand konnte sagen, wo das enden würde, womöglich mit dem Zerfall des Reiches – eine Urangst russischer Herrscher!

Nikolaus II. notierte am 17. Januar 1895 in sein Tagebuch: „... ging mit Alix zum Winterpalais. Wir aßen mit Xenia und Sandro zu Mittag. War in fürchterlicher Verfassung, weil ich danach im Nikolajewski-Saal vor den Abgeordneten des Adels der Semstwos und der Stadträte eine Rede halten musste."

Auszug aus der Rede des Zaren im Januar 1895 an die Abgesandten, darunter Alexej:

„Mir ist bewusst, dass in einigen Landkreisen die Stimmen von Leuten laut wurden, die sich zu sinnlosen Träumereien über eine Beteiligung an den Regierungsgeschäften haben hinreißen lassen. Lassen Sie aber alle wissen, dass ich die Prinzipien der Autokratie unbeugsam aufrechterhalten werde wie mein unvergesslicher Vater ..."

Wie enttäuschend, ja schockierend muss diese niederschmetternde Rede auf die Anwesenden gewirkt haben. Sie bedeutete, dass dringende Reformen weiter verschleppt würden und man sich ohne Schulpflicht und beim Ausbau des Gesundheitswesens weiter auf Privatinitiativen beschränken musste.

25.

Alexejs Kampf gegen Windmühlen

Radikale Gruppen aller Richtungen wachsen – Semstwo ist auf private Bemühungen zurückgeworfen – Ing. Michael P. zieht sich aus dem Semstwo zurück – Alexej verstärkt seine Bemühungen – Alexandra macht sich Sorgen um die Gesundheit ihres Mannes – Hoffnung durch Minister Witte – Enttäuschung durch Beamte – Alexej wird zusätzlich die Leitung der Landesstände-Verwaltung angeboten – Probleme in der Dorfschule – Woher haben die Bauernkinder ihre Ausnahmebegabungen?

Jedes Zuwarten spielte den Radikalen in die Hände. Im Volk wuchsen Unruhe und Orientierungslosigkeit. Gleichgültig, welcher Weltanschauung man angehörte, niemand konnte und wollte sich mit der Autokratie abfinden. Arbeiter organisierten sich – noch gemäßigt, aber wie lange noch? In Dedlovo warb Leo, der Sohn des Popen, bei Arbeitern und Bauern für die Ideen des radikalen Sozialismus. Mit diesem anarchistischen Freund aus Jugendtagen lieferte sich Vladimir deswegen viele leidenschaftliche Wortgefechte. Selbst in den liberalen Semstwos, deren Politik auf Überzeugung beruhen sollte, riss manchen die Geduld. Eine radikale Gruppe spaltete sich ab, und das machte Alexej viele Probleme und Sorgen, und das nicht nur ihm.

Der wertvolle Experte für Straßen- und Brückenbau zum Beispiel, Nachbar und Neo-Gutsherr Ing. Mikael P., legte seine Ämter im Semstwo resigniert zurück. „Sie persönlich berate ich gerne weiter", erklärte er Alexej, „aber für endlose Sitzungen ohne Ergebnis habe ich weder Zeit noch Geduld! Durchführungsreife Projekte werden durch den Federstrich eines Beamten einfach verhindert!" Er spielte auf den geplanten Ausbau des Straßennetzes an. „Ehrlich gesagt, ich bin überzeugt, dass der erreichte Sonderweg Weißrusslands zu Ende geht. Das Land wird auf das Niveau Zentralrusslands zurückfallen." – „Ja", erwiderte Alexej, „die Gefahr besteht, aber glauben Sie mir, wir werden Wege finden, unseren Erfolg zu erhalten und auszubauen!" Dabei gab er sich betont optimistisch und klopfte seinem Gast aufmun-

ternd auf die Schulter. „Wollen Sie es sich nicht doch noch überlegen?" Ing. Mikael P. wandte sich zum Gehen. „Mein Entschluss
steht fest. Ich wünsche Ihnen aufrichtig Glück!" Alexej war sehr
enttäuscht und dachte beklommen: „Ist das der Anfang vom
Ende, wenn solche Männer nicht mehr an unser Land glauben?"
Mikael P. kam noch einmal zurück, um zu betonen, dass er hoffe,
ihre Freundschaft würde von seiner Entscheidung unberührt bleiben, und lud Alexej und seine Frau zu einem Hauskonzert ein.

Der Rückzug des Ingenieurs traf Alexej in einem kritischen
Moment. Im vergangenen Winter hatte er mit Mitstreitern aus
dem Semstwo in St. Petersburg intensiv für die Rücknahme der
verhängnisvollen Anti-Semstwo-Gesetze gekämpft. Er sprach in
Ministerien vor und bei Meinungsbildnern in seinem Club. Der
alt und krank wirkende Onkel Pjotr von Kign verschaffte ihm bei
einflussreichen Personen des Hofes Zutritt, und Vladimir tat es
ihm bei fortschrittlichen Beamten und Journalisten gleich. Im
vom klugen und erfahrenen Sergej Witte geführten Finanzminis-
terium gewann Alexej den Eindruck, „man ist auf unserer Seite" –
und damit neue Hoffnung.

Aber auch die Gegner waren aktiv: Deren Interventionen bestärk-
ten den Zaren, auf seinen Positionen zu beharren. Die Vertreter
der alten Beamtenschaft warnten ihn vor Feinden der Autokratie,
weil die ja nur selbst nach der Macht im Lande strebten und damit
Chaos und Anarchie heraufbeschworen. Bauernvertreter wehrten
sich bei „Väterchen Zar" gegen einen erzwungenen Schulbesuch
ihrer Kinder. Er fördere nur deren maßlose Ansprüche, verbreite
gottlose Lehren und ermuntere zur Pflichtvergessenheit gegenüber den Eltern. Vertreter des neuen Kleinbürgertums, aber auch
die alten Gutsbesitzer – nun ohne Gut – wandten sich gegen die
teure flächendeckende medizinische Versorgung in den neuen
Sanitätszentren des Semstwos. „So viel Geld für nichts und wieder nichts!" Man verlängere nur, so war die Meinung, „das armselige Dasein der Menschen".

Zum Glück bot St. Petersburg trotz düsterem politischem Klima
und Zensur reichlich Ablenkung und Unterhaltung. Alexej und
Alexandra hatten bei ihrem Winteraufenthalt in St. Petersburg die
Qual der Wahl zwischen internationalen Gastspielen, Ausstellun-

gen, Konzerten, Theater, Soireen und Bällen. Kunst und Kultur blühten wie nie, fanden breites Interesse und wurden aufgeregt diskutiert. Alexandra war wie immer glücklich in St. Petersburg und genoss die vielen gemeinsamen Unternehmungen mit ihrem Mann fern der täglichen Pflichten in Dedlovo. Nichts und niemand konnte ihr die Freude über Alexejs Jahresgeschenk – eine schwere, mehrreihige Perlenkette – nehmen. Alexej aber fühlte sich oft müde und manchmal richtig erschöpft. Die wachsenden Anstrengungen der jüngsten Zeit gingen nicht spurlos an ihm vorüber.

Zurück in Dedlovo, legte er sich innerhalb weniger Wochen zum zweiten Mal mit einer fiebrigen Erkältung ins Bett. Nach der Untersuchung mahnte der herbeigerufene Arzt: „Es ist nur eine Erkältung. Doch mit bald vierzig Jahren befinden Sie sich in einem gefährlichen Alter, das weniger Strapazen erlaubt und mehr Ruhe erfordert." Seine Umgebung mahnte: „Denken Sie an Ihren Vater, dessen Herzprobleme in Ihrem Alter auftraten. Denken Sie an Ihre Familie!" Derartige Empfehlungen setzten Alexej zusätzlich unter Druck, denn alles, was er tat, war ja ohnehin im Interesse der Familie und der Betriebe. Doch solange der Staat versagte, Gesundheits- und Bildungspolitik genauso wie die wirtschaftliche Entwicklung des Gouvernements mehr oder weniger privaten Anstrengungen überließ und diese auch noch behinderte, konnte er nicht kürzer treten. Außer, er gab auf – doch dafür war schon zu viel erreicht. Bei diesem Volk und in dem Riesenreich dauerte alles einfach länger. Geduld und Beharrlichkeit mussten sich letztlich lohnen. Eines war schon damals offensichtlich: Manche Krankheit erzwang die Erholung, die er sich sonst nicht mehr gestattete. Alexej war kein schwieriger Patient und ließ sich gerne von seiner Frau verwöhnen.

Kaum fühlte sich Alexej wieder besser, suchten ihn Funktionäre verschiedener Stellen des Semstwos auf, um sich mit ihm zu beraten. „Warum", fragte Alexandra unwillig, „darf ich die Leute nicht fortschicken, bis du gesund bist?" Was konnte schon so wichtig sein? Die Probleme liefen nicht davon und blieben aus ihrer Sicht ohnedies immer gleich. Geld zur Selbstverwaltung fehlte an allen Ecken und Enden und würde das auch weiter tun.

Doch behielt sie diese Meinung lieber für sich und sagte nur: „Jeder versteht, dass du Ruhe brauchst!" – „Gib mir meinen Morgenmantel", war die Antwort, „ich will mir nur anhören, was sie zu sagen haben! Obwohl ich es mir denken kann! Es wäre jetzt ganz schlecht, sie ihrem Pessimismus zu überlassen." – „Willst du allen Ernstes trotz Fiebers ins Herrenzimmer gehen?" – „Im Bett liegend werde ich sie sicher nicht empfangen!" – „Du verhältst dich unverantwortlich!", protestierte Alexandra besorgt.

Die Besucher interessierte, wie Alexej vermutet hatte, seine Einschätzung der aktuellen Lage in St. Petersburg – und sie brauchten Ermunterung. Gebetsmühlenartig wiederholte er: „An der Erfüllung unserer Forderung, glauben Sie mir, führt kein Weg vorbei. Das ist nur eine Sache von wenigen Monaten!" Unruhe entstand: „Wie können Sie so sicher sein?" – „Von Minister Witte[43] können wir uns viel erwarten! Er ist liberal und ein erfolgreicher Mann der Wirtschaft! Seine Tätigkeit könnte der Beginn der ersehnten Wende sein." Wittes Kompetenz war unbestritten und die Stimmung entspannte sich etwas. Doch die Abstammung des Finanzministers, er kam väterlicherseits aus einer deutschbaltischen Familie, weckte bei manchen Vorbehalte, obwohl er orthodoxen Glaubens war. „Wir machen ganz einfach wie bisher weiter", meinte Alexej lachend. Die Herren nickten zustimmend. Am Ende des Gesprächs trat ein Vertreter der Landesstände-Verwaltung des Gouvernements Mogiljov an Alexej heran und bat ihn, die Leitung des Amtes der Landesstände-Verwaltung des Gouvernements zu übernehmen. Dabei sprach er die Hoffnung aus, mit seiner Hilfe die drohende Bedeutungslosigkeit der Einrichtung aufhalten zu können. Alexej erbat sich Bedenkzeit. Die Mahnung des Arztes im Ohr, wandte sich Alexandra leidenschaftlich gegen jede weitere Belastung. Ihr Mann war ja bereits Adelsmarschall und seit kurzem Chef der Industriellenvereinigung. Neben seinen eigenen Betrieben war das viel zu viel Arbeit für einen Einzelnen. „Warum immer du? Warum machen sie ihre Arbeit nicht selbst?", schimpfte sie, den Tränen nahe.

Sicherlich war Alexej nicht der einzige fähige Mann im Gouvernement, aber offensichtlich einer der Wenigen, die zäh an ihren Zielen festhielten. Trotz Widerstands und Rückschlägen gelang es ihm, in mühevoller Kleinarbeit und unter ständigem Einsatz relative Erfolge zu erzielen. Im Moment aber wirkte Alexandras Protest. Alexej lehnte das neue Amt ab und seine Frau wandte sich beruhigt ihren Alltagspflichten zu. Als Alexandra das Haus verlassen wollte, traf Pitkievich ein, um wie üblich dem noch kranken Herrn kurz Bericht zu erstatten. „Bleiben Sie nicht zu lange", mahnte Alexandra und wartete besorgt und mit Ungeduld ab. Nach einer Weile öffnete sie mahnend noch einmal, schon in Hut und Mantel, die Tür zum Krankenzimmer. „Wir sind schon zu Ende", sagte Alexej. „Pläne zu Änderungen der Fruchtfolge haben noch Zeit?" – „Ja", meinte der Verwalter, „bis nächste Woche schon!" – „Also, mein Lieber", Alexej verabschiedete sich von Pitkievich wie von einem Freund, „danke – und bis nächste Woche!"

Auf den morgendlichen Ausritt oder zumindest einen Besuch in den noch ruhigen Stallungen wollte Alexandra nicht verzichten. Der Pferdestall war ein langgestreckter Ziegelbau, in dem sich Box an Box reihte. In jeder befand sich ein gemauerter kleiner Wassertrog. Das Licht fiel in Kegeln von oben aus Fenstern unter dem Dach. Alexandra liebte die Atmosphäre, besonders wenn es im Stall noch ruhig war. Sie mochte den Pferdegeruch, das dampfende Schnauben der Tiere, ihr freudiges Wiehern zu ihrer Begrüßung, das Klacken der Hufe und das Streichen über ihr seidiges Fell. Auch heute stimmte sie das froh und zuversichtlich für den Tag.

Auf dem Weg ins Dorf zur Schule überholte Alexandra eine Kolonne Bauernfuhrwerke mit leeren Ladeflächen unterwegs zur Ziegelei. Mit Baumaterial aus der Fabrik entstand in Rogatschov zur Freude Vladimirs ein großes Theater. Während er schon eifrig Gastspiele seiner Künstlerfreunde plante, musste Alexej Transportkapazitäten zukaufen, um diesen Großauftrag erfüllen zu können.

Es waren immer dieselben, die Tüchtigen, die jede Gelegenheit nützten, um ihr Einkommen aufzubessern und so ihren bescheidenen, aber sichtlich wachsenden Wohlstand unabhängig von den Ernten abzusichern. Sie fassten ihre Kinder, die sie außer in der Erntezeit in die Schule schickten, hart an. Damit sie am Unterricht teilnehmen durften, mussten sie zuvor, oft bereits im Morgengrauen, Stallarbeit leisten und/oder die jüngeren Geschwister versorgen! Die Kulaken, wie sie später genannt wurden, widerlegten durch ihren wirtschaftlichen Erfolg und den Aufstieg ihrer Kinder die Behauptung, dass der russische Bauer unfähig wäre. In den dörflichen Gemeinschaften erregten sie bei den weniger Erfolgreichen Neid und Eifersucht und bei denen, die an der alten Idee des Gemeinschaftsbesitzes hingen, Angst, Misstrauen und Ablehnung. Kein Zweifel: Die dörfliche Welt war weiter im Umbruch.

Immer wieder gab es Ärger und Enttäuschungen mit der Schule Dedlovos – einer „ewigen Baustelle" des Semstwo. Diesmal war das Problem zu lösen, dass die bewährte Lehrerin gekündigt hatte, weil sie heiraten wollte und in eine andere Stadt zog. Es rächte sich jetzt, dass man aus Kostengründen die Beschäftigung einer zweiten Kraft immer wieder hinausgezögert hatte. Alexandra und Elisabeta wollten versuchen, die Lehrerin zu ersetzen, bis eine neue gefunden war. Doch das konnte dauern, denn für diesen Beruf gab es viel zu wenige Ausgebildete.

Mit ihrer Überzeugung, unbedingt etwas für die Bildung der Ärmsten tun zu müssen, war die Familie damals nicht allein. In den gebildeten und fortschrittlichen Schichten Russlands, nicht nur im Adel, gehörte es zum guten Ton, Schulen zu stiften oder zumindest Geld und Unterrichtsmaterial zu sammeln. Leo Tolstoi und seine Frau Sofia sind für ihr Engagement bekannt, die erste russische Ärztin Nadeschda Suslowa dagegen weniger. Die Tochter eines freigelassenen russischen Leibeigenen gründete 1893 auf der Krim eine kostenlose Schule[44]. Auch Anton Tschechow engagierte sich im Semstwo nahe seinem Gut Melichovo, und später auch auf Jalta, für Schulbauten, deren Fertigstellung er sogar persönlich überwachte[45].

Wenn Alexandra in die Schule kam, traf sie ihre Schwiegermutter, umringt von lachenden Kindern, deren Eltern sie schon unterrichtet hatte. Madame war sehr beliebt, denn die Stunden mit ihr vergingen mit Gesang, Geschichten und Spiel wie im Flug. Zum Glück übernahm der junge Pope, froh darüber, mehr zu verdienen, einige Stunden zusätzlich. Seine kleine Landwirtschaft reiche meist nur für das Nötigste und die Gläubigen unterstützten ihre Priester und seine ständig wachsende Familie knausrig und nur sehr unregelmäßig. Ein Umstand, der viele Priestersöhne in die Arme revolutionärer Gruppierungen trieb. Alexandra blickte in ihrer überfüllten Klasse in offene fröhliche, aber auch manche müde ungewaschene Gesichter. Einige Mädchen kamen herausgeputzt in bunten Röcken mit Kopftüchern aus selbstgewebten Stoffen ihrer Mütter – die Buben trugen kragenlose Bauernhemden und weite Hosen. Sobald es die Temperatur erlaubte, liefen alle barfuß.

Nicht mehr lange, und ihr Sohn Dimitri würde gemeinsam mit ihnen die Schulbank drücken. Alexandra wehrte sich nicht mehr gegen diese Idee. Vladimirs aufsehenerregende „Schulerinnerungen" waren in Buchform erschienen und hatten auch bei ihr ein aufrichtiges Umdenken bewirkt. Sie – anders als Elisabeta früher – hatte ein persönliches Interesse an guten Lehrern und am Niveau des Unterrichts und achtete unerbittlich auf Disziplin und Leistung, wofür man sie einmal mehr respektierte, aber auch fürchtete. Lesen, Schreiben und Rechnen zu lehren, war nicht mehr das einzige Ziel. Begabte Schüler sollten auf den Besuch des Gymnasiums vorbereitet werden. Alexandra selbst fehlte zum Unterrichten, das erkannte sie schnell, jede Eignung und Erfahrung. Dank der Hilfe Anjas, der begabten Tochter des Popen und selbst noch Schülerin, brachte sie den Unterricht ohne Pannen hinter sich. Sie lobte das Mädchen und fragte: „Sag, willst du nicht später Lehrerin werden?" Es zögerte mit der Antwort, um dann verlegen „Oh ja, sehr gerne" zu hauchen, „aber meine Mutter braucht mich daheim!" Ähnliches sagte der Gymnasiast Ivan von seinem Vater, als er Alexandra von seinem Entschluss erzählte, doch nicht zu studieren.

Als sie danach aus der Schule heimkam, setzte sie sich, ohne den Mantel abzulegen, an Alexejs Krankenbett, um sofort die Probleme mit der Schule zu besprechen: „Woher bekommen wir schnell die nötigen Lehrer?", fragte sie ihn. „Was ist denn passiert?" – „Nichts!" Aber sie sei überzeugt, dass ihr Unterricht nur bloße Zeitverschwendung wäre. Die Kinder lernten nichts und würden sich bald verlaufen. Alexej beruhigte und mahnte zur

Geduld: „Wir haben noch immer jemanden gefunden." Alexandra klagte auch, dass die Eltern die Ausbildung ihrer Kinder nicht unterstützten, selbst wenn sie die Ausbildung nichts kostete. Die begabte Anja, die sich für den Lehrberuf interessierte, hätte ihr abgesagt, weil ihre Mutter sie zu Hause brauchte.

Die Eltern seien auch Ivans Problem, klagte sie. Ivan mit der von Gott geschenkten Ausnahmebegabung, dem sie das Studium für das Lehramt bezahlen wollten, hatte nun abgesagt. Alexej runzelte überlegend die Stirn. „Von Gott geschenkt?" Ungeduldig fragte Alexandra: „Woher soll er sie sonst haben? Er ist in der Einöde und nur mit Bibeltexten aufgewachsen, trotzdem lernte er alles ganz leicht. Im Gymnasium bewältigte er ohne Schwierigkeiten Russisch, Latein, Griechisch oder Französisch, Mathematik und sogar Philosophie! Er hat abgesagt, weil ihm seine Eltern ihren Segen verweigerten!" Sie hatten dafür aber eigentlich verständliche Gründe: Ivans Vater erinnerte an die von Gott gegebene Kindespflicht, im Alter die Stütze der Eltern zu sein, als er sagte: „Jahrelang haben wir deinen Schulbesuch geduldet und auf deine Arbeitskraft verzichtet. Jetzt fühlen wir unsere Kräfte langsam schwinden. Nur weil du studierst, werden wir nichts von dir haben! Wer kümmert sich um uns in unserem Alter und sorgt dafür, dass wir geehrt begraben werden, wenn nicht du, unser Sohn?"

Es waren ehrbare, bescheidene Menschen, die treuesten Untertanen des Zaren, dem die Familie heilig war und der ihre Probleme verstand. Niemand sonst, nur der eigene Sohn konnte sie im nahen Alter vor Verwahrlosung und Elend bewahren. In Alexejs Augen war es trotzdem unglaublich schade, eine Verschwendung! Die „Ausnahmebegabung" würde künftig, wie noch tausende von ihnen in dieser Zeit, auf dem Feld arbeiten. Alexej hoffte, dass eines Tages beides möglich sein würde, und zwar dann, wenn es genügend Schulen und Universitäten in der Nähe gab.

Anders als bei dem Bauernsohn Ivan, aber im Prinzip doch wieder gleich, hing die Zufriedenheit seines eigenen Alters auch von Dimitri ab. Als am Abend Dimitri mit seiner Kinderfrau kam, um den Eltern eine gute Nacht zu wünschen, beobachtete Alexej unwillkürlich die Entwicklung seines Sohnes genau und kritisch.

Kein Zweifel, Dimitri war gesund und kräftig. „Aber", überlegte er in Gedanken, „müsste er nicht schon mehr sprechen? Nein, ich darf nicht vergessen, wie klein er noch ist!" Während er seinen kleinen Sohn umarmte und küsste, sagte er optimistisch: „Bis du in die Dorfschule kommst, ist dort sicher alles, wie es sein soll!" Überzeugt war er davon aber nicht, blieben doch nur noch drei Jahre bis dahin. Schließlich meldete sich eine Lehrerin, die genug von der Einsamkeit in der Stadt hatte und heim ins Dorf wollte.

26.

Russlands zwischen Schock und Triumph

Krönungskatastrophe mit 1500 Toten – Welt-Sensationserfolg Leistungsschau in Nischni Nowgorod – Vladimirs Malerfreund Wrubel stellt aus – Maxim Gorki kritisiert Cinematographen – Vladimir, Viktor Wasnezow und die Kathedrale des Heiligen Vladimir in Kiew – Forderungen an die Kunst

Erst eineinhalb Jahre nach dem Tod Zar Alexanders III. fanden in Moskau im Mai 1896 die Feierlichkeiten zur Krönung seines Nachfolgers Nikolaus II. statt. Gedacht als Demonstration der Macht und als Zeichen einer besonderen Verbindung des Herrschers mit dem Volk, kam es zu einer furchtbaren Katastrophe. Sie war so schrecklich, dass niemand in Dedlovo und Feodorovka den Zeitungsberichten Glauben schenken wollte. Aber Freunde Vladimirs und Verwandte, die sich in der Stadt aufhielten, bestätigten in zahlreichen Telefonaten das Unglück. Auszüge aus Tagebüchern der Schwestern des Zaren, der Großfürstinnen Xenia und Olga, schildern die Ereignisse [46]: „Es ist ein Albtraum! Eine riesige Menge (700.000 Menschen) strömte von allen Seiten auf dem Kodynka-Feld zusammen, um die Krönung des Zaren mit einem Volksfest zu feiern. In Erwartung der Verteilung von Geschenken, Essen und Geschirr durchbrachen plötzlich unzählige drängelnde Menschen die Barriere. Dadurch wurde eine große Zahl dieser Leute erstickt, erdrückt und zu Tode getrampelt. Darunter viele Kinder! Gegen Abend soll die Anzahl der Toten 1.400 erreicht haben, Niki (Zar Nikolaus II.) wurde jedoch nur von 360 Toten berichtet, die – bis zur Unkenntlichkeit verstümmelt – auf Karren weggebracht wurden. Die Katastrophe ließ Moskau in Trauer versinken!"

Zum Entsetzen des Großfürsten Sandro [47], Schwager des Zaren, und vieler Beobachter erschien das Zarenpaar auf dem Ball der französischen Botschaft! Nicht nur er, auch Vladimir dachten sofort an Russlands Ansehen im Ausland: „Bei ihrem Erscheinen müssen die Franzosen gedacht haben, dass die Romanows verrückt sind! Es ist nicht zu fassen! Die Welt hat wieder einen

Anlass, auf uns herabzusehen." Ärgerliche Klischees über seine Heimat würden wieder neue Nahrung bekommen. „Aber wir müssen noch die genaue Untersuchung der Katastrophe abwarten", meinte Vladimir, „bevor wir uns eine endgültige Meinung bilden, und auch erst alle Fakten kennen."

Doch zu einem Ergebnis der Untersuchung kam es gar nicht. Von dem Unglück schwer erschüttert, setzte Nikolaus II. zwar in richtiger Weise eine Untersuchungskommission ein, löste sie dann aber wieder auf, als Großfürst Sergej, Onkel des Zaren und Generalgouverneur von Moskau, sich darüber aufregte und jeden erdenklichen Gegendruck ausübte. Aus der Umgebung des Zaren war zu erfahren: „... er hört auf den, mit dem er zuletzt gesprochen hat". Dadurch blieb in der Öffentlichkeit die Verantwortung am Herrscher hängen, der mit der Organisation der Krönung gar nichts zu tun hatte. Es war ein erstes böses Omen für seine Regentschaft. Einfache Menschen bemitleideten ihn: „An seinen Fersen klebt das Unglück" – das Gefühl kannten sie aus eigener Erfahrung.

Der Imageschaden für ganz Russland im In- und vor allem im Ausland war gewaltig und nicht mehr zu beheben. Auch nicht durch Spenden von 1000 Rubel an die Opferfamilien und nicht durch den vom Zaren unter Zeitdruck absolvierten Besuch bei einigen Opfern im Krankenhaus.

Die mit Zar Nikolaus II. verknüpften Hoffnungen wurden nach und nach schwer enttäuscht. Nach seinem Entschluss, weiter autokratisch regieren zu wollen, nun die „Krönungs-Katastrophe", bei der sein Krisenmanagement schrecklich versagte. Alle dringend nötigen Entscheidungen fielen bei ihm zaudernd und unsicher aus. „Bei allem Verständnis für seine Unerfahrenheit", sagte Elisabeta, „er muss endlich Tritt fassen und sein Amt ausfüllen. Es ist so traurig, dass die geheiligten Krönungszeremonien durch dieses furchtbare Verhängnis für immer blutbesudelt sein werden."

Bald danach, Ende Mai 1896, fand in Nischni Nowgorod die Eröffnung der von Finanzminister Witte initiierten größten jemals in Russland stattfindenden Leistungsschau statt. Eine Sensation, ein Triumph und augenblicklich das neue und beherrschende

Thema. Nicht einmal die berühmte Weltausstellung in Chicago soll sich mit dieser Kunst- und Industrieausstellung in Nischni vergleichen können, schrieben die Zeitungen. Russland konnte endlich wieder, sogar mit Blick auf den Westen, stolz sein. Minister Witte waren immer wieder Hoffnungen und Erfolge zu danken. Er führte den Goldstandard ein, der die Exporte erleichterte, reformierte das Steuerwesen und warb mit modernen Methoden für die Wirtschaft.

Der Veranstaltungsort, ein uraltes Handelszentrum und Verkehrsknotenpunkt zu Lande und zu Wasser, war klug gewählt. Nischni Nowgorod lag wunderschön am breiten Zusammenfluss von Wolga und Oka. Zahllose kleine und große Dampf- und Segelschiffe, Last- und Ruderboote pflügten durch das Wasser. Schiffsrouten führten nach Zentralrussland und die Wolga abwärts zum Kaspischen Meer. Es war wirklich ein idealer Platz für eine Ausstellung, auf dem sich Ost und West, Tradition und Moderne des Reiches treffen konnten. Oder wie manche gefühlvoll sagten, er sei genau in der Mitte des in Ost und West geteilten russischen Herzens. Seit 1525 fand hier alljährlich eine Messe statt, bei der üblicherweise mit Pelzen, Leder und Textilien gehandelt wurde. Der Handel erstreckte sich von allen zentralen Landesteilen zum Ural, nach Sibirien, Transkaukasien und weiter zu den Nachbarländern Persien, Indien, Afghanistan und China. Ein faszinierend buntes Völkergemisch aus diesen Ländern drängte sich auf den Straßen. Allein schon deshalb war die Stadt eine Reise wert.

Vladimir las mit Begeisterung, dass sein Malerfreund Wrubel mit einer Ausstellung vertreten war. Eine Auszeichnung, die er auch nach Meinung Elisabetas wirklich verdiente. Sie kannte ihn gut, denn er war wiederholt zu Gast in Feodorovka gewesen. Alexej interessierten mehr die Beschreibungen unglaublicher technischer Neuigkeiten, die man dort angeblich bestaunen konnte.

Obwohl alle in der Familie schon andere Pläne für die nächste Zeit gemacht hatten – Elisabeta wollte zur Kur auf die Krim, den Sommer dann wieder in Dedlovo verbringen, Vladimir plante eine Reise zum Malerfreund Wasnezow, der seit Jahren hingebungsvoll an Fresken in der neuen Vladimir-Kathedrale in Kiew gearbeitet hatte –, beschlossen sie, so rasch es sich organisieren

Anton Tschechow, 1860-1904
Vladimir Kign-Dedlov, verkehrte in seinem
Kreis. In einem Brief fragte ihn der Dichter:
„Warum heiraten Sie nicht, warum nicht, ich
heiratete und bin glücklich."

(Foto aus Wikipedia)

Michail Wrubel, Maler 1856-1910
Ein sensibler, eigenwilliger Freund Vladimir
Kign- Dedlovs, heftig umstritten als erster
Vertreter des Symbolismus in Russland.

(Foto aus dem Heimatmuseum Rogatschov)

Wiktor Wasnezow, Maler 1848-1926
11 Jahre arbeitet Wasnezow an den Fresken der
Kathedrale des Hl. Vladimir in Kiew. Davon
tief beeindruckt, schreibt Vladimir Kign-Dedlov ein eigenes Büchlein über das Werk seines
Freundes. Seiner genauen Beschreibung ist es
zu danken, dass die Kathedrale nach der kommunistischen Ära wiederhergestellt werden
konnte.

(Foto aus Wikipedia).

Die Kathedrale des Hl. Vladimir in Kiew, erinnert an die Christianisierung des Kiewer Rus vor mittlerweile 1000 Jahren.

(Foto aus: „Die Kathedrale von Kiew", von Vladimir Kign 2007 neu aufgelegt)

Im Zentrum des gewaltigen Kirchenraums das Bildnis „der Mutter des Herrn, ohne Schuld geboren." Es soll nach einer Vision Viktor Wasnezows entstanden sein.

(Foto aus „Die Kathedrale von Kiew" von Vladimir Kign, 2007 neu aufgelegt)

Vladimir Kign-Dedlov wird 1908 im Adelsclub von Rogatschow erschossen.

(Foto aus dem Museum in Rogatschov)

ließ, gemeinsam nach Nischni Nowgorod zu reisen. Die Termine wurden verschoben und Vladimir übernahm es, sich um Hotels, Führungen, Treffen mit Künstlern, Politikern und Wirtschaftsleuten zu bemühen. Alexej seinerseits kümmerte sich darum, dass die rund 1.200 km weite Reise in den Osten für die Damen möglichst bequem verlaufen konnte.

Die Veranstaltung übertraf dann alle ihre Erwartungen. Ein Brief Alexandras an ihre Schwägerin Olga, mit der sie regelmäßig korrespondierte, ist nicht erhalten. Aber er könnte ungefähr so ausgesehen haben:

„Liebe Olga! Wir sind in Nischni Nowgorod und von der Allrussischen Leistungsschau begeistert und beeindruckt. Das Neueste in Russland auf wirtschaftlichem, technischem und künstlerischem Gebiet wird hier gezeigt. Selbst Vladimir meint – und er war in Paris, Berlin, Wien und London –, vor allem Frankreich oder Deutschland könnten es nicht besser machen! Wir sind stolz und froh. Die neuen Gebäude sind elegant und modern und elektrisches Licht beleuchtet alles taghell, auch die Festung. Es gibt ein neues Theater, breite Straßen und Seilbahnen! Wir versuchen, möglichst viel zu sehen, aber alle 200 Pavillons zu schaffen, ist unmöglich. Unbedingt sehen solltest du einen sogenannten „Cinémathographen" mit seinen sich bewegenden Bildern – natürlich von Franzosen gemacht! Das Publikum ist sehr bunt, gekleidet von sehr elegant bis verwegen-modisch. Meine Garderobe ist veraltet, das ist nicht zu übersehen. Die Menschenmassen in den Ausstellungsräumen machen mir zu schaffen. Wenn das Gedränge zu arg ist, wird mir übel und schwindlig. In den Hallen wird lebhafter Handel betrieben und Alexej knüpft interessante Kontakte. Er wirkt sehr zufrieden! Vladimir ist auf den Erfolg seiner Künstlerfreunde stolz und Maman auch. Alexej wünscht sich, dass die nächste Leistungsschau in Minsk stattfindet. Es wäre ein wichtiger Impuls für die ganze Region. Hat er nicht schon genug zu tun? (…) Übrigens kam der Zar persönlich, um sich von dem Erfolg des Projekts zu überzeugen (…) Bisher hat, hört man, schon eine Million Besucher die Präsentation besucht. Hunderte Reporter berichten buchstäblich in alle Welt. Es ist eine Sensation!"

Einer von den hunderten Reportern war der Dichter Maxim Gorki[48)], damals 25 Jahre alt und Journalist beim „Nischni Nowgoroder Tagblatt". Er kritisierte die Veranstaltung vernichtend. Verächtlich schrieb er über die Ausstellung: „Sie ist nur für Geschäftsleute gemacht! Diese buhlen um die Zusammenarbeit mit dem Minister und die Gunst des Zaren."

Es scheint, als zeigte sich hier die tiefe Kluft zwischen „Weltverbesserern und Krämerseelen", die sich gegenseitig gering schätzten und bekämpften. Alexej als Wirtschaftstreibender musste, wollte er nicht scheitern, pragmatisch bleiben und Wege der Verständigung nach allen Seiten suchen. Gorki seinerseits war enttäuscht, weil er gehofft hatte, man würde die Arbeiten des einfachen Volkes zeigen. In seinem Eifer beachtete er nicht, dass das ja in Nischni ohnehin während der jährlichen Messe geschah, diese aber zur Überwindung der Stagnation dringend eine Weiterentwicklung nötig hatte.

Bei Gorkis Kunstverständnis fand auch die Malerei keine Gnade: „Kunst (…) ist entweder verständlich und belehrend – oder sie ist gänzlich unnütz!" Auch Wrubels Werk, heute dem Jugendstil zugeordnet, passte nicht in dieses Schema. „Ach, du neue Kunst, dir fehlt jeder Geschmack", schrieb Gorki. „Ein armer Geist, eine arme Phantasie! Die Götter mögen wissen, was die Bilder demonstrieren sollen. Das ist Kunst für wenige – nicht für die Masse!"

Eine der großen Neuigkeiten der Schau, die Filmvorführung des Franzosen Louis Lumière mit seinem „Cinématographen", machte Gorki zum ersten Filmkritiker des Landes: „Ich war im Reich der Schatten! Da gibt es keine Farben, keine Geräusche … nur Schatten der Bewegungen". Ahnungsvoll warnte er: „… noch wurden nur anständige Bilder gezeigt." Und: „Anstatt der Wissenschaft zu dienen und die Menschen zu bessern, wird der Film nur dazu beitragen, die Unzucht zu fördern!"

Diese Art Kritik wurde heftig zurückgewiesen. Der durchschlagende Erfolg der Schau war nicht kleinzureden. Sie erwies sich für Aussteller, Stadt und Region als sehr segensreich. Alexej dürfte mit dem Kauf von Maschinen dazu beigetragen haben und begann, angeregt von Nischni, mit der vollständigen Elektrifizierung Dedlovos.

Im Herbst 1896 reiste Vladimir nach Kiew. Nach 34 schwierigen Baujahren konnte endlich die Kathedrale des heiligen Vladimir geweiht werden. Der prachtvolle sakrale Bau erinnerte an die Taufe des Heiligen vor 900 Jahren, mit der die Christianisierung des Kiewer Rus begann. Der Anblick des wunderbaren, 49 Meter hohen Baus, gekrönt von sieben Kuppeln, beeindruckte Vladimir so tief, dass er ein eigenes Büchlein[49] darüber verfasste. Seiner genauen Beschreibung ist es zu danken, dass die Kathedrale nach der kommunistischen Ära in alter Pracht wiederhergestellt werden konnte.

Berühmte russische Maler, darunter Vladimirs Freund Viktor Michailowitsch Wasnezow[50], hatten eine gewaltige Bilderwelt geschaffen. Sie zeigte Ereignisse aus der Bibel und das Wirken der heiligen Brüder Kyrill und Method. Diese verehrten Heiligen hatten den Slawen – bis dahin ohne eigene Schrift – das kyrillische Alphabet, eine eigene Liturgie und eine großartige Bibelübersetzung in slawischer Sprache geschenkt. Volk und Kirche, Identität und der Glaube Russlands waren seither untrennbar miteinander verbunden. Diese Tatsache wieder mehr ins Bewusstsein des Volkes zu rücken, war die Absicht der Stifter der Kirche – und nach Vladimirs Überzeugung auch vollkommen gelungen.

Viktor Michailowitsch Wasnezow hatte die Kathedrale auf einer Fläche von unvorstellbaren zweitausend Quadratmetern mit herrlichen Fresken und Ikonen geschmückt. Elf Jahre lang arbeitete der Künstler wie besessen an seinem riesigen Werk, zum Teil unter unerträglichen Bedingungen. Die Kirche war nie geheizt und die Gerüste nicht entsprechend gesichert. Er wurde wiederholt krank, stürzte mehrmals in die Tiefe und verlor einmal beinahe das Leben. Wasnezow rieb sich auf in dem Wunsch, den Betrachter seiner Werke im Innersten zu berühren, ihn das Unsichtbare, Mystische der „anderen Welt" ahnen zu lassen und zugleich vom Glauben der Heiligen zu erzählen. Ein hoher Anspruch – und schwierig zu verwirklichen. In der orthodoxen Kirche waren ja die Themen nicht der freien Interpretation der Künstler überlassen, sondern unterlagen, von der Ikonenmalerei herkommend, einer „Theologie in Bildern".

Deshalb blieb eine riesige kahle Wand über dem Hauptaltar, dem Herz der Kathedrale, lange frei. Die leere Fläche wartete auf eine

Darstellung der von Gott auserwählten einfachen Frau, der Mutter des Herrn, ohne Sünde geboren. Wasnezow suchte verzweifelt nach einer Idee und Form, die das alles beinhaltete. Er entwarf und verwarf unzählige Skizzen. Nichts davon kam seiner Vision nahe. Selbstzweifel nagten an ihm. Um Erleuchtung betend, starrte er viele Male auf den weißen Fleck im Altarraum. Da – eines Tages am frühen Morgen – schien es ihm, als zeichnete dort ein geheimnisvoller Schatten Umrisse einer wundervollen Gestalt. „Sie ist es!", soll der Künstler geflüstert haben. Wie in Trance kletterte er auf das Gerüst und begann mit bebenden Händen die Schattenlinien nachzuziehen. Aus dieser Vision entstand ein wunderbares Bild über das Göttliche und Menschliche in der Person Marias, ihre Ergebenheit in den Willen Gottes und ihre Kraft in der Größe ihrer Leiden. Ein berührendes Meisterwerk Wasnezows, sein Lebenswerk.

Diese spirituelle Welt erfüllte Vladimirs Herz mit Ruhe und Zuversicht. Die allgegenwärtige bange Frage „Wohin gehst du, Russland?" verlor in dieser Umgebung an Brisanz und damit auch die schrillen Aufrufe zur Gewalt, die sie begleiteten. Neue grausame Pläne „zur Rettung der Welt" wie die seiner ehemaligen Internatskollegen, die er überall zu erkennen glaubte, erschienen ihm hier als das, was sie waren: Ausgeburten kranker Hirne. Glaube schuf sichtlich Gemeinschaft und Orientierung in Zeiten des Umbruchs. War es nicht vernünftig, den Glauben an den Frieden Christi zu erneuern? Wer an Ihn glaubte, konnte nicht ohne Hoffnung, konnte kein Gewalttäter sein.

Wenn Vladimir sich in der Kathedrale umsah, fand er alles typisch russisch: die Heiligen, die Geschichte, die Künstler und alles schien ihm gut und schön. Eine erfreuliche Sichtweise für den unerbittlichen Kritiker russischer Schwächen. „Wenn ich die Bilder betrachte", schrieb Vladimir in seinem Essay[51], „sehe ich nicht nur den künstlerischen und nationalen Sieg, ich sehe auch russisches Leben, russische Formen, russische Vorbilder, russischen Glauben!" Und auch er formulierte eine Forderung an die Kunst: „Kunst muss auch als nationale Kunst – als russisch – erkennbar sein!" Kein Zweifel: Vladimirs Einstellung begann, zwischen liberal, national und konservativ-religiös zu pendeln.

Ein Schwanken, das ihn bei den Vertretern der Avantgarde und des intellektuellen Lebens insgesamt allmählich ins Abseits bringen sollte.

Viktor Wasnezow drohte nach Vollendung seines Mammut-Werkes, ausgepumpt und ohne Ziel, in ein tiefes Loch zu fallen. Was lag näher, als den Freund nach Feodorovka einzuladen? An der sommerlichen Flusslandschaft des Dnjepr, bei Wanderungen durch Wald und Flur, in heißen Diskussionen, und nicht zuletzt durch das köstliche Essen und die Fürsorge Elisabetas würde die Seele wieder heilen.

27.

„Stadtflüchtlinge" auf Feodorovka

Vladimirs Sommergäste: Theaterleute, Schriftsteller, Malerfreunde – jede Mahlzeit ist ein Fest – Diskussionen zur Schärfung des Geistes, von Wodka beflügelt – „der Russe fühlt sich immer schuldig" – Frauenrechte-Künstler gegen Krämerseelen und umgekehrt – Streit um Alexejs Kunstverständnis – Katharina wird geboren

Viktor Wasnezow nahm Vladimirs Einladung für den Sommer gerne an. Er wusste, was ihn erwartete, weil er Feodorovka und Dedlovo schon von früheren Besuchen her kannte. Anderen mit Vladimir befreundeten „Stadtflüchtlingen" – Theaterleuten, Schriftstellern, Malern und Journalisten[52] – erging es wohl so wie Tschechow, sie sahen auf die Landkarte und überlegten sich die weite Reise. Manche fürchteten sich vor der Langeweile „wohlanständigen" Landlebens und somit vor einem Aufenthalt wie in der „Verbannung". Bei aller Liebe zum erwarteten Luxus, der Anblick von bäuerlichem Elend würde ihren Genuss doch erheblich stören.

Aber gerade Skeptiker erlagen besonders schnell dem Zauber des sommerlichen Landlebens und den Gastgeber-Qualitäten der Familie. Manche Sommer ertranken in Regenfluten und trübseligem Licht. Meistens aber war es wochenlang trocken und heiß. Und das war ideal für Viktor Wasnezow und alle Malerfreunde Vladimirs, die Feodorovka im Laufe der Jahre besuchten. Wie früher schon Ivan Schischkin und Michael Wrubel mussten sie mit ihrer Staffelei nicht weit gehen, um Motive zu sehen: ein Horizont in sinkender Sonne, ein kleiner See wie im Märchen, ein unbeschreiblich schöner versteckter Badeplatz, ein ewiger Strom, ein geheimnisvoller Wald, Libellen und Stareschwärme und Plätze für Picknicks. Wer aber von den Gästen Sehnsucht nach Weite, Größe und Unvergänglichkeit verspürte, den zog es auf einen der Hügel über dem ewig träge fließenden Strom Dnjepr. Der Anblick der ausgedehnten, unberührten Flusslandschaft hatte etwas Heilendes, ganz besonders für sensible, unsichere Künstlerseelen wie die des erschöpften Viktor Wasnezow. Ein großes Werk hatte er vollendet, aber kein weiterer Auftrag war in Sicht. Und weil die Kritiken böse und neidisch waren, tat sich in seiner Seele ein schwarzes Loch auf, in dem der Künstler zu verschwinden drohte.

Selbstverständlich gab es köstliches Essen – zu allen Zeiten ein bewährtes Mittel zur Hebung der Stimmung. Frisches Brot, Früchte, Beeren und nicht zu vergessen der berühmte hauseigene Wodka machten jede Mahlzeit zum Fest. Gute vertrauensvolle Gespräche, oft nächtelang, waren fester Bestandteil der gemeinsam verbrachten Wochen. Vielleicht der wichtigste. Angenehm überrascht und beruhigt waren die Gäste von der Entwicklung und Zufriedenheit der Bauern, die sie als klug, gesund und religiös erlebten. Geduldig und belustigt standen sie ihnen Modell für Szenen aus ihrem Leben, deren Darstellung damals populär wurde. Abends war dann Gesang aus ihren Höfen zu hören. Darauf angesprochen, machte Elisabeta gerne stolz auf ihre Volksliedsammlung aufmerksam.

Früh von Glocken geweckt, verirrte sich mancher Gast in die Kirche zum Gottesdienst und verlor sich danach in ein Gespräch mit dem Popen. „Der Pope", berichtete einer dann bei Tisch, „hat mir bewiesen, dass Tolstois Lehre Teufelszeug ist." – „Nicht schon wieder über Tolstoi reden", bat Vladimir, „der alte Mann ist ein selbstherrlicher Moralist!" Währenddessen griff der Gast zur Vorlegegabel und nahm ein großes Stück Braten und meinte: „Es kann wirklich nicht gutgehen, wenn die Satten die Hungernden belehren wollen. Daher schweige ich von nun an."

Nächtelange Diskussionen zur „Schärfung des Geistes" waren eine Art intellektueller Sport und Wettkampf um die besten Argumente und Formulierungen. So redeten sie sich die Köpfe heiß. Anhand von neuen und immer wiederkehrenden Themen strebte man dabei leidenschaftlich nach einer „Neuartigkeit des Denkens". Zensur und Autokratie waren leider brisante Dauerthemen. Auch der Fall „Dreyfus"[53] in Frankreich erregte Empörung bis nach Feodorovka. Die Wogen gingen hoch, man diskutierte, wie die Gründung der sozialdemokratischen Partei Russlands zu bewerten sei. Ein heftiger Richtungsstreit in der Kunst war leider von dauernder Aktualität und Alkohol floss bei den Debatten als eine Art Wahrheitsdroge in Strömen. Stanislawski[54] und Nemirowitsch-Dantschenko[55] hatten in Moskau gemeinsam ein Theater gegründet, um ihre Ideen vom „atmosphärischen Darstellungsstil" durchzusetzen. So gut wie alle waren für Frauenrechte. Sie würden das ewige Hausfrauengezeter über die allgemeine Nichtachtung ihrer Arbeit beenden.

Nach Stunden und noch mehr Wodka war es natürlich mit der „Schärfe des Geistes" vorbei, Emotionen gewannen die Oberhand und wie oft in solchen Situationen badete man im Negativen und in Schuldgefühlen. Denn der Russe fühlte sich immer schuldig – ob jemand in seinem Haus krank geworden oder gestorben war, ob er Schulden machte oder Geld verlieh, er fühlte sich immer schuldig. Selbstzweifel und Schuldgefühle, das sind zutiefst russische Eigenschaften. „Warum leiden nur wir darunter und nicht auch die Deutschen oder die Franzosen? Hat je ein Franzose das vergossene Blut der Französischen Revolution bedauert, sich gefragt, ob der Fortschritt anders zu erreichen gewesen wäre?", fragte einer der Anwesenden.

Keine wehleidige Diskussion kam ohne den Vergleich Russlands mit Europa aus. „In Westeuropa gehen die Menschen zugrunde, weil es zu eng und zu stickig ist, bei uns durch viel Raum, zu viel Raum." Wie alle Künstler klagten auch sie gerne, wie erniedrigend es sei, für Geld arbeiten zu müssen – sich zu verkaufen. Im Morgengrauen kamen dann Müdigkeit und Langeweile – ein Lieblingswort der Russen und Ausdruck von Leere und ihrer Unruhe. Nur ein Tee, schwarz wie die Nacht, ein Besuch im Bagno oder ein Morgenritt, ein Sprung in den See half, den Kopf wieder frei zu bekommen und die verlorenen Energien wiederzufinden.

Den Gutsherrn bekamen Vladimirs Gäste nicht viel zu sehen und wenn, dann grüßend im Park vorbeireiten, den kleinen Sohn im Sattel, beim Sport oder am See. Seine Frau war eine beeindruckend vornehme Erscheinung, wirkte sehr zurückhaltend und war sichtlich in anderen Umständen. Alexejs stattliche Erscheinung, immer in Reithosen und Stiefeln mit einer Art Bauernhemd oder leichtem Sakko bekleidet, machte sie aber neugierig. Das köstliche Frühstücksei, Brot, Fleisch, Gemüse und vor allem der erstklassige Wodka stammten aus seinen Betrieben. „Ich bin hier der Landwirt", pflegte er sich vorzustellen. Künstler, Intellektuelle und der Gutsherr standen einander aber ambivalent gegenüber. Alexej vermutete, weltfremde Bohemiens vor sich zu haben, die hauptsächlich um sich selbst kreisten. Die Künstler hingegen sahen in ihm einen von Profitdenken getriebenen Gutsherren ohne viel Phantasie und daher mit engem Horizont.

In diesem Sommer beherbergte Alexandra nicht nur wie üblich nahe oder entfernte Verwandte, sondern auch Dr. Dimitri Mendelejew[56], den berühmten Chemiker und Professor an der Universität St. Petersburg, den Alexej sehr schätzte. Daher war es ihm besonders wichtig, dass er sich wohlfühlte. Nervös kontrollierte Alexandra vor dessen Ankunft das für ihn eingerichtete Schlaf- und Arbeitszimmer mit separatem Eingang ins Haus. Sie war ja wieder guter Hoffnung und nicht sehr belastbar. Alexej wünschte sich einen zweiten Sohn, denn der würde später den Erwartungsdruck auf Dimitri mildern und wäre deshalb auch für die Zukunft Dedlovos besser. Eine Tochter zu bekommen, dachte man damals, war gut fürs Herz, also Luxus, und dafür war noch Zeit.

Nach seiner Ankunft würde der Gast die Möglichkeit bekommen, den Reisestaub loszuwerden, ein Bediensteter würde ihn mit dem Hausbrauch bekanntmachen und informieren, wann man ihn im Salon erwartete. Alexandra blieb noch etwas Zeit, sich auszuruhen. Mendelejew, der ständig Telefon und Telegraf benützte, musste informiert werden, dass Telegramme im Dorf gelesen und Gespräche aus purer Neugierde mitgehört wurden. Der Professor hatte in seiner Dissertation die Grundlage für eine Qualitätssicherung bei Wodka geschaffen. Dieses Wissen interessierte Alexej natürlich außerordentlich und vermutlich war das der Anlass für die Einladung gewesen. Der allererste und einzige Fachmann auf diesem Gebiet würde den Wodka der Firma prüfen und Vorschläge zur Verbesserung machen. Mendelejew war überaus liebenswürdig und nahm alle Befangenheit. Er trug langes, schlohweißes Bart- und Haupthaar und wirkte wie eine Gestalt aus der Bibel. Aus einer verarmten Familie aus Tobolsk stammend, war er als jüngstes von 17 Kindern zur Welt gekommen. Zahlreiche bedeutende wissenschaftliche Arbeiten, wie das Element 101 Mendelevium, trugen seinen Namen. Ausländische Akademien der Wissenschaft wählten ihn zum Mitglied. Viele Ergebnisse seiner Forschungen, nicht nur bei Wodka, hatten praktische, wirtschaftliche Bedeutung. 1893 hatte Mendelejew das metrische Maßsystem in Russland eingeführt. Er reiste im Auftrag der russischen Regierung in die USA, um in Pennsylvania Ölförderung zu studieren. Nach seiner Rückkehr erfand er dazu neue Methoden, die in Russland angewandt wurden. Politisch liberal wie Alexej, legte er 1890 aus Protest gegen die Einschränkung der Autonomie der Universitäten seine Professur zurück. Später, 1906, soll ihm nur eine Stimme für die Zuerkennung des Nobelpreises gefehlt haben.

Zu Ehren dieses überaus weltgewandten und kunstsinnigen Mannes wurde ein Essen in Dedlovo gegeben, zu dem auch Vladimir und seine interessanten Gäste gebeten wurden. Mit gemischten Gefühlen, was sie wohl im Hause des „Landwirtes" erwartete, nahmen Vladimirs intellektuelle Freunde die Einladung an: „Wir haben die Wahl zwischen langweilig und sehr langweilig!" – „Das muss nicht sein", soll der Journalist Leonid Andrejew gespottet haben: „Beschäftigen wir uns doch mit dem Gastgeber und seinen Problemen wie: Steht der Roggen hoch? Oder: Warum beißen die Fische schlecht?" – „Ja, wo bleibt der Regen, aber zu viel Regen ist auch nicht gut!" Ein anderer Gast meinte spottend: „Ach, die Zimmerleute sind ein faules Volk – die Stute fohlt, wann ist das Sommergetreide zu ernten – haben wir steigende oder fallende Preise?"

Doch es wurde für sie alle der spannendste Abend seit langer Zeit. Sie lernten einen offenen, großzügigen und über seine Gäste wohlinformierten Hausherrn kennen, der sie zu faszinierenden vielseitigen Gesprächen anregte. Was mag wohl der aus Vilnius stammende Bildhauer Mark Antokolsky, der sein Werk vorrangig jüdischen Themen wie „Inquisition, Angriff gegen Juden" oder dem Werk „Nathan der Weise" widmete, von seinen Erfahrungen, Hoffnungen und Enttäuschungen preisgegeben haben? Was hatte Leonid Andrejew, der pessimistische Jurist, Journalist, Schriftsteller und Feuilletonist, der mit Maxim Gorki an einem Stück arbeitete, aus dem er später seine „Kinder der Sonne" machte, zum Gespräch beigetragen? Überwand sich Wasnezow, von seiner schöpferischen Blockade, und Vladimir, von seiner nächsten Reise zu sprechen? Alle, unabhängig von ihrer Herkunft, waren hochgebildet, sprachen in der Regel Deutsch und Französisch, hatten im Ausland gelebt – aber in Amerika, wie Mendelejew, war noch keiner gewesen. Trotzdem waren sie sich einig: Amerika – das war die Zukunft, dort konnte ungehemmt die neue Zeit anbrechen. Und dazu hatte Mendelejew aus eigenem Erleben viel zu sagen.

Als Alexandra die Tafel aufhob und sich zurückzog, war die Zeit viel zu schnell vergangen. Auf dem Weg zur Bibliothek betrachteten die Herren die repräsentativen, von Hofmalern gemalten Familienporträts an den Wänden. Für seine Generation beauftragte Alexej aber Ilja Repin und beging damit einen kleinen Traditionsbruch. Der bedeutendste Vertreter der russischen Realisten malte keine repräsentativen Bildnisse, sondern einfache Darstellungen der jeweiligen Persönlichkeiten. „Nach welchen Kriterien", fragte ein Gast Alexej, „wählen Sie Ihre Landschaftsbilder und Skulpturen aus?" – „Sie müssen mir gefallen – experimentierfreudig bin ich nicht", erklärte Alexej. „Das kann ich nur bestätigen", bemerkte Vladimir, der seinen Bruder gern als Mäzen seiner Freunde gesehen hätte. „Du weißt doch", erwiderte der, „auch Theater muss mir gefallen und mich unterhalten." Das war eine Bemerkung, die Vladimir ärgerte. „Was ist für dich denn unterhaltsam? ‚Die Möwe' hat dir ja auch nicht gefallen!"

Bald darauf waren die Herren – mit Wodka und Zigarren versorgt – in den tiefen Clubfauteuils der Bibliothek versunken. Alexej erklärte: „Tschechows, von schwachen, kraftlosen Menschen bevölkerte Welt ist mir einfach zu trist!" Diese Antwort musste Vladimir aufregen, denn die Rede war von einem Gastspiel mit Starbesetzung, das er in Rogatschov mit dem angesprochenen Stück organisiert hatte. „Wie kannst du so etwas sagen? Wenn du sonst von Tschechow nichts kennst, Alexej, solltest du dir kein Urteil anmaßen!" – „Ehrlich, ich verstehe deinen Lieblingsschriftsteller nicht und finde ihn nicht interessant!" Vladimir schnaubte verächtlich: „Weil du die Wahrheit nicht verträgst!"

Alexej bereute es, sich geäußert zu haben, wollte sich aber von seinem Bruder nicht abtun lassen. Er setzte eins drauf: „Wie ich höre, bin ich nicht allein, denn ‚Die Möwe‘ ist nach der Uraufführung in Moskau schrecklich durchgefallen." Die Kritiker hatten dem Dichter „Ibsenismus" vorgeworfen. „Ich kenne leider Tschechow nicht", rief Professor Mendelejew aus, „aber er und der Begriff ‚Ibsenismus‘ interessieren mich, was immer das heißen soll." – „Diese Kritik hat nichts zu bedeuten", sagte Vladimir bestimmt, „weil er heute der Größte ist." Und zu Alexej gewandt: „Es interessiert mich, welcher Dichter dir überhaupt etwas sagt, Alexej." Alexej überlegte noch, als Vladimir schon weitersprach. „Tolstoi! Habe ich recht? Natürlich, Tolstoi! Er tut ja nicht weh, weil er über das Leben nur alte Märchen erzählt. Natürlich gefällt dir seine Sprache, die von gestern ist! Gib es zu", rief er mit gerötetem Gesicht. „Ich habe nie behauptet", antwortete Alexej, „etwas von Literatur zu verstehen, ich sage nur, wie ich sie empfinde."

Bevor die fröhliche, optimistische Stimmung des Abends üblicher russischer Depression weichen konnte, begann Andrejew eine entspannte humorvolle Diskussion darüber, was wertvolle Literatur sei und was nicht, die mit viel Gelächter endete. Trotz Alexejs beschränktem Kunstinteresse wollte ihn jeder zum Freund, als sie beschwingt und bereichert das Gutshaus verließen. Alexej erzählte seiner Frau vom Rest des Abends: „Vladimir wird so empfindlich." – „Ja, Maman sieht das auch mit Sorge", antwortete Alexandra.

Im Dezember 1897 brachte Alexandra eine Tochter zur Welt, die feierlich auf den Namen Katharina getauft wurde. Kurze Zeit später legte Alexej ein Dokument in den Panzerschrank, das sie zur Eigentümerin eines der verlassenen Güter am südlichen Rand der Ländereien machte. Es beruhigte ihn, in dieser sich wandelnden Gesellschaft die Zukunft seiner Tochter gesichert zu wissen. Selbst wenn sie einen der neuen verarmten Adeligen ohne Gut heiratete und Kinder bekäme, auch wenn der Ehemann sich als untüchtig erweisen würde – sie wären versorgt.

Eines Tages wurden sie davon verständigt, dass Onkel Pjotr im Sterben läge. Eine Nachricht, die die Familie völlig überraschend traf, weil er seine Tuberkuloseerkrankung unbedingt geheimhalten hatte wollen. Elisabeta machte sich sofort auf den Weg, um Daria beizustehen. Nach mühevoller Reise traf sie noch rechtzeitig ein, um im undurchdringlichen Nebel Pjotrs Begräbniszug zu folgen. Daria war umgeben von einer Aura unendlicher Einsamkeit und wortloser Trauer. Später erzählte sie, dass Pjotr zu Beginn seiner Erkrankung nur einmal im Jahr Blut hustete. Als sich Fieberschübe und Schweißausbrüche häuften, vermied er es, nach Feodorovka zu kommen. Später erbrach er Blut unberechenbar und schwallartig. „Wir haben alles versucht. Aber auch Auslandsreisen zu berühmten Doktoren brachten keine Hilfe. Lediglich mildes Meeresklima ermöglichte einige Zeit Erleichterung. Sein Sterben war ruhig, ohne Qual!" Nach Wochen entschloss sich Daria endlich, auf Elisabeta zu hören und für einige Zeit nach Feodorovka zu kommen.

28.

Glückliche Jahre

Optimistischer Beginn des 20. Jahrhunderts – man richtet sich in der politischen Stagnation ein – Vladimirs Stimmung verschlechtert sich – Alexandra begleitet ihren Mann auf Reisen – eine Gouvernante mit Capricen – Dimitri besucht die Dorfschule – das Bauernhemd wird populär – Reise in die Schweiz – „Gehen Sie noch manchmal in die Fabrik?" – das Folterinstrument Korsett fällt dem Alpinismus zum Opfer

Das beginnende 20. Jahrhundert wurde zum Jahreswechsel 1899/1900 mit großen Hoffnungen erwartet und mit rauschenden Festen begrüßt. Millionenfach stiegen Gebete zum Himmel: „Herr, segne die kommenden Jahrzehnte und wende alles zum Guten!" Doch an der Autokratie, also am politischen Kurs, änderte sich nichts. Daher lebte man weiter wie bisher und versuchte, das Beste daraus zu machen – und das ermöglichte Alexandra und Alexej trotz allem glückliche Jahre. Nur Vladimir nicht. Sein Pessimismus verstärkte sich und wirkte besonders störend, denn auf Dedlovo und Feodorovka ging alles seinen gewohnt guten Weg, und nicht nur das: Alexandra hatte soeben aufgehört, ihren Mann mit Klagen, Mahnungen und List zu einer Änderung seines exzessiven Arbeits- und Lebensstils zu bewegen. Nichts hatte sie damit erreicht, nur „seine Tage vergiftet", wie er einmal im Zorn gesagt hatte. Ihre Ängste verdrängte sie in den hintersten Winkel ihres Herzens, wo sie aber weiter lauerten. Dieser Wandel bewirkte nach kurzem, ungläubigem Staunen bei ihrem Mann und in ihrer Umgebung eine neue entspannte Atmosphäre, die sich wellenförmig bis in den hintersten Winkel Dedlovos ausbreitete.

Eines Tages fragte Alexej seine Frau: „Willst du nicht mit mir nach Moskau kommen? Ich besuche eine Versammlung … und du könntest währenddessen Olga sehen!" Alexandra stimmte zu und von da an begleitete sie ihren Mann auf seinen Fahrten, wann immer es sich einrichten ließ. Nach ihrer Rückkehr machte sie es sich zur Gewohnheit, Dimitri ausführlich von ihren Eindrücken und Erlebnissen zu erzählen.

Von einer dieser Reisen brachten sie eine französische Gouvernante mit. Es war höchste Zeit, wenn diese sich noch bis zum bevorstehenden Schuleintritt des Buben einleben sollte. Ein Geschäftsfreund Alexejs, wohlhabender bürgerlicher Kaufmann, hatte sie empfohlen. Die Erzieherin sähe aus, wie man sich eine Französin vorstellte, wäre temperamentvoll und sehr selbstständig und unkompliziert, versprach der Freund. Das war sie auch, nur anders als erhofft. Schon gegen das erste Gebot für Gouvernanten, niemals gegen die Direktiven der Eltern zu handeln, verstieß sie: Sie hielt den vorgegebenen Tagesplan nicht ein, vergaß regelmäßig das Abendgebet mit den Kindern, bekrittelte vor ihnen und dem Personal, was ihr nicht passte, und war für ihre Position zu auffallend gekleidet. Mademoiselle hielt sich auch nicht an ein weiteres Gebot, nämlich nichts an die Kinder heranzutragen, das den Familienanschauungen widersprach. Zugegeben, die Anforderungen von damals mussten für eine Französin in Russland ein großes Problem gewesen sein.

Mehrmals verwarnt, versprach die Gouvernante jedes Mal, sich zu bemühen. Der herrschaftliche Landsitz mit seinen vielen Gästen, Sportmöglichkeiten und regelmäßigen Aufenthalten in St. Petersburg gefiel ihr sehr. Man war zwar sehr russisch fromm, so meinte sie, aber auch kultiviert, besonders Madame, die alles Französische liebte. Doch die junge Gouvernante blieb mit ihren „Capricen" immer ein Störfaktor. Nach einigem Hin und Her und tränenreichen Diskussionen entschloss sich Alexandra zu einer Kündigung.

Danach übernahm es Tante Daria, in einer St. Petersburger Agentur eine neue Erzieherin zu finden. Es war nicht einfach, denn die jungen, gebildeten Frauen hatten inzwischen andere berufliche Möglichkeiten, um von der eigenen Familie unabhängig zu werden. Dazu kam ein höherer Anspruch an die Fähigkeiten der Erzieherin als noch in der Kinderzeit von Alexej und Vladimir. Neben dem Unterricht der Fremdsprache sollte sie auch in der Lage sein, mögliche Defizite einer öffentlichen Volksschule im Blick auf eine Vorbereitung auf das Gymnasium auszugleichen.

Nach weiteren missglückten Versuchen kam schließlich Julie. Liebenswürdig fügte sie sich in Familie und Haushalt und wurde schnell allgemein akzeptiert. Julie muss auch als Lehrerin wirklich gut gewesen sein, denn sie begeisterte die Kinder für ihre Sprache, die sie perfekt erlernten. Katharina, damals erst drei Jahre alt, verbrachte von Beginn an regelmäßig einige Stunden mit der Erzieherin. Bei den Sprachen Deutsch und Englisch, die später dazukamen, reichte das Interesse der Kinder nur noch für eine bruchstückhafte Verständigung.

Da Alexandra wusste, dass sie keine Kinder mehr bekommen würde, suchte sie für ihre Tochter eine kleine Spielgefährtin. In der Familie des Obergärtners gab es Lydia, ein beinahe gleichaltriges Mädchen, das – lieb und klug – bald ein „Geschwisterersatz" für Katharina war. Ganz von selbst ergab es sich, dass die Mädchen gemeinsamen Unterricht erhielten.

Im Herbst wunderten sich die Leute in Dedlovo: „Man hat ihn wirklich zur Schule gebracht", und sie meinten damit Dimitri, „ganz gewöhnlich wie das Kind eines einfachen Mannes. Ich sag' euch, der Bub ist ganz in Ordnung!" So begann für Dimitri die Schulzeit in Dedlovo. Er hatte als Sohn des Herrn und dessen künftiger Nachfolger zweifellos eine privilegierte Stellung, die ihm aber nicht bewusst war. Durch die traditionelle familiäre Erziehung war es ihm in Fleisch und Blut übergegangen, sich bescheiden und nicht fordernd zu verhalten. Es durfte ihm weder schmeichelnd noch mit Unterwürfigkeit begegnet werden. Man war angehalten, ihn Dimitri und nicht „junger Herr" zu nennen. Auch vor boshaften Attacken von Schulkollegen, in die sich die Eltern nie einmischten, war er nicht gefeit. Das war gut so, denn er musste ja lernen, sich zu behaupten. Mit einigen Bauernkindern schloss Dimitri ganz schnell Freundschaft. Deren Familien lebten unbeirrbar das alte, einfache Leben frommer Bauern, wofür sie, je nach Standpunkt, angefeindet oder bewundert wurden. Dimitri gehörte zu ihren Bewunderern. Er war ihnen immer willkommen, sofern er sich den strengen, gottesfürchtigen Bräuchen fügte. Das tat er gerne, weil ihm wie jedem Kind ein überschaubarer, geregelter Tagesablauf Sicherheit gab. Die Mütter seiner Freunde verreisten niemals und die Väter teilten allen, auch ihm, dem Gast, Pflichten zu. Wodurch er sich ihnen zugehörig, nützlich und wichtig fühlte. Zur Mahlzeit saß er mit ihnen um den rohgehauenen Tisch und aß aus selbstgefertigten Schüsseln und mit selbstgeschnitztem Löffel. Natürlich bestand die Kleidung der bäuerlichen Familie aus von der Bäuerin selbst gewebten Stoffen. „Wir sind niemandem etwas schuldig und sorgen mit Gottes Hilfe für uns selbst", betonte der Vater eines Schulkollegen stolz, und das imponierte Dimitri ungeheuer.

Das Bauernhemd als Ausdruck russischer Identität hatte längst seinen Weg in aristokratische Kleiderkästen gefunden. Auch Dimitri trug es bis zu seinem Lebensende zu Kniehosen und Stiefeln, ergänzt von einem englischen Sakko. Zur Abhärtung musste Dimitri den weiten täglichen Schulweg bei jedem Wetter zu Fuß gehen, selbst dann, wenn ohnedies ein Wagen, der zum Gut gehörte, in seine Richtung unterwegs war. Darüber wunderten sich die Bauern und Arbeiter: „Eigens anzuspannen für den jungen Herrn muss ja nicht sein, wäre aber auch verständlich, weil ja genug Personal herumsteht." Aber das Kind dem Wagen nachtrotten zu lassen, schien ihnen typisch herrschaftlich verstiegen. So kam es, dass jeden Morgen, vom Gutshaus aus ungesehen, ein Fuhrwerk anhielt und Dimitri zur Schule mitnahm. Diese Gepflogenheit hielt sich bis in dessen Studentenjahre und verhalf ihm zu einem Stück Unabhängigkeit gegenüber den Eltern.

1901 wurde Alexej neuerlich der von ihm schon vor Jahren abgelehnte Vorsitz in der Landesständeverwaltung des Gouvernements Mogiljov angetragen. Diesmal nahm er an und Alexandra akzeptierte die Entscheidung. „Sehen Sie, Madame", sagte ein Beamter, „Ihrem Mann glauben die Leute, durch ihn kann die Arbeit weitergehen."

An einem Tag im Juni wurde in der Frühmesse dem Herrn für die glückliche Geburt der Großfürstin Anastasia gedankt, der vierten Tochter des Zaren Nikolaus II. und seiner Frau Alexandra. Wieder kein Sohn, kein Thronfolger! Nur er fehlte dem Herrscherpaar, das eine gottgefällige Ehe und ein vorbildliches Familienleben führte, zum perfekten Glück. Das Volk war voll Mitgefühl mit der zarten Zarin und bat den Herrn um Vergebung für das Gefühl der Enttäuschung.[57]

Im Herbst plante Alexej mit seiner Frau eine Reise zur Erholung. Ob und wie oft das Paar im Laufe der Jahre nach Europa gereist ist, weiß man, im Gegensatz zu Vladimirs Reisen, nicht genau. Ganz sicher besuchten sie aber mehrmals Frankreich, speziell Paris. Während ihrer Abwesenheit sah Elisabeta regelmäßig nach ihren Enkelkindern und den Betrieben. Das brachte Abwechslung, machte ihr große Freude und weckte viele Erinnerungen. In der Obhut Julies wirkten Dimitri und Katharina zufrieden und gut betreut, und Alexandras Wirtschafterin Anna hatte keine Fragen oder Probleme. Trotzdem wollten die Kinder ihre Großmutter an manchen Tagen nicht gehen lassen.

Elisabeta kümmerte sich während der Abwesenheit ihres Sohnes nicht nur um ihre Enkel, sondern sie ließ sich auch in den Fabriken sehen. Beim Durchqueren der Produktionshallen blieb sie bei bekannten Gesichtern zum Plaudern stehen. „Kaum zu glauben", überlegte sie, „dass ich einmal alle Namen der Beschäftigten wusste!" In den Büros der Fabriken ratterte ein Fernschreiber und es klingelten Telefone. Die Post, die sie flüchtig durchsah, konnte problemlos auf Alexej warten, daher verabschiedete sie sich sehr bald.

Nach einigen Tagen traf auf Feodorovka ein Telegramm von Alexej ein: „Sind in der Schweiz gut gelandet – alles in Ordnung. Unsere Adresse ist ... ..." – „Hast du eine Ahnung, was sie dort machen, Vladimir?" – „Nicht die geringste!" Elisabeta dachte nach. „Ich weiß zu wenig über dieses kleine Land! An eines erinnere ich mich aber gut – Frauen dürfen dort schon lange studieren! Wieso ich das sagen kann?", kam sie Vladimirs Frage zuvor. „Weil ich vor vielen Jahren auf der Krim eine tüchtige russische Ärztin mit eigener Praxis getroffen habe – Nadeschda Suslowa. Sie durfte damals schon als Frau und Russin in der Schweiz Medizin studieren!" – „Interessant, Maman", erwiderte Vladimir zerstreut. „Ich bin gespannt, was wir bei Alexandras und Alexejs Rückkehr zu hören bekommen!"

Elisabeta besuchte Ivan Pitkievich, um sich über den Stand der Herbstarbeiten zu informieren. Es war schon eine Weile her, dass sie sein Anwesen gesehen hatte. Die Fahrt durch einen kleinen Wald, vorbei an Wiesen und abgeernteten Feldern, war wunderschön. Als der Kutscher das Gespann in den geräumigen, sauber gekehrten Hof lenkte, kam Ivan überraschenderweise schon grüßend aus dem Haus und wies ihm einen Platz unter Dach an. „Wir", erklärte er Elisabeta und deutete zurück, „sehen unsere Besucher ja zuerst und schon von weitem, dann nämlich, wenn sie dort die kleine Anhöhe erreichen!" Höflich bat er Elisabeta, einzutreten. Plaudernd durchquerten sie eine weiträumige Halle mit großem russischem Ofen, durch die man in mehrere Räume gelangte. Das war neu – früher trat der Besucher direkt in die Stube ein. Elisabeta sah sich um: „Sie haben den Hof Ihres Vaters nach der Übernahme schön erweitert!" – „Danke, Madame, es ist nicht der Rede wert", sagte er bescheiden, zeigte ihr aber stolz noch den hinteren Hof mit seinen Nebengebäuden, dem Brunnen und dem Badehaus. Auf dem Weg zurück ins Haus begegneten Elisabeta in den Gängen Tanten Marjas, ihrer ganz persönlichen und bewährten Stütze, und unverheiratete Schwestern und Brüder, darunter der Älteste, Mikael, noch ein Kind. Elisabeta sah ihn prüfend an. Nach der Tradition beider Familien würde er einmal seinem Vater als Verwalter folgen und mit Dimitri zusammenarbeiten. „Aber", dachte sie, „das werde ich wohl nicht mehr erleben."

Auf dem Heimweg machte Elisabeta einen kleinen Umweg und hielt beim Alterssitz des inzwischen betagten Pjotr Pitkievich an, in dem er seit dem Tod seiner Frau Irina allein lebte. Der kleine Besitz, den er zu seiner Pensionierung von Ludwig bekommen hatte, war hübsch und gepflegt. Der Wohn- und Küchentrakt mit einem Badehaus im Hof lag am Rande eines Waldes, davor breiteten sich weite Felder aus. Auf dem Weg zum großen Familienanwesen sah man Enten in einem Teich baden und noch in Sichtweite drehte sich eine windbetriebene Mühle. Wie meistens dieser Tage sprachen sie über die Vergangenheit und ihr Leben im Alter. „Gehen Sie noch manchmal in die Fabrik, Pjotr?" – „Selten!" – „Heute ist mir klar geworden, dass ich keine Ahnung mehr vom Betrieb habe, ihn nicht mehr leiten könnte. Traurig!" – „Man muss zufrieden sein, Madame." – „Sie sagen es, Pjotr", und schloss seufzend: „Überhaupt, solange wir den Kindern nicht zur Last fallen."

Nach Wochen – der kommende Winter war inzwischen deutlich zu spüren – kehrten Alexej und Alexandra wohlbehalten zurück und berichteten von ihren besonderen Erlebnissen in den Bergen der Schweiz. Alexandra schilderte anschaulich und Dimitri hörte mit offenem Mund zu: „… Endlich oben angekommen, schnürten mir die gewaltigen Berge den Atem ab. Was, wenn sie auf uns herabstürzten? Das Tal war so schmal und der Blick dadurch beengt, es wirkte sehr beklemmend auf mich. Die ersten Tage verbrachte ich nur im Hotelbett!" Alexej hingegen machte anfangs die „dünne" Luft sehr zu schaffen. „Wir fühlten uns so", erklärte er seinem Sohn, „weil wir von unserer Heimat geprägt sind: der Ebene mit unendlichem Horizont, ihren ruhigen Flussläufen, den riesigen Wolkenbergen, die die goldenen Getreidefelder beinahe streifen!" Auch Dimitri soll sich als Erwachsener nie wirklich mit der Bergwelt angefreundet haben.

Alexej erzählte weiter, dass sie – von Engländern animiert – kurz entschlossen nach Grindelwald gereist seien. Die bekannt reisefreudigen Briten waren die ersten Sommer-Touristen überhaupt und gaben gesellschaftlich wie sportlich den Ton an. Der Alpinismus, der damals seine erste Blüte erlebte, versprach exklusive Abenteuer in gefährlicher, unberührter Natur. „Aber so wild wird es schon nicht werden", hatte er Alexandra beruhigt, „denn zum Dinner im Hotel ist Abendkleidung vorgeschrieben!" Doch auf den „Höhenkoller" und Anfälle von Klaustrophobie, die sie erlebten, waren sie nicht gefasst gewesen.

Nach einigen Tagen der Akklimatisierung – exponierte Steige mieden sie einfach – genoss das Paar doch noch seinen Aufenthalt. Alexandra kleidete sich zum Wandern wie die englischen Damen in verwegene, nur knöchellange Röcke, hochgeschlossene Blusen und Jacken, die an ihre tägliche Reitkleidung erinnerten. Bergwanderinnen trugen in der Hand einen langen Stock zur Stütze, große Hüte und darunter vielfach aufwendige Frisuren. Alexandras Haar war wie beim Reiten zu einem festen Nackenknoten gedreht. Anfangs war sie wie die meisten Damen in ein Korsett geschnürt. Kein Wunder, dass sie schonungsbedürftig waren. Alexandra verwendete deshalb beim Bergwandern bald kein Mieder mehr, obwohl sie sich ohne beinahe nackt fühlte.

Den Vorschlag ihres Mannes, „das Zeug für immer wegzulassen", wies sie zunächst entrüstet zurück. Ganz bestimmt hat aber der um sich greifende Alpinismus das allgemeine Ende des „Folterinstrumentes Korsett" beschleunigt – nicht nur bei Alexandra.

Im Februar des neuen Jahres 1902 fegte durch das intellektuelle Russland ein Sturm der Entrüstung: Der Zar wollte die Wahl des charismatischen und unter ständiger Polizeiaufsicht stehenden revolutionären Dichters Maxim Gorki in die Akademie der Wissenschaften verhindern.[58] Dagegen protestierte auch Vladimir. Prominente Mitglieder wie Tschechow und Korolenko legten ihre Mitgliedschaft zurück, obwohl sie Gorkis Einstellung zur Gewalt als politisches Mittel nicht teilten.

Die Person Gorkis dürfte Alexandra wenig beschäftigt haben. In Russland gab es zu allen Zeiten verehrte Dichter, Revolutionäre aller Schattierungen, skurrile Prediger, falsche Zaren, wundertätige Mönche. Sie vermied alles, was die Ruhe ihres Lebens auf Dedlovo stören könnte.

29

Zu Gast in der neuen Gesellschaft

Neue Nachbarn – eine Gouvernante und ein Ingenieur – Alexandra sieht es kritisch als Tabubruch, in Gesellschaft zu politisieren – „Warum muss ich mir das anhören?" – über den Adel: „Sie müssen ständig zu Jours bei ma tante gehen" – Pogrome – Menschewiki und Bolschewiki – „Kennen Sie Lenin?" – politische Religion entsteht – Vladimirs Stern sinkt

Die Einladungen auf dem Gut von Ingenieur Mikael P. waren im ganzen Landkreis zu Recht berühmt. Alle, die gebeten waren, kamen: Kaufleute, Künstler, Politiker und auch die benachbarte Aristokratie. Alexandra allerdings begleitete ihren Mann nur widerwillig. „Was soll ich dort?", fragte sie sich. Ihre Zeit reichte kaum, den eigenen großen, erprobten und teilweise „ererbten" Freundes- und Familienkreis zu pflegen. Wozu sollte sie sich also mit Leuten abgeben, mit denen man nichts Gemeinsames hatte? So zu denken, war nicht Ausdruck einer Nichtachtung, sondern der Erziehung: „Man muss Prioritäten für Tradition und Familie setzen." Über die geschlossenen Adelszirkel spottete die neue Gesellschaft ihrerseits näselnd: „Ähh – es sind Leute, die ständig zu einem Jour-fixe bei ‚ma tante' gehen müssen …"

Ingenieur P. und seine Frau Kitty hatten aus dem alten Gutshaus, es war absolut sehens- und anerkennenswert, ein modernes, schlossartiges Gebäude gemacht, ideal zur Präsentation der internationalen Kunstwerke, die der Hausherr mit Schwerpunkt Frankreich sammelte. Im Zentrum der Neugierde aber stand die Gastgeberin, die mit ihrem extravaganten Auftreten viel Stoff für Klatsch und Tratsch lieferte. Sie war eine der Ersten, die im Herrensattel ritt, obwohl es als anstößig empfunden wurde, auch wenn die Hosenbeine von einem Rock nicht zu unterscheiden waren. Hinter vorgehaltener Hand wurde kritisiert, dass sich die Hausfrau viel zu auffallend kleide. Dabei mag wohl Eifersucht eine Rolle gespielt haben. Denn sie unterstrich lediglich gekonnt die Vorzüge ihrer Figur und zeigte dabei gerne ihre schöne Haut. Ihre Erscheinung wirkte sehr selbstbewusst und anziehend, aber nicht gewöhnlich. In diesem Fall hätte man über ihren Auftritt kein Wort verloren, sondern taktvoll oder boshaft geschwiegen.

Im Hause P. durften politische Ansichten, für die man anderswo verhaftet worden wäre, ohne Scheu bei Tisch geäußert werden. In einem autokratisch regierten Land war das nicht selbstverständlich. Einige Herren machten, von der Hausfrau ermuntert, ungeniert Gebrauch davon. „Wieso", dachte Alexandra verärgert, „muss ich mir das anhören? Können sie nicht bis nach dem Essen warten und im Rauchsalon darüber diskutieren?" Für sie war es eine Zumutung, sich als Gast von Fremden unbeherrschte politische Reden anhören zu müssen. Für Damen war es nicht üblich, darauf einzugehen oder sich gar zu exponieren, denn es hieß: „Politische Leidenschaft ist für eine Frau so wenig vorteilhaft wie Alkoholismus!" Aber manche Herren deuteten die Zurückhaltung der Damen gerne als Ausdruck von deren Hilf- und Ahnungslosigkeit und fühlten sich wunderbar erhaben. Der Gedanke, dass Frauen wie Alexandra ihnen an Wissen über politische und wirtschaftliche Zusammenhänge weit überlegen sein könnten, kam ihnen nie – obwohl es vielfach Frauen waren, die durch Generationen das Überleben der Betriebe und Familien gesichert hatten. Aber woher sollte denn jemand außerhalb der Familie über deren Leistungen Bescheid wissen, wenn es nicht üblich war, über sie zu sprechen?

Als an diesem Abend die Tafel endlich aufgehoben wurde, scharte sich eine Gruppe Männer um Diskutierende, darunter der Gastgeber, Alexej und Vladimir. „Was denken Sie über die seltsame Entlassung Wittes?"[59], wurde Alexej gefragt. „Ich weiß wirklich nicht, was ich dazu sagen soll! Es wird ihm vorgeworfen, an einer jüdischen Verschwörung teilgenommen zu haben. Absurd!" Alexej regte sich auf. „Die Regierung handelt einfach nur kopflos!" Vladimir überlegte, sich zu äußern, schwieg dann aber lieber. Ingenieur P., der Gastgeber, erwiderte: „So ist es! Wie Sie wissen, kam es – und das hätte man vermeiden können – zu einem Aufstand der Bauern der Ukraine." In anderen Gedanken gefangen, unterbrach Vladimir: „Schrecklich, die vielen Opfer ... Wie hatte es trotz allgegenwärtiger Polizeispitzel zu unkontrollierten Gewaltausbrüchen kommen können? Wie war es möglich, dass sich aufgestaute Aggressionen wieder in schrecklichen Pogromen entluden?" Einer der Zuhörer behauptete: „Polizeispitzel, so sagt man, hätten dabei ‚kanalisierend‘ gewirkt!" Und niemand widersprach. Alexej war aufgebracht: „Unsere Unterstützung hat diese unfähige Regierung inzwischen auch nicht mehr!" Optimismus, ein Grundzug seines Wesens, verabschiedete sich nach solch schlechten Nachrichten jedes Mal ein Stückchen mehr. Die große Frage: „Wie soll es weitergehen?", blieb im Raum stehen.

An der grundsätzlichen Frage, die Gesellschaft mit Gewalt oder friedlich zu verändern, zerbrach die Einheit der russischen Sozialdemokraten. Sie spalteten sich in Menschewiki[60] und die offen zu Gewalt aufrufenden Bolschewiki[61].. „Kennen Sie Lenin?"[62], fragte ein Gast. „Meinen Sie den ehemaligen Anwalt mit seinem Gut an der Wolga?", fragte ein anderer. „Ja, er ist der Führer der Bolschewiki. Jeder Revolutionär hat ihn schon einmal getroffen." – „Sie auch?" – „Natürlich, ich bin ja überzeugter Revolutionär!" – „Was will Lenin eigentlich?" – „Das können Sie in seinem Buch ‚Was tun?‘ nachlesen." – „Ja, was ist zu tun?" – „Lesen Sie sein Manifest. Es ist ein Leitfaden, die Revolution zu schaffen!" – „Aha?" – „Lenin sagt uns, wie wir mit nur einem Stoß die alte Ordnung zum Einsturz bringen können." – „Also mit Gewalt?" – „Ja, aber viel braucht sie ja nicht zu ihrem Untergang!" Betretenes Schweigen folgte auf diese Äußerung. „Das unterscheidet uns von den Menschewiki", erklärte der Revolutionär begeistert, „die möchten warten, bis die Massen bereit sind, die sozialistische Ordnung für eine gerechte Gesellschaft anzunehmen. Aber wozu darauf warten? Wir glauben aber, dass nur gut organisierte, zu allem bereite Kader gegen jeden Widerstand den Wandel durchsetzen werden!" Ungeduldig fragte Alexej: „Wie soll das gehen, wenn Menschen so wie ich ihnen nicht trauen?" – „Wir sind überzeugt, dass die dumpfen Massen zu ihrem Glück durch Umerziehung gezwungen werden müssen!" – „Umerziehung?" – „Für unser großes Ziel, die ‚Diktatur des Proletariats‘, brauchen wir einen ‚neuen Menschen‘, verstehen Sie? Lenin will eine Kaderpartei und Berufsrevolutionäre, die ohne Skrupel bereit sind, Russland zu retten und neu zu erschaffen!" – „Also Gewalt?" –

„Ja, natürlich – wenn nötig!" – „Wissen Sie, was Sie da sagen?",
fragte Vladimir mühsam beherrscht, weil sich seine schlimmsten
Befürchtungen bewahrheiteten. „Selbstverständlich Gewalt",
behauptete der Salonrevolutionär stolz, „und bitte glauben Sie mir,
Lenin macht niemals Kompromisse!" – „Und diese Bolschewiki",
sagte Vladimir mit leiser Stimme und voll Verachtung, „sind schon,
wie wir heute hören können, ein Teil unserer Gesellschaft!"

Der Gastgeber ließ Wodka nachschenken, nahm Vladimir und
Alexej etwas zur Seite, dann sagte er ernst: „Mit diesem Besitz
haben meine Frau und ich uns einen Traum erfüllt. Und das alles
instandzusetzen, hat mich, wie Sie sich denken können, viel Geld
und Kraft gekostet. Aber ich denke darüber nach, alles hinzuwer-
fen, zu verkaufen und auszuwandern!" Alexej meinte erschrocken: „Warum? Die Bolschewiki sind doch nur eine kleine
Gruppe, die niemals große Bedeutung haben wird."

Fakten unterstrichen seine Behauptung. Die sozialistische Arbeiterpartei hatte sich von den wenigen Bolschewiki getrennt, zwei
Drittel der Bevölkerung waren Bauern, die von den Bolschewiki
niemals gewonnen werden konnten, ebenso wenig wie das neue
Kleinbürgertum. Aber Vladimirs Meinung, dass mit einer zunehmenden Radikalisierung eine Ideologie der Gewalt die Lunte am
Pulverfass sein würde, verunsicherte. Mikael P. betonte: „Ich
zögere ja noch vor dem letzten Schritt, obwohl ich wenig Hoffnung für das Land habe!" – „Wohin planen Sie zu gehen? Nach
Frankreich?" – „Nach Amerika natürlich!" – „Im Ernst? Können
Sie denn ohne Russland leben?" – „Oh ja, doch nur, weil ich hier
keine Zukunft mehr sehe. Als Techniker werde ich in Amerika
gebraucht und mit etwas Vermögen bin ich doppelt willkommen!" – „Irgendwie", sagte Alexej voll Wärme, „kann ich Sie ja
verstehen. Es wird uns viel zugemutet!"

Sein Gutsnachbar konnte anders als er selbst frei entscheiden. Er
hatte sein Gut erworben und nicht geerbt. Warum sollte er es nicht
wieder verkaufen? Er hatte eine Frau ohne familiäre Bindungen
an Haus und Land und noch keine Kinder. Doch er – Alexej –
könnte nie aufgeben, was seine Vorfahren geschaffen und seine
Eltern ihm anvertraut hatten, selbst wenn er es wollte. In manch
schlaflosen dunklen Nächten entwarf und verwarf er Lösungen,

drohendes Unheil von seinem Besitz und den Menschen fernzuhalten, die mit ihnen arbeiteten und lebten. Wenn dann aber die
Sonne aufging, das Haus und Dedlovo mit vertrauten Stimmen
und Geräuschen zum Leben erwachte, verloren die schwarzen
Gedanken ihre Macht und seine Zuversicht kehrte zurück.

Am Ende der ernsten Unterhaltung verließen die Brüder die Her-
renrunde, trafen Alexandra und verabschiedeten sich gemeinsam.
Im Gehen sahen sie noch, wie ein Mann sich aus der Gruppe löste
und seine Hand schwer auf die schmalen Schultern des jungen
Bolschewiken legte, während sein kräftiger Bass in Richtung
Gastgeber dröhnte: „Mikael, keine Sorge, die Bolschewiki sind
Hitzköpfe, die nur große Sprüche machen! ... Komm, lass uns auf
die Schönheit des Lebens trinken. Prost!" Den ganzen Abend
über hatte sich Vladimir bei allen Diskussionen mühsam zurück-
genommen. Kaum im Wagen, fragte er seinen Bruder wütend:
„Was redet der Dummkopf? Hat er dem Burschen nicht zuge-
hört?" – „Bestimmt nicht", sagte Alexej. „Er gehört zu denen, die
es gar nicht so genau wissen wollen!"

Diese Abendeinladung beschäftigte Vladimir noch eine Weile.
Das Gehörte setzte ihm sichtlich zu, denn seine schlimmsten
Befürchtungen hatten sich bewahrheitet. Das bolschewistische
Gedankengut war in der Mitte der Gesellschaft angekommen.
Seine Versuche, aufzuklären und zu warnen, waren selbst in seiner unmittelbaren Umgebung gescheitert. Aber Vladimir konnte
nicht aufhören, vor kommendem Unheil zu warnen, obwohl sich
niemand dafür zu interessieren schien. Er fragte bei passender
und unpassender Gelegenheit: „Was tun, wenn die Bolschewiki
die aufgestaute Wut und Verzweiflung des Volkes, verbunden mit
seiner latenten Gewaltbereitschaft, zu ihren Gunsten ‚kanalisie-
ren?' Was, wenn ihre totalitäre Ideologie der Gewalt der Funke
wäre, der nach ihrer Planung das ‚Pulverfass' tatsächlich zur großen Explosion bringt?" – „Aber nein", beruhigten ihn wohlhabende Kaufleute, Industrielle und Intellektuelle, „es wird nie so
heiß gegessen wie gekocht." Falls die Bolschewiki aber doch
Macht bekämen, wurde überlegt, konnte es nicht schaden, sie gut
zu stimmen. So wurde es schick, sie und ihre Revolution mit
Geldspenden zu unterstützen!

Der junge Revolutionär erinnerte Vladimir gespenstisch an seine revolutionären Mitschüler im Gymnasium, allesamt von Adel oder reiche Bürgersöhne. Es war nicht das einfache Volk, das in seiner Not nicht wusste, wohin, das Vladimir rasend machte, sondern die satten Bürger, Salonanarchisten und -revolutionäre, die glaubten, es sich schon richten zu können. Wie früher bei seinen Schulkollegen, sah Vladimir auch jetzt in den Augen der Revolutionäre statt Kraft, Lebensfreude und Optimismus nur Schwäche, Hoffnungslosigkeit und Fanatismus!

Die Bolschewiki – das war neu und die Wirkung nicht abzusehen – machten aus ihren Allmacht- und Gewaltphantasien eine „politische Religion". Diese Gedanken wurden besonders kompromisslos von Anatoli Lunatscharski[63] vertreten. Zur Befreiung der Massen kam deren „Erlösung" mit dem Kollektiv als neuem Gott, dazu wurden Merkmale des Christentums und des Marxismus zu einer „sozialen Religion" vereinigt. „Der Mensch selbst ist Gott, er braucht keinen Gott, den er ja selbst erschaffen hat! Der Mensch übernimmt, was Gott zugeschrieben wird." Konsequent machten sie sich daran, den „neuen Menschen"[64] zu formen, der ihre „Erlösungspläne" gläubig umsetzen musste. Lunatscharski verfasste sogar eine Version des Vaterunsers:

Oh heilige Arbeiterklasse,

die du auf Erden weilst,

geheiligt werde dein Name,

es komme dein Reich und dein Wille geschehe!

Wenn man das heute liest, fragt man sich, wie es möglich war, dass diese Ideen über Hinterzimmer der Vereinslokale, Studentenbuden hinaus Verbreitung finden konnten. Doch das war ganz wesentlich dem charismatischen, inzwischen berühmten Autor Maxim Gorki zu verdanken, jenem, der in Nischni Nowgorod durch seine politisch motivierten vernichtenden Kritiken allgemein bekannt wurde. Er stellte seine Arbeit, vom Volk „Sturmvogel der Revolution" genannt, wortgewaltig und ungehemmt von Skrupeln in den Dienst der Sache. Durch ihn wurde das bolschewistische Gedankengut bis in den letzten Winkel des Reiches bekannt und salonfähig gemacht, wie der junge Revolutionär im Hause von Ingenieur P. bewiesen hatte. Lenin verschleierte seine Absichten nicht: „Wir wollen die Diktatur des Proletariats! Diktatur bedeutet – merken Sie sich das ein für alle Mal – unbegrenzte, auf Gewalt und nicht auf Gesetz gestützte Macht!"[65] Solche Statements schreckten viele auf. Aber Gorki versah diese Forderungen mit „Zuckerguss" und machte sie besonders für diejenigen, die es nicht so genau wissen wollten, verträglicher. Er predigte von seiner Liebe zu den Menschen, die das Böse im Leben mit allen Mitteln bekämpfen wollte, auch mit Gewalt.

Nicht nur Vladimir, auch Gorkis ihm wohlwollende Dichterfreunde Tolstoi und Tschechow[66] waren alarmiert, sie äußerten öffentlich ihre Bedenken. Gorki aber wischte sie weg: „Tolstoi ist vielleicht unser Shakespeare, aber was nützt das, wenn seine Lehre der Gewaltlosigkeit dem revolutionären Kampf unwiederbringlichen Schaden zufügt?" Tolstois Ruhm zu beinträchtigen, war ihm und anderen Revolutionären schwer möglich, aber andere Intellektuelle wie Vladimir kamen als deren Gegner ins Abseits. Obwohl Vladimir immer ein sozial engagierter Querdenker und Rebell war, bekam er jetzt das vernichtende Etikett „konservativ" umgehängt. Es war offensichtlich: Seine Meinungen und Mahnungen passten nicht mehr zu den intellektuellen Moden. Während Vladimirs Stern aus politischen Gründen sank, erreichte Gorkis Ruhm im In- und Ausland ungeahnte Höhen und Glanz.

Die mangelnde Anerkennung war Gift für Vladimirs Gemütsverfassung und sein Selbstbewusstsein. Die Phasen seiner depressiven Verstimmungen verlängerten sich. „Was ist mit dir?", fragte Elisabeta besorgt. Sie sah ihn aus der Post ein dickes Kuvert fischen, offenbar ein zurückgesandtes Manuskript. „Das ist doch normal, Maman", kam er ihren Tröstungsversuchen zuvor. In Gegenwart seiner Mutter war er wie immer bemüht, seine Niedergeschlagenheit zu verbergen und optimistisch zu erscheinen. „Der und der", er nannte Namen verschiedener Freunde, „wird mir helfen, einen Verleger für meine Novellen zu finden." Elisabeta schwieg. Sie wusste, dass er nicht ausgelastet war und hauptsächlich für die Schublade und nur wenige Zeitungen schrieb. Wie so oft verschwand er, um Diskussionen zu entgehen, in den eleganten Adels-Club in Rogatschov.

Die gesamte Familie, auch die Kinder, verbrachten wie üblich den Hochwinter in St. Petersburg. Vladimir hoffte, dort, weil näher zu seinen beruflichen Seilschaften, eher Arbeit und einen Verleger zu finden[67]. Vladimir bekam Arbeit, doch anders als erträumt.

30.

„Wie im Sog einer dunklen Macht"

Krieg mit Japan – Vladimir wird Kriegsberichterstatter, missachtet die Zensur – „Sah und hörte Furchtbares" – Tagung der Semstwo-Arbeiter – an der Front, ein Desaster – Vladimir trauert um Tschechow – „Warum heiratet Vladimir nicht?" – Tschechows Meinung über Liebe und Ehe – endlich ein Thronfolger! – ein schreckliches Geheimnis – schwere Revolten in Petersburg – hilflos wie im Sog einer dunklen Macht

Am 25. Januar 1904 hatten die Japaner Russland den Krieg erklärt. Völlig überraschend griffen sie nur zwei Tage später die Hafenstadt Port Arthur am Gelben Meer an. Vladimir wurde als Kriegsberichterstatter entsandt und reiste sofort in das Krisengebiet ab. Die Russen erschraken zutiefst: „Krieg! – ein Verhängnis für uns und das Reich! Gott steh uns bei!" Plötzlich schien alles andere unwichtig. Aufgeregt und besorgt warteten die Familie und der gesamte Haushalt täglich auf Nachrichten von Vladimir.

Zum Auftakt der Kampfhandlungen versenkten die Japaner ohne Gegenwehr eine der Öffentlichkeit noch unbekannte Zahl vor Anker liegender russischer Schiffe. Wie demütigend für Russland! Aber es sollte noch schlimmer kommen. „War der Angriff wirklich überraschend?", fragten Vladimir und kritische Beobachter. Befreundete Diplomaten erzählten ihm, der Zar hätte bei einem Empfang die japanische Vertretung in St. Petersburg gewarnt: Russland sei ein Erdteil, nicht bloß ein Land, und man sollte, um einen Krieg zu vermeiden, dessen Geduld nicht überstrapazieren, sonst könnte es böse werden! Der allerhöchste Hinweis auf Russlands Stärke hatte die Japaner nicht beeindruckt, sie waren offensichtlich besser über den Zustand der russischen Armee informiert als der Alleinherrscher.

Die Arbeitsbedingungen für Journalisten an der Front waren denkbar hart und schwierig. Vladimir: „Russland ist nicht England, nicht Frankreich. Bei uns haben die Zeitungen kein Geld und nur wenige Leute zur Verfügung. Es ist schwierig, ungefilterte Informationen zu bekommen. Außerdem herrscht Zensur!

Die ‚Times' hat längst einen tüchtigen und begabten, gut bezahlten Mitarbeiter geschickt, der eigene Nachforschungen anstellt." Vladimir versuchte das auch, nützte dafür private Kanäle und ausländische Zeitungen. Denn: „Unsere üblichen Korrespondenten schreiben verlogen!"⁶⁸⁾ Seine Berichte hingegen waren schonungslos realistisch, und viele wurden deshalb von der Zensur verboten. Auf der Jagd nach neuesten Informationen besuchte Vladimir Lazarette, verfolgte Kämpfe aus der Nähe, sprach mit Verwundeten und Offizieren. Er sah und hörte Furchtbares. Die russischen Soldaten waren schlecht ausgerüstet, schlecht untergebracht, schlecht ernährt. „Trotzdem", schrieb Vladimir, „sind sie im Kampf Teufel, im Lazarett Engel, dazwischen ein einfacher russischer Menschenhaufen", der die heilige russische Erde verteidigte. Vladimir litt mit ihnen unter den „russischen Zuständen" in der Armee.

Besorgniserregend war in St. Petersburg, vermutlich wegen der schlechten Stimmung durch den Krieg, die wachsende Zahl von Konkursen und in der Folge Arbeitslosen im Industriegürtel um die Hauptstadt. Wie jedes Jahr besuchte Alexej Ministerien, Vertreter der Wirtschaft, der Presse und seinen Club, um von aktuellen Entwicklungen zu hören. Nichts deutete auf eine Änderung der Politik durch den Zaren hin – im Gegenteil.

Alexej und Alexandra bereiteten ihre Abreise nach Dedlovo vor, diesmal früher als beabsichtigt, sie sehnten sich nach einem „heilen", das heißt normalen Alltag. Wieder zurück in Weißrussland, konnte Alexej seinen Gremien abermals von nichts Positivem berichten, keine Hoffnung auf eine neue, gute Entwicklung machen. Gespannt verfolgte er die laufende Tagung der Semstwo-Arbeiter. Lag womöglich Radikalisierung in der Luft? In endlosen Diskussionen bereiteten sie die -xte Petition an die Regierung vor. Wut über Meinungsverschiedenheiten entlud sich in Schreiduellen und endete fallweise in Schlägereien in Wirtsstuben, Vereinshäusern und in den Versammlungen des Wolost. Harmlos? Wirklich keine Ursache zur Sorge. Alles war wie gehabt.

Am 31. März wurde eine neue Katastrophe von der Front gemeldet, die schlimmste, seit der Krieg erklärt wurde: Auf der Flucht vor japanischen Einheiten zurück in den Hafen war das Flaggschiff „Petropawlowsk" mit der gesamten Mannschaft auf eine Mine gelaufen und explodiert. Alle waren getötet worden bis auf 40 Mann und einige Offiziere. Unter den Gefallenen war auch der Kommandeur der russischen Flotte, Admiral Makarow. Ein Desaster!

Die Russen trauerten um die tapferen Soldaten. An ihnen lag es nicht, dass eine Kampfhandlung nach der anderen verlorenging, sondern an dem schrecklichen Versagen der Heeresleitung. Das ließ sich nicht mehr beschönigen und verheimlichen und führte zu spontanen Aufständen aller Gruppierungen. Um das Kriegsglück doch noch zu wenden, ging der Kampf unter neuer Führung aber weiter.

Im Juli 1904, als er sich vermutlich gerade in Feodorovka aufhielt, um sich zwischen seinen Einsätzen an der Front zu erholen, erreichte Vladimir die traurige Nachricht vom Tode Anton Tschechows, der am 2. Juli, erst 44 Jahre alt, in Badenweiler/Deutschland gestorben war. Wie mögen die letzten Stunden Tschechows gewesen sein? Vladimir erfuhr von Freunden, dass Tschechows Frau Olga Knipper bei ihm gewesen sei. Unmittelbar vor seinem Tod hätte der Dichter noch ein Glas Champagner getrunken. Sein Sterben, das sei ein Trost, wäre leicht gewesen. Mag Tschechows Tod auch tatsächlich leicht gewesen sein, sein Leben mit der unheilbaren Krankheit Tuberkulose war es nicht. Er sagte einmal[69]: „Zu leben, um zu sterben, ist schon nicht lustig, aber vor der Zeit sterben zu müssen, ist schrecklich." Tragisch-grotesk: Der große sensible Dichter wurde aus Deutschland in einem Güterwagen mit der Aufschrift „Für den Transport von frischen Austern" zurück in seine Heimat und nach Moskau gebracht[70].

Vladimir empfand den frühen Tod des Dichterfreundes als einen ganz persönlichen Schlag. Welche Werke hätte der Dichter der Welt noch geschenkt! Erst im Januar hatte Tschechows Stück „Der Kirschgarten" Premiere gehabt: Die Folgen der Aufhebung der Leibeigenschaft waren da meisterlich geschildert und schwache, antriebslose Menschen, die sich im Leben nicht zurechtfinden, beeindruckend dargestellt[71].

Vladimir hatte den großen Schriftsteller immer bewundert und schon früh Übersetzungen seiner Texte ins Deutsche unterstützt[72].

Er war fasziniert von dessen „knappem Stil, klaren Ideen und Bildern". „Die Stimmung seiner Erzählungen ist nicht nur die eines Beobachters, sondern auch eines Denkers!" Tief erschüttert bereitete Vladimir die Veröffentlichung eines Nachrufs vor. Dazu suchte er die letzten Briefe des Dichters an ihn heraus72). Darin berichtete Tschechow u. a., dass er ihn seinem Verleger Marx empfohlen hätte. In einem anderen richtete der Dichter an Vladimir die Frage, die auch Familie und Freunde bewegte und seiner Mutter große Sorgen bereitete: „Warum heiraten Sie nicht? Wieso nicht? Entschuldigen Sie die Frage. Ich selbst heiratete vor drei Jahren und bin sehr glücklich. Was man gewöhnlich über das Familienleben schreibt, ist alles Lüge!"73)

Ja, warum heiratete Elisabetas Ältester eigentlich nicht? Eine Antwort auf Tschechows Frage ist nicht bekannt. Daher sind wir auf Erzählungen und Mutmaßungen über Vladimir angewiesen, die aber durch seine Schriften bestätigt werden. Wie Anton Tschechow bewunderte auch er starke, finanziell unabhängige Frauen. Eine solche für sich zu gewinnen, lohnte sich, denn, so Tschechow, der aus Liebe geheiratet werden wollte: „Aus Liebe heiratet nur eine selbstbewusste, denkende Frau, die ihren Wert kennt und absolut ehrenhaft ist. Warum sollte sie sonst ihr gutes, unabhängiges Leben verlassen, nur um sich zusätzliche Pflichten aufzuhalsen?"

Eine Vernunftehe lehnte Vladimirs bewunderter Tschechow ab: „Nur durch Liebe", schrieb er, „und nicht durch die erstbeste Frau bekommt man Familie, Gespräche, Zärtlichkeit, Verständnis, Fürsorge. Wenn keine Liebe da ist, wie von Zärtlichkeit sprechen? Liebe kann aber nicht wachsen, wenn man einander nicht kennt!" Dem stimmte Vladimir sicherlich zu. Doch wie einander wirklich kennenlernen, wenn außereheliches Zusammenleben in dieser Zeit einfach inakzeptabel war? Dazu kam in seinen Kreisen der Wunsch nach einer möglichst schnellen Werbung. Aber Frauen konnten sich, wie er wusste, auch sehr gut verstellen. So mancher musste seinen Irrtum büßen. Wie konnte er sicher sein, nicht als „Trophäe" einer Abenteurerin zu enden?

Anscheinend wusste Vladimir auch bei diesem Thema eher, was er nicht wollte: ein Frauchen, das sich ihn als Versorger angeln würde, um dann in erster Linie Haushälterin, Kinderfrau und

Krankenschwester zu sein? Nein! Er suchte eine Partnerin! Aber starke, unabhängige Frauen bewirken in der Ehe eine Verschiebung der Macht. Mit seinem ungestörten Dichterdasein wäre es dann vorbei. Sollte er nicht doch nach einem unbefangenen, noch formbaren jungen Mädchen suchen? Herangebildet nach dem Erfahrungsschatz seiner Mutter, ausgestattet mit deren vollkommenem Verständnis und rückhaltloser Unterstützung für ihn? Nur, wo blieb dann bei so viel Zustimmung die nötige kritische Auseinandersetzung mit ihm und seinem Werk? Wo blieb der Mut zum Abenteuer, die Aufregung, Anregung, die er von einer Partnerin erwartete? Kann eine einzige Frau überhaupt alle Erwartungen erfüllen? Ein Dilemma, das nur er für sich selbst lösen könnte, das war ihm klar. Es gelang ihm aber nicht! Vermutlich, weil die Liebe, die Mut erfordert, die alles überwindet, wie Tschechow sie erlebte, Vladimir nie begegnet ist.

Über die ungewöhnliche Ehe des Dichters mit der Schauspielerin Olga Knipper wurde viel gesprochen – auch in Feodorovka. Tschechow hatte für die Ehe mit ihr eine praktische Lösung gefunden, für ihn vielleicht die ideale Lösung: Während seine Frau in Moskau Theater spielte, führten ihm Mutter und Schwester wie gewohnt den Haushalt auf seinem Gut Melichowo und später auch in Jalta. In Jalta suchte der Dichter, der an fortgeschrittener Tuberkulose litt, Erleichterung seines Leidens und fand sie zunächst auch. Dadurch lebte das Paar gezwungenermaßen mitunter monatelang getrennt. Das ertrugen sie oft nur schwer, hielten aber durch, weil sie einander liebten.

Es war dies ein Arrangement, das Elisabeta bei ihrem Sohn prinzipiell nie gutgeheißen hätte. Sie sagte es ihm auch: „Welchen Sinn hat die Ehe, wenn das Paar unterschiedliche Ziele, Hoffnungen und getrenntes Leben hat und dabei jeder einsam ist?" Vladimir überlegte: „Er schreibt aber doch, er sei glücklich. Warum soll ich ihm nicht glauben?" Und leicht ironisch setzte er fort: „Waren Sie selbst als Ehefrau nicht auch oft einsam? Alexandra ist es jedenfalls." – „Wie jede junge Frau musste ich mich damals und muss nun Alexandra sich in Dedlovo erst einleben und in ihre Pflichten hineinwachsen. Was würde Alexej ohne sie tun? All das erspart sich die Ehefrau Tschechows. Im Übrigen waren meine

Trennungen von deinem Vater nicht freiwillig. Sie dienten unserer gemeinsamen Verantwortung und gemeinsamen Zielen – das weißt du doch! Trotzdem waren sie für uns beide oft schwer zu ertragen, das stimmt. Aber unsere Liebe war sehr stark und hat alles überwunden", erwiderte Elisabeta.

Für die tief deprimierte Nation gab es vom Hof endlich eine gute Nachricht: Am 30. Juli 1904 war dem Herrscherpaar der heißersehnte Thronfolger, Alexej Nikolajewitsch, geboren worden. Zehn Jahre hatte es sehnlichst auf ihn gewartet. Jubel und Anteilnahme im ganzen Land waren groß. Überall, auch in Dedlovo, wurde ein festlicher Dankgottesdienst gefeiert.

Gut gelaunt setzte man sich danach zu Tisch und tauschte dabei neueste Gerüchte aus: Um einen Sohn zu erbitten, sei das Zarenpaar nach Sarow zur Heiligsprechung von Vater Serafin gereist. Wie ihr empfohlen worden war, hätte die Zarin dort ein Bad in der wundertätigen Heilquelle genommen und nun sei nach genau neun Monaten das Wunder geschehen! Die Zarin schrieb unsagbar glücklich an ihren Mann[74]: „... er ist ein richtiger Sonnenschein – man versteht, warum Gott ihn uns gerade in diesem schrecklichen Jahr geschickt hat. Gott vergisst uns nicht!"

Da geschah etwas, wovon niemand erfahren durfte. Eines Abends, die Zarin badete ihren Sohn täglich selbst, nahm sie ihn aus dem Wasser, trocknete ihn ab und beobachtet dabei, wie ein winziger Blutstropfen aus seinem Nabel trat. Ein entsetzlicher Verdacht ließ sie erstarren.

Im Januar war ihr kleiner Neffe, Heinrich von Preußen, der an der unheilbaren Erbkrankheit Hämophilie, der Bluterkrankheit, litt, erst vierjährig an einer harmlosen Verletzung verblutet. Der schreckliche Verdacht wurde bald von Ärzten bestätigt und absolutes Stillschweigen befohlen. Unsagbares Glück wandelte sich in unfassbares Leid. Dieses schwere Schicksal veränderte auf verhängnisvolle Weise den Charakter der Zarin für immer. Um ihren Sohn zu beschützen, ihn am Leben zu erhalten, seine Rechte zu wahren, war sie buchstäblich zu allem bereit.

Der Sommer verging ohne Besonderheiten. Gäste reisten ab und Ruhe kehrte ein, die nur von der traditionellen Herbstjagd unterbrochen wurde, bei der Dimitri erstmals kleine Pagendienste leisten durfte.

Anfang November fassten Semstwo-Arbeiter respektvoll ihre Forderungen bezüglich der Arbeitsbedingungen und der nötigen Schritte zur deren Weiterentwicklung in elf Artikeln zusammen und überreichten sie der Regierung. Außer Ablehnung erreichten sie nichts, und so wuchsen die Irritationen weiter. Täglich erschienen Berichte über Proteste und Streiks, Verletzte und Tote. Davon blieben Dedlovo und andere fortschrittliche Betriebe im Gouvernement unberührt. Wozu sollten ihre Arbeiter denn streiken? Was gefordert wurde, war bei ihnen im Wesentlichen längst Praxis.

Beruhigt, aber doch später als üblich, nämlich erst Anfang Dezember, reiste die Familie wieder nach St. Petersburg. Am Bahnhof empfing sie der Lärm von Massendemonstrationen. Sicherheitshalber verließen sie die Coupés erst, als Alexej seinen wartenden Kutscher samt Diener gefunden hatte. Bevor er den übervölkerten Bahnsteig betrat, wandte er sich an Dimitri: „Du gibst auf die Damen acht, bis ich wieder zurück bin!" Diese schwiegen und lächelten milde. Der Bub aber nickte ernst. Rascher als gedacht kehrte Alexej zurück. Der Lärm und das Gedränge schwollen bedrohlich an, so dass sich Katharina ängstlich an ihre Mutter klammerte. „Erinnerst du dich?", fragte Elisabeta. „Es ist wie in den Krisenjahren der Achtzigerjahre, schrecklich! Wird das jetzt so weitergehen?" – „Ich weiß es nicht, wirklich nicht", antwortete Alexej. Nach dem Abendgebet, vor dem Einschlafen, fragte Katharina ihre Großmutter: „Hast du die wütenden, verzerrten Gesichter der Demonstranten gesehen? Warum, was haben wir getan?" – „Du kannst ruhig schlafen – das hat nichts mit uns zu tun."

Die Unruhen gingen weiter. Am Morgen des 21. Dezember 1904 schlug Alexej die „New Times" auf: „Port Arthur gefallen", stand da schwarz auf weiß. „Alexandra", rief er aufgeregt und zeigte ihr stumm die Nachricht. Der folgende Bericht trieb ihnen die Tränen in die Augen: Die Verteidiger hatten sich ergeben, weil ihnen die Munition ausgegangen war. Typhus hatte die geschwächten, von Skorbut geplagten Soldaten dahingerafft. Feindliche Granaten hatten die Lazarette getroffen und viele Verwundete und Kranke getötet. Am Ende hatten die Russen die verbliebenen Anlagen und Schiffe im Hafen gesprengt und sich ergeben. „Das kann nicht sein, Alexej, die Berichte stammen aus dem Ausland, wer weiß, ob sie stimmen!" Doch sie stimmten. Elisabeta kam herein, um zu sehen, was los war. „Es ist wie vor 50 Jahren in Sewastopol – genauso."

Als Reaktion auf diese katastrophalen Meldungen kam es wieder zu schweren Aufständen. An der Front wurde weitergekämpft. Nach dem Motto: „Verlorene Schlachten sind noch kein verlorener Krieg". Der Schnee in St. Petersburg dämpfte den Lärm der wiederkehrenden Revolten in den Straßen und das ließ sie unheimlich und noch bedrohlicher wirken. Weihnachten und Neujahr näherten sich mit Riesenschritten, aber Feststimmung wollte sich nicht einstellen. Vladimir kehrte zu den Feiertagen heim, nahm aber jede Hoffnung auf eine Wende im Krieg: „Das Ende wird schrecklich sein!"

Wie üblich ließ die Familie zu Silvester in ausführlichen Gesprächen die Ereignisse des vergangenen Jahres noch einmal vorüberziehen. Alle waren sich einig: „Wir fühlen uns hilflos den Ereignissen ausgeliefert – wie im Sog einer dunklen Macht!"

31.

Das Schicksalsjahr 1905

Schwere Unruhen in Petersburg – Streik – Gorki, Sturmvogel der Revolution – Blutsonntag bringt die Revolution – Tolstoj mahnt – Großfürst Sergej ermordet – „Schwarze Hundert" wird gegründet – Pogrome – Vladimirs Abstammung wird thematisiert – der Zar will die „Büchse der Pandora" nicht öffnen – Plünderer vor dem Haus – warum ist es in Dedlovo friedlich" – Osterfriede, Osterfreude – Witte gewinnt den Krieg am Verhandlungstisch – Streik in Dedlovo – Oktobermanifest – „Ist er tot?" – Alexej ist tot!

Unverändert gingen Demonstrationen und Aufstände weiter. Regelmäßig wie Ebbe und Flut strömten Menschenmassen auf Plätze und in die Straßen der Stadt. Wenn die einen sich zurückzogen, folgten andere nach, organisiert von Semstwos und Sozialisten mit terroristischen Elementen. Wie alle Stadtbewohner versuchte die Familie Kign, ihren Alltag auf diese schwierigen Verhältnisse einzustellen. Sie mied bestimmte Bezirke, änderte ihre Einkaufszeiten und -wege und die Kirchenbesuche, sie organisierte gegenseitige Einladungen und Aktivitäten wie Theater-, Opern- und Konzertbesuche jeweils nach den aktuellen Möglichkeiten. Jeden Abend legten sie sich in der Hoffnung schlafen, das Schlimmste überstanden zu haben.

Vergeblich! Am 8. Januar 1905 gab es eine neue Eskalation! Alle Betriebe St. Petersburgs wurden bestreikt. Noch ruhig, sammelten sich 120.000 Arbeiter für einen Marsch zum Winterpalais. Währenddessen ging Maxim Gorki mit einer Abordnung zu Minister Witte und forderte, dass die Demonstranten vom Zaren empfangen werden müssten, „… andernfalls werde das Volk zur Gewalt greifen und die Obrigkeit einen hohen Preis für das morgige Blutvergießen zahlen!"[75] Kann der „Sturmvogel der Revolution", der immer und überall für extremste Kampfmethoden eintrat, glaubwürdig als Sprecher friedlicher Demonstranten in Erscheinung treten? Die Delegation wurde vom Minister dementsprechend ohne Ergebnis verabschiedet. Die Nervosität stieg auf beiden Seiten. Vorsorglich wurden von der Regierung in den Straßen Infanterie und Kavallerie in Stellung gebracht.

Am nächsten Tag, dem 9. Januar, zogen Hunderttausende mit religiösen Fahnen und Porträts des Zaren singend zum Winterpalais. An ihrer Spitze ein Priester namens Georgi Gapon – in den Händen ein Kreuz –, an seiner Seite Maxim Gorki. Er informierte später Freunde im Ausland, ja schrie das Furchtbare, Unfassbare, förmlich in die Welt hinaus: Der Zar sei den Anliegen der schlichten und einfachen Menschen gegenüber ungerührt geblieben, er hätte den Truppen befohlen, das Feuer zu eröffnen! Überall auf den Straßen wären Tote gelegen, aber die Soldaten hätten weitergeschossen, viele hundert Menschen wären bei diesem Blutbad getötet worden, darunter Frauen und Kinder!

Es ist nicht wesentlich, dass der Zar nicht in Petersburg war und den Befehl, wie Gorki behauptete, auch nicht gegeben hatte. Es waren seine Truppen, die geschossen hatten, und somit lag die Verantwortung beim Herrscher. Das Ansehen des Kaisers als einigendes Symbol und „Vater aller Russen" war neuerlich erschüttert. Der Tag ging als „Blutsonntag" in die Geschichte ein, und er brachte die Revolution.

Als Reaktion auf die Ereignisse und die Schilderungen Gorkis unterstützten westliche Intellektuelle und die Weltpresse ihn von da an ganz offen beim Sammeln von Waffen und Geld für die Revolution. Wieder erhob Tolstoi seine Stimme mäßigend und warnend. Maxim Gorki reagierte abermals wütend[76]: „Hören Sie, Lew Nikolajewitsch, können Sie sich wirklich mit der moralischen Vervollkommnung des Menschen beschäftigen, wenn Soldaten auf Frauen und Kinder schießen und nicht einmal die Leichen wegräumen?"

Auch Moskau kam nicht mehr zur Ruhe. „Wir lassen uns vom Terror nicht einschüchtern, das wäre vollkommen falsch", telefonierte Olga aus der alten Hauptstadt, wo sie sich bei Tante Tatjana aufhielt.[77] Wie in allen großen Städten zogen gewalttätige Massen durch die Straßen, zertrümmerten Schaufenster und Laternen und sie plünderten. Immer wieder kam es zu Blutvergießen.

„Viele denken wie wir", berichtete Olga, „die Wohltätigkeitsveranstaltungen in der Oper zu Gunsten der Frontsoldaten sind glänzend besucht. Die jüngste Vorstellung war großartig, Schaljapin[78] unvergleichlich! Halb Moskau und Mitglieder der kaiserlichen Familie waren anwesend." – „Sei nicht leichtsinnig, Olga", warnte Alexandra. „Natürlich bin ich vorsichtig! Übermorgen besuche ich eine Vorstellung im Bolschoi-Theater, um den Hilfsfond der Fürstin Ella zu unterstützen. Die Veranstaltungen sind auch gut gesichert! Also, mach dir keine Sorgen!" Selbstverständlich machte sich die Familie sehr wohl Sorgen. Es war ein Risiko, sich in der Nähe von Mitgliedern der Zarenfamilie aufzuhalten, die ständig von Bombenattentaten bedroht waren.

Kein Sicherheitsdienst konnte am 4. Februar in Moskau die Ermordung des Großfürsten Sergej verhindern. Der Onkel des Zaren hatte in diesen Tagen – wie Olga – die Oper und das Bolschoi-Theater besucht. Sein Mörder, ein gewisser Iwan Kaljajew, verfolgte ihn schon länger in wechselnden Verkleidungen. In seinen „Schriften für die Nachwelt" erklärte Iwan Kaljajew, dass er die Tat mehrmals verschoben habe, um unschuldige Opfer zu vermeiden. Erst als der Fürst allein, ohne Frau und Kinder, unterwegs war, habe er eine Bombe nahe dem Nikolaus-Tor aus eineinhalb Metern Entfernung geworfen[79]: „Ich sah, wie sich die Kutsche in ihre Bestandteile auflöste, und nur einen Meter von mir entfernt einen Haufen mit Kleidungstücken und einen entblößten Rumpf!" Der Kutscher des Großfürsten, ganz zweifellos ein unschuldiges Opfer, starb nur wenige Stunden später.

Weniger fatalistische Bürger als Olga fühlten sich dem Terror ausgeliefert und wagten sich kaum noch auf die Straße. Andere suchten ihr Heil in Selbsthilfe und schlossen sich dem terroristischen Flügel der Nationalisten „Die Schwarze Hundert" an. Durch die radikalisierte „Schwarze Hundert" kam es in Weißrussland mit seiner großen jüdisch-orthodoxen Bevölkerung zu schweren Auseinandersetzungen und in der Ukraine, in Gomel, zu grauenvollen Pogromen.

Diese Nationalisten gehörten auch zu den scharfen Gegnern Vladimirs, der seine große Liebe zu Russland gerne durch gnadenlose Kritik bewies, die diese aber nicht vertragen konnten. Wieder einmal sah er sich gezwungen, in den Medien Meldungen über seine Herkunft richtigzustellen: „… ich stamme nicht aus einer deutsch-polnischen Familie … mein Vater hat nur eine Sprache anerkannt – die russische. Meine Mutter ist orthodox und stammt aus einer orthodoxen Dynastie. Darum bin ich klarerweise orthodox und russisch!"[80] Seine Stellungnahme brachte jedoch die Gerüchte um seine „fremde" Herkunft nicht endgültig zum Verstummen.

In der sich dramatisch zuspitzenden Krise wäre es für den Zaren ein Gebot der Stunde gewesen, endlich die Forderungen seines gesamten Volkes, aller Stände, zu erfüllen: eine Verfassung zu beschließen, die gesetzgebende Reichsduma einzuberufen, Versammlungs-, Presse- und Gewissensfreiheit zu gewähren. Freiwillig, so viel schien sicher, würde der Herrscher diese „Büchse der Pandora" nicht öffnen. Krisen auszusitzen und defensiv zu handeln, blieb weiter die Strategie des Zaren. Aus Sicherheitsgründen hatte der Zar nach dem „Blutsonntag" seine ständige Residenz in das überschaubare kleine Städtchen Zarskoje Selo, rund 13 Meilen südlich von St. Petersburg, verlegt. Trotzdem musste er auch dort mit Attentätern rechnen. Mörder schlichen sich sogar in den Kirchenchor ein, der die heilige Messe für die Herrscherfamilie mitgestaltete.

In ihrem Haus in St. Petersburg fühlte sich die Familie Kign durch Aufmärsche der Demonstranten und Revolutionäre nicht unmittelbar gefährdet. Das Stadthaus lag in einer ruhigen Wohngegend, vom Winterpalais rund 15 bis 20 Gehminuten entfernt. Demonstranten kamen eher zufällig und meist noch friedlich auf dem Weg ins Zentrum vorbei. Aber es lag nahe genug, um den Lärm der Massen, das Brüllen von Parolen, Marschschritt, Pferdegetrappel und Schüsse Tag und Nacht zu hören. Ein Lärm, der für die Kinder beängstigend gewesen sein muss. Einmal näherte sich eine Gruppe umherstreunender, betrunkener Randalierer und Plünderer und versuchte, das Gittertor einzudrücken und danach mit Äxten den Seiteneingang des Hauses zu zertrümmern. Alexej gelang es gemeinsam mit Nachbarn und Personal, sie einzuschüchtern und zu vertreiben. Zu seinem Sohn sagte er: „Vor ihnen, Dimitri, darf man das Feld niemals räumen!"

Nach Wochen revolutionärer Unruhen wünschte sich Dimitri sehnlichst, seinen elften Geburtstag am 31. März auf dem Gut zu verbringen. Dimitris Glücksgefühl bei seiner Ankunft in Dedlovo lässt sich kaum schildern. Zuerst tauchte das glitzernde Spiegelkreuz der Familiengruft in der Ferne auf. Dorfkinder liefen ihnen lachend entgegen, die Erwachsenen schwenkten ihre Mützen und beim Aussteigen roch es nach Frühling. Katharina hielt nach ihrer kleinen Freundin Lydia Ausschau, die sie vermisst hatte: „Wenn ihr Vater es erlaubt, nehmen wir sie einmal mit", versprach Alexandra. Vor dem Haus wartete zur Begrüßung Pitkievich mit der Wirtschafterin und dem übrigen Personal. Anna drückte die Kinder an sich und der Verwalter hob sie hoch und schwenkte sie durch die Luft. Dimitri war das schon ein wenig peinlich: „Bin ich als Gymnasiast dafür nicht schon zu groß?" Um von seiner Verlegenheit abzulenken, fragte er wie sein Vater nach längerer Abwesenheit: „Was gibt es Neues?" – „Viel, junger Herr!", antwortete Pitkievich lachend. „Kommen Sie in die Stallungen." Doch das durfte er erst nach seinem Geburtstagsfest, denn als Überraschung wartete dort ein eigenes Ponygespann auf ihn.

Vor dem Schlafengehen fragte er seine Großmutter „Warum gibt es bei uns in Dedlovo keinen Aufruhr? Warum? Warum keine Plünderer?" Sie war in vielen Fragen die erste Ansprechpartnerin für ihren Enkel. Dimitri liebte Elisabetas Schilderungen von den Anfängen in Dedlovo und alle alten Familiengeschichten, weil sie den Vorzug hatten, wahr zu sein. Was er hörte, erfüllte ihn mit Stolz. „Bei uns gibt es kein Elend mehr", erklärte Elisabeta, „dafür haben dein Großvater und ich hart gearbeitet und das war bei Gott nicht leicht! Aber in St. Petersburg leben, anders als bei uns, immer mehr entwurzelte Menschen. Sie haben keine Arbeit, keine Familie und kein Dorf, in dem sie Unterstützung finden können, wie es bei uns noch der Fall ist. In den Städten geraten sie oft schnell ins Elend und niemand fühlt sich für sie zuständig. Das muss sich ändern. Aber es wird noch dauern, Dimitri!" – „Ja, aber mein Lehrer, Monsieur L., sagt, in …" – „Sag deinem Monsieur", unterbrach ihn Elisabeta gereizt, „Russland ist einmalig und mit anderen Ländern nicht zu vergleichen, schon gar nicht mit Europa! Man denke nur an seine gewaltige Ausdehnung, an die Klimazonen, Wüsten, gigantischen Wälder, die unzähligen riesigen Seen und mächtigen Flüsse. Wir Russen sind ein vielseitig begabtes, eigenwilliges Volk, haben eine große Seele, sind einfach, oft anhänglich wie die Kinder, aber manchmal wie diese unerklärlich grausam. Noch einmal zu deiner Frage: Dedlovo ist wie die große Welt im Kleinen. Auch bei uns gibt es Revolutionäre, Anarchisten, Träumer, Fanatiker, aber es sind wenige und solange unsere Arbeiter und Bauern zufrieden sind, haben sie keine Bedeutung. Du wirst es noch erleben, eines Tages wird es in ganz Russland wie in Dedlovo sein! Nur Geduld!"

Alexej bekam auf seine Frage: „Was gibt es Neues?" von Pitkievich die Antwort: „Nichts, was nicht auch bis morgen warten kann. Sie werden zufrieden sein!" Nach einer Pause: „Es macht uns nur ganz krank, an die fortgesetzten Kriegsgräuel zu denken, die Unruhen und die schlechte Wirtschaft!"

Unruhe brachten die Heimkehrer, die nach altem Brauch in Notzeiten zurück ins Dorf wanderten, um hier mit Hilfe der Gemeinschaft und ihrer Familien zu überleben. Schonungslos schilderten sie die Lage in den Städten und an der Front. Unter ihnen waren Studenten und Revolutionäre, die Wühlarbeit leisteten. Ihre Zuhörer fragten: „Was wollt ihr denn mit euren Demonstrationen erreichen?" – „Wir wollen so lange nicht aufhören, bis es Demokratie gibt!" Andere sagten: „Wir machen weiter, bis die Revolution siegt. Niemand wäre dann auf Almosen angewiesen, weil jeder nur nehmen müsste, was er braucht." Ältere Dörfler schüttelten überlegend die Köpfe, denn das, was sie hörten, kam ihnen bekannt vor. Hatten Studenten nicht schon vor Jahrzehnten ähnliche Sprüche geklopft? Bei folgenden Streitereien und vom Wodka befeuerten Raufereien mahnte der Pope stets zur Mäßigung.

Die 40-tägige österliche Fastenzeit stand vor der Tür und der Pope hoffte auf körperliche und geistige Reinigung seiner Gemeindemitglieder. Das orthodoxe Fest aller Feste versäumte niemand und vielleicht würde ein Wunder geschehen und die vom Teufel besessenen Seelen befreit. Gebet und Liturgie würden helfen umzukehren, alles Falsche zurückzulassen und neu und frei zu werden. Wie aus dem Himmel selbst ertönten die Glocken in der Osternacht, ein Kerzenwald verbreitete himmlisches Licht, herrliche Chöre priesen Gott. Der Priester verkündete dreimal die große Freude: „Christus ist auferstanden!" – „Wahrhaft auferstanden!", antworteten die Gläubigen und auch sonst Ungläubige, wie der Pope zufrieden sehen konnte. Osterfriede und -freude und eine Ahnung des Paradieses erfüllten alle Herzen. Mindestens eine schöne Osterwoche lang. Aber Elisabeta und gar nicht so wenige Dörfler versuchten, Friede und Freude in ihren Herzen zu erhalten und weiterzugeben.

In der „Times" vom 18. Mai war es zuerst zu lesen: „Der Großteil der russischen Flotte ist vernichtet. Tausende Soldaten sind in Gefangenschaft geraten!"[81] Wirklich überraschend war es ja nicht, aber die Leute liefen entsetzt zusammen und schrien: „Welche Schande, was für ein Unglück!" Vladimir legte die Medaille des Roten Kreuzes, die er zum Dank für seinen Einsatz an der Front erhalten hatte, achtlos in eine Dokumentenlade. Alle Opfer waren vergeblich!

Ingenieur P. kam, um sich endgültig von Alexej zu verabschieden, bevor er nach Amerika auswanderte. Er war nicht der Einzige. Viele jüdische Familien verließen das Land, weil sie sich nicht mehr sicher fühlen konnten. „Russland, mein Herr", begründete der Nachbar seine Entscheidung noch einmal, „das wissen Sie doch, ist ein Koloss auf tönernen Füßen, unterwandert von Korruption, das hat der Krieg gegen Japan ganz deutlich gemacht!"

Alexej traf der Verlust seines Freundes sehr schwer. Er hatte das beklemmende Gefühl, verlassen auf einem sinkenden Schiff zurückzubleiben. Alexandra versuchte, ihren Mann zu trösten: „Das Wichtigste ist doch, dass wir beisammen sein können, nicht wahr? Alles andere wird sich finden!" Alexej nickte schweigend. Seine Frau dachte hilflos: „Damit tröste ich mich selbst am besten, aber wie meinen Mann?" Seine anhaltende Mutlosigkeit machte ihr Angst: „Was kommt noch auf uns zu? Schlimmer kann es doch nicht werden?"

Doch, es konnte! Am 12. Juni wurde eine Meuterei auf dem Panzerkreuzer „Potemkin" bekannt. Der Kommandeur und einige Offiziere wurden dabei sofort getötet. Die Meuterer liefen Odessa an und plünderten in der Stadt. Fassungslos und betroffen verfolgten Bauern, Arbeiter und die Herrschaft die Ereignisse. Odessa war die Hafenstadt, in der Erzeugnisse, vor allem das Getreide der Ukraine, Weißrusslands und somit auch das Dedlovos, in aller Herren Länder verschifft wurden. Zum Glück mussten die Meuterer aufgeben. Es waren nur zwölf Revolutionäre, die mit wenigen Männern die übrige Mannschaft beherrscht hatten. „Die waren nichts weiter als Schafe!", hieß es. Die Anführer machten sich, als es brenzlig wurde, allesamt aus dem Staub. Es war grausam und ungerecht, aber die „Schafe", die das nicht verhindert hatten, mussten die Konsequenzen tragen. Auch wenn die Meuterei niedergeworfen worden war, machte der Vorfall die Auflösungserscheinungen in der Armee deutlich.

Der Sommer in Dedlovo verging in der Routine notwendiger Tätigkeiten, mit Sorge über die politische Situation und weiteren schlechten Meldungen über Chaos und Verfall im Reich.

Endlich, am 17. August, eine gute Nachricht! Alexandra stürmte in das Büro ihres Mannes. „Hast du schon gehört, dass wir Frieden haben? Der Krieg ist vorbei!" Ihr Mann sah nicht einmal von seinen Papieren auf. „Überleg doch, gestern hätten wir das nicht einmal zu träumen gewagt!" – „Du hast ja recht!" – „Was sagst du, die Japaner haben in allen Punkten nachgegeben!" Freudlos antwortete Alexej: „Witte ist wirklich tüchtig!" – „In der Zeitung steht, er hat den Krieg noch am Verhandlungstisch gewonnen! Sei doch froh!" – „Bin ich ja." Er war aber von den vergangenen Aufregungen sichtlich mitgenommen.

Im Herbst überschlugen sich die Ereignisse: Generalstreik zur Durchsetzung der alten Forderungen. Die Regierung in St. Petersburg versuchte, aufs Härteste durchzugreifen, und drohte, bei weiteren Unruhen rücksichtslos das Feuer zu eröffnen. Zugleich geschah in Dedlovo das nie Dagewesene: Arbeiter legten ihre Arbeit nieder. „Nur kurz", informierte Pitkievich. Kreidebleich fragte Alexej: „Um Gottes willen, warum?" – „Aus Solidarität zu den Streikenden im ganzen Land, Herr!" Vladimirs Freund aus Jugendtagen und jetzt einer der Aktivisten, Leo, hatte – gewürzt mit Drohungen und Versprechungen – an das Mitgefühl der Arbeiter appelliert: „Sie sind Arbeiter wie wir und brauchen unsere Solidarität, gerade weil es uns gut geht!" – „Diese Kindsköpfe", war Elisabetas erste Reaktion. Alexej ging durch die Hallen, um sich zu informieren. Seine Arbeiter stellten keine Forderungen und versicherten ihm, dass sich ihr Ausstand nicht gegen ihn richte. Nach kurzer Zeit nahmen sie tatsächlich unaufgeregt ihre Arbeit wieder auf. Trotzdem war es ein Tabubruch, denn Alexej stellte sich die belastende Frage: „Was werden sie noch alles aus Solidarität tun?"

In allerletzter Minute lenkte der Zar ein! Ein kaiserliches Manifest, das sogenannte Oktobermanifest, garantierte Rede-, Gewissens- und Versammlungsfreiheit. Jubel in den Semstwos: „Wir werden eine konstitutionelle Monarchie!" Die Duma wurde von Vertretern aller Klassen gebildet. „Gebe Gott, dass es noch rechtzeitig ist!", rief Elisabeta, als sie die Nachricht hörte. Alexej ließ sich in einen Sessel fallen: „Ich kann es kaum glauben, es könnte die Wende sein! Aber: Ist es vielleicht nur ein Trick?"

Die Reaktion auf die Kursänderung des Zaren war allgemeine Begeisterung, Zustimmung und Erleichterung – auch im Ausland. Kaiser Wilhelm schrieb an „Cousin Nicki": „... verschaffst du deinem Volk die Möglichkeit, dir direkt seine Hoffnungen und Wünsche vorzutragen ... und du wirst mit Menschen aller Schichten in Berührung kommen ... und dein Denken direkt vermitteln können, ohne dass es die große mächtige Mauer der Bürokratie verhindern kann ..."[82]. Aber einen derart engen Kontakt mit den Deputierten hatte der Zar nie angestrebt. Sein Manifest war nicht aus freiem Willen einer souveränen Herrschaft und Überzeugung entstanden, sondern ein abgepresstes Zugeständnis. Leider festigte sich schnell der Eindruck, dass die Eröffnung der Duma verzögert wurde, und das machte neuerlich böses Blut.

Am 28. Oktober dieses schrecklichen Jahres suchten Alexej und Alexandra im Gestüt Entspannung. Während Alexandra ihr Pferd satteln ließ und vor dem Aufsitzen den Sattelgurt prüfte, suchte ihr Blick ihren Mann – wo er wohl blieb? An den Zaun gelehnt, beobachtete er einen Bereiter, der damit beschäftigt war, ein junges Rassepferd zuzureiten. Das erforderte nicht nur großes Können, sondern auch optimale Kondition und Kraft. Dann plötzlich – Alexandra glaubte nicht, was sie sah – öffnete Alexej das Gatter und befahl dem jungen Reiter: „Absitzen!". „Er wird doch nicht

..." Ihr Atem stockte, aber Alexej schwang sich schon aufs Pferd. In seinem Alter und bei seiner körperlichen Verfassung war das Wahnsinn – er würde abgeworfen werden und sich alle Knochen brechen. Sie schnappte nach Luft, wollte protestieren und brachte doch keinen Ton heraus. Im gefühlten Zeitlupentempo, wie mit bleiernen Füßen, lief sie zu ihm hin. Als sie endlich ankam, rief er ihr lachend etwas zu, schwankte – sank in sich zusammen, das Pferd stieg hoch ... und warf ihn ab. Regungslos lag er da. Vorsichtig hob Alexandra seinen Kopf in ihren Schoß, erstarrt versuchte sie zu begreifen: Er war tot! Kein Laut, keine Stimme drang zu ihr durch. Alexej war tot. Er war nur 45 Jahre alt geworden.

32.

„Es ist uns alles nur geliehen"

*Sein Sohn, ein Kind noch – „Madame sind zur Nachfolgerin bestimmt, bis
… – große Erwartungen an Dimitri – Trauer zwischen Wut und Verzweiflung – Vladimir droht ein schrecklicher Tod – Elisabetas Einsicht, dass uns
alles nur geliehen ist – Alexandra, die strenge Herrin – Premier Stolypin
setzt umfassende Reformen durch – Vladimir wird erschossen – Dimitri
von Frauen umgeben – „Erst dienen, dann befehlen" – „Was ist mit
Katharina?" – Alexandra erkrankt – Druck auf Dimitri steigt – Stolypin
wird ermordet – Alexandra stirbt*

Die verstörende Nachricht verbreitete sich in Windeseile. Die
Leute ließen alles liegen und stehen und rannten zum Unglücks-
ort. Der Herr war tot! Er, einziger Fels und Sicherheitsanker in
stürmischer Zeit! Das konnte nicht sein – er war doch noch jung
gewesen. Was würde aus ihnen allen werden? Wer folgt dem
Herrn nach? Sein Sohn – noch ein Kind, Elisabeta – zu alt, oder
seine zarte Frau Alexandra? Keine Frau kann in so große
Fußstapfen treten! Den Tumult um sich herum nahm Alexandra
nicht wahr, sie stieß helfende Hände zurück. Die Menge fragte
nach Elisabeta, die aber, selbst verstört, nicht helfen konnte. Der
alte Pjotr Pitkievich kam und sagte leise zu Alexandra:
„Madame …" Sie sah in sein zerfurchtes, altes, ihr so vertrautes
Gesicht: „Er lebt nicht mehr?" Pitkievich nickte stumm: „Wer
wird mit den Kindern sprechen?" Pflichten, das wusste er aus
der Erfahrung seines langen Lebens, gaben Halt, auch wenn sie
noch so schwer waren. Bis zur Großjährigkeit Dimitris war Alexandra im Fall des Falles vom Herrn zur Leitung der Betriebe
bestimmt. Das hatte er ihm schon vor Längerem anvertraut, weil
Madame sich geweigert hatte, über die Möglichkeit seines
Todes und die Konsequenzen nachzudenken, geschweige denn
darüber zu sprechen.

Die letzten Dienste für den geliebten Menschen mussten getan
werden. Der Tod gehörte zum Leben, und deshalb kam niemand
auf die Idee, Dimitri fernzuhalten. Beim Übernehmen der Tresor-

schlüssel, den Zeremonien der Aufbahrung, während der Kondolenzbesuche und auf dem Weg zur Gruft stand Dimitri im Zentrum des Interesses. Warum, war ihm sehr wohl bewusst. Der feierliche Gottesdienst, die Beileidskundgebungen von unglaublichen Menschenmassen, von zahllosen Honoratioren aus nah und fern, wie auch von Bauern und Arbeitern waren beeindruckend. Die Würdigungen der Leistungen seines Vaters und die immer wieder gesprochenen Worte: „Wir werden ihn nie vergessen!" machten ihn einmal mehr zum Vorbild seines Sohnes.

Als es auf dem Gut wieder ruhiger wurde und die Kondolenzbesuche zu Ende gingen, war es bereits Ende November. Eine Schneedecke schluckte alle Geräusche, nicht einmal Hunde hörte man bellen. Passend zur Stimmung seiner Bewohner versank Dedlovo in Dunkelheit, Kälte, Nebel und einer großen Stille. Endlich trauern, leiden, klagen, mit dem Schicksal hadern dürfen! Sollte sie auf Dauer nach St. Petersburg übersiedeln, überlegte die Familie. Vielleicht ist der Kummer in der Stadt eher zu ertragen? Nein, im Gegenteil, denn es kamen ja die ersten Weihnachten ohne Alexej! Im Unglück rückte die Familie zusammen, sogar Alexandras wesentlich ältere Schwester und ihr Bruder Sergej, Alexejs Jugendfreund, verbrachten abwechselnd Wochen mit Alexandra und versuchten, ihr mit Rat und Tat beizustehen. Aber es war zu früh, um Abstand zu finden, zu früh, sich zu beruhigen. Alexandra bereute Versäumnisse und haderte mit dem Schicksal. Hilflos erlebten die Kinder ihre Trauer, die zwischen Verbitterung, Verzweiflung und Wut schwankte. „Warum wurde er mir jetzt schon genommen, jetzt, wo wir dachten, noch viel Zeit vor uns zu haben? Habe ich ihn genug unterstützt? Wie soll ich das Leben ohne ihn, ohne Freude, ohne Sinn, ohne seine Kraft bewältigen? Hätte ich das Unglück verhindern können? Warum hat er sich so sträflich der Gefahr ausgesetzt?"

Es musste das erste Neujahr ohne Alexej durchgestanden werden, das erste Osterfest, der erste Sommer, der erste Herbst und der erste Todestag! In diesen Monaten wurde Alexandras Haar schlohweiß. Nach dieser Zeit wurde aber spürbar, dass sie ihre Aufgabe annehmen würde. Denn nirgendwo fühlte sie sich ihrem Mann näher als bei ihrer Arbeit für Dedlovo. Gewissermaßen als posthumen Liebesbeweis war Alexandra jetzt von dem Willen beherrscht, Alexejs Vertrauen in sie zu rechtfertigen und sein Lebenswerk für Dimitri nicht nur zu erhalten, sondern es auszubauen. Unterstützung und Rat fand sie bei Pitkievich, der so viel über seine Arbeit mit Alexej zu erzählen wusste.

Nicht wenige seiner Erinnerungen wirkten tröstlich auf Alexandra, halfen, ihre Selbstzweifel aufzugeben. Hatte sie sich doch immer wieder die Frage gestellt: Er war mein Leben und Dedlovo das seine, aber welchen Platz hatte ich in seinem Herzen? So ganz nebenbei bekam sie durch Pitkievich eine Antwort: „Wissen Sie", fragte er, als sie mit ihm über die Ziegelfabrik reden musste, die vom Niedergang in Staat und Wirtschaft stark betroffen war, „dass der Herr seinerzeit sogar überlegt hatte, Dedlovo aufzugeben?" Nein, davon hatte Alexandra keine Ahnung und es fiel ihr schwer, das zu glauben. „Ja, weil ihm die wiederholten Trennungen von Ihnen in der langen Verlobungszeit unerträglich wurden." – „Dedlovo meinetwegen aufgeben?" Das zu hören, rührte sie sehr. „Sehen Sie, Madame", erzählte Pitkievich weiter, „mir ist es dann auch nur mühsam gelungen, ihn davon mit Plänen zur Errichtung einer Ziegelfabrik abzulenken."

Mit ihrem Leid beschäftigt, registrierte die Familie neuerliche Aufstände kaum. Nikolaus II. hielt sein nach der Revolution gegebenes Versprechen, konstitutionell zu regieren, weiterhin nicht. Das Katastrophenjahr endete mit neuerlichem Aufruhr, der vom Militär nur mühsam niedergehalten wurde. Russland brauchte für seine Wirtschaft dringend Hilfe und Geld, wenn es wieder „auf die Beine kommen" wollte. Aber woher sollte beides kommen – aus dem Ausland? Gorki reiste bis nach Amerika und nützte auch dort seine Popularität, aber nicht um seiner Heimat zu helfen, sondern im Gegenteil, um gegen sein Land Stimmung zu machen. „Leiht ihnen kein Geld! ... gebt nur für die Revolution!" Das gefiel den Amerikanern, sie hofften ohnedies auf neue Märkte und weniger Konkurrenz.

Wenige Monate nach dem Tod Alexejs wurde bei Vladimir eine rasch wachsende bösartige Geschwulst im Mund diagnostiziert: Zungenkrebs! Er reiste nach Deutschland in der Hoffnung, dort Hilfe zu finden. Vergebens, die Diagnose wurde bestätigt und er kehrte mit der Gewissheit, einen schrecklichen Tod erleiden zu müssen, nach Hause zurück. Elisabeta ging diesen Kreuzweg mit ihrem Sohn. Sie ermutigte zur Zuversicht, ertrug Enttäuschung, suchte für ihn wenigstens vorübergehende Linderung. Vladimir schrieb: „Es gibt niemanden Großartigeren als Maman."

„Warum, Herr", betete hingegen Elisabeta, „schlägst du ihn so hart, warum nicht mich? Ich bin eine alte Frau!" Und doch verhärtete sie das Leid nicht, sondern machte sie weich und großzügig, denn der Glaube und das Leben lehrten, „dass uns alles nur geliehen ist". Warum nicht gleich „weiterleihen" und so vermeidbare Not lindern, von der es viel zu viel auf der Welt gab? Durch diese Einstellung fühlten sich die Hilfesuchenden nicht beschämt und dankten es ihr mit Treue und unerschütterlicher Zuneigung. Einmal schenkte sie einer verzweifelten verarmten Witwe ein Pferd mit Wägelchen, damit deren Tochter heiraten konnte. Das war Alexandra zu viel, weil es Neid und Eifersucht bei Bauern weckte, die auch gerne ein Pferd gehabt hätten. Bei ihr mussten sie es aber selbst verdienen. Es hieß: „Du wirst für mich Transporte mit Getreide und Ziegeln fahren, verdienst etwas für dich und sparst für das Pferd. Nächstes Jahr wird abgerechnet. Wenn du tüchtig warst, dann gehört das Pferd dir!"

Elisabetas Großzügigkeit kam nicht von ungefähr, denn Alexandras Führung der Betriebe war unglaublich erfolgreich. Dabei kam ihr eine totale Änderung der politischen Verhältnisse zu Hilfe: Ein neuer Premier, Stolypin, der 1906 ernannt wurde, schaffte die Wende. Widerstrebend wurde vom Zaren die Duma einberufen und die von ihm so bekämpfte Institution begann, überaus segensreich zu wirken. Lenin fing an, das Gelingen der Reformen zu fürchten, die täglich die Chancen für einen Umsturz verringerten. Stolypin konnte den Revolutionären sehr bald zurufen: „Geht mit uns einem großen Russland entgegen!"

Sein Aufruf führte dazu, dass bereits im August 1906 ein schwerer Anschlag auf ihn erfolgte, eine Wahnsinnstat, die kein Geheimdienst verhindern konnte. Ein Mann in Polizeiuniform war während eines Empfangs in die Villa des Premiers eingedrungen. Gleich darauf gab es eine entsetzliche Explosion. Mehr als 60 Menschen wurden getötet oder verwundet! Er und seine Frau blieben glücklicherweise verschont, seine Kinder aber wurden schwer verletzt. Stolypin ließ sich nicht einschüchtern und hielt unbeirrt an seinem Erfolgskurs fest.

Durch seine Reformpolitik konnte sich das Land in kurzer Zeit selbst versorgen und die Schulden bezahlen. Endlich wurde die Schulpflicht eingeführt, die Studentenzahlen stiegen und der Lebensstandard begann, sich dem europäischen anzugleichen. Die Duma war unermüdlich mit Verbesserungen auf dem kulturellen Sektor beschäftig. So wurden dem Unterrichts-Etat jährlich 20 Millionen Rubel Zuschuss gewährt. Industrie und Handel ließ man gewähren und belastete sie nicht mit nennenswerten Steuern. Die weiteren Privatisierungen des Bodens verbesserten die wirtschaftlichen Voraussetzungen der Bauern. Russland als „Europas Kornkammer" exportierte jetzt mehr Getreide als die USA und Argentinien zusammen. Der Eisenbahnbau wurde forciert, die Produktion der Industrie stieg ständig. St. Petersburg wurde wieder eine glanzvolle Metropole mit internationalem Flair. Das Volk freute sich des Lebens und blickte optimistisch in die Zukunft. Ein Traum, für den Generationen gekämpft hatten, ging in Erfüllung. Das Land konnte nun die Früchte ernten, die Männer wie Alexej mit ihrem unbedingten Einsatz und unerschütterlichen Glauben an ihr Volk gesät hatten. „Warum", fragte Alexandra beinahe täglich traurig, „durfte er das nicht mehr erleben?"

1908, Dimitri war erst 14 Jahre alt, als sein Onkel Vladimir Kign-Dedlov 52-jährig erschossen wurde. Vladimirs gewaltsamer Tod erregte ungeheures Aufsehen und wurde in unterschiedlichen Versionen dargestellt. Tatsache war, dass er im Adelsclub in Rogatschov mit Freunden zum Mittagessen zusammengetroffen war. Einer von ihnen soll seinen Revolver gezogen haben, um ihn herzuzeigen, dabei hätte sich ein Schuss gelöst, der Vladimir tödlich traf. Nach dieser Version wäre sein Tod ein tragischer Unfall gewesen. Aber ist so viel Ungeschicklichkeit bei einem erfahrenen Waffenträger ohne weiteres glaubwürdig? Kaum. Außer, er wäre betrunken gewesen, was aber geleugnet wurde. War es ein Mord im Affekt, mit politischem Hintergrund? Die ehemaligen Freunde sollen nämlich wieder einmal heftig über die richtige Methode zur „Rettung Russlands" gestritten haben. Zeitungsberichte informierten auch, dass der Getötete sehr krank gewesen war und unter Wahnvorstellungen gelitten hätte. Meinte man damit, dass er in einer Art „Spiel mit dem Tod" selbst den Schuss auf sich gelenkt hatte? Also Selbstmord mit Hilfe einer Variante des bekannten „russischen Roulettes", wie er es im Internat kennengelernt hatte und das bei Studenten sehr verbreitet war?

Die Vermutung, Vladimir könnte Selbstmord verübt haben, verletzte seine Mutter tief. Die Zeitung „Russland" brachte eine Richtigstellung:[83] „... Vladimir Kign-Dedlov litt nicht an Halluzinationen oder Depressionen und er lebte sehr gerne! ..." Wie es wirklich geschehen war, wurde nicht geklärt. Aber nach Meinung der Zeitgenossen lag die Schuld an Vladimirs tragischem Tod bei ihm selbst.

Dieser unerwartete Schlag und schwere Verlust traf die gesamte Familie, besonders aber Dimitri. Denn Vladimir hatte nach dem Tod seines Bruders dem halbwüchsigen Neffen viel Aufmerksamkeit geschenkt, ihn – das war ihm sehr wichtig – zu kritischem Denken ermuntert und versucht, seinen Horizont zu erweitern. Dimitri verehrte seinen berühmten Onkel, der als Schriftsteller bewundert, weit gereist und sehr umstritten war. Wie kein Zweiter kannte er Russland „von oben und unten" und hatte Kriegserfahrung. Dimitri, damals aus dem Schulunterricht ganz erfüllt von antikem Heldenleben, zog Parallelen und war überzeugt, dass es solch einem Mann nicht bestimmt war, „unrühmlich" im Bett zu sterben. Dieser Gedanke half ihm, des Onkels Tod mannhaft zu ertragen. Er schluckte die Tränen hinunter, überließ den Frauen das Weinen und Klagen. Aber mit ihm begrub er auch die Hoffnung auf die versprochenen abenteuerlichen Reisen und eine sorglose Jugend.

Nach Vladimirs Tod lebte Dimitri in einer von Frauen dominierten Familie und eiferte dem strahlenden Vorbild seines Vaters nach. Die kritische, unbequeme Einstellung seines Onkels zur traditionellen Erziehung fiel weg und damit für Dimitri der Anstoß zu einer überprüfenden Distanz. Ohne Vladimir fand die übliche Beschäftigung mit Kunst und Kultur kaum noch statt. In der Bibliothek lagen wie schon bei seinem Großvater Tageszeitungen, internationale Magazine und Zeitschriften auf, aber wer mag sie mit dem Halbwüchsigen, außer vielleicht der Hauslehrer, studiert und diskutiert haben? Dimitri vermisste aber offenbar nichts, denn ohne jede Krise absolvierte er eine Klasse nach der anderen und entsprach nebenbei noch vollkommen den Anforderungen der Ausbildung zum künftigen Gutsherren. Auf diese Art, so wurde ihm beigebracht, konnte er am besten das Andenken seines Vaters ehren und seiner Mutter Freude bereiten. Ganz in diesem Sinne plante er, nach der Reifeprüfung – wie es sein Vater getan hatte – die Landwirtschaftliche Hochschule zu besuchen.

Die ersten Klassen des Gymnasiums dürfte Dimitri zu Hause unterrichtet worden sein. Später wechselte er in das Gymnasium in Mogiljov. Wie damals in der Provinz gebräuchlich, wohnte er nicht im Internat, sondern mit anderen Schülern als zahlender Gast bei einer wohlbeleumundeten Lehrerfamilie. Im Sommer wurde er zusätzlich privat unterrichtet, vor allem in Sprachen. Wie Alexej es schon bei der Geburt seines Sohnes bestimmt hatte, kümmerte sich außerdem ein deutscher Sportlehrer um die körperliche Ertüchtigung des Jungen, seiner Freunde und Cousins. Sie wetteiferten im Schwimmen, Tennis, Radfahren, Reiten und später auf der Jagd. Nebenbei arbeitete Dimitri getreu dem Leitspruch: „Erst dienen, dann befehlen" überall mit, ob als Fuhrwerker, bei der Ernte oder in den Glashäusern, auf dem Viehhof, in den Stallungen, in den Fabriken, beim Holz usw. Dabei erwies er sich als geschickt und begeistert.

Tante Olga versuchte, in den Ferien und auf Reisen, Einfluss auf Dimitri und sein Weltbild und die Erziehung Katharinas zu nehmen. Mindestens zweimal waren die Kinder mit ihr während ihrer Gymnasialzeit in Frankreich, wahrscheinlich auch in Österreich, vermutlich in Wien. Wie alle Russen liebten sie es, ins Ausland zu fahren, besonders seit ihre Heimat eine international beachtete Glanzperiode erlebte. Deutschland war außer in medizinischen oder technischen Belangen unbeliebt geworden und aus der Mode gekommen. Dafür stand Frankreich weiter hoch im Kurs – und das nicht nur bei den Kigns. Obwohl Alexandra Paris liebte, blieb sie zu Hause, weil sie die Anstrengungen einer weiten Reise fürchtete. Es ließ sich nicht mehr übersehen, dass sie immer zarter wurde, früh alterte. Lange erklärte man sich ihr verändertes Aussehen mit den Sorgen und ihrer Trauer, die sie einfach nicht verließen. Was ihr wirklich fehlte, wurde nicht bekannt, denn Alexandra machte ein Geheimnis aus ihrem Befinden – bis zuletzt.

Bei Dimitris Erziehung verlief also offensichtlich alles nach Wunsch und der Tradition der Familie. Aber welche Pläne bestanden für Katharina? Sie war ein schüchternes, sehr sensibles Mädchen, von dem wenig erzählt wurde. Lebte ihr Vater noch, wäre ihre Kindheit bestimmt anders verlaufen. Er war der Einzige, der sie nie verzärtelte, sondern von klein auf immer gefordert und gefördert hatte. Es dauerte, bis das Kind begriff: Vater wird nie mehr kommen! Die Sehnsucht nach ihrem Vater verlor sie nie. Um Katharina über den Schock seines Todes hinwegzuhelfen, wurde sie verständlicherweise „in Watte gepackt". Trotzdem litt sie lange unter der Trauer und Verzweiflung ihrer Mutter und fühlte sich schuldig, weil es ihr nicht gelang, sie zu trösten: „Maman, weinen Sie nicht, Sie haben doch mich, ich tue alles für Sie."

Was konnte sie noch tun, um Mamans Kummer wenigstens nicht zu vergrößern? „Am besten ist", wurde ihr versichert, „sehr brav und sehr lieb zu sein!" Katharina wurde sehr brav, sehr lieb. Nur ja keine Schwierigkeiten zu machen, wurde zu ihrer zweiten Natur. Weil sie so lieb war, wetteiferten Julie, das Kindermädchen, die Hauslehrerin, die Familie und Lydia, ihre Freundin, geradezu, ihr alles abzunehmen. Dadurch blieb Katharina lange unsicher und schüchtern und wurde nicht übermäßig lebenstüchtig. Deswegen machte sich aber niemand Sorgen, denn ihre Zukunft war durch das Gut abgesichert, welches sie von ihrem Vater bereits zur Geburt geschenkt bekommen hatte. So dürfte sie zu Hause, parallel zur Schule, in Dedlovo Privatunterricht nicht nur in Sprachen, sondern auch in Hauswirtschaft bekommen haben. Leider war niemand da, der sich, wie seinerzeit Tante Sophia in Olgas Mädchenzeit, dafür einsetzte, dass sie „St. Petersburger Schliff" erhielt. Dieses Manko könnte sich nach Meinung von Verwandten später bei einer Eheschließung nachteilig auswirken.

Erst 17 Jahre alt, wurde Dimitri bereits angehalten, so oft wie möglich bei Alexandras Arbeitsbesprechungen dabei zu sein. Die meisten anstehenden notwendigen Arbeiten, Planungen und Entscheidungen waren ihm nicht mehr neu. Zum Beispiel: was bei Missernten zu tun wäre; wie hoch der Roggen stehen und wann die Heumahd sein sollte; wie zu reagieren wäre, wenn der Gärtner zu viele Arbeiter beanspruchte; was getan werden müsste, wenn kein Regen fällt, das Sommergetreide verloren wäre und schlechte Ernte steigende Preise bedeutete; abzuschätzen, wie viele Saisonarbeiter in diesem Jahr nötig wären; zu klären, ob beim Holzverkauf betrogen wurde oder nicht; festzustellen, wo geschlampt worden war; warum die Preise für Leinen und Wodka schwankten und wie die Märkte funktionierten. Und so weiter, und so weiter. Dimitri machte erstmals mit Pitkievich eine Inspektionsfahrt durch die Ländereien, die wegen deren riesiger Ausdehnung einige Tage und Nächte in Anspruch nahm.

Bei seiner Rückkehr ging die Arbeit weiter: Eine Cholera-Erkrankung war gemeldet worden. Für so einen Fall gab es einen ganzen Maßnahmenkatalog, und Überlegungen waren anzustellen: Was ist zu tun, um einer Epidemie vorzubeugen? – War es nötig, den Sanitätsrat einzuberufen, und war der Arzt zur Kontrolle in die Dörfer und Fabriken zu Aufklärungsvorträgen geschickt worden? – Würden die Klöster notfalls Räume zur Aufnahme von Quarantänefällen bereitstellen? – Desinfektionsmittel waren zu verteilen und eventuelle Nachlässigkeiten anzuprangern. – Fehlendes Geld musste aufgetrieben werden. Und um den Maßnahmen Nachdruck zu verleihen, musste daran erinnert werden, dass früher die Menschen bei Epidemien zu Tausenden erkrankten und starben.

Der halbwüchsige Dimitri wurde mit Pflichten förmlich zugedeckt. Er war noch sehr jung, beileibe nicht schüchtern, sportlich, sah blendend aus, lebte in glänzenden Verhältnissen und war Erbe eines riesigen Vermögens. Warum wehrte er sich nicht, sondern nahm alle Aufträge wie ein wahrer Musterknabe auf sich? Es scheint ihm bewusst gewesen zu sein, dass er die Erfahrung und Hilfe seiner Mutter brauchte. Vermutlich ahnten oder wussten beide, dass Alexandra nicht mehr lange zu leben hatte.

Als im Herbst 1911 Dimitris letztes Gymnasialjahr begann, erschütterte die Nachricht von einem Attentat auf Stolypin die Öffentlichkeit. In Sewastopol hatte eine Theateraufführung in Gegenwart des Kaisers und seiner Töchter, des Ministerpräsidenten Stolypin und geladener Gäste stattgefunden. In der zweiten Pause war der Ministerpräsident, mit dem Rücken an die Balustrade des Orchestergrabens gelehnt, in ein Gespräch mit Hofminister Baron Fredericks vertieft gewesen. Er hatte ein weißes Sommerjackett getragen und seine imposante Gestalt war von jedem Punkt des Hauses zu erkennen. Das Parkett war beinahe leer gewesen, denn das Publikum hatte sich im Pausenfoyer befunden. Da hatte sich eine Person im Frack direkt auf Stolypin zubewegt, eine Pistole gezogen und aus der Nähe auf ihn geschossen. Noch stehend, hatte sich der Ministerpräsident bekreuzigt, während sich Blut auf dem weißen Stoff ausgebreitet hatte, dann war er im nächsten Sessel in sich zusammengesunken. In der darauf folgenden Nacht war er unter großen Schmerzen gestorben[84]. Sein Mörder, der fliehen wollte, musste vor der aufgebrachten Menge geschützt werden, sonst wäre er gelyncht worden.

Stolypins Tod war eine große Tragödie für Russland, deren Folgen sich erst nach und nach zeigten. Viele fragten sich: „Was hätte er alles noch erreicht, was dem Land erspart, wäre ihm mehr Zeit geblieben?" Es herrschte große Ratlosigkeit über diese furchtbare und sinnlose Tat eines Studenten, der damit einen Aufstand auslösen wollte.

Trotz Stolypins großen Erfolgen[85] in nur wenigen Jahren waren noch viele Probleme ungelöst geblieben. Die Lebensbedingungen der wachsenden Arbeiterklasse waren insgesamt immer noch schlecht. Berichte über 54.000 Menschen, die in den Gefängnissen saßen – im Zarenreich eine ungewöhnlich hohe Zahl –, darunter auch Freunde Gorkis, hatten den Hass auf Stolypin geschürt.

Im Frühjahr darauf, 1912, bestand Dimitri die Matura und begann im Herbst sofort sein Studium an der Petrowski-Rasumowsker Landwirtschaftlichen Hochschule für Bodenkultur.

Es war so, als hätte Alexandra nur Dimitris Matura abgewartet und sich dann erst gestattet, krank und leidend zu sein. Was ihr fehlte, ist nicht überliefert. Es wurde aber ein Frauenleiden vermutet. Im Sommer überwachte sie noch von ihrem Krankenzimmer aus, wie ihr Sohn die Ernte einbrachte und später die Herbstarbeit beendete. Obwohl Dimitri damals erst 19 Jahre alt war, verlief alles reibungslos, war er ja von seiner Mutter auf die vertrauensvolle Zusammenarbeit mit Pitkievich eingeschworen worden, was wie ein Sicherheitsnetz wirkte. Auch arbeitete inzwischen schon dessen Sohn Mikael immer mehr mit und unterstützte seinen Vater. Später würde er mit Dimitri zusammenarbeiten.

Alexandra hatte – ganz ihrem Charakter entsprechend – ihr „Haus bestellt" und alles Menschenmögliche für eine reibungslose Übergabe an Dimitri getan. Nun ließ sie los und bereitete sich auf ihren Tod vor. Von Olga, der Wirtschafterin Anna und dem übrigen Personal hingebungsvoll betreut, von der Familie und den Kindern begleitet, starb sie am 13. Mai 1913 in Dedlovo im 45. Lebensjahr.

Elisabeta, damals 83 Jahre alt und müde, nahm von ihrer zu jung verstorbenen Schwiegertochter mit der Einsicht alter Menschen, die viel erlebt und viel verloren hatten, Abschied, nämlich: „dass uns letztlich alles, auch geliebte Menschen, nur geliehen werden".

Dritter Teil

(1913 – 1943)

33.

Dedlovo hat wieder einen Herrn

... einen sehr jungen – Großmutter und Tante Olga als Stütze – Trauerri-
tuale – zu früh für ein Studentenleben – Dimitri entwickelt Allüren – Onkel
Sergej lädt zu einer Wolgafahrt – eine schicksalhafte Begegnung – Liebe
auf den ersten Blick – Olga Barschtewskaja, eine passende Braut aus pas-
sender Familie – Petersburg erstrahlt in neuem und altem Glanz – zwei
russische Familien, zwei russische Welten – Hochzeitstermin 11. Juli 1914

Nach acht Jahren hatte Dedlovo nun wieder einen Herrn. Einen
sehr jungen, der erst 19 Jahre alt war. Aber die Leute kannten und
mochten ihn, weil er tüchtig, zupackend und mit seinen Pflichten
vertraut war. Außerdem standen ihm die alte Dame Elisabeta und
im Hintergrund als deren „rechte Hand" Tante Olga zur Seite. Das
war ideal. Gemeinsam garantierten seine jugendliche Kraft und
ihre große Erfahrung weitere Erfolge. An Alexandras Bahre
weinte und klagte die Bevölkerung aus echter Betroffenheit, nicht
nur aus Pflichtgefühl, und nannte sie dabei liebevoll Mütterchen.
Madames harter Arbeit, ihren Fähigkeiten, ihrer Strenge und
Gerechtigkeit verdankten sie sichere, ja sorglose Jahre. Während
die Menschen zum letzten Mal das bleiche Gesicht der Toten
betrachteten, wurde ihnen schmerzlich bewusst, was sie mit ihr
verloren hatten. Damals sprach man noch von der „Majestät" des
Todes und feierliche, düstere Rituale unterstrichen diese Vorstellung. Von den Sterbezeremonien für seinen Vater und den Onkel
wusste Dimitri, was man von ihm erwartete. Ernst und doch
selbstsicher übernahm er die Büros und zeigte Haltung und
Würde, als er für den Ablauf der Trauerzeremonien sorgte. Dimitri stützte seine Großmutter, tröstete seine Schwester Katharina
und nahm die Beileidskundgebungen der Menschenmassen entgegen. Er schüttelte unzählige Hände, kümmerte sich um familiäre Trauergäste und sprach mit Bauern, Arbeitern und zahllosen
Honoratioren aus nah und fern, nahm am feierlichen Gottesdienst
teil, dankte dem Priester, der das besondere Vertrauen seiner Mutter gehabt hatte, und schritt dem Kondukt auf dem Weg zur Gruft
voran.

Was in diesen Stunden in ihm vorging, konnte man nur vermuten. Der frühe Tod seiner Mutter, die für ihn eine unersetzbare, bewunderte Beraterin, Vertraute und Förderin gewesen war, traf ihn hart. Aus Sorge, seine Autorität zu schmälern, die er dringend brauchte, gestattete er sich jedoch keine sichtbaren Emotionen. Er wappnete sich gegen den Schmerz und unterdrückte nicht geweinte Tränen, wie später noch oft in seinem Leben. Doch seine Großmutter konnte er nicht täuschen. Das Herz wurde ihr schwer, wenn sie ihn einsam ausreiten, durch die Fabriken gehen oder Pitkievich besuchen sah. Ohne Alexandra wirkte alles auf Dedlovo unerträglich verwaist: das riesige Haus, der große Park, die Stallungen, der See. Die Hauswirtschaft funktionierte unter Annas Zepter zwar reibungs-, aber seelenlos, wie Dimitri es empfand. Rührend, aber vergeblich bemühte sich seine 16-jährige Schwester um eine angenehme Atmosphäre im Haus. Ihre Mutter, deren Denken und Handeln alles bestimmt hatte, war zu gegenwärtig, das Vakuum, das sie hinterließ, groß. Nicht nur Elisabeta fragte besorgt: „Wie werden die Kinder damit zurechtkommen?"

Eine gewisse Schonfrist erhielt Dimitri durch das nach dem Tod von Eltern vorgeschriebene Trauerjahr. Es sollte in ruhiger Zurückgezogenheit verbracht werden, ohne Einladungen, Feste, Opern- oder Theaterbesuche, und helfen, wieder ins Leben zurückzufinden. Es war ein Brauch, der sich aus der Erfahrung von Generationen zum Schutz der Trauernden in ihrer Ausnahmesituation entwickelt hatte. Alle im Haus trugen schwarz, auch das Personal, und in Erinnerung an Alexandra wurde viel geseufzt und geweint. Aus dieser bedrückenden Umgebung wollte Dimitri bald nur noch fort.

Der Mai entfaltete, den düsteren Trauervorschriften zum Trotz, seine ganze Pracht mit Blüten, frischem Grün, lauen Lüften und sonnigen Tagen. „Ich sollte", sagte Dimitri zu seiner Großmutter, „noch vor Semesterschluss an die Hochschule zurück", was stimmte. Elisabeta ermunterte ihn: „Geh mit Gott, geh nur, es wird dir guttun." Pflichtgemäß informierte er Pitkievich. „Brauchen Sie mich, Pitkievich?", fragte er. „Wenn Sie keine speziellen Aufträge haben, nein!"

Aber es war zu früh für ein „normales Studentenleben", denn nach kurzer Zeit kehrte Dimitri wieder nach Dedlovo zurück und stürzte sich in die Sommerarbeit. Sport und körperliche Arbeit erlebte er als Wohltat für Leib und Seele, die ihm halfen, sein seelisches Gleichgewicht wiederzufinden. Im Herbst war sein Körper durchtrainiert und seine Stimmung ausgeglichen, er hatte das Jünglingshafte abgestreift und trug einen Bart. Gleichzeitig entwickelte er, vom Haushaltspersonal verwöhnt und vergöttert, ziemliche Allüren. Der junge Herr erschien einfach nicht zum Essen oder zu früh, zu spät, und wenn er dann endlich kam, musste sofort serviert werden. Bei der Pflege seiner Kleidung stellte er oft unerfüllbare Ansprüche: Flecken in Sakkos sollten weggezaubert werden, Lieblingshemden, kaum abgelegt, erwartete er schnellstens wie neu und frisch in seiner Garderobe zurück. Anna, die Köchin und die Wäscherin sowie die Stubenmädchen warteten auf das Ende der schwierigen Trauerzeit. Sie murrten: „Bei der Herrin hätte es das nicht gegeben!" Anna beruhigte: „Wenn seine Stimmungen sich nicht bessern, spreche ich mit Madame."

Im September 1913 begann die Halbtrauer. Zur Aufmunterung erhielt Dimitri einzelne Besuche und kleine Einladungen, die er, ohne sich innerlich zu beteiligen, mehr oder weniger über sich ergehen ließ. Denn inzwischen gefiel ihm sein zurückgezogenes Leben als „Landwirt" zu sehr, um es zu ändern. Die Familie beobachtete die Entwicklung mit Sorge und überlegte, was man dagegen unternehmen könnte. Onkel Sergej entwickelte dabei den ausgefallenen Plan, seinen Neffen mit einer kleinen Gesellschaft zu einer Wolga-Fahrt einzuladen. Das war damals wirklich eine ungewöhnliche Idee, denn Vergnügungsfahrten waren noch nicht in Mode. Aber die großen, komfortablen Dampfschiffe, die auf der breiten, gewaltigen, knapp 3.700 km langen Wolga fuhren, waren als moderne und sehr bequeme Verkehrsmittel bekannt und beliebt. Onkel Sergej buchte die Reise auf einem Dampfschiff mit Erste-Klasse-Deck, angenehmen Kabinen und sehr gutem Essen. Der Kapitän, eine imposante Gestalt, beherbergte auf seinem Schiff eine bunte Gesellschaft von beruflich reisenden Offizieren, Geschäftsleuten, Popen mit ihren Frauen und Vertretern verschiedener Völker Russlands wie Tataren und Kosaken.

Es wurde musiziert, gesungen und jeder Schwenk des Schiffes brachte eine neue Perspektive. Wiesen, Wälder, dunkle Holzhäuschen, kleine Ortschaften, Windmühlen, Klöster zogen vorüber. Lastkähne, kleinere Boote, Segelschiffe und vierstöckige Dampfer pflügten durch den Fluss. Nach einem glühenden Sonnenuntergang über dem Wasser sank langsam die Dämmerung nieder und in der Dunkelheit markierten Lichter das Ufer.

Von den vielfältigen Eindrücken der vorüberziehenden Landschaft und dem Leben auf dem Schiff sollte Dimitri aber nicht viel mitbekommen. Denn – kaum an Bord – hatte er eine Begegnung, die sein Leben veränderte: Während er sich an Deck mit seinem Onkel unterhielt, stand in seinem Blickfeld eine junge Dame, umgeben von Geschwistern und Freundinnen. Fasziniert betrachtete Dimitri ihre weichen Gesichtszüge, die fürwitzig aufgestellte Nase und das dunkle, volle Haar. Er registrierte ihre harmonischen Bewegungen und ihr fröhliches Wesen. „Komm mit", sagte Onkel Sergej, dem nicht entgangen war, wen sein Neffe anstarrte. „Ich möchte dich Olga Chmara-Barschtschewskaja vorstellen." Später konnten sich die beiden nicht mehr genau an den formellen Ablauf ihrer ersten Begegnung erinnern. Aber von dem Moment an, als sich ihre Blicke begegneten, fühlten sie sich magisch voneinander angezogen, ganz nahe und vertraut. Entgegen der damaligen Sitte verbrachten sie die Tage – die Schiffsreise machte es möglich – gemeinsam in intensiven, nie endenden Gesprächen, die es für sie zur Gewissheit werden ließ: „Wir sind füreinander bestimmt!" In Olgas Gesellschaft schwand Dimitris Verschlossenheit ganz von selbst. Sein trauriges, einsames Herz war „angekommen", sein Dasein hatte Sinn und Ziel gefunden. Olga wiederum fand in ihm den Mann ihrer Träume, an dessen Seite sie eine wunderbare Zukunft erwartete.

Wir wissen nicht, wie lange die kleine Gesellschaft unterwegs war, welchen Abschnitt der Wolga sie bereiste, welche Klöster und Städte sie bei Landgängen besichtigte oder ob der Dampfer auf eine Sandbank lief, was im Herbst passieren konnte. Sicher ist nur, dass Olga und Dimitri, als sie das Schiff verließen, entschlossen waren, bald zu heiraten. Die beiden überzeugten ihre skeptischen Familien mit der Erklärung, dass es bei ihnen die große

Liebe auf den ersten Blick war, für sie selbst so unerklärlich, dass sie sie letztlich als ein Geheimnis betrachteten, das sie niemals verlieren wollten.

Selbstverständlich informierte Dimitri seine Großmutter, bevor er nach St. Petersburg reiste, um sich der Familie seiner künftigen Braut vorzustellen. Ihre Erlaubnis benötigte er nicht, aber ihren Segen wünschte er sich sehr. In Dedlovo wurde die Nachricht mit Überraschung und Freude aufgenommen. Elisabeta gab ihrem Enkel von ganzem Herzen ihre Zustimmung, denn Olga war eine passende Braut für Dimitri, aus passender russischer Familie, mit passender Erziehung. Gerührt sagte sie zu ihrer Schwägerin: „Was meinst du, Daria, wenn Gott will, werde ich vielleicht noch meine Urenkelkinder sehen."

Die lebensfrohe Atmosphäre in St. Petersburg von 1913 verstärkte Dimitris Glücksgefühl und den Glauben an die Zukunft. Die Revolution von 1905 gehörte zur schweren, aber nun überwundenen Vergangenheit. Er wanderte durch die pulsierende, strahlende Hauptstadt, die zugleich kosmopolitisch und sehr russisch war. Jeder, der die Stadt besuchte, wünschte, sich hier niederzulassen. Ihre eleganten Prachtstraßen waren ebenso beeindruckend wie die majestätischen Säulen der kaiserlichen Paläste in genialer italienischer Architektur, die herrlichen Parks, das bronzene gegossene Denkmal Peters des Großen, meilenweit sichtbar die „Goldene Nadel" des Admiralitätsgebäudes, die Fürstenpalais – unwirklich beleuchtet vom Sonnenuntergang. Zahlreiche Brücken querten den Fluss, in dem sich Ziegelschornsteine riesiger Fabriken spiegelten. Schauspielerinnen parlierten ihre Texte in Französisch, jede Nacht schwebte das kaiserliche Ballett zur Musik der besten Orchester der Welt über die Bühne. Langhaarige Studenten philosophierten leidenschaftlich, Champagner floss in Strömen und der farbige Barmann im Hotel d'Europe kam aus Kentucky. Gelb- und blauuniformierte Garden der Kürassiere spazierten durch die Straßen, elegante Damen hinter zarten Schleiern hielten vor den Auslagen berühmter Juweliere, während ihre Bedienten auf dem Trittbrett teurer Wagen warteten, und der Hufschlag trabender Pferde beherrschte den Grundton der Stadt.

Dimitri wurde vom Vater der Braut, Platon Chmara-Barscht-schewskij, Jurist und Universitäts-Professor in St. Petersburg, sehr freundlich empfangen. Für ihn war der Bräutigam seiner Tochter ein eleganter, vielversprechender junger Mann mit einnehmendem Wesen. Ehehindernisse gab es keine. Er studierte zwar noch, war aber aus guter, das heißt adeliger russischer Familie, vermögend und somit in der Lage, für seine Frau und künftige Kinder zu sorgen. Nach wenigen Besuchen Dimitris im Hause Barschtschewskij wurde ein Familientreffen vereinbart, das zugleich als Verlobungsfeier gedacht war. Theoretisch begegneten einander entsprechende Familien, in der Praxis aber zwei russische Welten – eine moderne und eine traditionelle: Die Braut hatte Matura und vor ihrer Verlobung die Absicht gehabt, verschiedene berufsbildende Universitäts-Lehrgänge für Mädchen zu besuchen. Ganz ohne Scheu bedauerten die Eltern und Brüder, dass Olga ihren Plan zu studieren nun aufgeben wollte. Elisabeta und Daria hingegen wechselten Blicke: „Was denn sonst?" Und schwiegen betreten zu diesen Ansichten. „Was kann eine künftige Ehefrau Dimitris anderes tun, als sich um das Gut zu kümmern?" In der Familie Chmara-Barschtschewskij schien das nicht mehr so selbstverständlich zu sein. Dimitris künftige Schwiegermutter hatte das Gymnasium absolviert, danach Klavier studiert und war eine leidenschaftliche und ausgezeichnete Pianistin. Sie wirkte wie auch ihre Tochter fröhlich, unbekümmert und selbstbewusst.

An den Wänden der Empfangsräume hingen Porträts, Landschaftsbilder und alte schwarze Ikonen, aber es gab keine brennenden Kerzen davor. Das Essen war zwar gut, aber nicht besonders und wurde von einem „Mädchen für alles" unter Mithilfe der gesamten Familie serviert. Ein Onkel der Braut, Emanuil, war ein gesuchter Arzt in St. Petersburg und für Daria ein liebenswürdiger Tischherr, mit dem sie über frühere Zeiten sprechen konnte. Die Brüder der Braut, Studenten, sorgten mit Geschichten aus der Kindheit ihrer Schwester für unbeschwerte Unterhaltung. Aber auch über Kunst, das Landleben und Reisen wurde sehr anregend gesprochen. In diesem Punkt fühlte sich Elisabeta an Vladimirs Einladungen erinnert und dachte wehmütig: „Wie hätte er sich in diesem Kreis wohlgefühlt." Nach Tisch wechselten alle in den Salon, und die Dame des Hauses rauchte einträchtig mit den Herren schlanke Zigarren. „Das sagt wohl alles über den freizügigen Stil dieser Familie, nicht wahr", bemerkte Daria auf der Heimfahrt.

Für die stille Katharina war dieser Abend sehr verwirrend. Während ihr Bruder zu Hause streng auf jedes Detail achtete, fand er hier alles wunderbar, obwohl sich die Damen Chmara-Barschtschewskaja offensichtlich an jeglicher Haushaltsführung uninteressiert zeigten, sie sogar unverhohlen nur als notwendiges Übel betrachteten. Was würde eine Herrin mit dieser Einstellung für Dedlovo und sie selbst bedeuten? Tante Olga zog aus diesem Abend eigene Schlüsse. Unauffällig, aber konsequent trieb sie die Bildung ihrer Nichte in Richtung Hochschulreife voran. Am Ende des Abends war noch der Hochzeitstermin für den 11. Juli 1914 festgesetzt worden. Das Fest sollte nach dem Trauerjahr auf dem Gut der Brautfamilie in Silvinkoje nahe Kamenez stattfinden.

34.

Dimitris Hochzeit

Gibt es Krieg mit Österreich? – ein Fest nahe der Grenze zu Österreich-Ungarn – vielleicht tanzen sie schon am Abgrund – Tante Olga als guter Geist – erster Streit – eine Hausfrau wie ein Gast – Himmel auf Erden – alles wird anders, aber sicher gut

In die Hochzeitsvorbereitungen platzte die besorgniserregende Nachricht von der Ermordung des österreichischen Thronfolgers Franz Ferdinand und seiner Gemahlin in Serbien. Österreich richtete sogleich ein Ultimatum an Serbien, das nach nur einem Monat ablaufen sollte. Für Russland als Schutzmacht Serbiens konnte das bald Krieg bedeuten – eine düstere realistische Aussicht, an die aber in Dedlovo niemand glauben wollte.

Olgas älterer Bruder, Valentin Chmara-Barschtschewskij, besuchte die Diplomatische Akademie und war in diesen Tagen ein gesuchter Gesprächspartner, um von ihm vielleicht besondere Informationen zu bekommen, das Für und Wider einer Eskalation zu besprechen, vor allem aber von ihm beruhigt zu werden. Von der Lage der Dinge her war das schwierig. Im Grunde genommen konnte man nur hoffen, dass es bei der Kriegsdrohung blieb. Ohne Zweifel, die politische Lage war ernst, denn der Balkan war schon länger ein Konfliktherd, manche sprachen von einem „Pulverfass". Doch, beruhigte man sich, warum sollte es ausgerechnet jetzt, womöglich am 11. Juli, dem Tag der Hochzeit, in die Luft fliegen? Eine Möglichkeit, über die niemand in der Familie näher nachdenken wollte.

Der Besitz der Chmara-Barschtschewskijs befand sich in der heutigen Ukraine nahe Mogiljov und dem Fluss Dnestr an der Grenze zu Österreich-Ungarn, im Kriegsfall lag es daher nahe der Front. Das Gut war in dieser Generation nur noch Sommersitz und Familientreffpunkt, ein rein landwirtschaftlicher, von einem Verwalter geführter Betrieb, der keinen nennenswerten Ertrag erwirtschaftete, aber auch keine Schulden angehäuft hatte. Neben der Frau des Verwalters war nur noch eine alte Haushälterin ständig beschäftigt. Bei Bedarf, wie jetzt anlässlich der Hochzeit, halfen Frauen aus dem Dorf in der Küche, den Gästezimmern und beim Servieren aus, um die Gäste zu betreuen. Tante Daria registrierte Nachlässigkeiten und auch, dass der Park nur in der Nähe des Hauses gepflegt war und es am Rande des Dorfes unbewohnte verfallende Häuschen gab, weil die Bewohner fort in die Städte gezogen waren. Nein, Gut Silvinkoje war mit Dedlovo nicht zu vergleichen!

Die Familie und ihre Gäste, die aus beinahe allen Teilen Russlands zur Hochzeit an die westlichste Grenze des Reiches kamen, waren fest entschlossen, sich das Fest keinesfalls verderben zu lassen – jedenfalls nicht merkbar. Das gelang erstaunlich gut, vor allem dank der Musik, die das bequeme und gemütliche Gutshaus erfüllte. Die Hausfrau und Pianistin brauchte sie wie die Luft zum Atmen. Gekonnt sorgte sie für wahrhaft himmlische Klänge in der Kirche, für ein fröhliches Ständchen beim Empfang, für stimmungsvolle Tafelmusik bei Tisch und am Abend mit Tanzmusik für Ausgelassenheit und Lebensfreude für die zahlreiche Jugend. Die direkte Verwandtschaft des Brautpaares – Ostrovski, Kign, Chmara-Barschtschewskij, der Grafen S. und Exzellenz L. – war schon sehr groß und dazu kamen noch deren Freunde und Nachbarn. Altmodisch in schwarze Witwentracht gekleidet, beobachteten Elisabeta und Daria das Treiben und hörten den üblichen Plaudereien zu, wer mit wem verwandt war: Wer denn die Schönheit dort wäre, und wer der elegante junge Mann? Sah jener nicht wie sein Großvater aus? Kaum zu glauben! Die Braut sei so schön und er sehr tüchtig. Welche Ehen würden wohl heute gestiftet werden? Wer könnte zu Katharina passen? Für sie wäre es gut, bald zu heiraten, denn dann müsste sie nicht im Haushalt der Schwägerin leben!"

Wie muss sich Tante Olga während dieser Gespräche gefühlt haben? Sie war damals 56 Jahre alt und für die Familie durch ihren selbstlosen Einsatz unverzichtbar, aber dabei auch „unsichtbar". Bewunderung und Anerkennung erhielt die dominierende, beliebte Elisabeta, die meinte: „Die Jugend feiert und tanzt unbeschwert und denkt nicht an den drohenden Krieg und die Folgen. Aber womöglich tanzen sie schon am Abgrund?" Es gelang ihr nicht, auch nur für kurze Zeit ihre schrecklichen Ahnungen loszuwerden. „Der Pessimismus des Alters macht mir immer mehr zu schaffen, Daria! Bei großen Festen fühle ich mich besonders einsam inmitten der Schatten all derer, die nicht mehr sind und die ich so vermisse." Daria erhob sich: „Das Brautpaar verabschiedet sich bereits, nun können wir uns zurückziehen."

In den frühen Abendstunden verließen Dimitri und Olga glücklich, endlich allein und ohne Begleitung zu sein, die feiernde Gesellschaft und machten sich auf den Weg nach Dedlovo. Nach stundenlanger Fahrt durch die nachtdunkle Ebene erschien am Horizont ein heller Lichtstreifen als Vorbote des Tages. Dimitri befahl: „Anhalten!" Eng umschlungen sahen sie schweigend zu, wie sich die Sonne als Feuerball in den Himmel schob. Olga fröstelte. „Meinst du, es wird Krieg geben?" Dimitri zuckte mit den Achseln. „Du wirst doch nicht einberufen werden?" – „Wenn Krieg kommt – dann ja!" Noch in Gedanken sagte er laut: „Wenn nicht, melde ich mich freiwillig!" Das wäre seine Pflicht, denn kampflos aufzugeben, wie seine Vorfahren es vor Napoleons Armeen getan hatten, schien ihm undenkbar. Olga sah ihn an, als sähe sie ihn zum ersten Mal: „Das ist nicht dein Ernst!" – „Natürlich meine ich es ernst, was denkst denn du?" Erschrocken riss sich Olga los: „Das kannst du nicht machen! Nein, das wirst du mir nicht antun!" Nach einem heftigen ergebnislosen Wortwechsel bat Dimitri: „Komm, sei vernünftig, warten wir doch erst einmal das Ende des Ultimatums ab! Vor uns liegen herrliche Sommerwochen. Sollen wir unser gemeinsames Leben als Ehepaar mit einem sinnlosen Riesenstreit beginnen, der alles verdirbt?" Nein, das wollte sie nicht.

Neugierig unterbrachen die Bauern ihre Arbeit auf den Feldern, als der Wagen mit der neuen Herrin vorbeifuhr, die Arbeiter zogen ihre Mützen, die Fuhrwerke hielten an und die Kinder liefen lachend hinterher. Niemand, auch das Hauspersonal nicht, konnte es fassen: „Oh, mein Gott, wie jung sie ist!" Dimitri führte seine Frau stolz durch das Haus. Alexandras Zimmer, die sie beziehen sollten, waren seit ihrem Tode noch unberührt und warteten auf Olgas Änderungswünsche. Bis dahin wohnten sie in den Gästezimmern und ihre Ausstattung blieb verpackt. Zunächst absolvierte das junge Paar Antrittsbesuche bei Gutsnachbarn, Honoratioren und im Pfarrhaus. Olga gewann durch ihr natürliches bescheidenes Wesen, und weil es so einfach war, sich mit ihr zu unterhalten, alle für sich. Es war, als hätte man sie schon immer gekannt. Stundenlang streifte Dimitri mit ihr durch den Park, sie schwammen im See, spielten Tennis, besuchten die Plätze seiner Kindheit. Bei ausgedehnten Ritten bis nach Rogatschov zeigte Dimitri ihr die Dörfer, Fabriken und Stallungen – den gesamten Besitz. Am schönsten Aussichtspunkt der Landschaft bewunderte Olga das von Elisabeta und Ludwig errichtete große Kreuz und sprach ein kurzes Dankgebet. In den folgenden Wochen erlebten sie den Himmel auf Erden, der nur wenigen Menschen, und wenn, dann nur für kurze Zeit, geschenkt wird. Aber das wussten sie noch nicht.

Dimitri machte mit seinem Vorsatz ernst, seine Frau so wenig wie möglich allein zu lassen. Sie sollte sich nie so einsam wie seine Mutter fühlen. Olga verbrachte den Tag mit ihm – war wie er zu früh bei Tisch, zu spät oder gar nicht. Ihre Sorglosigkeit führte zu Irritationen, besonders in der Küche. Die Leute dachten: „Die junge Frau lebt im Haus so unbekümmert wie ein Gast." Konnte man ihr das vorwerfen? Niemand hatte sie auf ihre Pflichten vorbereitet, sie darauf aufmerksam gemacht, dass das Personal ihre Anweisungen erwartete. In ihrem Elternhaus in St. Petersburg bestimmte im Wesentlichen die Köchin Essenszeiten und Speiseplan und das „Mädchen für alles", eine mittelalterliche Frau, kümmerte sich um den Rest. Der Kutscher half bei der schweren Arbeit und eine Wäscherin kam regelmäßig von auswärts. „Haushalt ist ein Energiefresser", seufzte ihre Mutter manchmal, „und immer Zeitverschwendung", die sie sich als Pianistin nicht leisten konnte und wollte. Sie rechnete, vom Personal betrogen zu werden: „Betrogen wird man immer", behauptete sie, nur zu frech durften der Diebstahl und die Nachlässigkeiten nicht sein, denn „dann muss ich eine neue Hilfe suchen". Für diese Art der Hauswirtschaftsführung hatte Dimitri kein Verständnis. Das brauchte er auch nicht zu haben, denn sein Gutshaushalt funktionierte unter der Aufsicht Tante Olgas und der von seiner Mutter geschulten Anna auch ohne seine Frau hervorragend.

Dedlovo hatte nun eine Herrin, die sich nicht für die Guts- und Hauswirtschaft interessierte. Man gewöhnte sich daran, dass alles wie bisher in der Verantwortung Tante Olgas und Annas blieb, umso mehr, als das Arrangement eine angenehme Konsequenz hatte: Unvermeidliche Konflikte und Kränkungen zwischen den Schwägerinnen blieben aus. Auch Anna entspannte sich, denn die junge Frau fand es ganz natürlich, sich mit ihr, der Älteren und Erfahreneren, zu beraten. So kam es, dass Olga Annas Herz gewann und von ihr „adoptiert" wurde. „Wenn ich ihr helfe, diene ich Madame ja weiter", erklärte Anna dem Verwalter. „Sie ist einfach nett und sehr interessiert", sagte Pitkievich zu seiner Frau und lächelte dabei. „Unser Leinen hat sie begeistert. So macht uns die Arbeit einfach wieder mehr Freude!" Doch seine Frau war kritisch: „Aber von der Fabrikation hat sie keine Ahnung!" – „Das kommt schon noch!" – „Ob sie ihren Mann überhaupt bei der Führung der Betriebe und der Landwirtschaft unterstützen kann und will, wird sich erst zeigen!" – „Jeder kann sehen, wie sehr die beiden einander lieben und verstehen. Glaube mir, für ihn wird sie alles tun! Übrigens sagte die alte Dame kürzlich zu mir, als wir über die jungen Leute sprachen: ‚Mein Enkel hat eine gute Wahl getroffen. Er ist wirklich glücklich. Seine Frau ist klug, leidenschaftlich, zärtlich, und er kann mit ihr sprechen wie mit einem Freund – was will man mehr?' Sie war auch der Meinung, dass die beiden einer neuen Generation angehörten – für eine neue Zeit. Alles würde anders werden, aber sicher gut!"

35.
„Wir befinden uns im Krieg!"

30. Juli Generalmobilmachung Russlands – Europas Totentanz beginnt – die Zarin glaubte Rasputin – Krieg vor der Haustüre – Dimitri besucht einen Offizierslehrgang – von Sieg zu Sieg – slawische Brudervölker wechseln die Fronten – Abschied von Dedlovo – alles für den Sieg – Elisabeta errichtet ein Lazarett, Katharina arbeitet mit – „So eine Liebesgeschichte gab es in der Familie noch nie!" – Binnenflüchtlinge – Elisabetas einsames Fest des Lichts

Doch dann war es Gewissheit: „Wir befinden uns im Krieg!" Österreich-Ungarn hatte am 28. Juli 1914 Serbien den Krieg erklärt.

Bis an ihr Lebensende erinnerten sich die Menschen Europas, die die Kriegserklärung erlebt hatten, an diesen Moment und wussten, was sie gedacht hatten und womit sie gerade beschäftigt waren. Dimitri und Olga erfuhren vom Kriegsbeginn während eines Essens im Adelsclub von Rogatschov und hatten das Gefühl eines riesigen Verlustes: Ihre unbeschwerte Zukunft war dahin. Danach überstürzten sich sogleich die Ereignisse: Am 30. Juli begann die Generalmobilmachung Russlands zur Unterstützung Serbiens, am 1. August folgte die Kriegserklärung des Deutschen Reiches an Russland. Am selben Tag marschierten russische Truppen in Ostpreußen ein. Nach einer kurzen „Schockstarre" erfasste die Bürger Österreichs, Frankreichs, Englands und Russlands eine euphorische patriotische Hochstimmung, sie begrüßten den Krieg wie Lemminge, welche sich von einer unerklärlichen Macht getrieben in den Abgrund stürzen.

Aber wie immer in der Bedrohung rückte jede Nation zusammen und im jeweiligen Ausland lebende Bürger befanden sich über Nacht im Feindesland. Viele bekamen die Konsequenzen sofort zu spüren. Plötzlich waren auch alle Russen Brüder und beschworen den Sieg. Sogar Dichter und Intellektuelle gerieten mit wenigen Ausnahmen in den Sog der Euphorie. Hingegen war die Zarin Gegnerin der ersten Stunde: „Krieg! Ich wusste nichts davon!

Jetzt ist alles aus"[86], weinte sie verzweifelt und fiel dann in ein stundenlanges Schweigen. Sie glaubte der Prophezeiung Rasputins, dass der Krieg „Dynastie und Reich vernichten" werde.

Die unerbittliche und verhängnisvolle Kriegsmaschinerie war also in Gang gesetzt. Niemand warf sich dazwischen, hielt sie auf. Die erlauchten Cousins – der Zar, der deutsche Kaiser Wilhelm und König Georg – hatten angesichts der Kriegsgefahr zwar private Briefe ausgetauscht, zeigten sich aber außerstande, die Katastrophe abzuwenden. Europas Totentanz – oder wie andere sagten, tragischer Selbstmord – hatte begonnen.

Alte Menschen wie Elisabeta und Ivan Pitkievich fürchteten den Krieg besonders. Sie hatten die Schrecken der russisch-japanischen Kämpfe nicht vergessen. Diesmal würde der Krieg aber nicht in der fernen Mongolei stattfinden, sondern quasi vor der eigenen Haustür. Nur wenige Tage nach Kriegsbeginn wurde im Süden die Stadt Kamenez nahe dem Gut Silvinkoje und der Grenze zu Österreich eingenommen. Olgas Familie verließ fluchtartig ihren Feriensitz in Richtung St. Petersburg, das inzwischen als zu Deutsch klingend in Petrograd umbenannt worden war. Die russischen Truppen eroberten Kamenez aber bald wieder zurück, stammten die Soldaten doch aus der Region um Mogiljov und hatten den Ruf, ausgezeichnete Kämpfer zu sein. Vermutlich auch deshalb, weil sie nicht im „Irgendwo-Nirgendwo" ihr Leben riskierten, sondern die Heimatregion, das eigene Haus, den eigenen Hof, die vertraute Stadt, verteidigen konnten.

Sein Zuhause zu schützen, war auch Dimitris Motivation, deshalb wollte er sich freiwillig melden, obwohl er prinzipiell doppelt freigestellt war – als einziger Sohn und als Student. Der Familienrat schritt ein und verlangte von ihm, zuerst eine Offiziersausbildung zu absolvieren. „Nur so kannst du an der Front Verantwortung für dich und andere übernehmen!" Das sah er ein und meldete sich zu einem Offizierslehrgang in Petrograd.

Währenddessen blieb die kaiserlich-russische Armee weiter siegreich und überrumpelte mit Blitzangriffen den Feind. Im Norden war sie über Polen nach Ostpreußen vorgestoßen und zwang die Deutschen zum panikartigen Rückzug. Im Süden zog die russische Armee von der Ukraine aus in österreichisches Gebiet. Mitte August marschierten sie in Galizien weiter vor und eroberten die Bukowina, die Festungen Stryi und Mykolajev. Weitere Armee-einheiten standen bereits in den Karpaten, andere marschierten in Preußen ein. Nur wenige Tage später berichteten die Zeitungen von einer vollständigen Vernichtung der österreichischen Armee bei Lemberg. Die Stadt wurde nach schweren Kämpfen am 23. August 1914 eingenommen und viele österreichische Gefangene gemacht. Die Nation jubelte und sang „Gott schütze den Zaren!". Ganze slawische Brudervölker wechselten daraufhin geschlossen die Fronten und verließen mit klingendem Spiel die österrei-chische Armee. Tschechen und Polen vernichteten ihre Fahnen, baten um russische Uniformen, um an Russlands Seite zu kämp-fen. Ein wahrer Triumph und ein Sieg des Slawentums! Nur Gruppen nationalistischer Ukrainer und Weißrussen trübten die patriotische Stimmung, weil sie ihre Unabhängigkeit forderten und daher den Kampf verweigern wollten.

Dimitri wurde wie gewünscht zum Besuch der einjährigen Offi-ziers-Kavallerie-Schule in Petrograd einberufen. Seine Familie war zufrieden: „Dimitri ist in Sicherheit, denn in einem Jahr ist der Krieg längst gewonnen und vorbei!" Erleichtert begann seine Frau mit den Vorbereitungen für die Reise nach Petrograd. In die-sem Herbst musste ihre erste Jagdsaison leider ausfallen, dafür würde sie im nächsten Jahr bestimmt umso schöner sein. Olga freute sich auf Freunde und Familie in Petrograd und das trotz Krieg glanzvoll pulsierende Leben der Hauptstadt. Zum Abschied von Dedlovo – voraussichtlich für beinahe ein Jahr – versammel-ten sich Elisabeta, Daria, Tante Olga und das Personal vor der Auffahrt. Die bevorstehende lange Trennung machte Elisabeta das Herz schwer und ihre Tränen Dimitri unglücklich. Nicht nur er, alle Anwesenden ertrugen es kaum, die alte Dame weinen zu sehen. Sie umarmte Dimitri: „Werden wir uns wiedersehen?" – „Solange ich noch lebe", wollte sie hinzufügen – tat es aber nicht. Es war der falsche Moment, ihn daran zu erinnern, dass ihr Leben bald ein Ende haben konnte. „Wie Ihnen versprochen, grand-mère, versuche ich, Weihnachten mit Euch zu feiern!", sagte Dimitri fest. Elisabeta nickte, zog sein Gesicht zu sich, küsste ihn und zeichnete segnend ein Kreuz auf seine Stirn. Pitkievich sah, wie schwer es dem jungen Mann fiel zu gehen, seine Großmutter, Schwester, die alten Tanten und sie alle zu verlassen. Beruhigend versicherte er ihm: „Sie können auf mich bauen, gnädiger Herr!" – „Ich weiß, Ivan, wenn nicht auf Sie, auf wen dann?"

„Alles für den Sieg!" bestimmte ab nun das Leben. Dementsprechend hatten endlose Kriegstransporte absoluten Vorrang vor den Zivilisten, die oft und lange warten mussten. Rollte endlich ein Zug in den Bahnhof ein, stürmten die Reisenden die überfüllten Waggons. Es erforderte von Dimitri Hartnäckigkeit und „Ellbogentechnik", um überhaupt einen Platz zu bekommen. Die Fahrt verschlang noch mehr Zeit und gestaltete sich unbequem und unerfreulich.

„Alles für den Sieg!" brachte der russischen Armee Erfolge, aber sie wurden mit ungeheuren Verlusten erkauft. Der Krieg „vor der Haustür" veränderte die Lebensbedingungen in Dedlovo mit rasender Geschwindigkeit. Soldaten marschierten singend vorbei an die Front – und Tote und Verwundete wurden zurückgebracht. Für die Betreuung der Verletzten war aber nicht genügend vorgesorgt.

Elisabeta verbrachte schlaflose Nächte, betete, rang mit sich und dem Herrn: „Du siehst doch, dass ich zu alt und schwach bin. Was kann ich schon tun?" Aber dann raffte sie sich auf und richtete – knapp vierundachtzigjährig – in der Schule ein Lazarett ein. Der Anstoß kam zwar von ihr, aber die Durchführung blieb im Wesentlichen ihrer Tochter Olga, der Enkelin Katharina, deren Freundin Lydia und Frauen aus dem Dorf überlassen. Es waren russische Frauen mit großem Herzen, selbst von Sorge um Kinder und Alte geplagt, die Elisabeta unterstützten. Frauen wie die des Obergärtners, des Popen, die von Ivan Pitkievich, Bauersfrauen und Arbeiterinnen vom Gutshof. Tätige Nächstenliebe lag in ihrer Kultur und in ihrem Selbstverständnis, und wie kein Pilger, kein Bedürftiger ohne Stärkung ihr Haus verließ, so durften Verwundete nicht ohne Hilfe sein. Ein Arzt des Semstwo schulte die Frauen, unterstützt von einer „Medizinerin", in professioneller Pflege. Katharina, bisher sehr behütet, wenn auch nicht verzärtelt, wollte keinesfalls zurückstehen. Wo eine Hand gebraucht wurde, um für genügend saubere Wäsche zu sorgen, Krankenlager einzurichten, Hygienevorschriften strengstens zu überprüfen oder Wasser zu schleppen, sich um Verwundete zu kümmern und sie zu pflegen – da half sie mit. Aber es war eine harte Schule.

Während der ärztlichen Versorgung eines durch einen Schrapnell-Schuss zertrümmerten Beins mit einer riesigen Wunde, aus der Knochensplitter entfernt werden mussten, taumelte Katharina auf den Gang hinaus und fiel, vom Blutgeruch betäubt, ohnmächtig zu Füßen eines jungen Eisenbahn-Ingenieurs, Rostislav Kozlovskij, der Spenden gebracht hatte. Der dachte voll Spott: „Aha, typisch Weißhändchen", womit adelige Damen gemeint waren, „die machen nur Umstände." Dieser Gedanke war noch in seinem Gesicht zu lesen, als Katharina zu sich kam. Peinlich berührt übersah sie seine helfende Hand und ging sofort an das Krankenbett zurück. Aber die einfachen Frauen zeigten Verständnis, denn die Arbeit für die Kranken und Verwundeten verlangte alle Kräfte und volle Konzentration. Für Selbstmitleid und Zweifel blieb keine Zeit. Nach einem Tag im Lazarett spürten die Pflegerinnen nicht einmal mehr ihre Müdigkeit. Zum „Lohn" schliefen sie die Nächte erschöpft und traumlos durch. Am nächsten Tag war auch Katharina wieder früh auf den Beinen, um Wagen heranzuführen, Kranke zu schleppen, Verbände anzulegen, bei Operationen zu assistieren usw. „Ihr" erster Toter – ein junger Leutnant, so alt wie Dimitri – starb unter Qualen. Sein Ende hilflos mitanzusehen, erschütterte Katharina sehr. Später, in der Kirche, kniete sie mit anderen Frauen und weinte bitterlich.

Das Arbeitspensum wuchs, Soldaten brauchten Verpflegung, die privat organisiert werden musste, Rostislav Kozlovskij kam regelmäßig, um zu helfen: Riesige Teekessel wurden von zwei Personen angeschleppt, geschnittene und bestrichene Brotscheiben aus großen Körben verteilt. „Wie können wir", fragte Katharina ihre Großmutter, „Geld für weitere Transporte auftreiben? Wir brauchen dringend Spenden für verstümmelte Kriegsopfer und deren Familien! Nur, wo und bei wem sollten wir sammeln?" Ingenieur Rostislav Kozlovskij brachte Hilfsgüter und sah, dass er sich in Katharina getäuscht hatte. „Durch die Arbeit bin ich in kurzer Zeit eine andere geworden", schrieb Katharina nach Petrograd. „Und sehr viel selbstbewusster", registrierte ihre Umgebung.

Katharina war viel zu beschäftigt, um – wie noch bei der Hochzeit ihres Bruders – Gedanken über mögliche oder unmögliche Bewerber anzustellen. So dauerte es eine Weile, bis sie bemerkte, dass Rostislav ihr den Hof machte. Rostislav war mittelgroß, blond, Bartträger, wirkte wie ein Dichter, war sehr nachdenklich und sprach leise. Er gefiel Katharina – aber reichte das aus, um seine Werbung anzunehmen? Katharina fragte nicht ihre Großmutter um Rat, sondern Tante Olga. „Was meinst du?" Gemeinsam mit ihr überlegte sie: Rostislav war adelig, allerdings ein jüngerer Sohn aus verarmter Familie, der sein Geld nicht als Offizier oder Diplomat, sondern als Eisenbahn-Ingenieur und Beamter verdiente. Das war zwar eine gesuchte Tätigkeit, die aber finanziell nur eine bescheidene Existenz sicherte. Doch dank der Voraussicht ihres Vaters war Katharina ja wirtschaftlich unabhängig und konnte frei entscheiden, sobald sie sich über ihre Gefühle im Klaren war. Als Rostislav sich ihr erklärte, antwortete sie ihm, dass sie noch etwas Zeit benötige.

Eine Liebesgeschichte wie die Katharinas hatte es in der Familie noch nicht gegeben. Es gab keine übliche „Werbung". Katharina traf ja Rostislav ganz selbstverständlich bei der Arbeit, also außerhalb der Familie, in der außer Tante Olga niemand eine Ahnung davon hatte. Durch ihr gemeinsames soziales Engagement und die ähnlichen Interessen lernten sie einander sehr gut kennen und bald lieben. Katharina vermisste ihn, wenn er einmal nicht ins Lazarett kam, seine Meinung fehlte ihr bei Besprechungen und abends wollte sie nicht mehr ohne seine Begleitung nach Hause gehen. Auf seine Frage: „Was tun, wenn ich einrücken muss?" antwortete sie nach dem Rat Tante Olgas: „Bis du wiederkommst, werde ich in Petrograd Sprachen studieren." Vorläufig blieb sie jedenfalls im Lazarett. Trotz der täglichen gleichbleibenden, quälenden, oft sprachlosen Leiden waren manche Patienten fröhlich, mitteilsam und unterhielten ihre Kameraden und die Schwestern mit deftigen Witzen und Geschichten. Eines Tages lag der erste Kriegsgefangene, ein verwundeter österreichischer Soldat, inmitten seiner Feinde. Diese hänselten ihn zwar als Verlierer, riefen aber gutmütig: „Schwester, vergessen Sie unseren Österreicher nicht!" Niemand „vergaß" ihn, denn er wurde genauso betreut wie die eigenen Leute, wohl auch in der Hoffnung, dass Österreicher und Deutsche ihre Feinde – die russischen Soldaten – ebenso menschlich behandelten.

Trotz aller Anstrengungen begann bereits im Dezember des Jahres 1914 das Kriegsglück der Russen zu schwanken. Die Verluste auf russischer Seite, die Kriegsgefangenen mitgerechnet, betrugen unfassbare 1,200.000 Mann. Das bedeutete ein Vielfaches von betroffenen Menschen in Familien, im Freundeskreis und am Arbeitsplatz. Trotz dieser gigantischen Opfer war vom raschen, endgültigen Sieg und Ende des Krieges keine Rede mehr. Die Deutschen eroberten einzelne Stellungen zurück und die Österreicher gruben sich für einen Stellungskrieg ein. Bei allen Armeen übernahm „General Winter" das Kommando. Eisige Stürme wehten den Pulverschnee in jede Ritze und Falte der viel zu leichten Uniformen der Soldaten. Jeder Tag, den der Krieg länger dauerte, verschlechterte die Versorgungslage der russischen Armee, aber auch die in den Städten. Wie lange würde das noch so weitergehen können? In Dedlovo und Feodorovka waren nicht nur Kriegsgefangene zusätzlich zu versorgen, sondern auch immer mehr „Binnenflüchtlinge" aus benachbarten Regionen, die je nach dem Verlauf der Front umherirrten. Sparsames Wirtschaften wurde sehr bald überlebensnotwendig. Vorsichtshalber suchte Elisabeta das alte handgeschriebene „Buch der Gutswirtschaft" hervor, um in den „Tipps für Not- und Hungerzeiten" zu blättern.

Weihnachten, das geliebte Fest des Lichts in der dunklen kalten Jahreszeit, kam näher. Eine Familienfeier wie früher würde es in diesem Jahr nicht werden. Dimitri und Olga blieben notgedrungen in Petrograd, die Reisebedingungen waren nach wie vor zu schlecht und zu unsicher. Tante Olga, Katharina und Elisabeta blieben auf dem von Winterstürmen eingeschlossenen Besitz. Dimitri meldete sich bei Elisabeta betont fröhlich aus Petrograd: „Wir vermissen Sie, grand-mère! Olga ist glücklich, weil ihre Familie bei uns feiert. Sie hätten sehen sollen, wie viel Mühe sie sich bei den Vorbereitungen gab. Anna fehlte dabei wirklich! Übrigens – danke für die Lebensmittel von zu Hause, sie sind gerade rechtzeitig zum Fest angekommen! Danke!" Ohne die Unterstützung aus Dedlovo hätten sich ihre Lebensbedingungen in der Stadt dramatisch verschlechtert. Erschöpft und müde versäumte Elisabeta die Krönung dieser besonderen Nacht, den Festgottesdienst mit Musik und herrlichem Gesang. Ihr alter Körper schleppte sich nur noch mühsam, von eisernem Pflichtgefühl angetrieben, durch den Tag. Ihr Wille, gegen die Schwäche anzukämpfen, ließ aber nach. „Wozu aufstehen?", fragte sie jeden Morgen. Nur Daria und ihren Leuten zuliebe ließ sie sich zu kleinen Aktivitäten überreden. Nach Weihnachten, dem einsamsten ihres Lebens, zog sich Elisabeta mehr und mehr in sich zurück, war still und ergeben und beklagte sich über nichts.

36.

Olga im Kampf ums tägliche Brot

Die Illusion von kurzem Krieg und raschem Sieg – Desorganisation trifft die Zivilbevölkerung hart – Olgas Leben ändert sich radikal – es ist schwer, alle satt zu bekommen – großes Sterben – Theater, Oper und Kirchen sind voll – „Sie verdienen an unserem Elend" – Elisabeta stirbt – „Für wen kämpfen wir?" – Jagd auf Deutsche – „Ist der Zar noch Herr im eigenen Haus?" – Warum die Zarin nicht bei Sinnen ist – Olga bekommt eine Tochter

Die anfängliche Illusion vom kurzen Krieg und raschen Sieg war Anfang 1915 endgültig zu begraben. Die Russen hatten beinahe täglich mit dem baldigen Frieden gerechnet und waren auf eine unbestimmte Dauer des Krieges nicht vorbereitet. Das hatte furchtbare Folgen, die das Reich bitter zu spüren bekam. Soldaten starben, weil die Ausrüstung der Armee mangelhaft war und die nötige Munition zu langsam und viel zu knapp produziert wurde. Außerdem funktionierte der Gütertransport an die Front nicht. In den Schützengräben blieben die Rekruten immer wieder ohne Nachschub, ohne ausreichende Verpflegung. Auch konnte nicht an alle Soldaten Waffen ausgegeben werden, die dann gezwungen waren, sich bei ihren gefallenen Kameraden „umzusehen". Dabei verblutete so mancher hilflos am Stacheldrahtverhau. Tragisch war auch, dass diese „Versäumnisse der ersten Stunde" nie mehr nachgeholt werden konnten.

Diese Desorganisation schickte die Zivilbevölkerung ebenfalls durch eine harte Schule und veränderte auch Olgas Leben rasant. Kaum ein halbes Jahr nach Kriegsbeginn funktionierte in Petrograd nichts mehr und die Lebensmittelknappheit erreichte einen kritischen Punkt. Das machte böses Blut. Selbstverständliche Dinge des Alltags wie Heizung, Nahrung, Sicherheit und medizinische Betreuung sicherzustellen und dafür von A nach B zu gelangen, wurde für Olga zum unkalkulierbaren Abenteuer. Seitdem Nahrungsmittel nicht mehr verlässlich aus Dedlovo eintrafen, musste sie sich mit der Frage, wie sie ihre Leute satt bekommen sollte und das Haus warm, weitgehend allein herumschlagen. Dimitris Offizierslehrgang erlaubte es ihm ja nur selten, sie dabei zu unterstützen. Aber die junge Frau gehörte bald zu den „Weißhändchen", die alle Herausforderungen annahmen. Jeden Tag brach sie mit Tabus für Damen der damaligen Zeit: Ohne Begleitung absolvierte sie ihre Wege bei Tag und Nacht, reihte sich vor Geschäften in Warteschlangen ein, fuhr mit wehenden Röcken auf dem Trittbrett einer überfüllten Tramway, um ihren Mann zu treffen. Fallweise Anpöbelungen ignorierte sie einfach. Es war der Preis für ihre größere Selbständigkeit, auf die sie bei der Bewältigung ihrer Pflichten gar nicht mehr verzichten konnte. Es scheint, als hätte Olga einen bis dahin für Männer gedachten Leitsatz der Familie: „Was mich deklassiert, bestimme ich selbst" für sich übernommen.

Zuhause erzählte sie nichts von ihren Erlebnissen, denn einige Familienmitglieder, mit Sicherheit auch ihre Mutter, hätten mit dem „Würdeverlust" ein großes Problem. Die Jugend handelte und dachte bereits anders. Olga hatte die Reste ihrer Kindheit abgestreift und sah „Mamulitschka", wie sie war: ein liebenswerter, warmherziger, aber etwas weltfremder Mensch, der vor der Hässlichkeit der Gegenwart in die Kunst flüchtete. Ein kurzer Anruf bei Anna in Dedlovo half Olga mehr, den Alltag zu organisieren, als stundenlange Gespräche mit Maman. Auf ihre Art leistete Olgas Mutter aber einen nicht zu unterschätzenden Beitrag zum Überleben: Nach dem Motto „Der Mensch lebt nicht vom Brot allein" sorgte sie zwar nicht für eine warme Mahlzeit, aber für regelmäßiges Musizieren. Eingehüllt in Decken, die Füße nahe beim Ofen, saßen Mutter und Tochter am Klavier, zuhörende Familienmitglieder und Besucher um sie herum. Während der Magen knurrte, fragte Maman: „Was hältst du davon, wenn wir die As-Dur Polonaise von Chopin noch einmal versuchen?" Mutter und Tochter lachten und stritten beim Musizieren und vergaßen alle Widrigkeiten und ständig neu kursierenden und schockierenden Gerüchte. Eines davon kehrte immer wieder und regte Olga maßlos auf: „Haben Sie schon gehört? Diesmal ist es wahr, Petrograd soll unverzüglich evakuiert werden!" Oh, Gott, wohin? „Maman, was mache ich, wenn wir fliehen müssen und Dimitri nicht bei uns ist?"

Wenn gesagt wurde, dass in Petrograd gar nichts mehr funktionierte, so war das nicht ganz richtig. Die „Kunsttempel" der Stadt – Theater, Oper, Konzertsäle – arbeiteten unter allen Umständen verlässlich und wurden von den Bürgern geradezu gestürmt. Trotz trister Lebensumstände, Kälte, Schnee, unsicheren Straßenverhältnissen erzielten sie wahre Besucherrekorde. „Wenn Schaljapin den ‚Faust' unvergleichlich singt und spielt", schrieb Olga an ihre Schwägerin, „denken wir keine Sekunde an morgen und die Welt da draußen." Kunst und Künstler feierten das Leben, als gäbe es keine Not und keinen Tod auf dem Schlachtfeld. Dafür war ihnen das Publikum unendlich dankbar und feierte sie frenetisch. Von Leichtigkeit erfüllt, „schwebten" die Besucher wie unter Drogen nach Hause, um süchtig danach bald wiederzukommen. Olga und Dimitri waren dabei keine Ausnahme. Der Glaube, mit Gottes Hilfe alles besser überstehen zu können, führte Olga regelmäßig auch in die überfüllten Gotteshäuser. Wie die Kunst in allen Formen, kannten auch Kirchen und Klöster, Schulen und Universitäten keine Hindernisse, um verlässlich für die Menschen da zu sein.

In diesen Winterwochen litt Olga unter einer typischen Morgenübelkeit, wie sie sich oft zu Beginn „anderer Umstände" einstellt. Tagsüber war sie müde und oft verzagt. Erschwerend für sie war, dass damals eine frühe Schwangerschaft noch einige Wochen geheim bleiben musste. Aber ihre schlechte Verfassung, ihr Schwanken zwischen Euphorie und Depression verrieten sie bei ihrer Mutter. „Beruhige dich, erst einmal kannst du gar nichts tun, nur abwarten. Aufregung ist jetzt ganz schlecht für dich. Ich bleibe bei dir, wenn du willst! Außerdem ist es wichtig, dass du dich jetzt schonst!" Sich zu schonen klang verlockend, war aber nicht realistisch, denn mittlerweile drohte der Stadt eine Hungersnot und Olga lebte in der ständigen Angst, ob und wie sie wenigstens noch das Nötigste bekäme. Wie alle Bürger, vor allem Bürgerinnen, verbrauchte sie noch mehr Zeit, Energie und Geld beim täglichen Einkaufen. Um etwas Brot, Fleisch, Butter und Zucker für die Familie und die rund fünf im Haushalt Beschäftigten musste sie sich immer länger und oft vergeblich anstellen. Niemand konnte Olga diese Mühe abnehmen, denn ihre Brüder oder Hausangestellten waren leicht auszutricksen. Je länger der Krieg dauerte, desto mehr wurden die Lebensmittel frech verfälscht. So hieß dann zum Beispiel die verdünnte Milch nur noch „Newa-Wässerchen". Demütigend war, dass man, um überhaupt etwas zu bekommen, auch noch dankbar tun musste.

In den langen Warteschlangen bei eisiger Kälte wuchs der Hass auf Bauern und Händler. Verzweifelte Frauen schrien und drohten mit den Fäusten: „Sie verdienen an unserem Elend und bereichern sich schamlos. Sie halten die Ernte zurück, nur um die Preise zu steigern!" Viele Bauern verdienten wirklich so viel wie nie und wurden reich. Sie genossen es geradezu, dass die Städter von ihnen abhängig waren und nicht wie bisher umgekehrt. Ihre Partei hieß die „Grüne" und sollte dafür sorgen, dass es so blieb. Olgas Bruder Valentin war in der Familie der schärfste Kritiker der Bauern, verlangte sogar Strafaktionen. Dimitri ärgerte sich darüber, denn als Bauer und Konsument kannte er beide Seiten aus eigener Erfahrung: „Weißt du, wie viele Bauern im Feld bei der kämpfenden Truppe stehen?" Valentin schüttelte gleichmütig den Kopf. „Zehn Millionen, hörst du, zehn Millionen, viele von ihnen sind zwangsrekrutiert! Wer, glaubst du, macht deren Arbeit auf den Höfen? Wer?" Valentin war überrascht. „Du sagst es mir gleich." – „Frauen, Alte und Kinder – mehr schlecht als recht." Valentin sagte nichts mehr, denn darüber Bescheid zu wissen, löste das Problem nicht und machte niemanden satt.

Gewaltbereite Menschenmengen rotteten sich vor Geschäften zusammen und es kam zu Übergriffen. Die Lage war unhaltbar geworden, doch die Regierung schien hilflos. Daraufhin bildeten die Städter Gruppen, die auf eigene Faust versuchten, das öffentliche Leben zu regeln. Männer aus der Nachbarschaft patrouillierten als eine Art Privatpolizei durch die Straßen ihres Viertels. Andere versuchten, Nahrungsmittel, Gesundheitsdienste und den Verkehr zu organisieren. Diese Kräfte zu bündeln und konstruktiv zur Erhaltung der Ordnung zu nützen, wäre eine Chance für die Regierung gewesen und hätte den von Chaos gezeichneten Bürgern viel erspart. Doch leider konnte der Herrscher, wie schon mit Semstwo, mit unabhängigen Untertanen nicht umgehen. Er fürchtete um seine monarchisch-politische Utopie vom allein regierenden „Väterchen Zar", weshalb alle Bemühungen scheiterten – es war zum Verzweifeln!

Wieder fühlte sich eine Generation Russlands im Krieg hilflos – „wie im Sog einer dunklen Macht". In der wachsenden Bedrohung rückten Familie und Freunde noch enger zusammen. Die Teestunde wurde eisern eingehalten, denn sie nicht zu pflegen, wäre wirklich wie ein Zeichen des Untergangs gewesen. An manchen Tagen verwandelte sich das Haus der Kigns in einen wahren „Taubenschlag". Wer gerade vorbeikam, „schneite" herein. Besonders Olgas Brüder, der 20-jährige, vom Wehrdienst befreite Student Valentin, und der 17-jährige Gymnasiast Petar, der darauf brannte, sich an die Front zu melden. Regelmäßig erschienen Olgas Onkel Emanuil und Tante Jevgenia mit ihren vier Kindern im Alter von 14, 12, neun und sieben Jahren. Ihre Lebhaftigkeit vertrieb jeden trüben Gedanken und ließ die „Spartemperatur" in den Räumen vergessen. Aber kein Zusammentreffen fand mehr ohne „Kriegsgespräche" statt. In letzter Zeit faltete Onkel Emanuil dann, nahe dem Samowar sitzend, eine Zeitung auseinander. Das Sterben an der Front füllte zahllose Spalten der „Novoje vremja" mit schwarz umrandeten Namen. Tante Jevgenia war heute an der Reihe, die erste, gefürchtete Seite aufzuschlagen, die Seite mit „… gefallen in Ausübung seiner Pflicht". In die gespannte Stille fragte Emanuil: „Sind Verwandte und Freunde betroffen?" Tante Jevgenia weinte und putzte sich die Nase: „Niemand von unseren ist dabei." Vor Erleichterung klang ihre Stimme plötzlich ganz hoch.

Inzwischen war es Ende März geworden und für Olga Zeit, ihre Schwangerschaft offiziell bekanntzugeben und Dedlovo zu informieren. „Endlich einmal eine gute Nachricht", freute man sich. In das vereinsamte Gutshaus würde bald wieder neues Leben kommen und damit eine Zukunftsperspektive. Tante Olga überlegte automatisch, wer im Dorf wohl zur Amme oder zum Kindermädchen geeignet wäre. Die Leute waren sicher: „Es wird ein Sohn", und holten den Wodka für besondere Gelegenheiten hervor. Ob Elisabeta diese wunderbare Nachricht noch erlebte, wissen wir nicht mit Sicherheit – nur, dass sie vermutlich im Frühjahr 1915 starb. Ihr genaues Todesdatum ging leider im Chaos späterer Ereignisse verloren.

Der Mai und Juni brachten Russlands Armee weitere schwere Verluste. Das Ende des Krieges rückte in weite Ferne und somit wurde zu Olgas Verzweiflung die Wahrscheinlichkeit, dass Dimitri einrücken würde, täglich größer. Die leidgeprüften Russen konnten es nicht begreifen: „Warum gelingt es nicht mehr, die Deutschen zu schlagen und aus dem Land zu werfen? Wieso nicht?" Sie brauchten und fanden einen Sündenbock in der Person der unbeliebten Zarin. Die Kaiserin wurde öffentlich beschuldigt, im Herzen Sympathien für den Feind zu haben und in Wahrheit auf dessen Seite zu stehen. Diese und andere Gerüchte streute der deutsche Geheimdienst erfolgreich aus und sorgte dafür, dass sie bis zu den entlegensten Frontabschnitten gelangten – eine einfache, aber wirkungsvolle Methode, zugleich mit dem Ansehen der Monarchie die Kriegsmoral zu untergraben. Denn in den Schützengräben fragten sich die Soldaten: „Für wen und wofür riskieren wir eigentlich unser Leben?" Eine hasserfüllte Jagd auf tatsächliche und vermutete „Deutsche" begann, die sich in Gewaltexzessen Luft machte. Noch gefährlicher für die Monarchie waren die Gerüchte über den Wunderheiler Rasputin und seine Rolle in der kaiserlichen Familie und somit sein Einfluss auf die Politik.

Das Volk schätzte das private vorbildliche Leben der Zarenfamilie. Bisher von der Zensur verhindert, brachen nun durch sensationslüsterne Presseberichte die Dämme. Durch kein Tabu mehr eingeschränkt, wurde überall diskutiert und beim Einkaufen, in den Büros oder zu Hause beim Samowar gefragt: „Ist der Zar noch Herr in seinem eigenen Haus, seiner Familie?" Wenn nicht, so die Schlussfolgerung, wie kann er es dann im Reich sein? „Unglaublich!", schäumte Olgas Vater Platon, als neue widerliche Details aus Rasputins Doppelleben bekannt wurden. „Obwohl unfassbar derb und primitiv, ist kein noch so erlauchter Rock vor ihm sicher und er steht pikanterweise unter dem Schutz der Zarin." Eine Tatsache, die selbst loyale Russen kaum noch hinnehmen konnten. „Aber wahr ist doch", warf Olga ein, „dass Rasputin dem Thronfolger mehrmals das Leben gerettet haben soll." Eine Weile diskutierten sie, ob die „Genesung" Zufall oder doch Magie gewesen sein könnte.

Magie oder nicht, wie die kaiserliche Familie ihre private Tragödie handhabe, machte sie angreifbar, war ein Geschenk für den feindlichen Geheimdienst und bedrohte das Reich. Zarewitsch Alexej war ein hübscher elfjähriger Junge, der äußerlich gesund wirkte, sich lebhaft und sehr intelligent zeigte und dem niemand seine unheilbare Krankheit ansah. Doch wenn er wieder einmal verletzt war, litt er große Schmerzen und befand sich in Lebensgefahr. Seine gesamte Familie war dann von Angst und Trauer wie gelähmt und es hieß, die Zarin sei nicht ganz bei Sinnen. Rasputin wurde zu Hilfe gerufen, verzweifelt gewartet, bis er die Nachricht einer Besserung brachte, mit der schlagartig Fröhlichkeit und Freude einkehrten, aber leider meistens nur für kurze Zeit.

37.

Dedlovo als „rettender Hafen"

Der Not in den Städten entfliehen – furchtbare Reisebedingungen für Olga und Dimitri – in Dedlovo ist die Welt noch heil – der gute Geist von Dedlovo – „Weinen Sie nur, Madame!" – Elisabetas Abschiedsbrief – Wirtschaftsblockade – österreichische Gefangene – in Silvinkoje bleiben oder fliehen? – im Herbst zurück nach Petrograd – Katharina soll ihre Liebe prüfen – Duma aufgelöst – Unruhen und Angst – Winter 1915 – deutscher Geheimdienst steuert öffentliche Meinung – Durchhalten in Petrograd – spontane Feste

Endlich Sommer! Theater, Schulen, Universitäten und auch Dimitris Offizierslehrgang blieben bis September geschlossen. Wer konnte, verließ das trostlose, entbehrungsreiche Leben in der Stadt, manche davon ohne bestimmtes Ziel. Die Not in den Städten machte ihre Bewohner zu umherirrenden Flüchtlingen im eigenen Land, zu Binnenflüchtlingen. Wohlhabende reisten in Kurorte, die um viel Geld ihre Gäste immer noch halbwegs versorgten. Doch was würde sie nach einem Jahr Krieg und monatelanger Abwesenheit in ihren Heimatdörfern erwarten? Gab es noch genug zu essen?

Dimitri und die sichtlich erschöpfte Olga gehörten zu den Wenigen, die in Dedlovo ein sicherer Zufluchtsort erwartete. Bei Olgas Familie war das schon anders, denn Silvinkoje lag so gefährlich nahe der Front, dass an manchen Tagen der Gefechtslärm deutlich zu hören war. Aber solange es genug zu essen gab, kümmerte auch sie sich nicht darum.

Für Dimitri und Olga war ohnehin erst die lange gefährliche Fahrt durchs Land zu überstehen. Im Strom der Binnenflüchtlinge akzeptierte das junge Paar Reisebedingungen, die ihnen noch vor kurzem undenkbar erschienen waren. Auf den überfüllten Bahnhöfen herrschte unglaubliches Chaos. Die meistgestellte Frage lautete: „Fährt heute überhaupt noch ein Zug, wenn ja, werden wir Plätze bekommen?" Nervös kämpften sich die Passagiere rücksichtslos in die Waggons und waren froh, wenn sie statt zurückbleiben zu müssen, wenigstens auf dem Gang ausharren konnten. Soldaten lagen auf dem Boden, übermüdete Frauen mit ihren Kindern saßen auf ihrem Gepäck und die schwangere Olga tat es ihnen gleich. Dimitri und ein fremder Mann teilten sich einen Platz vor den Coupés, den sie abwechselnd einnahmen. Die hygienischen Zustände waren unvorstellbar und bei jedem Halt stand in den Gesichtern die bange Frage: „Hier werden wir doch nicht stranden?"

Nach einigen Tagen erreichten sie Rogatschov ohne weitere dramatische Zwischenfälle und von dort nahm sie eines der Betriebsfuhrwerke nach Hause mit. Nach den ausgestandenen Strapazen war es ein Nach-Hause-Kommen wie in einen rettenden Hafen. Von Ferne glitzerte das Spiegelkreuz auf dem Mausoleum und die Mühlenräder drehten sich behäbig im Wind, das Getreide stand gut, das Vieh graste friedlich und Kinder spielten mit den Windhunden. Noch nie war ihnen der Park so schön, der verwaiste Tennisplatz so gepflegt und der Teich so stimmungsvoll erschienen. Pferde und Störche machten die Idylle vollkommen.

Trotz monatelangem Krieg und ohne die Anwesenheit des Herrn war nicht die kleinste Nachlässigkeit zu bemerken. Wer war dafür verantwortlich, wem zu danken? Tante Olga, die bescheiden, mit großem Wissen und erprobter Erfahrung ganz selbstverständlich der Familie diente. Ihre Position als unverheiratete Tante auf Feodorovka und Dedlovo ist heute erklärungsbedürftig. Damals bestimmte die Verpflichtung gegenüber den vergangenen und künftigen Generationen das Denken im Sinne von „uns ist alles (bis zur Weitergabe) nur geliehen". Tante Olga diente nicht einzelnen Personen, sondern half Dimitri freiwillig bei seinen Pflichten, das Erbe für seine Kinder zu erhalten. Niemand durfte ihr etwas befehlen oder von ihr fordern, umgekehrt sie aber auch nicht. Eine unglaublich schwierige Position, aber man hörte auf sie, weil sie sich als „guter Geist" im Hintergrund unentbehrlich gemacht hatte. Wirklich anerkannt wurde Tante Olgas Leistung nie, aber sie war heiß geliebt, besonders von Katharina. Tante Olga sorgte nachdrücklich dafür, dass ihre Nichte studierte und sich auf ein unabhängiges Leben vorbereitete. Darin steckt wohl die Antwort auf die Frage, wie sie selbst ihre Rolle in der Familie empfunden haben mochte.

Anna begrüßte die junge Herrschaft und entschuldigte Tante Olga, die noch im Lazarett gebraucht wurde. Voll Mitgefühl sah sie die völlige Erschöpfung der jungen Frau und führte sie ohne Zögern zu einer bequemen Chaiselongue: „Ruhen Sie sich etwas aus, Madame, ich bringe Ihnen Tee und frische Kleider." Als Olga so dalag, umsorgt und geborgen, flossen plötzlich unaufhaltsam Tränen über ihre Wangen. „Weinen Sie nur, Madame, es wird Ihnen guttun. Weinen Sie nur, weinen Sie alles weg, was Sie Schlimmes gesehen und erlebt haben." Später, nach dem Bad und einer Schale Tee, redete sich Olga alle Ängste und Sorgen von der Seele, sprach von ihrer großen Angst um ihr Baby.

Bei Tisch genossen sie voll Dankbarkeit die einfachen Dinge: den unvergleichlichen Geschmack frischer Butter, das knusprig gebackene Brot und die dicke, rahmige Milch. „Das ist gut für das Baby", sagte Anna. Erstaunt stellten Dimitri und Olga fest, dass nicht nur die Liebe durch den Magen ging, sondern anscheinend auch Hoffnung und Zuversicht, die sich schnell wieder einstellten. Sie planten, ihren ersten Hochzeitstag zu feiern, und widmeten sich hingebungsvoll ihrem liebsten Thema: was sie alles machen werden, „wenn der Krieg endlich vorbei ist". Entspannt und glücklich schlief Olga tief und traumlos im mit frischem Leinen bezogenen Federbett. Es war ein wunderbares Gefühl, nur die Hand ausstrecken zu müssen, um Dimitris Nähe zu spüren. Schon nach einem Tag fühlte sie sich wieder gut. Das blieb den Sommer über so, weil sie und Dimitri in diesen Wochen unzertrennlich waren.

Gleich am nächsten Tag besuchten sie Feodorovka in Erinnerung an Elisabeta. Alles war völlig unverändert. Auf einem Tisch im Salon standen Samowar und Teegeschirr, daneben lagen Bücher und Zeitschriften. An der Wand hingen die vertrauten Porträts und Landschaftsbilder, vor der Gottesmutter-Ikone von Kasan brannten Kerzen. Und doch wirkten die Räume gespenstisch verlassen, seelenlos, tot. Elisabetas weiter guter Geist, der alles belebt hatte, war nicht mehr hier. Die alte Natalia erzählte, während sie das Paar in das Sterbezimmer führte: „Die Herrin fühlte den Tod nahen, fürchtete ihn aber nicht." – „Was hat sie noch gesagt, wovon hat sie gesprochen?" – „Ihre letzten Worte waren an ihren verstorbenen Gemahl gerichtet. Sie glaubte, ihn zu sehen." – „War sie verwirrt?" Natalia zögerte: „Manche begnadete Seelen werden abgeholt – wissen Sie das nicht?" Auf dem Schreibtisch lag eine Botschaft Elisabetas in ihrer charakteristischen Handschrift, bestimmt, sie nach ihrem Tode zu lesen. Darin soll sie nach der Überlieferung ihren Kindern Lebewohl gesagt und für ihre Fehler um Verzeihung gebeten haben. „Verzeiht auch Ihr, die Ihr mir ein ganzes Leben treu gedient habt, was ich an Euch versäumte. Ich danke Euch für alles. Gott segne Euch." Mit diesen Zeilen, das wurde Dimitri schmerzlich bewusst, ging eine ganze Epoche Dedlovos und der Familie zu Ende. Die Verantwortung für die Zukunft lag nun allein seinen Händen, doch dafür war er von seiner Großmutter erzogen worden.

In der Euphorie der Heimkehr war ihm Dedlovo unverändert – wie in Friedenszeiten – erschienen. Aber auf den zweiten Blick waren Kriegsfolgen unübersehbar, wenn auch in einem erträglichen Ausmaß. Auch musste die Versorgung einer wachsenden Zahl Angehöriger dörflicher Binnenflüchtlinge bewältigt werden. Unter sie mischten sich bewaffnete Deserteure und gewaltbereite Aufwiegler, die mit vereinten Kräften erkannt und ferngehalten werden mussten. Auch fehlten Ersatzteile für landwirtschaftliche Maschinen und die Wagen für den Gütertransport. Sie zu ersetzen gelang kaum mehr, weil die Rüstungsindustrie Vorrang hatte. Die Gutsverwaltung versuchte trotz der Wirtschaftsblockade der Mittelmächte (Österreich-Ungarn, Osmanisches Reich, Deutsches Reich und Bulgarien), die Arbeit und den Handel mit allen Mitteln noch aufrechtzuhalten. Obst, Gemüse, Beeren und Pilze wurden sorgfältig wie nie in Vorratshaltung verarbeitet und gelagert. Die Ernte stand gut und jeder wurde eingesetzt, der nur irgendwie helfen konnte, auch ganz Junge, ganz Alte und Kriegsgefangene. „Die Österreicher fühlen sich wohl bei uns in Dedlovo", sagte der Verwalter lächelnd. Russen und österreichische Kriegsgefangene verständigten sich radebrechend und aßen und arbeiteten friedlich miteinander. Bei diesem Anblick konnten sich Gedanken aufdrängen, die Gorki so formulierte: „Wo ist ein Sinn darin zu finden, dass ein begabter Russe einen begabten Deutschen totschlägt? ...

Dieses verdammte Blutbad, das Menschen zu Mördern und zu toten Körpern macht!"[87] Österreichische Gefangene berichteten in die Heimat von dieser gigantischen „Kornkammer", die keinen Hunger kannte. Später entstand beim Feind der Plan, die eigene schwer notleidende Bevölkerung mit Getreide aus Weißrussland und der Ukraine zu versorgen.

Unterdessen ging der Kampf weiter. Die Österreicher eroberten wieder Boden. Noch im Juli meldeten Zeitungen die Aufgabe Galiziens, Przemyśls und Lembergs. Verlorene Schlachten, verlorene Leben, verlorene Hoffnung. Ein tiefer Schmerz brannte in den Herzen der Bevölkerung: „Was ist mit unseren Brüdern, Freunden an der Front, sie sind doch nicht in Gefangenschaft geraten?"

Seit Wochen diskutierte Olgas Familie, ob sie von Silvinkoje fliehen oder bleiben sollten. Das Gut lag so nahe der Grenze. Es gab Tage, an denen die Erde vom Kanonendonner bebte. Durch den Krieg abgehärtet, oder sollte man besser sagen abgestumpft, spazierten die Sommergäste bis zu den hoffentlich verlassenen Schützengräben, nur um Pilze zu suchen. Sie unternahmen, was sie immer getan hatten – reiten, spazieren gehen, sommerliche Spiele spielen wie früher. Ohne Fatalismus würde man verrückt. Niemand wagte es auszusprechen, aber jeder fragte sich: „Was wird aus uns werden, wenn Silvinkoje zerstört würde?" Doch es lohnte sich, trotz der Gefahr auszuharren, weil sie versorgt waren.

Valentin hielt telefonisch Kontakt mit Dedlovo. Die Gespräche waren von der allgemeinen Situation diktiert und lassen sich daher aus verschiedenen Erzählungen rekonstruieren: Valentin telefonierte nach Dedlovo, dass sie abreisebereit auf ihren Koffern säßen. Olga schlug ihren Eltern vor, endlich nach Dedlovo zu kommen, bis sie wüssten, wie es weitergehen könnte. Doch ihre Mutter soll abgelehnt haben: „Wir wollen euch keine Last sein, aber danke!" Dann, am 24. August, flüchten tausende aus dem Kampfgebiet Kamenez, Proskurov und Mogiljov-Podolsk. „Es herrscht Panik, wir sind fluchtbereit. Oh Gott, wir werden jetzt zu Bettlern! Wir beten im Prokowski-Kloster um Hilfe. Wer verteidigt Kiew? Die Mutter aller russischen Städte muss verteidigt und die Heiligtümer müssen gerettet werden, nur wie?" Olga: „Um Himmels willen, Maman, kommt doch nach Dedlovo." Ohne Antwort wurde der Hörer aufgelegt. Als die Aufregung in Dedlovo ihren Siedepunkt erreichte, kam ein Anruf: „Wir sind einem Gerücht aufgesessen, das besagte, dass der Süden aufgegeben wird. In Silvinkoje ist alles in Ordnung, aber Mamans Nerven sind total zerrüttet!"

Am Ende des Sommers 1915 wartete auf Dimitri in Petrograd die Fortsetzung des Offizierslehrganges und auf Olga die Vorbereitung auf die Geburt Ende September. Beide waren gut erholt und zuversichtlich. Aber war es von der hochschwangeren Olga nicht unvernünftig, Dedlovo zu verlassen? Hier war sie sicher und wurde liebevoll umsorgt. Auf dem Gut könnte sie sich in ihrem zeltartigen Kleid frei bewegen, während sie in Petrograd nach der herrschenden Sitte das Haus bis zur Geburt nicht mehr verlassen durfte. Nichts von alldem war für Olga ein Argument, sich von ihrem Mann zu trennen. Jede Sicherheit war ohnehin trügerisch. Neue Gerüchte besagten: „Die Deutschen kommen von Süden her näher!" Damit drohte hier Schlimmeres als das Chaos in der Hauptstadt. Außerdem bekam Olga Gesellschaft und Unterstützung von ihrer Schwägerin Katharina, die in diesem Herbst ihr Sprachstudium in Petrograd begann und selbstverständlich bei ihnen wohnen würde. Rostislav war noch nicht einberufen worden, aber Tante Olgas Meinung, das Paar solle warten und seine Liebe prüfen, hatte sich durchgesetzt. Katharina sei schließlich noch sehr jung und werde zu Weihnachten wieder in Dedlovo sein. In Wahrheit war ihre Rückkehr sehr ungewiss. Deshalb entschloss sich Olga, die 15-jährige Wanda, Tochter Ivan Pitkievichs, nach Petrograd zur Unterstützung im künftigen Kinderzimmer mitzunehmen. Wanda war sympathisch, intelligent, sehr gut erzogen, hatte dicke blonde Zöpfe und wurde sofort eine persönliche Entlastung für Madame. Ihre Eignung zur Kinderpflege war an ihren kleineren Geschwistern bestens erprobt.

In Petrograd angekommen, empfing sie die Hiobsbotschaft, dass die Duma aufgelöst worden sei. Wäre das wahr … Man konnte es kaum glauben! Welche Folgen waren dann zu erwarten? Streik! Das wussten die Petrograder aus Erfahrung. Und sofort arbeiteten auch nur noch einzelne Fabriken. Vor allem arbeiteten die nicht, die für die Armee produzierten. Zeitungen erschienen nicht und erschienen dann doch wieder. Die Straßenbahn fuhr nicht und dann doch wieder – nur: wie lange kann es so weitergehen?

Der Herbst färbte die Blätter blutrot und braun, ein Sturm wirbelte sie durch die Straßen Petrograds. Tante Jevgenia sah nach der hochschwangeren Olga und fand sie am Fenster stehend und ungewöhnlich bedrückt vor: „Auch wir sind nicht mehr als ein hilfloses Blatt!" – „Dein Zustand macht dich pessimistisch, glaube mir, mein Kind." Was hätte sie sonst sagen können?

Während gegen Ende September eine kleine Gesellschaft im Salon beim Tee zusammentraf, ging Olga ruhelos auf und ab. Olga sehnte ihre „schwere Stunde", wie eine Geburt beschönigend genannt wurde, herbei. Mit einer Hand stützte sie seufzend ihr hohles Kreuz. „Ich glaube, es geht los!" – „Wirklich?" Wer glaubt das schon einer Erstgebärenden. Aber Onkel Emanuil, diesmal als Familienarzt anwesend, sah sie prüfend an und sagte: „Vielleicht gehst du besser in deine Zimmer, ich komme gleich nach." Das war für die Gäste das Signal, sich zu verabschieden. Die Stunden vergingen. Schmerzen kamen, ebbten ab, um danach noch heftiger wiederzukehren. Es wurden Qualen, die sich steigerten und – wie ihr schien – nicht mehr endeten, eine Tortur! Vom Zuspruch der Hebamme und Onkel Emanuils nahm Olga keine Notiz mehr.

Inzwischen war es dunkel und wieder hell geworden. Panik erfasste Dimitri. Unfähig, einen klaren Gedanken zu fassen, rasten alle schrecklichen Geschichten, die er je über Geburten gehört hatte, durch seinen Kopf. Vielleicht war der Onkel ein Scharlatan, dem Olga hilflos und gutgläubig ausgeliefert war? Onkel Emanuil meldete sich kurz: „Es geht gut voran! Hab noch etwas Geduld!" Dimitri ließ sich in einen Sessel fallen. Da! Stille! Stille im Gebärzimmer? Er richtete sich zitternd auf: „Sie wird doch nicht ...?" – ein durchdringender Schrei drang aus dem Gebärzimmer, sein Herzschlag setzte aus. Das Ende? Plötzlich war die kräftige Stimme eines Säuglings – seines Kindes! – zu hören. Es war der 25. September 1915. Minuten später wurde ihm sein soeben geborenes gesundes, kräftiges Töchterchen sanft in den Arm gelegt. Er betrachtete das winzige Geschöpf und war überrascht von den widersprüchlichsten Gefühlen und Gedanken, die auf ihn einstürmten. Staunend bewunderte er die kleinen Hände und suchte im runden, leicht verquollenen Gesichtchen nach Ähnlichkeiten mit seiner Frau. Er empfand überströmende Zärtlichkeit und das Bewusstsein, für dieses Wesen verantwortlich zu sein. Doch gleich überfiel ihn brennende Sorge, wie er für seine Familie sorgen, sie schützen könnte, wenn er an die Front ging und womöglich starb. Darüber würde er sich schon morgen mit Pitkievich beraten. Trotz der großen Liebe zu seiner Frau und der Verantwortung für sein Kind wurde Dimitri in seinem Entschluss, an die Front zu gehen, nicht wankend.

Mit dem Baby auf dem Arm besuchte er seine Frau, die ihn, schon gewaschen und umgebettet, blass, aber wohlauf erwartete. In ihren Augen stand noch der Ausdruck der überstandenen Strapazen nach dieser schweren Geburt. „Wie fühlst du dich?" – „Erschöpft und leer." Vorsichtig umarmte und küsste er sie und legte ihr zugleich das schlafende Baby auf die Brust. Langsam ersetzte ein warmes, tiefes, allumfassendes Gefühl zu diesem kleinen, schutzlosen Wesen, Mütterlichkeit genannt, nun die Leere. Das Kind war ein Teil von Dimitri und es verband sie beide auf besondere Weise für immer – über das eigene Leben hinaus. Zufrieden und müde lehnte sie sich zurück. Da fiel Dimitri ein, dass er sein Geschenk zur Geburt, ein kostbares Armband, vergessen hatte, angefertigt beim einstigen Juwelier seiner Mutter. „Oh das macht nichts! Aber neugierig bin ich schon", sagte Olga lächelnd. Erst als die junge Mutter eingeschlafen war, verließ Dimitri den Raum. Onkel Emanuil war eingenickt, während er vergeblich auf eine Droschke gewartet hatte, nun erhob er sich: „Ich gratuliere dir zu deiner prächtigen Tochter", dabei klopfte er ihm ermunternd auf die Schulter. „Dimitri, du bist so jung und kannst noch viele Söhne bekommen! Lass uns darauf anstoßen!" Die gutgemeinte Ermunterung traf Dimitris wunden Punkt. Ein Sohn hätte alle Zukunftspläne vereinfacht, aber er wollte sich diese glückliche Stunde nicht verderben lassen. Als Onkel Emanuil die abweisende Reaktion seines Neffen sah, hob er demonstrativ sein Glas.

Nach der Tradition der Familie Chmara-Barschtschewskij sollte die erstgeborene Tochter Olga getauft werden. Im vom Krieg gezeichneten Petrograd versammelten sich Familie und Freunde zur feierlichen Taufe. Nach dem Eintreten in die Kirche blieben die Nöte der Welt draußen vor dem Tor zurück. Friede und Ruhe zogen in die Herzen ein und machten großer Dankbarkeit Platz. Der Priester sprach ihnen aus der Seele, als er sagte, ihr Kind sei ein Gottesgeschenk, welches nun sein Leben als Christ beginne. Er fand noch Worte, die Glauben und Hoffnung in dieser furchtbaren Zeit stärkten. Zum Festessen danach hatte jeder mitgebracht, was er entbehren konnte.

Katharina hatte sich rasch auf den schwierigen Alltag in der Hauptstadt mit seinen täglich neuen Problemen eingestellt. Sie war begeistert von ihrem Studium und der Atmosphäre an der Universität. In unzähligen Briefen schilderte sie Rostislav und Tante Olga ausführlich ihre Erlebnisse und beendete sie immer mit „Ich freue mich schon auf Weihnachten!".

Zu Winterbeginn 1915 wurde bekannt, der Zar selbst habe den Oberbefehl über die russischen Streitkräfte übernommen und begebe sich in das im Gouvernement Mogiljov gelegene Hauptquartier. Durch seine Anwesenheit im Feld hoffte der Herrscher, das Ruder noch herumzureißen. Er erreichte damit nur, dass sein Ansehen weiter beschädigt wurde, denn alle Niederlagen waren nun seine ganz persönlichen und nicht mehr die der Generäle. Nikolaus II. saß sehr bald mehr und mehr isoliert und deprimiert in seinem Sonderzug im Generalquartier von Mogiljov. Als Regentin hatte er seine Gemahlin Alexandra eingesetzt. Karikaturen stellten Rasputin an ihre Seite und hässliche, herabwürdigende Gerüchte verbreiteten sich wieder im ganzen Land. Vom deutschen Geheimdienst gesteuert, zerstörten sie beim Volk den Glauben an sein vorbildliches Familienleben. Die Zarin übernahm die Regentschaft weniger aus Machthunger, wie man ihr unterstellte, sondern eher aus dem Gefühl, die Schwäche ihres Mannes ausgleichen zu müssen. Vor allem wollte sie alles in ihrer Macht Stehende tun, dass der Thron ihrem Sohn ungeachtet seiner Krankheit erhalten blieb. In diesem Punkt versagte ihre Frömmigkeit, die ihr helfen hätte können, die Unmöglichkeit ihres Wunsches zu akzeptieren. Stattdessen suchte sie Hilfe bei dem mit „überirdischen Kräften" ausgestatteten Seher und Heiler, dem wundertätigen Rasputin.

Zu Weihnachten saßen die Kigns in Petrograd vor leeren Vorrats-schränken, in ungeheizten Zimmern und versuchten, sich selbst und die unglückliche Katharina zu trösten. Eiseskälte, unverlässliche Bahnverbindungen und marodierende Soldaten hatten die ersehnte Reise nach Dedlovo unmöglich gemacht. Monate würden vergehen, bis sie Rostislav endlich wiedersehen konnte. Baby Olinka wenigstens soll für Ablenkung und ein wenig Weihnachtsstimmung gesorgt haben. Allen beängstigenden Gerüchten von schlechter Versorgung und beunruhigenden Vorfällen zum Trotz wollte Olga unbedingt bis zu Dimitris Abschluss der Militärakademie durchhalten. Ein Vorsatz, der mit einem Baby besonders schwer zu verwirklichen war. Trotzdem oder deswegen feierten Olga und Dimitri in diesen düsteren Winterwochen spontane turbulente Feste im Familien- und Freundeskreis. Dann wurde im Salon der große Teppich zusammengerollt und nach den Klängen neuer Schellacks allen Widrigkeiten zum Trotz das Tanzbein geschwungen.

38.

„Feuertaufe" und „Feindberührung"

Fähnrich Dimitri geht freiwillig an die Front – „Das Sterben muss ein Ende haben" – verharmlosende Namen für das Grauen – Soldaten und die „Idylle" zu Hause – Olga will die Entfremdung nicht akzeptieren – ein Baby ist unterwegs – Madame fährt an die Front – endlich wieder Siegeshoffnung – zwischen Euphorie und Depression – was macht die Regierung? – Beschlagnahme von Lebensmitteln – Wundermittel für den Zaren – eine zweite Tochter, Alexandra – ein harter Winter endet jeden Widerstand – Rasputin, „einem Hund einen Hundetod"

Im Frühjahr 1916 war es so weit: Dimitri beendete die Akademie und wurde als Fähnrich ausgemustert und anschließend zum „11. Isumer Husaren Regiment General Dolochoff" abkommandiert. Diese Einheit wurde im Wesentlichen im Südwesten Russlands, also in Dimitris Heimatregion, eingesetzt. Dadurch blieb er in relativer Nähe seiner kleinen Familie, die er nach Dedlovo übersiedelt hatte. Der damals 22 Jahre alte Dimitri erwähnte in einem der erhaltenen Tagebuchfragmente die Verzweiflung und Tränenströme seiner Frau, als er an die Front abreiste. Was mag er gefühlt haben? Vielleicht doch Zweifel an seinem Entschluss, freiwillig an die Front zu gehen? Die anfänglichen Erfolge der Armee waren zwar vorbei, aber es sah so aus, als könnten sie gehalten werden. Mit einiger Anstrengung, so hoffte Dimitri, könnte sich das Kriegsglück noch zugunsten Russlands wenden. Das aber musste möglichst rasch erreicht werden, denn es war unerträglich, dass an der Front die Jugend dahinstarb, ohne dass es zu einer Entscheidung kam. Insgesamt überwogen aber noch der Wille, alles zu ertragen, und die Überzeugung, dass der Feind nicht siegen dürfe!

Für Dimitri wie für alle idealistischen jungen Männer muss die Realität im Feld ein Schock gewesen sein. Die Erlebnisse seiner „Feuertaufe" und der ersten „Feindberührung" behielt er lange für sich. Hinter den harmlos klingenden Bezeichnungen verbargen sich schreckliche, traumatisierende Erlebnisse. Den ersten Feind, den er tötete, vergaß er nie, nie den Freund, der – tödlich getroffen – mitten im Satz verstummte, nie den Kameraden, der im Trommelfeuer nach seiner Mutter schrie und weinte. Er wurde Kettenraucher, denn ohne Zigaretten, wichtiger als Brot, waren das große Sterben, die Kälte, der Schlamm und Hunger sowie die Todesangst nicht zu ertragen. Es war auch ein Überlebenskampf, der die Truppe zusammenschweißte und Standesunterschiede einebnete. Dimitri, der mit Kindern aller Schichten aufgewachsen war, hatte damit kein Problem und konnte sich als Fähnrich gut behaupten. Doch es soll Offiziere gegeben haben, die einfache kämpfende Soldaten „wie Dreck" behandelten. In diesen Einheiten war die Zahl der Deserteure besonders hoch und später waren diese Offiziere die Ersten, die hinterrücks erschossen wurden.

Wie ihre Vorgängerinnen in Dedlovo kämpfte Olga mit ihrer Verpflanzung in ein gänzlich neues Leben und der damit verbundenen Neuorientierung. Ohne Dimitri, ihre große, lebhafte Familie und ihre Freundinnen war sie sehr einsam. Zunächst beschäftigte sie sich, wie schon vor Jahrzehnten Elisabeta, viel mit ihrem Kind. Aber ihre ständige Anwesenheit war im Kinderzimmer überflüssig, denn Wanda und Anna sorgten für alles. Ihr geliebtes Grammophon verbreitete zwar Petrograder Lebensgefühl, munterte sie auf und erregte Staunen im Dorf, war aber keine ausreichende Dauerbeschäftigung. Bei aller Leidenschaft für den Reitsport reichte es ihr, einmal am Tag allein auszureiten. Nach den vielen Herausforderungen, die sie in Petrograd zu bewältigen gehabt hatte, genügte es ihr nicht mehr, wie ein „Gast" zu leben. Allmählich öffnete sie sich für Aufgaben, die alle Ehefrauen auf dem Gut bisher wahrgenommen hatten. Es war Frühjahr und die Gärtnerei fragte nach Aufträgen. Fälle von Masern wurden im Gutshaus gemeldet, genauso wie der Soldatentod von Söhnen des Dorfes. Auch wenn Lebensmittel zur Ausspeisung bedürftiger Pilger und „Heimkehrer" fehlten, wurde dies an Olga herangetragen. Seit Dimitri im Feld war, fiel Olga der übliche Besuch im Lazarett besonders schwer. Jeder verwundete und traumatisierte Soldat führte ihr drastisch vor Augen, was „da draußen" wirklich los war und was ihrem Mann drohte.

Allen Soldaten war gemeinsam, dass sie über ihre schockierenden Erlebnisse in der Regel nur miteinander redeten und nicht mit ihren Familien. Die Hölle der Schützengräben war nicht zu schildern und deshalb war für Heimaturlauber die Ahnungslosigkeit der Angehörigen oft unerträglich. Manche stolze „Helden-Ehefrau" soll sich groteskerweise über den ungesunden teuren Zigaretten- und übermäßigen Wodka-Konsum ihres Mannes aufgeregt haben. „Helden-Mütter" warnten ihre Söhne ernsthaft vor schlechtem Einfluss ihrer Kameraden und verbaten sich energisch Fluchen und „gottlose Gespräche". Gar nicht wenige Opfer solcher Fürsorge sollen ihren ursprünglich ersehnten Aufenthalt daheim sogar vorzeitig beendet haben. Das Schreckliche auszublenden und zu verschweigen, war auch Dimitris einzige Möglichkeit, in die „Idylle" zuhause zurückzufinden. Das junge Ehepaar, das bisher über alles miteinander gesprochen hatte, half sich mit „Nach-dem-Krieg-Gesprächen". Sie besprachen auch, was alles in Dedlovo dringend zu tun sei, wie Olinka verwöhnt werde und wie gesund das Essen hier für sie sei. Olga, damals erst 21 Jahre alt, war jetzt die Frau eines Soldaten und teilte das Schicksal aller Soldatenfrauen: Die ständige Angst um ihren Mann, die Einsamkeit langer Trennungen und eine dadurch wachsende Entfremdung. Es war ein Leben von Nachricht zu Nachricht, die schon überholt sein konnte, wenn sie eintraf, ein Leben von Fronturlaub zu Fronturlaub eines sich mehr und mehr entfremdenden geliebten Menschen. Olga wollte sich damit nicht abfinden und suchte deswegen einen Ausweg.

Ende April wusste sie, dass sie wieder in anderen Umständen war, behielt es aber für sich. Doch ihr gesamter Haushalt hatte es längst erraten und bemühte sich noch mehr um sie als sonst. Aber ihre Gedanken kreisten ununterbrochen um Dimitri: „Wo ist er jetzt, wie geht es ihm, was würde er machen, wäre er bei mir?" Sie suchte Pitkievich in seinem Büro auf. „Was ist jetzt zu tun, Ivan? Gibt es etwas, was ich meinem Mann schreiben soll?" – „Wie Sie wissen, Madame, bestimmt die Jahreszeit unsere Routine, und die Ernte ist noch weit. Außer Leinen hatten unsere Produkte bisher keine Absatzschwierigkeiten, und Wodka ist wie immer sehr gefragt!" Wieder im Gutshaus, brachte das Hausmädchen die Post. An ihrem Gesichtsausdruck war deutlich zu lesen:

„Es ist wieder kein Brief vom Herrn dabei!" Olga warf die Post auf den Tisch, nahm ihr Tuch und lief aus dem Haus. „Madame", rief Anna ihr nach, „bitte hören Sie …", doch Olga reagierte nicht. Auf gutgemeinte, beschwichtigende Floskeln wie: „Ihm ist sicher nichts geschehen, er gibt schon auf sich acht und er kommt ja bald wieder" konnte sie verzichten. „Warum meldet er sich nicht? Er weiß doch, wie sehr ich auf eine Nachricht warte."

Eine stille Bucht am See war ihr Lieblingsplatz und Zufluchtsort, an dem sie noch nie eine Menschenseele getroffen hatte. Sie stieg ins Boot, löste automatisch die Leinen und ruderte hinaus. „Was soll ich nur tun? Ich kann die Ungewissheit nicht mehr ertragen!" Unbeobachtet weinte und schluchzte sie, bis sie sich leer und ausgebrannt fühlte. Nach einer Weile richtete sie sich auf und ruderte energisch zurück. Im Haus zurück, sah Anna ihre verweinten Augen. „Madame, Sie haben Ihr Baby", versuchte sie zu trösten und zu mahnen. „Ja, ich liebe die Kleine heiß, aber mein Mann wohnt in einem besonderen Teil meines Herzens, verstehst du? Er braucht mich auch und ich habe mich entschlossen, ihn zu besuchen." – „Aber das ist unmöglich!" – „Natürlich ist es möglich!" Anna schwieg erschrocken. „Er ist, wie ich weiß, in der Nähe des Besitzes G. stationiert. Dort werde ich ihn treffen!" Anna schüttelte den Kopf. „Wo ist das Problem? Wir beherbergen ja auch Freunde auf der Durchreise von und zur Front. Ich finde sicher auf einem der Güter Unterkunft." – „Sie sind aber allesamt Männer, Madame!" Die Bemerkung „… und nicht schwanger" schluckte sie hinunter. „Bedenken Sie doch, dass bewaffnete Deserteure und betrunkenes Gesindel die Wege unsicher machen. Was wird der Herr sagen?" Annas Mahnungen hatten keinen Sinn, denn die junge Frau nahm auf ihren Zustand ohnedies keine Rücksicht. „Er wird sich freuen und glaube mir, Anna, in Petrograd war es gefährlicher!" Sie einigten sich auf die Begleitung durch einen bewährten Reitknecht oder Kutscher, damit das Risiko überschaubar blieb. Das „Netzwerk" der Freunde und Familie funktionierte. Olga fand immer Unterkunft, selbst wenn die Herrschaft nicht anwesend war. In diesem Fall wurde sie von vertrauenswürdigem Personal betreut. Was sie antrieb, war nicht nur ihre Sehnsucht, ihrem Mann nahe zu sein, sondern auch, ihm Mut zu machen, ihm zu zeigen, wie sehr er fehlte und gebraucht wurde.

Welche Möglichkeiten Dimitri nahe der Front hatte, seine Frau zu treffen, wissen wir nicht genau. Aber er konnte es einrichten, so viel ist gewiss, und er nahm den Liebesbeweis seiner Frau an. Nach späteren Erzählungen Wandas unternahm Madame diese Fahrten regelmäßig, wobei sie immer einige Tage unterwegs war. Gemeinsam trauerten sie um Nikolaus S., den ältesten Cousin Dimitris, der gefallen war, diskutierten wachsende Probleme und die Missstimmung durch Verteilungen von Lebensmitteln an Bedürftige und Bettler in den Dörfern. Sie stritten, weil Olga anderer Meinung war als Pitkievich, der keinen Handlungsbedarf sah, sie aber schon. Es beschäftigte Olga die Sorge um die Zukunft im Allgemeinen und die ihrer Kinder im Besonderen. Sie lebten nur noch auf diese gemeinsamen Treffen hin, erlebten Glückseligkeit beim Kommen und große Verzweiflung beim Abschied. Nach diesen oft kurzen, aber intensiven Stunden des Beisammenseins fuhr Olga dann mit neuer Kraft und wiedergefundener Geduld nach Hause zurück und es gelang ihr, Dimitri ungeachtet aller Katastrophen bis zuletzt nahezubleiben.

Endlich! Begeisterung und Siegeshoffnung nach Meldungen von der erfolgreichen Brussilow-Offensive an der Ostfront. Die Russen waren überzeugt: „Diesmal gelingt uns der Durchbruch! Die ständigen Unheilprophezeiungen und die typische russische Schwarzmalerei müssen aufhören!" Olga warf ihre kleine Tochter übermütig in die Luft: „Wenn es so weitergeht, ist der Krieg vielleicht bald zu Ende und Papa kommt nach Hause!" Eine Hoffnung, die sie wieder die Schönheit des wundervollen sommerlichen Parks von Dedlovo entdecken ließ: „Es ist so schön bei uns, Anna!"

Wieder wechselten Siege und Niederlagen und damit schwankte die Nation zwischen Euphorie und Depression – bis Ende September klar wurde, dass die Offensive schrecklich gescheitert war. Es war noch nicht das Ende, aber eine Wende, die die endgültige Niederlage bringen konnte. Über mögliche Ursachen erzählten Soldaten: „Riesige Materialverluste brachten uns aussichtslos ins Hintertreffen. Man stelle sich vor, alle Funksprüche, auch die mit genauen Positionen, wurden ohne Code durchgegeben, weil ‚die' ja kein Russisch verstehen!"[88] Es war so demütigend, denn – so spotteten die Deutschen – „das hat unser Geschäft vereinfacht". Als Reaktion desertierten zwangsweise eingezogene Bauern-Soldaten und zogen betrunken und gewaltbereit durchs Land. Von der brennenden Frage beherrscht: „Wie wird es mit uns weitergehen, Dimitri?", traf sich Olga verwegen knapp vor der Geburt ihres zweiten Kindes mit ihrem Mann. „Es wird sich nicht viel ändern, der Krieg wird noch andauern." – „Aber ich habe solche Angst!" Dimitri zuckte mit den Schultern: „Wir können nur warten, welche Entscheidungen die Regierung trifft."

Ja, was unternahm die Regierung? Sie startete einen weiteren, späten Versuch, die Hungerrevolten, die die Städte erschütterten, durch Zwangslieferungen und Beschlagnahme von Getreide und Vieh in den Griff zu bekommen. Hilflos mussten Pitkievich und Olga dem Abtransport von Säcken mit Getreide und Kartoffeln aus dem Lagerhaus zusehen. Die vergangene Ernte war gut gewesen und sie waren auch durchaus bereit, einen Beitrag zu leisten. Aber so wie diese Aktion organisiert war, fühlten sich die Betroffenen einfach beraubt. „Nichts davon wird Petrograd oder Moskau erreichen!"

So war es auch, denn manche Polizisten hielten nicht viel von Eigentum, und griffen zu. Angestachelt von Agitatoren kam es bei den Requirierenden auf den Bauernhöfen zu wilden Protesten und Schlägereien. Die Bevölkerung begann, sich mit Gewalt das zu holen, was sie brauchte – und noch mehr. „Es ist wie bei der Revolution 1905", glaubte sich Dimitri zu erinnern. Aber ältere Russen hatten Erfahrung in wirtschaftlichen und sozialen Krisen und in Revolutionen ihrer Heimat und dadurch den Vergleich: „Etwas Unheimliches, Bedrohendes, Grauenhaftes, nie Dagewesenes, schlimmer als der Krieg, nähert sich", prophezeiten sie. Was auf alle zukam, war noch nicht zu benennen, aber eine Ahnung davon war schon zu fühlen.

Wer könnte das unsagbare Unheil aufhalten? Der Zar teilte hilflos die bösen Ahnungen seines Volkes. Er saß, von Angst, Depressionen, Erregungszuständen sowie Appetit- und Schlaflosigkeit gequält, in seinem Hauptquartier. Von der Zarin gerufen, verordnete der Arzt Badmajew ein selbstgebrautes Elixier, welches augenblicklich alle Symptome beseitigte. „Nach der Wirkung zu schließen, enthält die Mischung Haschisch"[89], vermutete seine Umgebung. Denn sofort konnte der Zar wieder schlafen, essen und war von einer geheimnisvollen Vitalität, ja Euphorie, erfasst, um danach in noch tiefere Mutlosigkeit zu versinken.

In diesen düsteren Wochen voll bedrohlicher Zeichen wurde am 26. Oktober 1916 in Dedlovo die zweite Tochter der Kigns, Alexandra, geboren. Alexandra wurde nach der Mutter Dimitris genannt, die auch ein Vorbild für das Mädchen werden sollte.

Weil Dimitri erst zur Taufe wieder nach Hause kommen konnte, fühlte sich die junge Mutter in ihrer schweren Stunde allein und verlassen. Ihre Verzweiflung machte die Atmosphäre im Haus freud- und hoffnungslos. Aber die Geburt sei problemlos verlaufen, hieß es. Das Neugeborene war hübsch, auffallend zart, hatte dunkles Haar und blaue Augen. Viel mehr ist über Alexandras Ankunft in der Welt nicht mehr bekannt. Später behauptete Wanda, Alexandras ernster, stets das Schlimmste befürchtender Charakter sei ihr damals schon in die Wiege gelegt worden.

Wieder wurde eine Amme eingestellt, denn spätestens jetzt waren die Treffen Olgas mit ihrem Mann kein Privatvergnügen mehr, sondern lebensnotwendig, um Entscheidungen für Familie und Betriebe vorzubereiten. Noch vor ihrer Abreise erreichte sie die Nachricht, dass das Gut der T., wo sie auf ihren Reisen oft übernachtet hatte, in Abwesenheit der Besitzer geplündert worden war. Marodierender Pöbel bedrohte nicht nur Städte, sondern auch Dörfer und Gutshöfe. Olga suchte und fand ein anderes Quartier und machte sich zum letzten Mal für längere Zeit auf den Weg.

Der Verfall des Staates ging dramatisch weiter. Die Armee verlor an Rückhalt im „Hinterland", das heißt, bei der Bevölkerung, und zeigte richtige Auflösungserscheinungen. Zugleich begrub ein harter Winter das Land unter einer dicken Schnee- und Eisdecke. Krieg, Umwälzungen und Revolutionen waren buchstäblich auf Eis gelegt. Das bescherte Dedlovo ein friedliches Weihnachten, das Dimitri zu Hause verbrachte. Die Feiertage vergingen beinahe wie in Friedenszeiten: Ein wunderschöner Christbaum schmückte den Salon, das Festessen ließ keinen Wunsch offen und die Kirche erstrahlte im Kerzenlicht. Die Kinder waren gesund und Olinka unterhielt ihre Eltern durch ihre drolligen Sprechversuche. Die Kigns machten Schlittenfahrten, Besuche und erhielten Gegenbesuche. Mit wem auch immer sie sprachen, alle Klassen waren wütend auf den Zaren und wollten einen Führungswandel – und zwar sofort. Wie zur Bestätigung der schlechten Meinung endete das Jahr 1916 mit einem ungeheuren Skandal – der Ermordung Rasputins durch den Fürsten Jussupow in dessen Palais. Die näheren Umstände waren zunächst streng geheim. Aber die Zeitungen titelten ohne Hemmungen: „Einem Hund einen Hundetod!" Der politische Mord änderte den Lauf der Geschichte jedoch nicht mehr. Dafür war es zu spät.

39.

„Wer regiert jetzt Russland?"

Der Frühling löst die Erstarrung – das „Ungeheuer Revolution" – „Majestät haben zwei Möglichkeiten" – der „Kapitän" verlässt das Schiff ohne Nachfolger – Lenin als Geheimwaffe Deutschlands – provisorische Regierung mit hehren Zielen – Olgas Eltern werden überfallen- „Keinen Schandfrieden!" – Bolschewiki unterwandern die Armee – dem Zuhause entfremdet – „Wollt ihr gewissenlose Räuber werden?" – Bolschewiki an der Macht – bleiben oder gehen – Lenin unterzeichnet ein Dekret

Nach dem harten Winter setzte im Februar 1917 ein zeitiger Frühling ein, der die Erstarrung in der Natur und bei den Menschen löste. Sofort kam es in den hungernden Städten zu einem spontanen Aufstand aller Bevölkerungsgruppen. Sie hatten genug! Heftige Straßenschlachten erschütterten Petrograd, wilde Streiks legten die Fabriken still und endlose Demonstrationen das öffentliche Leben lahm. Garderegimenter in Marschordnung rückten heran, um die völlig überforderte Polizei zu unterstützen, aber beide schlossen sich der Revolte an. Maschinengewehre wurden in Stellung gebracht und in der tobenden Menge rote Fahnen verteilt. In höchster Aufregung wartete Tante Olga auf die Rückkehr Katharinas von der Universität. Telefonate hatten ihr bestätigt, dass die Lage sehr ernst war. Katharina kam schließlich unbehelligt, aber verängstigt nach Hause. Routinemäßig trafen alle Bewohner der Straße die üblichen Sicherheitsmaßnahmen: Die Türen wurden versperrt und verbarrikadiert, alle Lichter gelöscht und die Vorhänge dicht zugezogen, doch so, dass man durch einen winzigen Spalt die Straße im Auge behalten konnte. Nach einer kurzen, grauenvollen Stille näherte sich in der Dämmerung mit Tumult und Geschrei, begleitet von ununterbrochenen Gewehrsalven, das „Ungeheuer Revolution". Die ganze Nacht war in der Ferne Feuerschein zu sehen und auf den Straßen dauerten Geschrei und Gewehrfeuer an. Eine einzige Verbindung zur „Welt" gab es: das Telefon – und es wurde in den vielen Stunden der folgenden langen Nacht intensiv genützt. Außer wilden Gerüchten war aber vorerst nichts zu erfahren.

Doch es war eine Revolution, die sogenannte „Februar-Revolution" ohne Beteiligung der Bolschewiki, und sie brachte das Drama der Abdankung des Zaren mitten im Krieg. Die Hintergründe der Abdankung: „Majestät haben zwei Möglichkeiten", hatte General Ruzski gesagt, „Entweder Sie gehen mit den treuen Truppen nach Petrograd und entfachen damit einen Bürgerkrieg, oder Sie danken ab." – „Die Schrecken eines Bürgerkrieges nur wegen meiner Person will ich meinem geliebten Russland ersparen", sagte der Zar und dankte ab. Er äußerte nur den einzigen Wunsch: „Ich will mit meiner Familie in Livadija als einfacher Mann leben." Um seinen Sohn, Zarewitsch Alexej, zu schützen, wies er die dem Zarewitsch angebotene Krone zurück. Der „Kapitän" verließ einfach das manövrierunfähige Schiff, ohne seine Nachfolge zu sichern.

Eine große schweigende Menschenmenge hatte sich am 8. März 1917 in Mogiljov versammelt, um mit eigenen Augen die Abreise Nikolaus' II., nunmehr Nikolaus Romanow, zu sehen, darunter auch Dimitri, der ja in der Nähe stationiert war. „Wir waren Zeugen einer sehr bewegenden Zeremonie", berichteten Teilnehmer später. „Der Zar nahm Abschied von der Armee, dem gesamten Stab, den Offizieren, Kosaken und Bediensteten. Er lud sie ein, allen Streit zu vergessen und Russland weiter zu dienen." Ungläubig und fassungslos beobachteten die Anwesenden, wie der Salonwagen mit dem traurig winkenden Zaren aus dem Bahnhof rollte. Zurück blieben dessen verzweifelt weinende Mutter, Zarin Marie, Bürger, Bauern, Honoratioren des Gouvernements und ratlose Soldaten und Offiziere, die ja – wie auch Dimitri – auf ihn vereidigt waren.

„Wer regiert jetzt Russland?"[90], soll der Zarewitsch – nun Alexej Romanow – fassungslos gefragt haben. Was er nicht wusste und sich nicht vorstellen konnte, war die Tatsache, dass eine provisorische Regierung bis zur für den Herbst geplanten Wahl die Geschäfte übernahm. Der Bruder des Zaren, Großfürst Michael, hatte die Krone mit dem Hinweis abgelehnt, er wolle „erst die geplanten allgemeinen Wahlen über die Regierungsform, die dem Willen des Volkes Ausdruck verleihen werden" abwarten. Der Großfürst rief das Volk auf, die provisorische Regierung zu unterstützen. Diese versprach grundlegende Freiheiten, ein allgemeines Wahlrecht, die Abschaffung jeder sozialen, rassischen oder religiösen Diskriminierung, das Selbstbestimmungsrecht für Polen und Finnland, das Land fest an die westlichen Demokratien zu binden und den Krieg mit den Alliierten zu beenden – das allerdings nicht bedingungslos. Es schien, als könnte etwas Neues, Großes, beginnen!

Vielleicht wäre Russland damals trotz Führungskrise wirklich in eine neue Zeit aufgebrochen, aber die deutsche Heeresleitung hatte eine geniale Idee, ohne eigene Opfer den Feind in die Knie zu zwingen. Dafür blieb ihr nicht mehr viel Zeit, denn auch Deutschlands Bevölkerung hungerte und war gefährlich kriegsmüde. Die oberste deutsche Heeresleitung schickte im April 1917 den in der Schweiz im Exil lebenden Wladimir Iljitsch Uljanow, genannt Lenin, reichlich mit Geld ausgestattet in einem Sonderzug als eine Art „Geheimwaffe" in seine Heimat zurück. Lenin wurde dafür bezahlt, Frieden sofort und um jeden Preis zu propagieren und Deutschland zum Sieg zu verhelfen. Und das tat er auch. Skrupel, mit seinen Bolschewiki den Wehrwillen der Russen zu brechen und dem Feind in die Hände zu arbeiten, hatte er nicht. Deutschland hatte ihm auf dem Weg zu seiner geplanten Weltrevolution einen großen Schritt weitergeholfen und würde – wie von ihm beabsichtigt – früher oder später selbst von ihr erfasst werden. Bei der Vorbereitung hatte der Krieg durch die Zerstörung der bisherigen Ordnung beste Vorarbeit geleistet. Zunächst unbemerkt, aber stetig, gewann Lenin an Boden, denn wer wollte nicht endlich Frieden? Gleichzeitig trieb er mit seinen straff organisierten gewaltbereiten Kadern die Revolution voran. Er rief dem Volk zu, und seine Revolutionäre machten es vor: „Nehmt euch, was euch ohnehin gehört" – eine Aufforderung, die eine neue „Qualität" in die Richtungskämpfe brachte. Eine organisierte Jagd auf „Burschui"[91] begann.

Anfang Juni, gegen Ende des Semesters, unterbrachen in Petrograd donnernde Schläge an das Haustor von Platon Chmara-Barschtschewskij die abendliche Ruhe. Die Familie, die gerade nach einem Arbeits- und Schultag gemütlich beisammensaß, erstarrte. Platon sah vorsichtig aus dem Fenster auf eine tobende und brüllende Menge. „Sie sind bewaffnet und versuchen, das Tor aufzubrechen!" Einige von ihnen schossen wie verrückt und wild um sich. Während er noch überlegte, was besser wäre – freiwillig zu öffnen oder Widerstand zu leisten –, war der Eingang schon aufgebrochen, eine aufgebrachte Menge kletterte über die Trümmer in die Einfahrt und stürmte ins Haus. Einige von ihnen trugen schwarze Lederjacken und Gewehre mit Patronengürteln. Sie schrien: „Wo sind die versteckten Offiziere?", während sie die Waffen auf die Familie richteten. „Ihr verfluchten Burschui habt lang genug unser Blut getrunken!" – „Wir werden umgebracht, dachte ich ungläubig, nicht vom Feind, den Deutschen, sondern vom eigenen Volk", erzählte Platon später, „von Menschen, die uns noch nie gesehen haben! Ihr Anführer behauptete, dass von unserem Haus auf das revolutionäre Volk geschossen worden wäre, worauf der Tod stünde. Maman saß erstarrt am Klavier und versuchte automatisch, sich erheben. Wir verständigten uns mit Blicken, sitzenzubleiben und ruhig zu erscheinen.

Was sie bei uns sahen, lenkte sie ab. Eben noch Bestie, in der nächsten Sekunde neugierig wie die Kinder, liefen sie durch die Räume, rissen Schranktüren auf, nahmen alles in die Hand und warfen es wieder weg. Glücklicherweise hatten wir es nicht mit geübten und geschulten Räubern und Mördern zu tun. Einer ging zum Klavier, griff nach einem Bild, kam stumm zu mir und besah meine Uhr. Ich wollte auf keinen Fall zittern, stattdessen trat mir vor Angst der Schweiß aus allen Poren. ‚Willst du unseren Wodka probieren?', fragte ich den Mann. Die Männer fluchten, tranken dann aus der Flasche und verließen – wie es uns schien nach einer Ewigkeit – langsam und randalierend das Haus. Mamuschka brach in Tränen aus und meine Knie zitterten so, dass ich mich setzen musste. Werden sie wiederkommen und uns womöglich in der Nacht in unseren Betten erschießen, fragten wir uns. Wenn auch äußerlich noch intakt, war unser Haus als Heim, als sicherer Rückzugsort, doch zerstört. Der erste Gedanke, nach Silvinkoje zu fliehen, wurde aufgegeben, denn niemand konnte mehr sagen, was uns dort erwartete. Die Erkenntnis, schutz- und hilflos zu sein, da die Regierung der Situation nicht gewachsen war, erschütterte uns und war ein Erfolg für die destabilisierende Taktik der Bolschewiki." Als die Familie sich halbwegs beruhigt hatte, beschloss man gemeinsam, bis zum Ende des Semesters durchzuhalten. Für Platon war es besser, so lange es irgendwie möglich war, weiter an der Universität zu arbeiten, und für die jüngeren Kinder, das Schuljahr ordnungsgemäß zu beenden.

Enttäuscht fragte sich das Volk: „Was macht die neue Regierung, auf die viele so gehofft haben, denn überhaupt? Und wie kann sie vernünftige Ergebnisse erreichen, wenn doch jeder gegen jeden ist?" Darüber schrieb Platon: „Jeden Tag gibt es sinnlose Neuerungen wie zum Beispiel eine Rechtschreibreform des neuen Volksbildungsministers Manuilov. Mit ihr erreicht er nur, dass unsere Sprache verstümmelt wird! Übrigens, kaum zu glauben, aber wahr: Kürzlich wurde ein Matrose wegen Trunkenheit aus der Duma geworfen. Jetzt befehligt er die baltischen Geschwader!"

Doch dann im Juni nahm Marine-Minister Kerenski einen weiteren Anlauf, endlich den Krieg mit einem Sieg zu beenden. Er appellierte an das Volk: „Schließen wir keinen Schandfrieden!" Bei einem „Schandfrieden" würden die „Filetstücke" des Russischen Reiches – das heutige Weißrussland und die Ukraine – dem Feind ausgeliefert, das würde auch die Besitzungen der Kigns betreffen. „Beenden wir den Parteienstreit", forderte Kerenski die Russen auf. „Der Sieg des Feindes kommt nicht von seiner Stärke, sondern von unserer Schwäche!" Kerenskis Offensive, als Befreiungsschlag geplant, scheiterte furchtbar.

Dimitri war dabei gewesen, als es in der von den Bolschewiki unterwanderten Armee zu einer neuen, nie gekannten Dimension von Gewalt und Anarchie kam. Lenin hatte mit seiner bestechenden und erlösend wirkenden Vision von „Friede sofort und ohne Bedingungen" jeden restlichen Kampfwillen untergraben. Den Krieg zu beenden war demnach ganz einfach: „Wir verlassen mit unserem Gegenüber – den bisher feindlichen Soldaten – einfach die Schützengräben, werfen die Waffen weg und umarmen einander als Brüder. Kein Töten mehr, alles wird gut. Brüder kennen keine trennende Nation, daher gebührt den Völkern Russlands die Freiheit, die sie sich jetzt einfach nehmen sollten."

Für diese Idee vom Frieden waren die kriegsmüden Soldaten bereit zu meutern und die eigenen Kameraden zu töten.[92] Offiziere, die sich ihnen nicht anschlossen, wurden einfach der „Konterrevolution" bezichtigt, festgenommen und massakriert. Tagtäglich desertierten tausende Dörfler, diesmal, weil sie die von den Bolschewiki zur gleichen Zeit versprochene Land- und Viehverteilung nicht versäumen wollten. Niemand konnte sie stoppen. Eine wahre Flut von Soldaten – abgerissen, verroht, hungrig, betrunken – zog plündernd durchs Land. Die Sorge: „Was passiert in Dedlovo?" trieb Dimitri nach Hause. Seine Uniform machte ihn für streunenden Mob und Deserteure zur Zielscheibe. Auf dem mühsamen Weg erlebte er wie alle Reisenden schreckliche Szenen. „Jene, die versuchten, die Marodeure zur Besinnung zu bringen, wurden erschlagen!" Und Dimitri schrieb: „Für mich war 1917 der Krieg zu Ende!" Es sieht so aus, als hätte er sich nach den geschilderten Ereignissen einfach „selbst entlassen", doch das können wir nur vermuten.

Währenddessen wartete Olga verzweifelt auf ein Lebenszeichen ihres Mannes und konnte nichts anderes mehr denken. „Wird das zermürbende Warten nie enden? Mein ganzes Leben besteht nur noch aus Warten auf Nachrichten von Dimitri, den Eltern, vom Kriegsende und auf bessere Zeiten, die vermutlich nie kommen werden!" Ein Lieferant fragte nach Dimitri und berichtete, dass Jagd auf Offiziere gemacht wurde. Olga war überzeugt: „Bestimmt nicht in Dimitris Einheit, nein!" Aber, musste sie sich fragen, warum war er noch nicht da? War er tot oder verletzt? Gott konnte nicht zulassen, dass er die Kämpfe mit den Deutschen überlebt hatte, um von Russen umgebracht zu werden!

Ständig lief Olga zum Fenster oder wollte ihm entgegen reiten, aber in welche Richtung? Am Ende versäumte sie ihn noch, besser wäre es doch, vor dem Haus zu warten. Sie schlief schlecht und ihr Kopf drohte zu zerspringen. Manchmal, wenn sie die Augen schloss, sah sie ihn gesund und fröhlich vor sich. Einmal erschien sein geliebtes Gesicht in den Wolken oder als Schatten am Fenster, ein anderes Mal an der Oberfläche des Teiches. Die Einbildung war so stark, dass sie es nicht sofort erfasste, als ihr Mann endlich, mager und vom Erlebten gezeichnet, aber gesund und leibhaftig vor ihr stand. Ihr Herz zog sich voll Leid, voll Mitleid zusammen. Dimitri sah eine junge Frau vor sich, für ihn ein

Wesen wie von einem anderen Stern, seine Frau, liebevoll, schön und in ihrer einfachen Kleidung elegant. Es fiel ihm schwer, aber sein Charakter erlaubte es ihm nicht, seine Haltung zu verlieren, erlaubte es nicht, seiner Verzweiflung und Enttäuschung und auch der Angst, die er gehabt haben musste, Ausdruck zu verleihen. Er drückte Olga lange und fest an sich und sah krampfhaft über ihre Schulter. Aber sie ahnte auch so, wie es ihm erging, und weinte für ihn mit.

Wieder war er ein Heimkehrer, der sich erst einleben musste und dafür Zeit brauchte. Und wie schon so oft nach diesen schrecklichen Trennungen erwiesen sich gemeinsame Pflichten als verbindend und hielten beide aufrecht. Allmählich, das zeigte die Erfahrung der letzten Jahre, kam die Vertrautheit zwischen ihnen wieder von selbst. Hoffentlich würde es auch diesmal so sein! Während das Bagno geheizt wurde, zog Dimitri die schmutzige Uniform aus und mit ihr, so kam es ihm vor, streifte er die schrecklichen Erlebnisse ab, die an ihr klebten.

Bei jeder Heimkehr brauchte er für den ersten Besuch im Kinderzimmer besondere Überwindung, denn er war seinen Kindern fremd. Alexandra klammerte sich schreiend an Wanda, wenn er sich näherte, und seine ältere Tochter sah ihn ernst und fragend an: „Habe ich dich schon einmal gesehen?" Das tat weh, aber bald würde er alles Versäumte nachholen.

Versäumtes glaubte er überall auf Dedlovo zu sehen und das machte ihn oft ungerecht. Im Haushalt herrschten ab nun wieder strengere Regeln, seine Regeln. In den Fabriken und auf den Feldern – die Erntezeit war nahe – wurde plangemäß gearbeitet, als gäbe es keinen Terror. Nach einem Besuch in den Stallungen und später bei Pitkievich erschienen Dimitri die Untergangsvisionen, die ihn verfolgten, übertrieben.

Natürlich mehrten sich auch in Dedlovo Konflikte, das war aber nicht überraschend. Zu Beginn der Versammlung im „Mir" waren die Wünsche noch maß- und sinnvoll: Ein noch niedrigerer Pachtzins sollte möglichst rasch ausgehandelt werden und brachliegendes Land sei zu verteilen. Brachliegendes Land gab es bei Dimitri nicht und über den Pachtzins einigte man sich schnell. Trotzdem wurde der Ton in den Versammlungen von Woche zu Woche schärfer. Örtliche Popen, Agronomen und Lehrer, darunter auch Ingenieure wie Rostislav, Katharinas späterer Ehemann, allesamt dem sozialrevolutionären Milieu, den Menschewiki nahestehend, bildeten die Landwirtschaftsausschüsse. Ärgerlicherweise planten sie bei selbständigen Bauern Beschlagnahmungen, nur um ein paar Radikale zu beschwichtigen. „Warum wir und warum jetzt?", fragten die Betroffenen. „Hunger und Mangel gibt es bei uns in den Dörfern nicht!" – „Aber wer weiß, wie viele von ‚Unseren' noch zurückkommen", antwortete der Starost. Der junge Pope sprach aus, was alle dachten: „Wer, Herr, kann schon etwas gegen ‚Frieden sofort' und mehr eigenen Boden haben?" – „Niemand, aber wie wollt Ihr das erreichen?" – „Überall im Land wird gesagt, dass der Boden uns gehört und wir ihn uns nur zu nehmen brauchten. Also warum nicht gleich?" Dimitri antwortete zornig: „Wollt Ihr denn gewissenlose Räuber werden wie sie?" Der Priester sah zur Seite und schwieg. Das wollte er natürlich nicht, aber seine Aufgabe war es, dem Herrn zu sagen, was die Bauern dachten. „Es ist besser, Herr, wir geben den Kommissaren freiwillig etwas, bevor sie uns filzen." Da war etwas Wahres dran.

Eine gute Ernte stand bevor. Diese Aussicht hob die Stimmung sehr, wirkte beruhigend auf alle Gemüter. Ja, bescheiden gedacht, könnte es beinahe ein Sommer wie früher werden. Olga und Dimitri nahmen, etwas eingeschränkt, ihre Reitausflüge und Inspektionsritte wieder auf. Olinka durfte manchmal kurz bei ihrem Vater im Sattel sitzen und eine Runde drehen.

Doch die Beruhigung dauerte nicht lange, im Juli erreichten Gerüchte von einem bolschewistischen Staatsstreich Dedlovo. Ein Schock! Aber gleich darauf folgte die Entwarnung. Die provisorische Regierung hatte energisch Militär eingesetzt und die Stadt wieder zur Ruhe gebracht. Lenin hätte sich nach Finnland abgesetzt, hieß es. „Endlich handelt die Regierung richtig!" Dimitri feierte das im Freundes- und Familienkreis. Eifrig wurde die Frage diskutiert: „Kann sich doch noch alles zum Guten wenden?" Ja, wenn … Lenin wirklich aufgibt, wenn der Krieg endlich beendet wäre, die Regierung regierte, die Wirtschaft angekurbelt würde usw. Doch dann kippte der Optimismus: „Schaut euch um

– es müsste schon ein Wunder geschehen!" Danach wurden in Dedlovo erstmals Fluchtpläne diskutiert. Dimitri schwärmte von Frankreich und fand große Zustimmung. Das Land sei schön, kultiviert und sie alle beherrschten die Landessprache. „Wovon wollt Ihr dort leben?", fragte Rostislav. „Welche Berufe könnt Ihr denn ausüben?" Stille. „Das ist zwar eine gute Frage, aber schwierig zu beantworten", kam als Antwort. „Ärzte oder Techniker, eventuell auch Journalisten könnten vielleicht in ihren Berufen Fuß fassen, aber Militärs und Diplomaten?" – „Ich bin Landwirt und werde es immer sein, auch in Frankreich", verriet Dimitri seine bisher geheimsten Gedanken. „Wir müssten dort Land kaufen und es selbst bewirtschaften." – „Du hast recht, jeder könnte etwas mitarbeiten!" – „Wir machen die schwere Arbeit und die Damen den Haushalt", wurde gescherzt. Dann überlegten sie, wo sie sich ankaufen wollten. „Natürlich bei Paris", spöttelte Rostislav. „Und was willst du übernehmen?" – „Ich bin Ingenieur und das könnte ich auch in Frankreich sein, aber ich will für Russland arbeiten, deshalb bleibe ich hier!" Russland zu verlassen, das konnte sich niemand ernsthaft vorstellen. Außerdem: „Es ist viel zu früh, um an so etwas zu denken!"

Während Dedlovo im August Getreide, Holz und Wodka an den Staat lieferte, dafür aber kein Geld, sondern nur wertlose Papiere bekam, schwappte eine gigantische Terrorwelle über die Provinzen Tambov, Pensa, Woronesch, Saratow, Orel, Tula, Rjasan und griff auch auf das Gebiet der heutigen Ukraine über. Tausende Landgüter und Höfe selbständiger Bauern, der Kulaken, brannten. Sie wurden geplündert und alle, die sich entgegenstellten, zu Hunderten massakriert. Für die bolschewistische Propaganda waren die Untaten ein Beweis für die unsägliche Primitivität der Bauern und zugleich für die Grausamkeit der Besitzenden, die jetzt nur bekamen, was sie verdienten. In Wirklichkeit war Verhetzung, der Aufruf: „Nehmt euch, was euch ohnehin gehört" die Ursache. Dazu Maxim Gorki:[93] „Eine abscheuliche Tragödie … Ich hasse Leute, die die dunklen, bösen Instinkte der Menschen wecken!" Aber die dunklen, bösen Instinkte, die auch er als Befürworter von Gewalt gerufen hatte, wurde Russland nicht mehr los.

Im September schien sich die Lage etwas zu beruhigen. Gott sei Dank! Aber es war nur eine Ruhe vor dem Sturm. Dimitri, Olga und Pitkievich hatten gerade eine Routinebesprechung, als Rostislav, mit einer Zeitung winkend, das Büro betrat: „Ich gratuliere zum neuen Ministerpräsidenten Lenin", sagte er sarkastisch. „Die Bolschewiki sind an der Macht!" Alle waren geschockt. Dimitri sagte: „Unsere politische Vorstellungskraft reichte bis vor kurzem nur bis zur konstitutionellen Monarchie! – Wir rissen einander die Zeitung aus der Hand und rannten zum Telefon, um Informationen zu bekommen."

Was sie erfuhren, wird später unzählige Bücher mit Berichten, Spekulationen und Erklärungen füllen. Kerenski hatte ohne vorherige Wahlen die Russische Republik ausgerufen und setzte gleichzeitig einen Wahltermin für 12. November fest. Daraufhin beschleunigten die Bolschewiki auf Drängen Lenins ihre Umsturzpläne, denn bei Wahlen hatten sie keine Chance. Am 10. Oktober 1917 kam Lenin heimlich nach Petrograd zurück. Der Umsturz erfolgte dann einfach und schnell [94]. Dennoch wird bis heute ein verlogener Gründungsmythos gepflegt. Ein Bericht Gorkis [95] bestätigt: „Die Machtübernahme der Bolschewiki am 26. Oktober 1917 war nicht mehr als ein brutaler Staatsstreich, finanziert von den Deutschen – und vom Volk kaum unterstützt." Eine kleine Gruppe von „Intelligenzlern" hatte sich an die Spitze von ein paar indoktrinierten Arbeitern gestellt. „Lenin", schrieb Gorki, „hatte den Sozialismus nach dem Muster des Nihilismus des vorigen Jahrhunderts eingeführt." Vor dieser tödlichen Kombination hatte Vladimir Kign seinerzeit so eindringlich gewarnt. Gorki weiter: „… Russland bedeutete dem ‚Weltverbesserer' Lenin nichts, es war bloßes Experimentierfeld für seine geplante Weltrevolution." Und: „Für diese Utopie opfern die Bolschewiki das ganze Land. Mit tausenden von Leben und Strömen von Blut muss das Volk für deren Verbrechen bezahlen." Einen Anschlag auf die Wassili-Kathedrale empfand Gorki wie alle Russen als „eine Wunde, die dem eigenen Körper zugefügt wurde". Gorki hing nun einmal an der einzigartigen russischen sakralen Kunst und an Christus, für ihn ein starkes Symbol der unsterblichen Liebe und Gerechtigkeit. „Die neuen Machthaber werden es auslöschen. Wer wird dann noch von Liebe und Barmherzigkeit sprechen?"

Die Bolschewiki an der Macht! Das war eine katastrophale Nachricht. In Dedlovo liefen alle kopflos durcheinander. „Werden wir gestürmt?" – „Sollen wir weglaufen, aber wohin? In die Stadt? In die Stadt! Dort können wir abwarten." Zitternd begann Olga zu packen. Nach den Monaten der Angst wünschte sich jeder ein Ende und wenn es nur eines mit Schrecken wäre. Nach der ersten Panik begann Dimitri herumzutelefonieren und erfuhr, dass in der Umgebung alles ruhig wäre. Zur Sicherheit begann er, Türen und Fenster zu sichern, und teilte abwechselnd alle zur Wache ein. Dann legten sie sich angezogen zum Schlafen nieder. In dieser Nacht gab es aber keinerlei Vorkommnisse.

Weil die Bolschewiki die Pressefreiheit sofort abschafften, waren Informationen kaum noch zu bekommen. Aber die Telefone funktionierten noch ab und zu. Endlich war Olgas Vater in Petrograd zu erreichen: „Es stimmt: Die Stadt ist derzeit in bolschewistischen Händen. Am 26. Oktober (nach julianischem Kalender) wurde der ‚Winterpalast' von Roten Truppen umstellt, die Regierungsmitglieder bis auf Kerenski, der fliehen konnte, verhaftet und in die Peter-Pauls-Festung gebracht. Seither geht es hier wild zu. Man prügelt sich, überall werden Schützengräben ausgehoben und Schanzen errichtet. Euer Haus wurde – soviel ich weiß – verwüstet. Wir verbarrikadieren uns und warten ab. Auf die Straße zu gehen, ist gefährlich, halbwegs gut angezogene Personen werden erschlagen. Macht euch keine Sorgen, das Hausmädchen Nadja versorgt uns."

Bei erster Gelegenheit unterzeichnete Lenin das Dekret mit der Hauptbestimmung[96]: „Privateigentum an Grund und Boden ist entschädigungslos aufgehoben. Die örtlichen Agrarkomitees sollen darüber verfügen, um es neu zu verteilen."

40.

Vogelfrei!

Ihre Ermordung bliebe ohne Folgen, doch Dedlovo bleibt verschont, warum? – Katharina heiratet – „Bis der Sturm sich legt" – Gutshaus als Festung – es ist wieder alles ruhig – „Wer spricht noch von Heimat?" – Tante L. wirbt für Emigration – Dimitri will bleiben – die Tscheka nimmt sich die Macht über Leben und Tod – Abscheu und Entsetzen Gorkis

Durch Lenins Dekret gehörten die Kigns zu den Enteigneten und waren nach Lage der Dinge vogelfrei. Ihr Tod hätte für die Mörder keine Folgen gehabt und trotzdem fühlten sie sich anscheinend nicht einmal bedroht. Wie war das möglich?

„Unsere Leute wollten zwar einen Vorteil aus der Krise ziehen, mehr aber nicht", erzählte die Familie Kign. Das ist erstaunlich, denn im Zuge der allgemeinen Enteignung durch die Bolschewiki und der folgenden „Umverteilung" waren einige Nachbarsgüter sehr wohl niedergebrannt und geplündert worden. Aber eben nur einige, wobei die Hintergründe sehr unterschiedlich sein konnten. Wesentlich war sicherlich, dass aus ideologischen Gründen die Vernichtung blühender Betriebe der Region im Interesse der Bolschewiki lag. Denn sie planten eine gewaltsame Kollektivierung der gesamten Landwirtschaft, die mit zerstörten Betrieben wesentlich einfacher durchzusetzen war. In Dedlovo änderte das neue Gesetz zunächst nichts, und Dimitri führte das Gut und die Betriebe mit seinen Angestellten, Arbeitern und Bauern wie bisher weiter.

Dass Dedlovo lange verschont blieb, kann nur mit dem gegenseitigen Vertrauen und der Treue von Herrschaft, Dörflern, Gutspersonal und Bauern erklärt werden: „Wir [die Familie Kign] hatten Angst vor den Bolschewiki. Angst vor dem Augenblick, da sie eindringen, uns verfolgen, vielleicht foltern und dann umbringen würden. Doch schlimmer als alles wäre es gewesen, einen unserer Leute als Mittäter zu erleben! Nein, das wäre unerträglich!" Wenn die „eigenen Leute" zwar die eigene Herrschaft, das eigene Dorf, die eigenen Fabriken treu schützten, konnte es aber doch auch sein, dass sich manche von ihnen bei fremden Herrschaften an fremden Dörfern oder fremden Fabriken bereicherten.

Katharina hatte vermutlich in dieser Zeit – 1917 oder Anfang 1918 – geheiratet, erst dann, als eine Fortsetzung ihres Studiums nicht mehr möglich war. Von Tante Olga beraten, hatte Katharina ihre Wahl selbstständig getroffen. Ihre schlichte Kriegshochzeit war mit keiner Trauung, die die Familie je gesehen hatte, zu vergleichen. Gäste waren neben Daria, Lydia, dem Popen und seiner Frau nur noch ein Freund Rostislavs. Die zahlreichen Verwandten, Freunde und Studienkollegen hatten nicht kommen können. Dimitri und Olga luden nach der Kirche zu einem Essen in ihr Haus. Ihnen war jetzt die Verantwortung für Katharina und somit eine große Last genommen. In dieser schrecklichen Zeit war Katharina nicht mehr allein und schutzlos. Es soll ein besonderer Abend gewesen sein, voll Freude, großer Dankbarkeit, Rührung und Hoffnung. Der Krieg stärkte das Bewusstsein von der Kostbarkeit des Daseins und der einfachsten Dinge.

Rostislav engagierte sich bei den gemäßigten Sozialisten für Reformen und war viel unterwegs. Deshalb zog das Paar vor der Bedrohung durch marodierende Banden und „bis der Sturm vorüber ist", auf das große, gut organisierte Gut Dedlovo.

Bald nach dem Umsturz hörte Anna eines Nachts – Personal, die Kinder und die Damen schliefen fest – vor ihren Fenstern leise Stimmen und sah, wie dunkle Schatten ums Haus schlichen. Fremde Männer! Sie rannte aus dem Zimmer, auf der Treppe kam ihr schon Madame mit einer Pistole in der Hand entgegen: „Hol die Kinder, leise! Mach kein Licht und bring sie ins Speisezimmer", flüsterte Olga. „Ich werde schießen, wenn sich das Gesindel nähert!" – „Um Gottes willen", zischte Katharina, die zitternd aus ihrem Zimmer gekommen war, „es sind zu viele – sprechen wir mit ihnen." Plötzlich splitterte Glas, Schüsse fielen vor dem Haus. Die Angestellten liefen in Panik zusammen. Vom Fuhrpark her schrie der Kutscher: „Ja, was ist denn hier los, was wollt Ihr?" Die betrunkenen Genossen forderten Geld, Wein und Cognac. Im Morgengrauen zogen sie dann endlich ab. Plünderer folgten ihnen, wurden aber von den Bauern vertrieben. Als Dimitri dann von einer Versammlung, die über Ordnung und Sicherheit im Bezirk beriet, nach Hause kam und Rostislav von seiner, war alles wieder ruhig.

„Die Überfälle werden sich wiederholen, Herr!", warnte Pitkievich. Es gab regelmäßig Einbrüche in die Vorratslager oder Spuren von Einbruchsversuchen. Nachdem ein junger Dörfler während der Wache erschossen worden war, forderten Dimitri und Pitkievich Unterstützung durch Dragoner. Dieser Schutz des Gutes und der Getreidedepots wurde ihnen gewährt, die Dragoner rückten an. Dafür forderten sie reichlich Fleisch, Tee, Zucker und Geld. „Das ist unsere ruhmreiche Armee?", fragte man sich bestürzt. Wenn sie auch schon längere Zeit keinen Sold mehr bekommen hatten, war die fordernde Art gegenüber ihren Schutzbefohlenen sehr irritierend. Kosaken lösten später die Dragoner ab und brachten Wildheit und Unruhe. Einige von ihnen nahmen sich, ohne zu fragen, was ihnen gefiel, belästigten Frauen und holten sich zum Ausreiten die schönsten Pferde aus dem Stall. Dimitri und Pitkievich sahen sich an und zweifelten: „Kann man ihnen im Ernstfall überhaupt vertrauen?"

Als Konsequenz wurde das Gutshaus – sicher ist sicher – in eine „Festung" verwandelt. Sie verschlossen Eingänge, montierten Balken vor den Fenstern, öffneten Gucklöcher ins Freie. Bei Alarm trugen Olga und Katharina Männerkleidung und hielten ihre Pistolen griffbereit. Aber was sollte man tun, wenn Feuer gelegt wurde? Saßen sie dann in der Falle? Der unauffällige Seitenausgang zum Bagno und in den Hof könnte als Fluchtweg dienen. „Wird dieser Albtraum denn nie enden?", fragten sich die Bewohner zermürbt und verängstigt. Kaum ging die Sonne auf, retteten sich alle in die Routine des Tages, denn das Leben ging irgendwie weiter: Kinder wurden geboren, Alte starben, Influenza breitete sich aus und die Medikamente waren knapp. Das Gutshaus half dabei aus, wo es nötig war. Elisabetas „Bibel" leistete dabei mit ihrem der Gesundheit und den Heilkräutern gewidmeten Teil wichtige Hilfe.

Der November 1917 war eiskalt. Die Post und Zeitungen kamen nicht. Dafür übernahmen reisende Nachbarn, Freunde und Kutscher das Überbringen von Briefen, Paketen und Nachrichten. In einer relativ nahen Garnison hatten Soldaten das Arsenal gestürmt und Waffen an die Menge verteilt. Bauern warnten ihre Herrschaft, dass sich feindlich gesinnte Soldatengenossen näherten und eine „Bartholomäus-Nacht" vorbereiteten. Man war zwar inzwischen an schlechte Nachrichten gewöhnt, aber diese grausame Bedrohung hatte doch niemand erwartet. Um der Gefahr auszuweichen, beschloss die Familie, vorübergehend in ihre Handelsniederlassung in der Stadt Mogiljov zu ziehen. Bald schon kam aus Dedlovo die beruhigende Versicherung: „Es ist wieder alles ruhig!" Zuversichtlich kehrten sie daraufhin zurück und hofften wider jede Vernunft: „Vielleicht haben wir nun den Tiefpunkt erreicht, dann könnte das Leben bald wieder so schön und sorglos werden."

Denn wieder schien eine Wende zum Guten nahe. Im Dezember ging die unheilige Allianz der Bauern mit den Bolschewiki zu Ende. Lenin hatte auch den kleinen Eigentümern und Grundbesitzern den Krieg erklärt: „Getreide bekommen wir nur mit Waffengewalt!" Er stellte eine brutale Versorgungsarmee auf, die zur Belohnung einen Teil der Beute behalten durfte. Sie nahm alles, was sie fand, auch das notwendige Saatgut für das nächste Jahr und Vorräte für den Eigenbedarf. Das führte auf dem Land zu ständigen Aufständen und Unruhen, ebenso wie bei der oppositionellen Arbeiterschaft, die sich mit Streiks gegen das Regime wehrte. Aufatmen auch in Dedlovo: „Jetzt sind sie endlich auf verlorenem Posten!"

Tante L. glaubte nicht mehr an eine Wende zum Guten und versuchte verzweifelt, ihren Neffen Dimitri zur gemeinsamen Ausreise nach Frankreich zu überreden. „Beim Andenken deines Vaters flehe ich dich an, komm mit uns!" – „Wie kann ich alles hier, wie die Heimat im Stich lassen?" – „Wer spricht noch von Heimat? Niemand! Nicht von Heimat wird mehr gesprochen und nicht von Vaterland." – „Wir werden kämpfen!" – „Wie?" Ihre Stimme überschlug sich: „Es gibt doch keine Armee mehr, nur Deserteure! Ist es dir entgangen, dass es auch keine Justiz mehr gibt, nur Lynchjustiz? Versteh es endlich: Es gibt keine Regierung, keine öffentliche Meinung, nur noch das Geschrei der Bolschewiki, wir haben keinen Präsidenten, nur den Rat der Arbeiter und der Soldatendeputierten und jeder spricht vom ‚Frieden ohne Bedingungen'."

„Wir", Dimitri sah zu seiner Frau, „können nur in Russland leben!" – „Wenn du nicht gehst, werdet ihr von Verrätern und gedungenen Mördern getötet. Glaube mir doch, unser geliebtes Russland ist nicht mehr zu retten!" – „Ja, sollten wir gehen müssen, dann nach Frankreich, ich liebe die französische Sprache und Kultur, aber leben kann ich nur hier!" – „Wir sind alle aufgewachsen mit der Liebe zu Russland als einem hohen Ideal, aber dieses Russland existiert nicht mehr! Bin ich froh, dass die Eltern das nicht erleben müssen." Sie weinte herzzerreißend. „Wir trauern und sind verzweifelt über diese Tragödie! Und, glaube mir, wenn ihr hier bleibt, werden eure Kinder nichts von dem kennenlernen, was uns heilig ist!" – „Aber unsere Bauern sind treu ..." – „Ja, aber zu viele sind Räuber und sogar Mörder geworden. Die bestimmen jetzt im Land!" – „Erinnere dich an die Revolution von 1905", wandte Dimitri ein, „da dachten auch viele an Flucht, aber Vater blieb." Seine Tante sagte verzweifelt, hilflos: „Du kannst doch nicht ..." Dann schwieg sie resigniert und dachte, seine Erlebnisse als Kind in der Revolution bestärken ihn, nicht nachzugeben. „Ich frage dich, wie sollen aus diesen Bauern, die jetzt gewissenlose Räuber und Mörder sind, wie aus den Soldaten, die eigene Landsleute ermorden", sie holte Atem, um weitersprechen zu können, „wie sollen aus Arbeitern, die alle anderen jagen, wieder ehrliche Menschen werden? Es ist nicht vorstellbar, dass sie wieder in ein normales Leben zurückfinden können, sieh das doch ein!" Hellsichtig sagte sie: „Vielleicht, wenn überhaupt, erst in vielen Jahren, denn die Täter werden immer versuchen, ihre Taten zu rechtfertigen, und so eine Umkehr verhindern." Noch einmal beschwor sie das Andenken seiner Eltern, Alexej und Alexandra, und seiner Großmutter Elisabeta: „Um ihretwillen, kommt mit!" Dimitri wurde sehr nachdenklich und versprach, alle Argumente gut abzuwägen. Beim Abschied war die Tante traurig und verzweifelt. Sie sah sich um und prägte sich die Stätte der glücklichen Familiensommer noch einmal ein. „In meiner Erinnerung wird es immer so schön bleiben." Bevor sie ging, bat sie noch um ein Andenken an Elisabeta und entschied sich für das Aquarell von der Krim.

Dimitris Entscheidung, Russland nicht zu verlassen, hing sicherlich mit seiner Erziehung zusammen, die auch in Leitsprüchen zusammengefasst war wie: „Niemals aufgeben" und „Vor ihnen [den Plünderern und Randalierern] darfst du niemals das Feld räumen!" Leitsprüche, die ihm sein Vater anlässlich der Revolution von 1905 eingeprägt hatte. Aber letztlich dürfte für sein Bleiben ausschlaggebend gewesen sein, dass die Familie seiner Frau dazu entschlossen war.

Tatsächlich waren die Bolschewiki längst nicht auf verlorenem Posten. Lenin setzte eine neue mörderische Strategie ein, um sich an der Macht zu halten, indem er die sogenannte „innere Front" ins Leben rief, die Historiker als „Krieg des Staates gegen das eigene Volk"[97] bezeichnen. Anders gesagt, es ging bei den Kämpfen nicht mehr nur um „Krieg den Palästen", sondern auch um „Krieg den Hütten".. Die politische Polizei „Tscheka", der bewaffnete Arm der „Diktatur des Proletariats", nahm sich die absolute Macht über Leben und Tod. „Ein guter Kommunist ist ein Tschekist", betonte Lenin. Es schien sicher, dass niemand mehr das Regime gefährden könnte. Von nun an lebten menschlich handelnde Kommunisten, die es auch gab, genauso gefährlich wie die „Burschui". Rettung vor dem um sich greifenden Wahnsinn erwartete das Volk von seinem Dichter Maxim Gorki. Bei ihm trafen hunderte, ja tausende verzweifelte Briefe von Menschen ein, die ihm vertraut hatten. Sie schrieben von Dorfspekulanten, berichteten von sinnlos zerstörten Gütern, von Mädchen, die entführt und um 25 Rubel pro „Stück" verkauft worden waren, von Kommissaren, die ihren Gefangenen bei lebendigem Leib die Gedärme herausrissen. Sie schrieben von Matrosen, die als Rache für den Tod zweier Kameraden hunderte, ja tausende „Burschui" ermorden wollten, von Menschen, die nach einer Denunziation auf bloßen Verdacht hin verhaftet und ins Gefängnis geworfen worden waren. Nach diesen Schilderungen schrieb Gorki[98]: „Ein wahnwitziger, feiger Terror." Lenin, die „denkende Guillotine", wie Gorki ihn inzwischen nannte, begann sein unmenschliches „Experiment einer Weltrevolution" an Russlands lebendigem Organismus. Der „Sturmvogel der Revolution" empfand jetzt angesichts des roten Terrors nur noch Abscheu und Entsetzen. Doch zu mehr als nur Protest raffte er sich dennoch nicht auf!

Das Jahr 1917 ging zu Ende. Olga: „Es war ein schreckliches Jahr. Von Russland, wie wir es kannten, ist nicht viel übrig. Sind wir jetzt ganz unten? Zu feiern gibt es nichts. Halt doch! Wir und unsere Kinder sind gesund, das Haus ist unversehrt und du, Dimitri, bist bei uns! Das ist für mich das Wichtigste und dafür danke ich dem Herrn. Er möge uns weiter gnädig sein!"

41.

Der Feind als Beschützer

Die Friedensverhandlungen der Bolschewiki scheitern – weitere Liquidierung demokratischer Kräfte – General Kornilows Freiwilligen-Armee – Bolschewiki von feindlichen Soldaten vertrieben – Silvinkoje liegt jetzt in der „unabhängigen" Ukraine – Wanda kümmert sich um die Kinder – Österreicher rücken ab – „Sind wir jetzt schutzlos?" – Dimitri geht zu den Weißgardisten – die Ziele der Weißen Armee – Olga erkrankt schwer – die Bolschewiki beginnen mit der blutigen Rückeroberung

Mit der gewaltsamen Auflösung der gesetzgebenden Versammlung im Januar 1918 ging die Liquidierung der demokratischen Kräfte weiter. Die Bolschewiki hatten nur 175 von 707 Sitzen erreicht. Proteste wurden niedergeschlagen und forderten 20 Tote. Wie viele Männer hatte Dimitri nach dem Putsch versucht, verschiedene Möglichkeiten des Widerstandes auszuloten. Unter General Kornilow war eine kleine, vielbeachtete antibolschewistische Freiwilligen-Armee entstanden. Welche Ziele verfolgte sie? Wäre es richtig, sie zu unterstützen? Ein Aufsehen erregendes Radiogramm informierte über die Gründung der unabhängigen Republik Ukraine und lenkte alle Aufmerksamkeit auf dieses Ereignis. Der Feind, die Deutschen und Österreicher, unterstützten das Experiment eines Staates, dem bis dahin niemand eine Chance gegeben hatte, weil er selbst dringend Lebensmittel aus den Kornkammern der Ukraine und Weißrusslands für seine eigene hungernde Bevölkerung benötigte. Für die Einheimischen völlig überraschend und blitzartig marschierte die feindliche Armee im Februar ins Landesinnere. Dabei trieb sie – die Friedensverhandlungen mit den Bolschewiki waren gescheitert – die revolutionäre Armee vor sich her.

In diesem kritischen Moment beeilte sich Dimitri heimzukommen, obwohl er immer überzeugt war, seine Familie sei auf Dedlovo so „sicher wie in Abrahams Schoß". Und tatsächlich: In Dedlovo schien alles ruhig. Doch die Dörfler warteten in ihren Häusern, Katen oder Höfen mit dem Gefühl, mehrfach in der

Falle zu sitzen: Die österreichische und die deutsche Armee rückten näher, zugleich war die „innere Front" der Bolschewiki aktiv und begann, „Spione", „feindliche Agenten" und „konterrevolutionäre Unruhestifter" auf der Stelle zu erschießen. Zudem wusste man: Die rückflutende revolutionäre Armee plünderte gerne.

Im Gutshaus versammelten sich die Bewohner. Schüsse fielen in der Ferne. Wer näherte sich? Sie vermuteten: „Es sind die Deutschen! Garantiert!" – „Wirklich? Niemand ist zu sehen." Dimitri beruhigte: „Ich erkenne am Klang der Waffen, von wem die Schüsse kommen." Die Köchin fragte mit kleiner Stimme: „Man hört doch nichts Schlechtes von den Deutschen und den Österreichern?" Jedenfalls waren bisher keine Gräueltaten wie die der Bolschewiki, die jetzt davonrennen mussten, zu ihnen gedrungen. „Trotzdem", meinten die Gutsangestellten, „ist es schrecklich und eine Schande, dass wir unsere Feinde wie Befreier erwarten!" Von der „inneren Front" hörte und sah man zum Glück in diesen Tagen nichts. „Die haben sich in ihren Löchern verkrochen!" Auf ihrem Rückzug kamen versprengte Teile der revolutionären Armee an Dedlovo vorbei. Die Kämpfer erschienen aber nicht aggressiv, nur erschöpft. Bevor sie selbst es forderten, bekamen sie zu essen und zu trinken. Anna schüttelte sich entsetzt: „Wie sie aussehen, so verwahrlost! Sie sind zwar Bolschewiki, aber doch Russen – eine Schande!" Die Männer starrten vor Schmutz und Ungeziefer. Monatelang waren sie nicht aus den Kleidern gekommen, Flöhe und Läuse schienen ihnen ein Luxusproblem, Verhungern und Erfrieren dagegen ein echtes. In einigen Falten der Mäntel und Stiefel, die sie sich von toten Kameraden, deren Körper schon in Verwesung übergegangen waren, angeeignet hatten, klebten Maden. Von den verwilderten Männern ging eine große Gefahr aus, von der man noch nichts wusste, denn sie waren Träger und später Opfer schwerer Infektionskrankheiten wie das gefährliche Fleckfieber, auch Kriegspest genannt. Die energische Anna ordnete an: „Nach ihnen alles gründlich waschen!" und sie ärgerte sich: „Sie spucken die Sonnenblumenkerne da aus, wo sie gerade stehen – Hauptsache, sie können die Marseillaise singen!" Den Soldaten folgten Flüchtlinge aus der Ukraine, die berichteten, dass sie verjagt worden seien, nur weil sie Russen waren. „Hoffentlich stimmt das nicht!" Eine Jagd auf Russen würde eine weitere Gefahr für Olgas Familie in Silvinkoje bedeuten.

Eines Morgens erwachte Dedlovo und gehörte nicht mehr zu Russland, sondern zu Weißrussland, und Silvinkoje zur Ukraine. Das war die unmittelbare Folge des am 3. März 1918 zwischen Sowjetrussland und den Mittelmächten geschlossenen Friedensvertrages von Brest-Litowsk. Die Aufregung der Betroffenen – nicht nur die der Kigns – war riesig: „Das ist ein unerhörter Ausverkauf russischer Territorien!" Denn neben der Ukraine und Weißrussland gingen auch Russisch-Polen, Litauen, Kurland, Livland, Estland und Finnland verloren. Aus Protest verließen die Mitglieder scharenweise die kommunistische Partei Russlands und verstärkten die Opposition. „Nieder mit den Lakaien Deutschlands", schrien sie auf den Straßen und forderten die Wiederherstellung der Grenzen des Russischen Reiches. Anscheinend hatten sie Lenins Idee für eine Weltrevolution nicht verstanden. Laut Friedensvertrag mussten die abgetretenen Gebiete unverzüglich von den russischen Truppen und Roten Garden geräumt werden. Für die wackelige ukrainische Regierung war eine Räumung ihres Territoriums nur mit deutscher Unterstützung zu schaffen. Unglaublich: Von einem Tag zum anderen verschwanden die gesetzlosen Plünderer von der Oberfläche. Dazu gehörten neben den Bolschewiki russische, ukrainische und weißrussische Nationalisten – sie alle waren zwar zurückgedrängt, aber nicht endgültig vertrieben. Daran hatte aber auch niemand wirklich geglaubt.

Nur zähneknirschend nahmen die Russen von der deutschen Armee Schutz an und fühlten sich dabei unvorstellbar gedemütigt, aber auch erleichtert: „Niemand kann uns mehr ‚legal' berauben." – „Wie gelingt das der Regierung und den Deutschen so schnell?" Die lapidare Erklärung dafür war: „Sie hängen die Plünderer." Zugleich wurden Amnestien für früher begangene Verbrechen gewährt, die Todesstrafe, Titel und der Adel abgeschafft und der Achtstunden-Arbeitstag eingeführt. Zuerst war es nur ein Gerücht, dann folgte die Bestätigung: „Es ist kaum zu glauben, aber die ukrainische Regierung gibt beschlagnahmtes Eigentum und Besitzungen zurück", staunte Platon in Silvinkoje, aber sie anerkennen wollte er nicht. „Womöglich sollen wir ihnen dafür noch danken?"

Einigermaßen parallel lief die Entwicklung in Weißrussland, aber nicht so stabil, denn die neue weißrussische Regierung war weder vom Deutschen Reich noch von den Westmächten anerkannt. Im Kontakt mit dem Feind musste sich Dimitri jetzt an den spärlichen Deutschunterricht seiner Kindheit erinnern und Pitkievich die Sprachbrocken hervorholen, die er noch von Kriegsgefangenen in Erinnerung hatte. Zum Verdruss der Österreicher erreichten die Lebensmittellieferungen nie die versprochene und für ihr Land überlebensnotwendige Menge.

Im Sommer waren die Erfolge der selbständigen Ukraine nicht mehr zu leugnen. Das machte dem russischen Teil der Bevölkerung, der seit Generationen hier lebte, Angst: „Überall haben sie ihre gelbblauen Fetzen (Fahnen) hängen! Wir werden doch nicht dauerhaft unter ihre Herrschaft geraten und von Russland abgeschnitten?", fragten sie sich. „Nein, nur das nicht! – „Wir wollten nur – egal, wie – das Ende der Anarchie! Das ist erreicht und jetzt ist Schluss damit!" Und überhaupt: „Wie lange werden wir dem Feind noch unser Getreide liefern müssen?" Ein Parteienblock russischer Wähler wurde gegründet und ein erbitterter Kampf gegen die „Ukrainisierung" des Landes mit dem alten Schlachtruf begonnen: „Russland darf nicht untergehen!"

Aber welches Russland war gemeint? Früher war der Zar die Verkörperung der Einheit des Reiches mit seinen vielen Völkern, Religionen und Kulturen – und jetzt? Besonders einfache Menschen entdeckten wieder ihre Sehnsucht nach dem Zarentum. Wohin waren der Kaiser und seine Familie verschwunden? Die wildesten Spekulationen machten die Runde: Er wäre in einem Kloster, im Gefängnis, in England? „Wie konnten wir uns nur über ihn beklagen? Er war ein frommer Mann, der sein Bauernvolk verstand, und er hatte eine so schöne Familie." Was die Welt und Russland jahrelang nicht erfahren durften, war, dass die Zarenfamilie in der Nacht vom 16. auf den 17. Juli 1918 auf Befehl Lenins „liquidiert", wie die Bolschewiki es nannten, und an einem geheimen Platz verscharrt worden war. Die Bolschewiki nannten den Zaren den „blutigen Nikolaus". Sie selbst aber hatten in wenigen Wochen mehr Menschen hingerichtet als der Zar in den 23 Jahren seiner Regierung. Beim Zaren waren im Unterschied zu den Bolschewiki Gerichtsverfahren vorausgegangen, denen auch Freisprüche und viele Begnadigungen gefolgt waren.

In diesem Sommer war der Park in Dedlovo besonders schön, aber niemand achtete darauf. In Friedenszeiten hätten die schönsten Wochen des Jahres für die Kinder begonnen. Aber in diesen schweren Zeiten waren die jungen Eltern zu sehr mit ihren Sorgen beschäftigt. Wanda Pitkievich, inzwischen 19 Jahre alt geworden, kümmerte sich – unterstützt von ihrer jüngeren Schwester – selbständig und verantwortungsbewusst um die kleinen Töchter der Herrschaft. Wie üblich hatte sie als Kindermädchen nichts mit Hausarbeiten zu tun. In Absprache mit den Eltern bestimmte sie die jeweils passende Wäsche und Kleidung und sorgte für eine richtige Ernährung. Wanda aß mit den Kindern, die in der Regel erst ab dem zehnten Lebensjahr an gemeinsamen Mahlzeiten mit Erwachsenen teilnehmen durften. Der Tagesablauf war genau geregelt und seit Susan, der englischen Gouvernante, gehörte viel Bewegung im Freien, auch wenn die Kinder noch klein waren, dazu. Sie sorgte auch für die richtige Körperpflege, für ausreichend Schlaf, Spiele und vergaß die frommen Übungen und täglichen Gebete nie. Eine französische Gouvernante, wie Dimitri und Katharina sie von klein auf hatten, war in den wirren Revolutions- und Kriegstagen nicht zu organisieren. Darüber war aber im Haushalt niemand unglücklich. Eines war eigenartig: Zärtliche Umarmungen der Kleinen fielen nicht in Wandas „Kompetenz", sie waren den jungen Eltern vorbehalten, die aber viel zu wenig anwesend waren. Spontane Umarmungen fielen Olga und Alexandra vermutlich deshalb lebenslang schwer. Trotz offenbar gewünschter Distanz war und blieb Wanda ihr liebster vertrauter Mensch in schrecklicher Zeit.

Im Juli 1918 verbreitete sich in Windeseile die Meldung von einer furchtbaren Niederlage der Österreicher an der italienischen Front. Freude darüber wollte keine aufkommen. „Wenn sie abziehen, und das ist nur eine Frage der Zeit, wird sich die ukrainische Regierung nicht halten können. Was dann?" – „Sind wir schutzlos?" Dimitri und Pitkievich fingen einen in der Nähe stationierten österreichischen Leutnant ab, flößten ihm vom besten Wodka ein, um ihn auszufragen: „Gibt es einen Befehl zum Abrücken?"

– „Nein, wir werden noch so lange bleiben, bis es bei uns keinen Hunger mehr gibt!" – „Wie ernst ist die Lage nach dem Aufstand in Wien?" Der junge Mann beschwichtigte: „Keine Sorge, wir haben alles unter Kontrolle." – „Ihr Land wird doch politisch nicht unserem Beispiel folgen?" Der Österreicher war entsetzt: „Sie meinen, die ‚rote Pest' wird zu uns kommen? Niemals!" Pitkievich schüttelte den Kopf: „Der hat ja keine Ahnung, wie rasch das passieren wird. Österreich fällt ja schneller auseinander als Russland." – „Offiziere haben sie noch keine erschossen", meinte Pitkievich, „zumindest habe ich noch nichts davon gehört. Wahrscheinlich ist es doch nicht so schlimm." Die Besatzer blieben nur noch bis November. Längst waren sie nicht mehr bereit, sich in vielseitige gefährliche Konflikte des Landes hineinziehen zu lassen. „Wir, die Russen", war Dimitri ohnehin überzeugt, „müssen uns selbst befreien und retten." Aber wie?

Durch schwere Bauern- und Arbeiteraufstände war das bolschewistische Regime wieder einmal ernsthaft gefährdet. Doch die Demonstrationen wurden erbarmungslos von seinen bewaffneten Milizen niedergeworfen. „Dieser Terror kann bald Geschichte sein", hoffte die Bevölkerung dennoch, denn zur gleichen Zeit errang die „Weiße Armee", entstanden aus der freiwilligen Armee unter General Denikin, große Erfolge. Dimitri zog die Uniform der Weißgardisten an, denn jetzt oder nie mehr war der Moment, sie zu unterstützen und mit ihnen für die Befreiung Russlands zu kämpfen. Es war ein aus der Ausweglosigkeit geborener verzweifelter Entschluss, von der in allen Generationen tiefverwurzelten Pflicht ausgehend, dass „Russland nicht untergehen darf", gerettet werden muss – um jeden Preis. Neu und schrecklich war, dass Russlands Vernichtung durch das eigene Volk drohte.

Die Mitglieder der „Weißen Armee" waren keine ziel- und gesetzlosen Kämpfer, wie sie von ihren Feinden gerne dargestellt wurden. Objektiv hatten sie von allen kämpfenden Parteien die modernsten und erstrebenswertesten Ziele für die gesamte Bevölkerung: Die „Weißen"[99] kämpften für einen modernen Musterstaat, basierend auf geltendem Recht, für eine verfassunggebende Versammlung, eine Demokratisierung des Landes, Neuwahlen und danach auf dieser Basis die Lösung der Bodenfrage. Sie wollten die Anerkennung der Autonomiebestrebungen mehrerer Völker, Bildung für alle, Schutz des Privateigentums, Schutz der Handelsfreiheit und nicht zuletzt „ein großes, geeintes und unteilbares Russland".

Bevor Dimitri Dedlovo verließ, wurde noch bekannt, dass vor kurzem für einen einzigen getöteten bolschewistischen Kommissar 152 „weiße" Garden hingerichtet worden waren[100]. Dieser Gegner würde alle im Krieg erlebten Unmenschlichkeit in den Schatten stellen.

Was Olga über den Entschluss ihres Mannes, sich der „Weißen Armee" anzuschließen, gedacht hat, ob sie versucht hat, ihn davon abzubringen, ob umgekehrt er sie überzeugen konnte oder nicht, wissen wir nicht. Der Gedanke, weiter alle Gefahren allein durchstehen zu müssen, muss für sie kaum erträglich gewesen sein. War es zu viel verlangt, einfach nur leben zu wollen?

In dieser Zeit erkrankte ein Küchenmädchen vermutlich an der Spanischen Grippe, die sich epidemieartig ausbreitete. Es folgten die Köchin, der Gärtner, das Stubenmädchen. Wanda übersiedelte mit den Kindern in den Seitentrakt, wo für sie separat gekocht wurde. Von ihnen starb niemand, einige im Dorf schon. Zuletzt wurde Olga krank, sehr krank. Sie hatte keine Reserven mehr, war seelisch und körperlich völlig erschöpft. Sie fieberte hoch, litt an rasenden Kopfschmerzen, tagelang phantasierte sie zur Fieberzeit: „Bestimmt ist er tot und niemand sagt es mir. Ich sterbe, sei nicht traurig, ich bin es auch nicht! Ich bin so furchtbar müde, lass mich schlafen." Der Arzt kam, hörte die Lunge ab und schüttelte den Kopf: „Die Lunge ist angegriffen." Anna erschrak sichtlich. „Madame ist jung, sie wird es schaffen!", meinte der Arzt. „Anna, pass auch auf dich auf. Du scheinst mir sehr blass und müde. Vergiss nicht, du bist nicht mehr die Jüngste." Aber Anna wich nicht von Olgas Bett, sie teilte sich die Pflege mit einer Krankenschwester. Als der Lebenswille ihrer Herrin einfach nicht wiederkommen wollte, beriet sie sich mit Pitkievich. „Madame benötigt dringend Hilfe. Es wäre gut, käme ihre Mutter."

Der Anruf aus Dedlovo brachte Platon in Schwierigkeiten. Was er hörte, musste vor seiner Frau verschwiegen werden, wie überhaupt alles Belastende. Sie lebte jetzt in ihrer eigenen, mit Musik erfüllten Welt, in die sie sich vor der schrecklichen Realität geflüchtet hatte. Seit sie in Petrograd zufällig Zeugin von Lynchjustiz an zwei jungen Männern geworden war, sprach sie kaum, und wenn, dann nur von früher, als sie bei berühmten Pianisten studierte. Musik hatte seine Frau immer schon beflügelt und getröstet. Seit kurzem übte sie große Klavierwerke so intensiv, als würde sie ein Konzert vorbereiten. Platon hatte nicht den Mut, sie dabei zu stören, es wäre zu grausam gewesen. Außerdem: „Silvinkoje in diesen Wochen zu verlassen", sagte er zu Pitkievich, „könnte bedeuten, es zur Plünderung freizugeben." Resignation beschlich ihn, wie auch die bisher hoffnungsvollsten Seelen. Wozu sich noch an irgendetwas klammern, Lenins Revolution würde ohnehin bald ganz Europa, ja die Welt beherrschen. Erste Anzeichen davon waren sogar in Österreich und Deutschland zu erkennen.

Im November 1918 verließen die österreichischen und deutschen Armeen die Ukraine und Weißrussland. Der Krieg war für sie zu Ende. Den Wettlauf mit der Zeit um die Ernährung der hungernden Bevölkerung Wiens hatten die österreichischen Militärs verloren. Eine Ursache ihres Scheiterns: Beim Verstecken von Nahrungsmitteln hatte der russische Bauer längst Perfektion erlangt. Die Österreicher nahmen ihre Erfahrungen mit bolschewistischem Terror mit nach Hause, erzählten ihren Familien davon und warnten eindringlich davor. Die Furcht vor dem bekannten Schrecken half später einem damals noch Unbekannten zur Macht. Nach dem Abzug der deutschen und österreichisch-ungarischen Soldaten betrieben die Bolschewiki die blutige Rückeroberung der Ukraine und Weißrusslands.

42.

Rot oder tot

Niemand bleibt verschont – trotz Einschüchterung gewaltiger Widerstand – Todesschwadronen in Dedlovo – durch Dimitri Rettung in letzter Sekunde – warum die „Weißen" an Boden verlieren – Alexej, ihr drittes Kind, wird geboren – Zeuge der Schändung der Familiengruft – Olga trifft sich heimlich mit Dimitri – Rückweg wird abgeschnitten – „Nur ein Verrückter glaubt an Gott!" – Verfolger treiben Olga und Dimitri bis nach Odessa – die Reste der Weißen fliehen über das Meer – das Frauenschiff wird im Hafen von Roten Garden gestoppt – in der Türkei warten die Männer

In den folgenden beiden Jahren bis 1920 wechselten bis zu vierzehnmal die Machthaber einer Stadt oder eines Gebietes, auch im Süden Russlands, der Ukraine, aber auch im heutigen Weißrussland, begleitet von Mord und Terror. Das Ziel der Bolschewiki, die „Diktatur des Proletariats" zu erreichen, „adelte" jedes Verbrechen. Sie machten keinen Unterschied zwischen zivilen „Volksfeinden", Frauen, Kindern, Bauernorganisationen oder den „Weißen", sondern walzten alles nieder. Was das für die jeweils ansässige Bevölkerung bedeutete, ist kaum zu schildern. Der allgemeine Widerstand gegen die drohende Unterwerfung durch sie war gewaltig und anhaltend. Im Gegensatz zu den straff organisierten „Roten" kämpften die Nationalisten aber nur für ihre jeweils eigenen, engen Interessen. Die wenigen „Roten" waren mit ihren bewaffneten „Kommandos" und „Roten Garden" bestens organisiert und als wahre „Todes-Schwadrone" berüchtigt.

Ständig erreichten neue Warnungen vor der „Roten Armee" Dedlovo. Diesmal hieß es, „rote" Requirierungskommandos auf der Suche nach Flüchtenden seien angekommen und durchkämmten jede Hütte, jedes Haus! Vor ihnen versteckten sich die jungen Bauern scharenweise in den umliegenden Wäldern. Es reichte ihnen, wieder rekrutiert zu werden. Es war doch noch gar nicht so lange her, dass die Bolschewiki propagiert hatten: „Alle Menschen sind Brüder, werft die Waffen weg, umarmt den Feind und geht nach Hause!" Heute riefen sie mit der Waffe im Anschlag auf, „Blut und Leben für die Revolution zu geben".

Die Männer kamen, traten Türen ein und fischten, als sie niemanden fanden, zuerst den Dorfältesten heraus, stellten ihn auf den Dorfplatz und drohten vor der versammelten Menge, ihn zu erschießen. Olga hatte sich in fliegender Eile fertig gemacht, um mit Wanda und den Kindern rechtzeitig das Haus zu verlassen. Es war keine Zeit geblieben, sich zu verstecken, und so mischte sie sich, unauffällig gekleidet, mit ihren Kindern unter die Dörfler. Wanda, in der Menge eingezwängt, hielt die Kinder von Röcken verdeckt, ganz ruhig. Olgas einige Monate alte dritte Schwangerschaft war nicht mehr zu übersehen. Körperlich fühlte sie sich wohl – aber seelisch? In furchtbaren Momenten wie diesen empfand sie gar nichts mehr. Teilnahmslos beobachtete sie die Verzweiflung, die Angst, das Entsetzen um sich herum. Was sie bisher erlebt hatte und was sich jetzt vor ihren Augen abspielte – es war einfach zu viel.

Bisher hatten die Drohungen der Kommandos immer gewirkt. Die vor der Zwangsrekrutierung Geflohenen stellten sich, um das Leben ihrer Angehörigen zu retten. Doch diesmal kam niemand hervor, keiner wusste, wo sich die Gesuchten aufhielten. „Nach ihm", schrien die Terroristen und zerrten willkürlich einen Mann zu sich, „kommt seine Tochter an die Reihe, nach ihr ...". Verzweiflung und Händeringen beim Volk: „Gnade! Wir wissen nichts!" Doch der Anführer glaubte ihren Beteuerungen nicht. Nach einer gewährten Frist erschossen sie ihre Geisel. Danach zogen sie sich mit der Drohung zurück, das Dorf dem Erdboden gleichzumachen, falls die „Banditen" sich nicht endlich stellten.

Niedergebrannte Dörfer mit getöteten Einwohnern aller Schichten waren in diesen Tagen keine Seltenheit. Ratlos und in schrecklicher Angst berieten die Bedrängten, was zu tun sei. Zur Beschwichtigung wollten sich zwei ältere Männer als Geiseln anbieten. Als die Kommissare der Bolschewiki zurückkehrten, waren noch immer keine „Banditen" zu finden. Geiseln wollten sie nicht, aber zur Abschreckung trieben sie die Leute, unter ihnen Olga, in die größte Dorfscheune, deren Tore sie verschlossen und verbarrikadierten. Einige ihrer Opfer beteten laut, andere weinten und schluchzten, flehten um Gnade, wieder andere warteten erstarrt auf den Tod oder riefen: „Macht schnell!" An mehreren Stellen der Scheune wurde von den Verbrechern Feuer gelegt. Plötzlich – und daran erinnern sich die Dörfler bis heute – kam Dimitri mit seiner Schwadron, direkt wie vom Himmel gefallen, befreite die Eingeschlossenen und schlug die Mörder in die Flucht. Alle waren dem Herrn unendlich dankbar.

Ja, sie waren dankbar, aber doch nicht so sehr, um sich ständig auf die Seite der „Weißen" zu schlagen, die in diesem Sommer 1919 eine Reihe von Siegen errangen. Denn auch die Truppen der „Weißen" mussten verpflegt werden, und sie beschlagnahmten daher bei den Bauern Lebensmittel für ihre Soldaten, wogegen sich diese heftig wehrten – freiwillig gaben sie nichts. Durch den Krieg selbstbewusst und kompromisslos geworden, sagten ihre Vertreter: „Ohne unsere Arbeit könnt ihr alle nicht leben, kapiert das endlich."

Wenn die „Weißen" auch wiederholt Unterstützung von der Bevölkerung, den Bauernorganisationen und Kosakeneinheiten bekamen, verloren sie diese immer dann wieder, wenn Recht und Ordnung den jeweiligen eigenen Interessen entgegenstanden. Zum Beispiel wollten Bauernheere mit ihrer „Agrarrevolution" unter anderem erreichen, keine Steuern zahlen zu müssen. Ebenso weigerten sie sich, bei einer künftigen Bodenreform das geraubte Land zurückzugeben. Aber wer es ehrlich meinte, konnte ihnen so etwas nicht zusagen. Dimitri meinte entschuldigend: „Die Bauern und Arbeiter hatten keine Ahnung vom Kommunismus oder was eine Kollektivierung in deren Vorstellung bedeutete. Sie sehnten sich nach ihrer dörflichen Selbstbestimmung von einst zurück, die sie jetzt glorifizieren, die aber nie wirklich funktioniert hat."

In den monatelangen Kämpfen um jedes Dorf, jeden Wald und jedes Feld, wobei man nie sicher sein konnte, wer von den Bewohnern eigentlich Gegner oder Unterstützer war, wurden die „Weißen" nach und nach aus der Region verdrängt. Dabei kam es von allen Gruppierungen zu Massakern und unsagbaren Gräueltaten. Bauernorganisationen machten in den Städten schreckliche Jagd auf Juden und vermutete Bolschewiki. Die „Weißen", das ist von den anderen nicht bekannt, ahndeten Übergriffe aus ihren

Reihen immerhin hart. Bei den Bolschewiki hingegen waren Gräuel ja beabsichtigt und Methode, wie zahllose schriftliche Befehle der Führung, von Lenin abwärts, es beweisen. Anfang 1920 sammelte sich die bis auf einige Einheiten geschlagene „Weiße Armee" unter General Wrangel auf der Krim, wo er einen Stützpunkt errichtete. Hier schien es ihm in kurzer Zeit zu gelingen, nach den Ideen der „Weißen" eine demokratisch regierte Provinz zu gründen. Bei vorausgegangenen Kämpfen war Dimitri am 13. März 1920 durch eine Granate schwer verwundet worden. Die Nachricht erreichte Olga verspätet, zugleich mit der Mitteilung, dass er außer Gefahr sei. Mit dem Rückzug der „Weißen" auf die Krim gab es für Dimitris Familie in Dedlovo keine erkennbaren Beschützer mehr. Auch hatte man jetzt weniger Personal, weil es gefährlich war, für sie zu arbeiten. Aus dieser Not geboren, schätzte und suchte Olga vermehrt körperliche Arbeit, auch weil sie „der Seele so sehr half".

Aber es war nun offensichtlich, dass die Situation für die Familie langsam unhaltbar wurde. Was konnte sie tun? Um das endlich zu entscheiden, wartete Olga verzweifelt auf ihren Mann. Olga stand nun kurz vor der Entbindung oder sie hatte ihren Sohn Alexej schon geboren. Um seine Geburt und Existenz gibt es viele ungelöste Fragen und Geheimnisse. Von seiner Verwundung kaum genesen, schlug sich Dimitri als Zivilist gekleidet nach Hause durch.

Auf einem Schleichweg näherte er sich vorsichtig dem Gutshaus und wurde dabei Zeuge, wie Familiengruft und Kapelle geschändet wurden. Es war dies ein derart schauriges, apokalyptisches Bild, dass er erstarrte: Er sah, wie Marmorplatten mit den Namen und Daten der Verstorbenen umgestürzt, Ikonen von den Wänden gerissen, zerschlagen oder aufgeschlitzt wurden, Kerzenleuchter und Ziergegenstände auf einen Haufen geworfen, Grabbeigaben geplündert, und wie überhaupt alles, was irgendwie zu tragen war, weggeschleppt wurde. Unter dem Gejohle der Menge warfen die Plünderer zuletzt die Gebeine seiner Großeltern Ludwig und Elisabeta, seiner Eltern Alexej und Alexandra und seines Onkels Vladimir aus den Zinnsärgen. Er musste auch mit ansehen, wie mit ihren Schädeln gekegelt wurde! Voll Entsetzen und Abscheu erkannte Dimitri in der aufgehetzten Menge zwischen den fremden Gruppen bolschewistischer Kader auch Arbeiter seiner Fabriken und des Gutes. Da vergaß er jede Vorsicht, verließ seine Deckung, ritt schreiend und den Säbel schwingend in die Menge: „Seid ihr vom Teufel besessen? Verschwindet! Für diese Gottlosigkeit werdet ihr schrecklich büßen!"

Der alte Reflex, dem Herrn Gehorsam zu schulden, wirkte noch. Sie unterbrachen ihr grausiges Tun und starrten entgeistert auf den „aus dem Nichts erschienenen Gutsherrn", während sie langsam zurückwichen. Nach kurzer, atemloser Stille schrie ein Mann: „Alles ist Eigentum des Volkes, noch nicht kapiert? Los! Wir holen ihn uns und sein Pferd." Im Nu war Dimitri umzingelt. Nur mit Mühe konnte er sich befreien und fliehen. Es erwies sich als unmöglich, zu seiner Familie ins Gutshaus zu gelangen. Aus der Ferne beobachtete er den Abtransport der leeren Sarkophage, die – das stellte sich später heraus – als Viehtränke benutzt werden sollten.

Wie ein Flächenbrand breitete sich im ganzen Land eine endlose Liste ausgeführter abartiger Gräuel aus. Aber wo war Gott, wo sein strafender Blitz? Einer aus der Menge mit einer Wodka-Flasche aus der Fabrik in der Hand grölte: „Wo versteckte Er sich? Hat Er sich bei dir gemeldet? Nur ein Verrückter glaubt an Gott, der tot ist, und das für immer!"

Dimitri fand eine Möglichkeit, seiner Frau im Geheimen eine Botschaft zu einem Treffen, wahrscheinlich in den umliegenden Wäldern, überbringen zu lassen. Es war höchste Zeit, mit ihr die nächsten Schritte zu besprechen, vermutlich eine vorläufige Übersiedlung auf die Krim. Olga wartete auf die Dunkelheit, um sich auf den Weg zu machen. Sie zog mehrere Schichten Kleidung an, in deren Säumen und Nähten einiges vom kostbaren Schmuck ihrer Schwiegermutter versteckt war, um ihn Dimitri zu übergeben, damit sie auf der Krim nicht völlig mittellos wären. Anna und Wanda, die Treuesten der Treuen, flehten Olga an: „Um Gottes willen, Madame, gehen Sie nicht, es ist viel zu gefährlich!" – „Es ist überall gefährlich, ich muss ihn sehen und wissen, was geschehen soll! Versteht ihr nicht?" Der Abschied von den Kindern tat weh. Gewissensbisse meldeten sich, aber nicht zu gehen, das schien Olga ebenfalls unmöglich. „Ich werde bald zurück sein", versprach sie. Die beiden Frauen sahen im Mondlicht ihrem einsamen Schatten nach, bis er verschwand.

Trotz aller Gefahren, die in den Wäldern, den Sümpfen und den Hütten lauerten, kam das Treffen zustande. Zu ihrem Unglück gerieten Dimitri und Olga in den Strudel der verordneten Jagd auf tatsächliche und vermeintliche „Burschui" und „Feinde der Revolution". Dimitri war durch seine auffallende Körpergröße, Haltung, Gesichtszüge und sein Reitpferd trotz sichtlicher Erschöpfung, hohler Wangen und dunkler Augenhöhlen leicht als ein „Weißer" zu erkennen. Wie Verbrecher gnadenlos verfolgt, flohen die beiden vor einer gigantischen Lawine der Gewalt bis nach Odessa, von jeder Rückkehrmöglichkeit abgeschnitten. Nur mit knapper Not entgingen sie vor ihrer Ankunft der Hinrichtung durch einen Schuss in den Nacken von Seiten der nachrückenden entmenschten Revolutionäre. Im Hafen von Odessa stießen Olga und Dimitri zu den versammelten Resten der verfolgen „weißen" Einheiten unter Wrangel, die mit ihren Familien in größter Eile eine Evakuierung99) vorbereiteten.

Das Ziel des Ehepaares, ihre ganze Hoffnung, der „Stützpunkt Krim", existierte wohl nicht mehr. Jedem, der Flüchtlingen in irgendeiner Form Hilfe gewährte, drohte ebenfalls ein grausamer Tod. Buchstäblich in letzter Minute gelang es den Männern, zwei Schiffe für die Flucht in Richtung Türkei aufzutreiben: einen „Seelenverkäufer", der die Männer aufnehmen sollte, und ein komfortables Passagierschiff für Frauen und Kinder. Das bedeutete für Olga, getrennt von ihrem Mann zu reisen und mit der Ungewissheit über das Schicksal ihrer Kinder allein zu bleiben. Als die Schiffe den Hafen verließen, konnten die Flüchtlinge noch sehen und hören, wie die Bolschewiki die Stadt eroberten und sofort mit der Hinrichtung der Hafenarbeiter begannen, die beim Auslaufen der Schiffe geholfen hatten.

Kurz bevor das Schiff mit den Frauen und Kindern die offene See erreichte, wurde es von „Roten Garden" in einem mit schweren Waffen bestückten Boot gestoppt. Die Revolutionäre kamen an Bord und begannen sofort, alles nach Männern, Geld und Wertgegenständen zu durchsuchen. Dabei sollen sich unbeschreibliche Szenen vor den Augen der Kinder abgespielt haben. Als sie fertig waren, kletterten sie in ihr Boot zurück und gaben das Zeichen zur Weiterfahrt. Sie ließen etwas Zeit verstreichen, bevor sie mit dem Beschuss begannen, der das Schiff mit Frauen und Kindern rasch versenkte.

Der „Seelenverkäufer" hingegen landete sicher in der Türkei. An der Küste warteten die Männer immer beunruhigter und suchten den Horizont nach der Silhouette des „Frauenschiffes" ab. Es dauerte und dauerte, dann kamen Gerüchte auf, die niemand glauben wollte, schließlich wurde es zur Gewissheit: Alle waren tot – und zuvor geschändet und beraubt worden. Ein Irrtum war nicht möglich, denn die Täter brüsteten sich gerne ihrer Taten oder wollten ihr Gewissen erleichtern. Olga war erst 25 Jahren alt, als sie ermordet wurde. Es würde von ihr kein Grab geben, an dem ihr Mann und die Familie trauern könnten, um eines Tages – vielleicht – mit diesem schrecklichen Verlust fertigzuwerden.

Bilder ihres grausamen Todes und Fragen, die nie beantwortet werden können, ließen Dimitri nicht los: Vielleicht war Olga über Bord gesprungen, um einer Vergewaltigung zu entgehen? Oder sie hatte die Gnade eines schnellen Todes durch ein Bajonett? Die Mörder stachen nämlich auf ihre Opfer ein – trafen sie dabei auf harte Gegenstände, brauchten sie nur noch den Stoff aufzuschlitzen und versteckte Juwelen und Geld an sich zu nehmen. Odessa war und blieb noch lange ein idealer Platz, um geraubtes Gut zu verkaufen. Es kann auch sein, dass sie absichtlich zuerst geschossen hatte, damit sie reflexartig sofort getötet würde. Möglicherweise aber stand sie an Deck, als das Wasser alles verschlang, und glitt schön und unversehrt hinaus in die Ewigkeit des Ozeans. Vielleicht retteten solche irrealen Bilder Dimitri vor dem Wahnsinn.

43.

Verlassene Herrschaftskinder

Noch immer kein Sieg der Bolschewiki – Herrschaftskinder eine tödliche Gefahr für ihre Umgebung – sie werden Zeugen der barbarischen Plünderung des Gutes – Wanda weiß nicht, wohin – Helden der Menschlichkeit – Wandas Eltern nehmen sie und die Mädchen auf – was mit Alexej geschah, ist ungewiss – bereit, für ein Stück Brot zu töten – Millionen verhungern – der Widerstand endet – Arbeiterräte führen eine „Antispezialisten-Aktion" ein

Nach der Vertreibung und Vernichtung der „Weißen Armee" war der Sieg für die Bolschewiki noch nicht endgültig und so intensivierten sie die Jagd auf untergetauchte „subversive Elemente", wovon auch deren Kinder im Zuge der Sippenhaftung nicht ausgenommen waren. Der Tagesbefehl Nr. 171[101] eines bolschewikischen Exekutivkomitees – einer von vielen – belegt die grausame Praxis:

„Punkt 4: Eine Familie, die einen Banditen versteckt hat, ist aus der Provinz zu deportieren, ihr Eigentum wird beschlagnahmt und der Älteste sofort standrechtlich erschossen.

Punkt 5: Von Familien, die Familienangehörige oder Besitz von Banditen verstecken, ... ist deren Familienältester sofort standrechtlich zu erschießen.

Punkt 6: Ist eine Familie von Banditen geflohen, ist ihr Besitz auf sowjettreue Bauern zu verteilen, die verlassenen Häuser niederzubrennen oder niederzureißen.

Punkt 7: Der vorliegende Tagesbefehl ist strikt und erbarmungslos auszuführen."

Die verlassenen Herrschaftskinder Olga, Alexandra und der nun zirka 1 1/2 Jahre alte Alexej waren jetzt eine tödliche Gefahr für ihre gesamte Umgebung und das bekamen sie sogleich zu spüren. Bis dahin war die Kindheit für die damals fünfjährige Olga und ihre Geschwister in einem wohligen Nebel gelegen, der jetzt für immer zerriss. Die erste bewusste Erinnerung war furchtbares

Weinen, Schreien und Klagen im Haus, das unsagbar Schreckliches ankündigte. Nie vergaß sie, wie sie von Wanda, die verzweifelt weinte, umarmt wurden, während sie schluchzend klagte: „Ihr armen Kinder, eure guten Eltern sind tot! Was wird nur aus uns werden?" Olga erzählte später: „Wandas Verzweiflung und Angst zogen mir den Boden unter den Füßen weg und ich begann mich zu fürchten, ohne noch zu wissen, wovor!" Die Kinder wurden Zeugen der Plünderungen des Gutes, die bei Nacht in den Ställen begannen. Durch alle geschlossenen Türen hindurch drang aus den Ställen Brüllen, das sich beinahe wie menschliches Schreien anhörte. Unbekannte metzelten die Rinder an Ort und Stelle nieder, abschlachten konnte man das nicht nennen. Das Blut floss in Strömen ins Freie, der Großteil der Tierkadaver blieb einfach liegen.

Es war dies eine Aktion barbarischer, völlig sinnloser Zerstörung, die außer Kontrolle geraten war. Einige Dörfler schlichen ins Haus und flehten Wanda an, die Kinder zu nehmen und zu gehen, sich in Sicherheit zu bringen. Aber wohin? Als Fenster zersplitterten und Türen eingetreten wurden, rannte Wanda endlich ins Freie. Hilflos musste sie zusehen, wie die restlichen Lebensmittel geplündert, Küchengeräte, Bettzeug, Geschirr, Gemälde und Silber geraubt und weggeschleppt wurden. Sie tauchten nie mehr auf. Den Dorfsowjet, der Wanda mit den Kindern verscheuchen wollte, schrie sie an: „Wo und wovon sollen wir denn leben?" Einige Zuschauer zerrten sie weg. Das schlechte Gewissen der Bauern, die warteten, ob etwas für sie zu holen wäre, meldete sich: „Das ist wahr, lasst ihnen etwas zum Überleben! Es liegt ohnehin schon ein Fluch unseres Herrn auf uns!" Damit meinten sie das rätselhafte Massensterben ihres Viehs nach der Schändung der Familiengruft. Sie wussten nicht, dass das Wasser in den als Viehtränke verwendeten Zinnsärgen durch Leichengift verseucht war.

Irgendwie war bekannt geworden, dass Dimitri überlebt hatte: „Er wird wiederkommen, ganz bestimmt!" Dann würden sie sich rechtfertigen müssen. „Nach einigem Verhandeln" – erinnerte sich Olga – „brachten sie uns von unseren 300 Kühen heimlich eine alte, klapprige Kuh" – ein armseliger Überlebensbeitrag aus heutiger Sicht.

Aber tatsächlich waren das Helden. Helden der Menschlichkeit, denn sie lieferten die Kinder nicht aus und riskierten damit schreckliche, ausgeklügelte Repressalien. Selbst kleine Gesten des Mitgefühls konnten Menschen vor das wandernde Revolutionsgericht bringen und dem Standrecht ausliefern. Immer mehr Konzentrationslager und Arbeitslager, in denen man „verrottete", wurden errichtet, Geiselnahmen und Verschleppungen von Angehörigen – auch Kindern – waren täglich zu erleben, genauso wie sogenannte „Säuberungen".

Das Schlimmste aber war die Sippenhaftung, die auch zu Exzessen gegen Frauen führte, die sich mutig vor eigene oder fremde Kinder stellten und sie vor Verschleppung oder Misshandlung schützen wollten. Es waren religiöse Frauen, die auch jetzt ohne Ansehen der Person aus tätiger Nächstenliebe halfen und schon dadurch zu gefährlichen Feinden der Bolschewiki wurden. Sie waren kaum einzuschüchtern, denn was konnte ihnen schon anderes passieren, war ihre Überzeugung, als dass ihre Seele aus dieser gottlosen, schrecklichen Welt zu Ihm heimkehren konnte? Seinem Willen zu folgen, war für sie die einzige Antwort auf das Geschrei: „Gott ist tot". Solche Frauen wurden verkauft, ertränkt, vergewaltigt oder bis zur Bewusstlosigkeit geschlagen.

Als Wanda im Morgengrauen mit der Kuh und den Kindern bei ihrem ältesten Bruder Michael ankam, wollte er sie nicht aufnehmen. Es sei zu gefährlich für seine Familie. Außerdem schmälerten zusätzliche Esser die eigenen Überlebenschancen. Denn in diesem Jahr 1921 zwang ihn eine katastrophale Ernte – Michael hatte im Unterschied zu anderen Bauern wenigstens noch eine gehabt – zu größter Sparsamkeit. Er durfte nicht das zum Überleben notwendige Saatgut als Nahrung verbrauchen. Diese Absicht, das Saatgut aufzubewahren, wurde von den Landwirtschaftskommissaren durchkreuzt, die mit Gewalt viel zu hohe Lieferquoten von Getreide eintrieben. Michael versuchte, sich dagegen zu wehren, und warnte vor einer „kommenden Hungersnot, die sie dann zu verantworten hätten". Er wurde wiederholt festgehalten und bedroht – bis er schwieg. Wanda nahm ihrem Bruder übel, dass er sich weigerte, sie und die Kinder aufzunehmen. Sie erklärte ihnen später wiederholt: „Mein Bruder war undankbar, er hat Land von der Herrschaft geschenkt bekommen und war als Verwalter ihrer Güter verpflichtet, sich auch um euch zu kümmern."

Aber mit den Ländereien hatte Michael nun nichts mehr zu tun. Sowjettreue Bauern, die sie übernommen hatten, waren eben nicht die besten, sie ließen die beschlagnahmten Felder brachliegen oder sie bauten auf ihnen minderwertiges Getreide an und brannten daraus „hochwertigen" Wodka. Es kam, wie es kommen musste: Die Quote, die die Landwirte trotzdem erfüllen mussten, brachte ihnen den Hungertod. Es sickerte durch, das sei beabsichtigt, um den anhaltenden Widerstand der Bauern endlich zu brechen. In seiner Verzweiflung trieb auch Michael heimlich seine restlichen Tiere in den Wald und vergrub Teile seiner Ernte. Darauf stand der Tod, aber der erwartete sie alle so oder so. Um das eigene Leben zu retten, kam es zu zahlreichen einander ähnelnden Denunziationen. Einer versteckte seinen gesuchten Nachbarn hinter einem hohen Holzstoß, um dann die Kommandos hinzuführen. Unter Folter verriet der seine Verstecke und der Verräter bekam einen Teil der Beute.

Die Rettung für Leib und Seele der Kinder kam durch Wandas und Michaels Eltern, Ivan Pitkievich und seiner Frau. Sie machten auf ihrem Alterssitz zwei kleine Räume frei, einen davon als Versteck. Wandas Zimmer, das neue Heim der Kinder, war bescheiden, aber gemütlich eingerichtet. Olga erinnerte sich gerne an die Ikone mit Kerze davor, die weiße, aber bunt bestickte Bett- und Tischwäsche aus Leinen, die nach Kräutern duftete, und an den selbstgewebten Teppich, der den Boden bedeckte. Die Kinder schliefen in einer Kammer, in der bei überraschenden Kontrollen die Spuren leicht zu beseitigen waren. „Es waren fromme, warmherzige Menschen", erinnerten sich die Mädchen lebenslang. „Gütig und großherzig nahmen sie uns wie liebevolle Großeltern auf und klagten nie, dass wir ihnen eine Last seien! Und das waren wir spätestens, als die große Hungersnot ausbrach."

Von dem im Bürgerkrieg geborenen Sohn der Kigns, Alexej, ist nicht bekannt, wo und wann er zur Welt gekommen ist und was mit ihm geschehen ist. Wanda erzählte erst im Zusammenhang mit der großen Hungersnot Näheres über ihn, ohne wirklich Klarheit zu schaffen. In den Hungerjahren 1921/1922 habe ihn seine

Amme und Betreuerin entführt, um selbst zu überleben. Überall hätte sie für ihn, den künftigen Erben von Dedlovo, Unterstützung und sogar Essbares bekommen. Mag sein, dass das eine Ursache der Entführung war, aber als Sohn und Erbe eines „Banditen" war Alexej sehr gefährdet und seine Betreuerin mit ihm. Daher war unterzutauchen auch für sie das Gebot der Stunde. Zu Beginn der „Befriedung" des Landes, wie die Bolschewiki ihren tödlichen Terror mit der absichtlich erzeugten Hungersnot nannten, verliert sich seine Spur. In Wandas Berichten schwang immer eine gewisse Verachtung für „diese primitive Person" mit, die keine Ahnung von Kinderpflege und Erziehung gehabt haben soll. Sie erzählte seinen Schwestern Olga und Alexandra, die nie anzweifelten, was sie sagte: „Madame hatte Alexej unterwegs zu ihrem Mann geboren. Danach hat sie ihren Weg fortgesetzt und das Baby einer Pflegerin mit dem Auftrag übergeben, es nach Dedlovo zu bringen. Diese ist aber dort nie angekommen." Doch es gibt ein Foto, das die Version widerlegt. Außerdem – ist es wirklich denkbar, dass Olga ihren neugeborenen Sohn einer fremden Person anvertraut hätte? Wohl kaum. Vermutlich hat Alexej bis zur Plünderung und Zerstörung des Gutshauses noch mit seiner Amme dort gelebt und ist erst danach mit ihr verschwunden. Aber warum lebte Alexej nicht weiterhin mit seinen Schwestern unter der Aufsicht Wandas? Mehr als zwei Herrschaftskinder zu verstecken, dürfte ihrer Familie zu gefährlich gewesen sein. Das wollte Wanda nie zugeben.

Doch an die schreckliche, immer gegenwärtige Todesangst, entdeckt zu werden, erinnerten sie sich sehr wohl. Einmal war es besonders knapp: Zufällig trat Ivan Pitkievich vor das Haus und beobachtete eine Gruppe Männer, die sich schnell und zielstrebig näherte. Waren sie verraten worden? Wanda gelang es in letzter Minute, mit den Kindern durch den Küchenausgang in den Wald zu fliehen. Die Wälder waren weitläufig und Versteckte nicht so leicht zu finden. Aber sie kamen nicht allzu weit. Zitternd kroch sie mit den Kindern hinter ein dichtes Gebüsch und schärfte ihnen ein, lieber zu ersticken, als einen Mucks zu machen oder sich zu bewegen. Sie fürchtete zuerst, die sich nähernden Tschekisten wären für einen Giftgaseinsatz ausgerüstet – dann hätten sie keine Überlebenschance gehabt. Giftgas zur Bekämpfung der „Waldbanden" war ein übliches Mittel geworden. Ein Mann kam näher: „Mit Gottes Hilfe", flüsterte Wanda, „halte ich ihn auf!" Wie – so fragt man sich heute – wollte sie das erreichen? Den Kindern flüsterte sie zu: „Ich bete und schicke dem Verfolger meine Gedanken, die ihm sagen: Bis hierher und nicht weiter!" Sie schloss die Augen, legte den Kopf in die Hände und die Mädchen dachten, sie hätte aufgehört zu atmen. Der Tschekist kam langsam und suchend ganz nahe, blieb stehen, sah sich um, entfernte sich mehrmals und kam immer wieder zurück. Nach einer Ewigkeit – so schien es – ging er endgültig weg. Fürs Erste waren sie gerettet.

Olga erlebte noch viele ähnliche Situationen und glaubte lebenslang unerschütterlich an die Kraft des Gebetes und der Gedanken. „Die furchtbare Hungersnot 1922 überlebten wir mit Hilfe von Gebeten und guten Menschen wie den Pitkievichs, die bereit waren, für uns und die Nächsten auch ihr Leben zu gefährden", erzählte sie später. Wovon sie sich ernährten, wussten sie nicht mehr genau. Bekannt ist, dass allgemein Vorräte an Wurzeln, Baumrinde und Gras angelegt wurden, frische Gräber mussten bewacht und vor Kannibalismus geschützt werden. Aber die Familie hielt zusammen – auch Michael Pitkievich verriet die Kinder nicht. Diese Haltung war keineswegs selbstverständlich. Für ein Stück Brot töteten manche sogar nahe Angehörige.

Eine Selbstmordwelle von Bauern, die keinen Ausweg mehr sahen, erschütterte das Land, das auf diese Art wahrhaft „befriedet" wurde. Die irre Not legte sich wie ein Leichentuch über alles und die Leute starben in großer Zahl dahin. Arbeiter bekamen nach stummen Hungermärschen Brotrationen, die je nach ihrer Bedeutung für die Partei verteilt wurden. Im Sommer 1922 waren in den reichen, aber ausgeplünderten Regionen dreißig Millionen Menschen davon betroffen. Mindestens fünf Millionen von ihnen verhungerten. Jeder Widerstand endete. Lenin konnte zufrieden sein.

Am Höhepunkt der Krise wurde in den Kirchen ein Hirtenbrief verlesen, der die Zustände anklagte und alle Stellen – und zusätzlich auch das Ausland – zur Hilfe aufrief. Ein erfolgreiches privates russisches Hilfskomitee wurde gegründet und nach Erhalt von

Lieferungen aus Amerika wieder aufgelöst. Die Mitglieder wurden verhaftet und in unwirtliche Gebiete deportiert. Die erfolgreiche Hilfsaktion hatte den immer noch vorhandenen Einfluss der Kirche neuerlich bewiesen. Das musste ein Ende haben! Damit auch das letzte fromme Mütterchen verstand, dass es mit dem „Aberglauben" ein für alle Mal vorbei war, wurden Kirchen und Klöster niedergebrannt. Gleichzeitig setzte eine Verfolgung, Verleumdung und Verhöhnung der Kirche ein, der zahlreiche Priester und Nonnen zum Opfer fielen: Sie wurden grausam ermordet. In Dedlovo brannten die von Elisabeta gestifteten Kirchen, und die sakralen Schätze wurden geraubt und verkauft. Doch der Erlös war für die Bolschewiki, die dringend Geld brauchten, sehr enttäuschend. Der sagenhafte Reichtum der Kirche war wohl doch eher im Kulturellen begründet und weniger im Materiellen. Danach trat bei den Überlebenden langsam erschöpfte Ruhe ein, in der die Bolschewiki ihre Macht festigten.

Die Familie Pitkievich und die Mädchen hatten – von Hunger und Krankheit gezeichnet – überlebt. Olga, Ende 1922 sieben und Alexandra sechs Jahre alt, benötigten dringend weiterführenden Unterricht, denn der bisherige Wandas genügte nicht mehr. Ein ehemaliger Pope kam zu den alten Pitkievichs, um die Mädchen gegen Naturalien Schreiben und Lesen zu lehren. Verarmt, brauchte er dringend Einkommen und Lebensmittel. Olga erinnerte sich nicht gerne an seine riesigen, von schwerer Arbeit vernarbten Hände, an die dunklen, brennenden Augen im bleichen, dürren Gesicht und den mächtigen Bass seiner strengen Stimme. In den Fabriken, soweit sie außer Wodka überhaupt noch etwas produzieren konnten, waren Arbeiter-Räte am Ruder, die sich etwas Verrücktes einfallen ließen: eine „Anti-Spezialisten-Aktion" nämlich. Dabei wurde jeder aus der Fabrik entfernt, der spezielle Qualifikationen hatte! Willkür, Korruption und Bereicherung der neuen Herren wucherte. Von damals stammte wohl die Erkenntnis der Bevölkerung, die Mitglieder der Familie von Kign wären „wahre Engel"[102] der Region gewesen. Ihre feste Überzeugung, dass „Mitja", wie sie den Herrn untereinander nannten, „bestimmt wiederkommt", war ihnen nicht zu nehmen. Denn hatte er nicht immer gesagt, nur in Russland leben zu wollen? Hätte er sonst seine Kinder in der Heimat gelassen?

44.

Dimitris Weg durch die Hölle

Gefangener des Osmanischen Reiches – ein Ort der Verdammten – nach zwei Jahren entlassen – wie weiter leben ohne Papiere, ohne Geld? – der einsame Weg eines Landstreichers und Taglöhners – nach zwei Jahren erreicht er Belgrad – Aufnahme bei Tante Lydia – Nachrichten aus Dedlovo – trostlose Emigrantenzirkel – „Wo kann ich bleiben?" – Mister Alec Daniel sagt: „Sie können Ihre Kinder freikaufen" – das amerikanische Konsulat ist in Wien

Während die Menschen in Dedlovo von Dimitris Rückkehr träumten, wurden die stolzen Offiziere der „Weißen Armee" Gefangene des Osmanischen Reiches und in einem Lager, das sich auf einem Hügel nahe Istanbul befand, wie menschlicher Abfall gesammelt[103]. Viele von ihnen zerbrachen daran, nach allem, was sie schon ertragen hatten, sie waren am Ende ihrer Kräfte. Es war ein Ort der Verdammten, die – zusammengepfercht unter freiem Himmel auf staubiger Erde, umgeben von Schmutz und Kot – dahinvegetierten und mit Wasser und Nahrung auskommen mussten, die verdorben waren. Diese Bedingungen führten zu Gewaltexzessen, zum Verlust jeder Hemmung und Würde, es war eine Hölle auf Erden – ein Ort der Finsternis.

Tagträume aus hervorgeholten alten Erinnerungen halfen, die sich endlos hinziehenden Stunden zu überstehen. Die Nacht verging oft in qualvoller Schlaflosigkeit neben verzweifelt wimmernden, kranken und ruhelosen Männern und der Frage: „Wann wird es endlich hell?" Dimitri erkrankte wiederholt schwer an Typhus. Das rettete ihn vermutlich, denn er wurde deshalb immer wieder in andere Lager verlegt. Einzelne Kameraden bewährten sich in dieser Hölle menschlicher Nöte und Abgründe als Lichtgestalten, wenn sie unermüdlich selbstlos zu helfen versuchten.

1923, nach zwei Jahren Gefangenschaft, wurde Dimitri – damals knapp 30 Jahre alt – endlich entlassen. Entlassen, wie er in kurzen Tagebuchnotizen schreibt, in eine große Einsamkeit. Alles, wofür er gelebt hatte, gab es nicht mehr. Wohin sollte er sich wenden? In

Belgrad, damals Hauptstadt des Königreichs Jugoslawien, wartete währenddessen Tante Lydia, die Schwester seiner Mutter und Frau eines Militär-Attachés, voll Sorge auf ihn. Aber traumatisiert, verstört und desorientiert, wie er gewesen sein musste, fühlte er sich nicht in der Lage, in diese zivilisierte, kultivierte Welt, der er sich entfremdet hatte, zurückzukehren. Verwandte zu treffen bedeutete, auch über Olgas Tod, das Schicksal seiner Kinder, seine Gefangenschaft und Pläne für die Zukunft zu sprechen, gemeinsam zu trauern – und dazu fühlte er sich nicht in der Verfassung. In allem schrecklich gescheitert, quälte er sich mit Fragen nach seiner eigenen Verantwortung und Schuld. Der Kampf um Russland war verloren, der liebste Mensch, den er beschützen sollte, ermordet. Wie hatte er sich nur von seiner Frau trennen können, wo doch jede Trennung schon immer für sie fast unerträglich war, und wie hatte er sie auf dem fremden Schiff allein lassen können, wie seine Kinder einem ungewissen Schicksal ausliefern? Seine Motive von damals schienen ihm jetzt fragwürdig. Wie konnte er mit dieser Last weiterleben, wie die Vergangenheit abschütteln, für welche Zukunft?

Dimitri wählte eine alte russische Methode, zu sich selbst, zu Gott, und damit ins Leben zurückzufinden. Er begab sich auf eine „Pilgerreise". Zu Fuß, abgemagert, in ärmlicher Kleidung, denn er hatte nur das, was er am Körper trug, auch keine Papiere, kein Geld. So ging er von Istanbul auf eine Wanderschaft ins Ungewisse, die erst nach zwei Jahren in Belgrad enden sollte.

Laut seinen Aufzeichnungen wurde es der lange, einsame Weg eines Landstreichers. Aber Dimitri lebte nicht von Almosen wie der „klassische" Pilger, sondern von schwerer körperlicher Arbeit, deren „erdende" Wirkung er in seiner Jugend kennengelernt hatte. Jetzt suchte er durch sie Müdigkeit, ja Erschöpfung, um endlich Schlaf und traumlose Nächte zu finden. In seinen Notizen schilderte er Gelegenheitsarbeiten, die er während seiner Wanderschaft übernahm, meist schwere Feld- und Holzarbeit, wie zum Beispiel Baumstämme zu einem Fluss zu transportieren. Intensiv beschrieb er die Natur, die Jahreszeiten, Sonnenauf- und -untergänge, seine Arbeit, doch ohne jemals einen seiner Auftraggeber oder andere Begegnungen mit Menschen namentlich zu erwähnen. Sie alle waren anscheinend mit ihm zufrieden und es interessierte sie nicht, woher er kam und wer er war. Dieser Fremde zeigte Sachverstand, Entscheidungsfähigkeit und hatte eine selbstverständliche Autorität, die sie gerne nützten. Dimitri konnte von seinem Lohn problemlos leben, das meiste sparte er sogar. Je nach Stimmung und Arbeitsmöglichkeit blieb er oder wanderte weiter.

Während der ungefähr 900 km langen, von unzähligen Aufenthalten unterbrochenen Wanderschaft beklagte Dimitri seine unendliche Verlassenheit. Beim Lesen der Notizen entsteht der Eindruck, als wäre er durch eine tote, menschenleere Welt gewandert – so tot, wie seine Seele es wohl war. Doch das blieb nicht so, denn jede Pilgerschaft ist ein schmerzlicher Weg zu sich selbst. Dabei werden unweigerlich Verborgenes, Verdrängtes, Trauer, Schmerz, Verzweiflung, Gefühle von Sinnlosigkeit abwechselnd mit Wut und Verzweiflung an die Oberfläche gespült. Nach monatelangem Ringen fand Dimitri langsam sein seelisches Gleichgewicht wieder und sein Ziel: So aussichtslos es auch schien, aber er durfte seine Kinder nicht einfach ihrem Schicksal überlassen. Es war höchste Zeit, seine Verwandten zu treffen, die möglicherweise Nachrichten aus Dedlovo hatten und ihm weiterhelfen konnten.

Zum orthodoxen Weihnachtsfest 1925 traf Dimitri endlich bei Tante Lydia in Belgrad ein. Der Familienzusammenhalt funktionierte und bot allen, die es brauchten, Hilfe – ohne Rücksicht auf eigene Belastungen. Die Verwandten, die so lange auf ihn gewartet und sich um ihn gesorgt hatten, nahmen ihn auf wie einen verlorenen Sohn. Dabei ließen sie ihren Emotionen freien Lauf. Es war eine Begegnung, die in Erinnerung an Olga und ihren schrecklichen Tod sehr schwer und schmerzlich gewesen sein muss. Vor dem Ansturm solcher Gefühle hatte sich Dimitri gefürchtet und sich dagegen gewappnet. Sein schützender „Panzer" hielt auch, als er seinem Schwager Petar, dem jüngeren Bruder seiner Frau und früher einmal sein Freund, gegenüberstand.

Das Wichtigste, das er nun erfuhr, war, dass seine Kinder lebten. Aber es war die einzige gute Nachricht für Dimitri. Seine Schwester Katharina, wusste Tante Lydia, sei zuletzt zwischen 1920 und 1922 bei der Feldarbeit inmitten „ihrer Leute" gesehen worden. Während der Hungersnot soll sie mit ihrem neugeborenen Baby von Dedlovo nach Sibirien deportiert worden sein. Ob sie den Transport in einem Viehwagon voll abgezehrter, kranker, sterbender Menschen überlebt hatte, wusste niemand zu sagen. Katharina galt von da an für die Familie als verschollen. Petar erzählte von seinen Eltern Platon und Olga, dass die Bolschewiki deren Petersburger Wohnung beschlagnahmt und ihnen als Bleibe nur das kleinste Zimmer überlassen hatten, in die übrigen seien Volksgenossen eingezogen. Es hätte aber schlimmer kommen können, denn viele Freunde wurden in die feuchten, kalten Keller ihrer Häuser verbannt.

Bei erster Gelegenheit besuchte Dimitri russische Emigrantenzirkel, die sich in Belgrad so wie überall in Europa gebildet hatten. Sie waren wie ein Stück Heimat in einer fremden Welt, dazu Treffpunkt und Informations-Drehscheibe. Irgendein früherer Nachbar, Kriegskamerad, Gutsherr, oder auch ein Bekannter aus Petrograd, ein ehemaliger Beamter, Studienkollege oder Professor, ein Mitglied des Adels-Clubs und so weiter war immer anwesend. Bei diesen Treffen ging es nicht nur um Geselligkeit, sondern vor allem auch um verschiedene Initiativen. Emigranten versuchten beispielsweise, gemeinsam Unterstützung ihrer Gastländer im Kampf gegen den Unrechts-Staat der Bolschewiki zu gewinnen. Dafür dokumentierten sie die verübten Verbrechen und versuchten damit, sie und die Täter in der Öffentlichkeit bekanntzumachen. Dabei waren sie nicht sehr erfolgreich, wie wir wissen, denn bis heute ist diese Arbeit, wenn überhaupt, nur einigen Experten bekannt. Eine Ursache dafür war im Ausland der Gegenwind durch Maxim Gorkis beharrliche Verharmlosung der Untaten[104]: Unverfroren und medienwirksam pries er den Massenmörder Dserschinski, Gründer der Tscheka, nach dessen Tod als eine „reine Seele". Ein Aufschrei der Verfolgten und Vertriebenen war die Folge: „... er hat damit die Opfer, oft deren nahe Angehörige, grausam verhöhnt!" Aber der Dichter dachte nicht daran, sein zynisches Lob zurückzunehmen.

Keine Papiere zu haben, die ihre Herkunft und ihren Status bestätigten, erwies sich für die Flüchtlinge nun als größtes Problem. Deshalb gründeten honorige Mitglieder das „Büro der Delegation zur Verwaltung der Interessen der russischen Emigration" – in dem sie beeidete Dokumente erstellten, die auch Dimitris Identität, Studium, Stand, Besitz, Militärlaufbahn etc. nachwiesen. Rechtswirksamkeit hatten diese Dokumente nicht und man konnte damit auch nicht die Ausstellung eines Reisepasses erlangen. Aber diese Papiere beendeten das Leben der Flüchtlinge als Menschen ohne Identität. Jetzt war es nicht mehr so einfach, ihre Existenz zu leugnen und für die Nachwelt auszulöschen. Wie sich aber nach dem Ende der Sowjetunion zeigen sollte, war in den Archiven nichts vernichtet und gelöscht worden, im Gegenteil: Man hatte alle Urkunden aus der Zeit bis zum Bürgerkrieg penibel und sorgfältig aufbewahrt.

Aus der Sicht von Außenstehenden traf sich in den Clubs ein Sammelsurium traumatisierter Menschen, die ewig gleichbleibende gemeinsame Themen diskutierten und so versuchten, mit ihrem Schicksal fertigzuwerden. Viele Emigranten waren überzeugt, das Regime könne sich unmöglich halten und dass Russland sie brauche. Zu ihnen gehörte Dimitri nicht. Eine Rückkehr nach Russland, das hatte er auf seiner Wanderschaft für sich geklärt, war sinn- und aussichtslos, damit hatte er sich abgefunden. Ehemalige Offiziere wiederum klagten verbittert: „Es ist verrückt, aber sie, die ehemaligen Verbündeten – Serben, Franzosen und Engländer – sie feiern den Sieg ohne uns Russen!" Andere wiederum versuchten, der Tragödie ihres Landes einen Sinn zu geben: „Unsere Opfer, unser vergossenes Blut werden eines Tages Russlands Rettung sein!" Realisten forderten auf: „Lassen wir das Vergangene vergangen sein, sonst werden wir niemals wieder froh!" – und stürzten sich lebenshungrig in wilde, rauschhafte Vergnügungen, nur um „endlich" – wie sie sagten – „den Geruch des Todes loszuwerden". Außerdem: „Was kann uns noch geschehen, wenn uns schon alles genommen wurde?" Pessimisten fragten: „Wer spricht heute noch von unserer Zukunft – welcher Zukunft? Es ist doch offensichtlich: wir sind überflüssige Menschen!" Die Bevölkerung der Gastländer war der „Jammerei" einfach überdrüssig, schließlich hatten „alle im Krieg gelitten". Gleichzeitig gingen die politischen Umwälzungen in allen Staaten Europas weiter – das Unterste wurde dabei nach oben gekehrt. Durch diese Umwälzungen – so fürchtete Dimitri wie viele andere auch – würde der Bolschewismus in ganz Europa die Macht übernehmen. „Wo kann und soll ich bleiben", fragte sich Dimitri, „im von Flüchtlingen überschwemmten Königreich Jugoslawien?"

In Tante Lydias gastfreundlichem Haus verkehrten nicht nur verarmte, heimwehkranke Emigranten, sondern auch viele internationale Gäste. Dimitris Aussehen, sein Auftreten, seine Bildung und seine Sprachkenntnisse öffneten ihm schnell alle Türen und machten ihn zu einem gesuchten Gesellschafter. Er selbst wollte niemanden mit der Erzählung seines Schicksals langweilen. Man wusste einfach davon, denn andere erzählten es für ihn. Dimitri zwängte sich nie in einen geliehenen Smoking – selbst Tante Lydia zuliebe nicht –, sondern trug Reithosen, ein englisches Sakko und darunter ein kragenloses russisches Bauernhemd, eine Bekleidung, die er vom Lohn seiner Jahre als Landstreicher finanziert hatte. Zeit seines Lebens kleidete er sich so, was ihn anscheinend zusätzlich interessant machte.

In einer dieser Gesellschaften begegnete er Mister Alec Daniel, einem sehr reichen Amerikaner jüdischer Herkunft, dem er außerordentlich sympathisch war und der großen Anteil an Dimitris Schicksal nahm. Er wollte ihm helfen. Warum, fragt man sich, setzte sich Mister Daniel, der ständig mit dem Leid unzähliger entwurzelter Menschen konfrontiert war, ausgerechnet für Dimitri ein? Vermutlich war es die starke Wirkung auf seine Umgebung, die man Dimitri nachsagte. Tatsache ist, dass der erfahrene amerikanische Geschäftsmann der Überzeugung war, dass Dimitri jeder Unterstützung wert sei. Mister Daniel stellte seine Verbindungen zu den amerikanischen Organisationen zur Verfügung, die in den vergangenen Jahren große Mengen Geld für die hungernde russische Bevölkerung gesammelt und der bolschewistischen Regierung übergeben hatten. Er wusste daher auch, dass sich die Finanznöte der bolschewistischen Regierung nach dem Tod Lenins im Jahre 1924 weiter dramatisch zugespitzt hatten. Nach wie vor gelang es dem Regime nicht, nennenswerte Steuererträge zu erzielen. Der Erlös von verschleuderten Kulturgütern des Zarenreiches, der Kirche und von Privatleuten brachte nur einen Tropfen auf den heißen Stein. Kurz gesagt: Das Regime brauchte Geld, egal woher. So kam es, dass Mister Daniel eines Tages Dimitri strahlend eröffnen konnte: „Mister Kign, denken Sie nur, es gibt eine Chance, Ihre Kinder mit Lösegeld freizukaufen!"

Von einer solchen Möglichkeit hatte Dimitri noch nicht gehört. Allerdings war der in Dollar geforderte Betrag riesig. Woher sollte Dimitri ihn nehmen? Er war verzweifelt. Seine Freunde meinten: „Mach dir gar keine Gedanken, die würden sich ohnehin nie an eine Vereinbarung halten. Das Geld nehmen sie bestimmt, aber ohne deine Kinder freizulassen – und niemand kann sie daran hindern!" Aber Mister Daniel ließ nicht locker und machte Dimitri einen rührenden Vorschlag: „Mister Kign, ich habe Ihnen doch von meinem Besitz in Österreich erzählt. Das ‚Rosengut' braucht einen Verwalter, wollen Sie nicht diese Stelle annehmen? Ich leihe Ihnen das nötige Lösegeld als Lohnvorauszahlung."

Es war ein wunderbares, menschliches und großzügiges Angebot – besonders wenn man bedenkt, dass Mister Daniel von seinem Schützling keinerlei Sicherheiten bekam, seine Arbeitsmoral nicht kannte und Dimitri auch keine Papiere hatte, die seine Qualifikation nachwiesen. Trotzdem vertraute er ihm.

Die Verhandlungen mit Moskau wurden unter Zeitdruck über die amerikanische Botschaft in Wien geführt, denn jeden Tag konnten sich die Bedingungen wieder ändern oder alles abgesagt werden. Es mehrten sich die Anzeichen, dass unter Lenins Nachfolger Stalin der zweite Teil von Russlands großer Tragödie begann. Aufgeregt reiste Dimitri wiederholt nach Wien, bis er endlich den amerikanischen Geschäftsträger antraf. Dimitris Kenntnisse der deutschen Sprache waren schwach, reichten aber für seine Wege in Österreich.

Der schöne Besitz des Amerikaners lag in einem verschlafenen Kurort in Niederösterreich nahe der Donau, in Bad Deutsch-Altenburg. Österreich war zwar eine kleine, armselige Republik geworden, an deren Überleben niemand glaubte, aber hier hatte Dimitri die Chance einer neuen Existenz. Ende 1925 unterschrieb er den „Pakt mit den Teufeln" und warf voll Abscheu den Bolschewiki das geforderte Geld für den Menschenhandel in den „gierigen Rachen"[105].

45.

Russische Bauernprinzessinnen

Olga und Alexandra sind inzwischen neun und zehn Jahre alt – die Lage verbessert sich – „Unsere Eltern fehlten uns nicht" – Olga ist glücklich, Ali bleibt ängstlich – Verwandte bleiben verschwunden – die alten Pitkievichs wie geliebte Großeltern – „Wanda kümmert sich nur um uns, ihre Arbeitskraft fehlte in der Großfamilie" – „Von Vater wurde nur bewundernd gesprochen" – Krankheit und Tod gehören zum Leben – „Wanda zeigt, was uns gehört" – „Ein Brief aus Belgrad erschüttert unsere Welt"

Mittlerweile waren Olga zehn und ihre Schwester Alexandra neun Jahre alt und lebten mit Wanda weiter auf dem Hof der Eltern Pitkievich. Um besser überleben zu können, waren Wandas Brüder mit ihren Familien zu ihnen gezogen. Gemeinsam wirtschafteten sie wieder nach der uralten Tradition russischer Bauern und erzeugten selbst, was die Großfamilie für ihren eigenen Bedarf benötigte. Das erschien den Mädchen romantisch – ein Leben wie vor Jahrhunderten. Für die Familie Pitkievich hingegen war es ein furchtbarer Rückschritt, denn ihre generationenlange Aufbauleistung war sinn- und ersatzlos zerstört worden. Was ihnen blieb, reichte mit Mühe zum Überleben. Zerstört waren auch die hart erkämpften modernen Verwaltungsstrukturen des Semstwo und die mittelständische erfolgreiche Wirtschaft. Dazu gehörten die kleinen, aber feinen Fabriken der Kigns, an deren Erfolg die Pitkievichs als Verwalter durch Generationen großen Anteil hatten. Inzwischen wurde vom Dorfsowjet der Verkauf einzelner Erzeugnisse auf dem Markt von Rogatschov wieder geduldet und die Familie brachte dort Überschüsse zum Verkauf. Obwohl die Gefahr für und durch die Herrschaftskinder nicht mehr so groß gewesen sein dürfte, blieb die Familie Pitkievich vorsichtig. Außerhalb der früheren Besitzungen nahmen sie Olga und Alexandra deshalb kaum mit. Aber Olga schwärmte: „Es war eine herrliche Kindheit in Einfachheit, großer Abgeschiedenheit, in wunderbarer freier Natur, voller Abenteuer und ohne wirkliche Not. Unsere Eltern fehlten uns nicht, weil wir uns nur noch dunkel an sie erinnerten. Aber Wanda unternahm alles, damit wir sie nicht vergaßen!"

Olga war ein wildes, lebhaftes Kind, das furchtlos auf Entdeckungsreisen ging. Ein besonderes Vergnügen war, Frösche und Schmetterlinge zu fangen. Einmal geriet sie dabei so tief in einen Sumpf, dass Wanda sie nur mühsam retten konnte. Olga mochte den Nervenkitzel, wenn sie sich von Windmühlenflügeln hoch – aber nicht zu hoch – ziehen ließ. Einmal aber versäumte sie den rechtzeitigen Absprung und stürzte tief. Alexandra schrie wie verrückt und alle kamen zu Hilfe herbeigelaufen. Zum Glück waren die Glieder ihrer Schwester nicht gebrochen, sondern nur geprellt. Wie ihr Vater als Kind, hielt auch Olga sich gerne bei den Pferden auf und lernte wie er früh ein Gespann zu lenken. Die Babys, die im Haus zur Welt kamen, übten auf die Zehnjährige eine magische Anziehungskraft aus. „Bei mir", behauptete Olga, „wurden sie immer ruhig und schliefen ein." – „Tut das bestimmt nicht weh?", fragte sie, wenn die Beine der Winzlinge, damit sie gerade wuchsen, drei Monate lang gestreckt und mit breiten Bändern fest umwickelt wurden.

Und Alexandra? Wie ein Schatten Olgas war sie immer in deren Nähe zu finden, machte aber keine Abenteuer mit. Anders als Olga, war sie den Menschen gegenüber immer sehr kritisch und abweisend. Bei ihr wirkten die schrecklichen Erlebnisse während des Umsturzes und der Hungersnot nach. Alexandra fürchtete, dass ihre Schwester ebenfalls einfach verschwinden könnte wie Vater und Mutter, wie Alexej und Tante Katharina, die ja eines Tages von der Feldarbeit nicht mehr heimgekommen war. Auch Großmama Chmara-Barschtschewskaja ließ nach einem Besuch nie wieder etwas von sich hören. Besorgt beobachtete Alexandra den Horizont, um gleich zu sehen, wer sich dem Hof näherte. Wirklich sicher fühlte sich Alexandra nur „in meiner oder Wandas Nähe", wunderte sich Olga. Zu Alexandras Freuden gehörte es, im Sommer tagelang Pilze oder Beeren zu suchen. Im Winter sah sie Wanda gerne beim Weben zu und wartete geduldig, bis sie unter ihrer Anleitung immer schwierigere Rosenmuster sticken konnte. Beide Vorlieben behielt sie lebenslang.

„Wir waren Prinzessinnen – Bauernprinzessinnen", erzählten die Schwestern später übereinstimmend. Es war ein „Prinzessinnen-Gefühl", das nicht von materiellem Luxus stammte, sondern der

Art, wie man sie behandelte. „Die alten Pitkievichs waren für uns Mädchen wie geliebte Großeltern." Großeltern, die sie wie ihren Augapfel behüteten und sich in allem, was die Kinder betraf, das letzte Wort behielten. „Die alten Leute achteten darauf, dass wir gepflegt und gehegt wurden, wie unser Vater es erwarten würde. Selbst nach seiner langen Abwesenheit war wichtig, was Vater wünschte." In seinen Erzählungen nannte ihn „Großvater Pitkievich" liebevoll „Mitja" und er wusste unzählige Geschichten, die Dimitri ohne Fehler beschrieben. Es war ein schönes Bild, das er für die Kinder malte und das die Erinnerung an ihn bewahren sollte: Wie hervorragend er reiten konnte, wie gut er in der Schule war trotz seiner Jugend, doch ernst und tüchtig nach dem Tod seiner Eltern, wie beliebt bei den Bauern und Arbeitern, weil er selbst zupackte, wie zielstrebig, ausdauernd und fortschrittlich er war. „Wir haben alle Hoffnungen in ihn gesetzt", sagte er. Selbstverständlich blieben die problematischen Charaktereigenschaften „Mitjas" wie seine Ungeduld, sein Streben nach Dominanz und das manchmal geringe Einfühlungsvermögen gegenüber seinen Kindern ausgespart.

Wie ehedem im Herrschaftshaushalt kümmerte sich Wanda hauptsächlich um die Kinder und war wie früher zuständig für deren Kleidung, Körperpflege und den Unterricht. Das bedeutete, dass die übrigen Familienmitglieder in diesen Zeiten auf Wandas Arbeitskraft verzichteten und sie und die Kinder „für Gottes Lohn" durchfütterten, was nicht immer einfach war und auch nicht konfliktfrei blieb. „Aber davon bekamen wir nicht viel mit", erzählte Olga und meinte rückblickend: „Es war vorbildlich, wie die Großfamilie sich zusammenraufte und ihre Probleme löste." Ihre Erklärung dafür war: „In dieser Familie war die Gegenwart Gottes, die Hinwendung zu Christus ganz selbstverständlich. An ihn denkend, heiligte sie den Tag und jede Tätigkeit!" Die Mädchen übernahmen diese Überzeugung. Wieso, wussten sie selbst nicht, denn große Worte wurden nicht gemacht, fromme Rituale, Gottesdienste, Ikonen mit Kerzen davor, waren ja verboten. Als Erklärung bleibt nur das Beispiel der Menschen, mit denen die Mädchen lebten.

Krankheit und Tod wurden von den Kindern nicht ferngehalten – sie gehörten zum Leben. Wie Generationen vor ihnen lernten deshalb die beiden Mädchen noch die alte russische Pflicht der „letzten heiligen Liebesdienste für Verstorbene" kennen. Was die Mädchen sahen und hörten, empfanden sie als beeindruckend und nicht als abschreckend: „… und als sie ihren Tod nahen fühlten, ordneten die Kranken ihre Angelegenheiten, versammelten ihre Familie um sich, um sich zu verabschieden und letzte Bitten zu äußern: ‚Bitte kümmere dich um die und den …'." Beide Mädchen erinnerten sich an lange Gebete an offenen Särgen, meist an denen von Kindern und Alten, welche die ersten Opfer großer Not wurden. Um diesen „Aberglauben" zu beenden, hatten die Bolschewiki nicht nur die Familiengruft der Kigns zerstört – nur die Spitze des Spiegelkreuzes glitzerte noch –, sondern auch die Friedhöfe ganz oder teilweise. Sie hatten die Kreuze aus der Erde gerissen und die Gräber eingeebnet. Denn dieser Totenkult, der aus tiefem, unerschütterlichem Glauben an Gott und die Auferstehung am Jüngsten Tag resultierte, war in den Augen der Bolschewiki schädlich und musste endlich ausgerottet werden. Im Gegensatz dazu wurden nun die großen Parteigenossen als neue „Heilige" verehrt, einbalsamiert und ausgestellt.

Die Mitarbeit der Kinder auf dem Hof und bei der Ernte war freiwillig und eher wie ein Spiel: tägliches Tischdecken zum Beispiel oder weiße Socken anzuziehen und dann das Kraut im Fass durch Herumhüpfen darauf zu stampfen. Der Höhepunkt eines Wohlgefühls der Mädchen war, wenn sie einmal in der Woche, in eine Decke eingewickelt, von Wanda in das Bagno gebracht wurden: „Sie trug uns noch auf dem Rücken über den Hof, obwohl wir mit den Füßen schon den Boden streiften!" Zum Prinzessinnen-Gefühl gehörte auch, dass Wanda nie vergaß, auf das, „was Euch gehört", hinzuweisen. „Das gehört der Familie", erklärte Wanda, wenn sie durch den überwucherten Park gingen, vorbei am zerstörten, aber noch nicht ganz dem Erdboden gleichgemachten Gutshaus, „das gehört auch der Familie", unterstrich sie bei den Personal- und Glashäusern, „das auch" bei den Wirtschaftsgebäuden, „das auch" bei den Fabriken, „das auch" bei den nun nicht mehr bewirtschafteten Wäldern und Weiden, und auch beim kleinen See sagte sie: „Der gehört auch der Familie". Zugleich ließ sie bei den Kindern ein Bild entstehen, wie es hier früher einmal gewesen war. Manchmal bekamen sie von Dörflern und ehemaligen Angestellten kleine Geschenke. Die verbeugten sich höflich und sagten dann: „Gott segne Euch und vergelte Eurer Familie, was sie für uns getan hat." Wanda wollte bei den Schwestern Stolz auf deren Familie und die Leistung ihrer Vorfahren wecken, was ihr auch gelang. Aber zugleich bewirkte bei ihnen der Anblick der Verlassenheit und Zerstörung der Ländereien die unauslöschliche Einsicht in die Vergeblichkeit menschlichen Strebens und die Vergänglichkeit materieller Güter. Das war vielleicht der Grund, warum sie später durch bloßen Besitz – und war er noch so schön – nie zu beeindrucken waren.

Die kleine Welt der Kinder wurde im Frühjahr 1926 von einem Brief aus Belgrad schwer erschüttert. Darin informierte Tante Lydia die fassungslose Wanda von der von Dimitri gewünschten Ausreise Olgas, Alexandras und Alexejs nach Österreich und darüber, welche Schritte sie – Geld wäre schon unterwegs – dafür unternehmen musste. Briefe aus dem Ausland waren prinzipiell verdächtig, Lydias Name und Adresse im Königreich Jugoslawien senkten aber das Risiko für den Empfänger. „Wir Kinder hatten große Angst, kannten wir doch weder Tante Lydia, noch erinnerten wir uns an unseren Vater", erzählte Olga später. „Aber da Wanda versprach, bei uns zu bleiben, siegte bald meine Abenteuerlust."

„Doch wo unser Bruder war, wusste niemand zu sagen!" Seltsam! Die Schwestern fragten damals und auch später nicht danach.

46.

„Das ist unser Vater?"

Ausreise verzögert sich – Alexej bleibt verschwunden – Staunen über Moskau – viele Tage und Nächte auf der Reise – „Nur Mutters Bild durften wir behalten" – „Bei Papa wird alles gut" – das Treffen ein Fehlstart ohnegleichen – ausgehungerte Russenmädchen – ein bequemes und modernes Verwalterhaus – Dimitri lebt offensichtlich allein – furchtbare Bekanntschaft mit Nikolaus und Krampus – „Diese Frau kann niemals deine Töchter erziehen" – Wanda reist zurück nach Russland: „Wir weinten eine ganze Woche lang" – „Wir hatten keinen Vater wie andere Kinder"

Die Ausreisepapiere rechtzeitig in Moskau zu beschaffen, gestaltete sich als ein nervenaufreibender Wettlauf mit der Zeit. Zuerst erkrankte Wanda an Typhus, dann Alexandra und zuletzt Olga – sie sogar lebensbedrohlich. Mehr tun als abzuwarten und ihr Leben in Gottes Hand zu legen, konnte Wanda nicht. Als die Krise vorüber war, bestand das Kind nur noch „aus Haut und Knochen und hätte in einem Schnupftuch Platz gehabt". Alle drei hatten die Köpfe geschoren und sahen wie Sträflinge aus. Wanda haderte mit der Situation und trauerte um ihre dicken dunkelblonden Zöpfe. „Was wird Euer Vater sagen, wenn er Euch so sieht?"
Plötzlich, zwei Tage vor der Abfahrt aus Dedlovo, traf Alexej mit seiner Kinderfrau ein, um mit ihnen auf die Reise zu gehen. Die Schwestern betrachteten den zarten kleinen Buben voll Mitleid, denn er hinkte. „Seine Betreuerin schlägt ihn", erklärte Wanda. Schaudernd erinnerte sich Olga: „Sie sah wirklich furchterregend aus. Aber sein Martyrium würde ja jetzt zu Ende gehen, dachten wir." Dann kam der Tag der Abreise. Der Pferdewagen, der sie zur nächsten Bahnstation bringen sollte, war bestellt, nur Alexej und seine Kinderfrau tauchten nicht auf. Sie kamen auch nicht mehr, waren einfach verschwunden! „Ohne Zweifel", erklärte Wanda, „hat die schreckliche Person Alexej entführt. Er war wohl ihre ‚Betteltasche', auf die sie nicht verzichten wollte!"

Aber wohin und weshalb wollte sie Alexej denn entführen? Als „Betteltasche" konnte der Erbe von Dedlovo nur im Bereich der früheren Ländereien und Betriebe sammeln. Folglich musste die Kinderfrau mit ihm in dem riesigen zum Gut gehörenden Gebiet untergetaucht sein. Arbeiter, Bauern in der Nachbarschaft und ehemalige Gutsangehörige halfen dem „Erben von Dedlovo" und somit auch ihr, die schreckliche Hungersnot zu überleben. Die Anwesenheit Alexejs nährte bei vielen die Hoffnung, dass Dimitri zurückkehren werde und mit ihm Ordnung und Wohlstand.

Es war furchtbar, aber der Ausreisetermin musste eingehalten werden, daher blieb zu wenig Zeit, um Alexej überall zu suchen. Die Erzählung Wandas über sein Verbleiben ist und bleibt unverständlich. Wie war es ihr möglich gewesen, die „schreckliche Person" über die gewünschte Ausreise Alexejs zu informieren, wenn beider Aufenthalt unbekannt war? Dieses Drama überschattete zusätzlich den traurigen und schweren Abschied der Mädchen.

Auf ihrer Reise zum Vater wohnten die drei in Moskau bei Verwandten aus der Familie Ostrovski. Olga erzählte: „Wir waren richtige Hinterwäldlerinnen und von allem, was wir sahen, eingeschüchtert. Wenn Wanda Behördenwege erledigte, hatte der Sohn unserer Gastfamilie seinen Spaß mit uns. Zum Beispiel nahm er einen Teller, den er mit einer Stange an die hohe Zimmerdecke drückte. ‚Komm her', befahl er. Ich gehorchte. ‚Halte ihn für mich gut fest, Mama ist böse, wenn du den schönen Teller fallen lässt!' Dann ging er fort. Alexandra und ich hielten abwechselnd die Stange, bis wir von unserer Tante aus der peinlichen Zwangslage befreit wurden. Auf dem riesigen ‚Roten Platz' kam ich vor lauter Staunen beinahe unter eine Straßenbahn, die nach einer Notbremsung nur knapp vor mir zum Stehen kam." Olga konnte sich nicht mehr erinnern, wie viele Tage und Nächte sie mit Wanda im Zug Richtung Berlin verbrachten. Es waren viele!

Bevor sie die Sowjetunion verließen, wurden ihnen von „Grenzern" alle Dokumente und was sie an Andenken und anderen Dingen bei sich hatten, abgenommen – waren sie auch von noch so geringem Wert. Der Staat machte deutlich, dass sie mit dem Verlassen seines Hoheitsgebietes alle Brücken zu ihm in Vergangenheit und Zukunft abbrachen. Die Beamten beschlagnahmten alle Fotos, die Dedlovo zeigten, und alle Dokumente, die ihre Herkunft und Identität nachwiesen. Für die Kommunisten hatten sie aufgehört zu existieren, ihre und ihrer Familie Spuren würden wenig später auch in Dedlovo ausgelöscht werden. Das Land gehörte den „neuen Menschen", die sie schufen – Menschen ohne Vergangenheit und Geschichte. Nur durch Wandas inständiges Bitten ließ man sich dann doch herbei, den Kindern ein Bild ihrer Mutter zu lassen. Nach der Ausreise der Kinder dauerte es nicht mehr lange, bis sich das riesige Land hermetisch abschloss.

Es ist bewundernswert, wie es Wanda ohne geringste Deutschkenntnisse gelang, auf dem riesigen Bahnhof in Berlin den Anschlusszug nach Wien rechtzeitig zu erreichen. Es begann endlich die letzte Etappe der langen Reise. Wanda machte den erschöpften Kindern Mut und wohl auch sich selbst: „In Wien wartet Euer Papa und alles wird gut!" Am 24. Oktober 1926 rollte der Zug mit der schweren Dampflokomotive am Ostbahnhof in Wien ein.

Nach langen Jahren der Trennung war der große Augenblick da, dem alle entgegengefiebert hatten. Aber, von niemandem richtig vorbereitet, standen sich Vater und Töchter als Fremde gegenüber, und so wurde der Beginn ihres Zusammenlebens ein Fehlstart ohnegleichen: Dimitri sah vor sich zwei verschreckte schmächtige Kinder mit geschorenen Köpfen, die sich an die gealterte Wanda klammerten. Der Dampf der Lokomotive vernebelte seinen Blick – wo war Alexej? Er sah Wanda fragend an – der gefürchtete Moment war da, ihm die schreckliche Wahrheit zu sagen: „Alexej ist vor unserer Abreise verschwunden. Ich konnte ihn nicht finden und auch nicht länger auf ihn warten. Er ist nicht mitgekommen!" Es klang armselig und so, als wäre es ihr Versagen. Und in einem Winkel seines Herzens würde er ihr das auch vorwerfen, das wusste sie. Und was mag Dimitri bei dieser Nachricht empfunden haben? Konnte er sie überhaupt sogleich und vollständig begreifen? Sicherlich war er von diesem unerwarteten Schlag wie betäubt und rang verzweifelt um Haltung.

„Vater stand vor uns – fremd, riesig einschüchternd. Er trug einen graumelierten Bart und hatte tiefe Furchen im Gesicht. Es gab keine Umarmung zur Begrüßung für uns und keine sichtbare Freude oder Rührung!" Erschrocken erkannten die Mädchen: „Das war nicht der erwartete strahlende Held ‚ohne Fehl und

Tadel', der ihnen alles in einem sein würde – Vater, Mutter, Freund und Beschützer." Sein Verhalten, für das sie keine Erklärung hatte, empfand Olga als gleichgültig und ernüchternd wie eine kalte Dusche. Die Kinder wussten ja nichts über ihn – nichts von seinem Weg in die Hölle und zurück, nicht, was es bedeutete, durch den Tod seiner Frau auf schreckliche Weise den einzigen Menschen zu verlieren, der ohne Erklärung alles verstand, alles begriff.

Und die Mädchen wussten nicht, dass sie die Antwort auf Dimitris Frage waren, wie und wofür er überhaupt weiterleben sollte. Aber genauso wenig wusste Dimitri von den Erwartungen und Bedürfnissen seiner Töchter. Seine Gefühle verbergend, fragte er nur: „Wo ist das Gepäck?" Den Kindern und sicherlich auch Wanda war vor Erschöpfung und Enttäuschung zum Weinen und Schreien zumute, sie wagten es aber nicht. Wanda suchte ein Gespräch: „Ich durfte nur das Nötigste behalten, alle Fotos, Dokumente und auch Kleidung wurden uns an der Grenze abgenommen. Nur ein Bild von Madame ließen sie uns."

Schweigend verließen sie den Bahnhof und bestiegen eine Mietdroschke, die sie zur „Pressburger-Bahn" brachte, einer Lokalbahn nach Bad Deutsch-Altenburg. Soweit man sehen konnte, war die am Waggonfenster vorüberziehende Landschaft eben und dünn besiedelt, bedeckt mit großen, rechteckigen Getreidefeldern, umgeben von Windschutzhecken. Am Bahnhof wartete schon ein Wagen. Der Kutscher starrte sie neugierig an, denn im ganzen Ort war bekannt, dass „Russenmädchen" ankommen sollten. „Verhungert und wie Sträflinge sahen sie aus", berichtete er später im Gasthaus, „verstanden haben sie auch nix, was i g'sagt hab, die armen Dinger."

Der Besitz Mister Alec Daniels, das „Rosengut", lag abseits und war von einer hohen Mauer umschlossen. Der Wagen rollte durch ein schmiedeeisernes Tor, über einen gepflegten Kiesweg, am Herrenhaus vorbei und hielt bei einem niedrigen Nebengebäude, dem Verwalterhaus. Alles war fremd, eine vollkommen neue Welt. In allen Räumen gab es elektrisches Licht: – Knips! – und es war hell, knips, es war dunkel, fließendes Wasser und sogar eine Zentralheizung. Reichlich Personal hielt den Haushalt für den Eigentümer und seine Familie jederzeit empfangsbereit.

„Alles war unglaublich bequem", erzählte Olga später: „Die Stubenmädchen und eine Köchin arbeiteten auch für uns!" Wanda ging durch das geräumige, gemütliche Haus und sagte zufrieden: „Hier lebt keine Frau!"

Am Abend fiel es den Mädchen trotz Übermüdung sehr schwer, einzuschlafen und wie immer schütteten sie Wanda ihr Herz aus: „Dieser fremde, strenge Mann ist also unser Vater? Freut er sich nicht über uns? Für ihn haben wir alles verlassen, sind wochenlang gereist, nur um bei ihm sein zu können. Wir möchten wieder heim!" – „Natürlich freut er sich", tröstete Wanda, „er trauert um Alexej und wir alle brauchen Zeit, um uns aneinander zu gewöhnen." Unglücklich weinten sich die Kinder in den Schlaf.

Allein in ihrem Zimmer, war Wanda dann doch enttäuscht und niedergeschlagen[106]. Wie anders hatte sie sich alles vorgestellt. Sie verehrte und liebte „Mitja", wie auch sie ihn bei sich nannte, seit sie denken konnte, aber er nahm sie kaum wahr. Das gemeinsame Abendessen war einsilbig verlaufen. Seine wenigen Fragen hatte Olga beantwortet und dabei eingeschüchtert gewirkt. Der Herr war sehr verändert, aber sie war es ja auch. Ein kleiner Spiegel zeigte Wandas hageres Gesicht und die streichholzkurzen Haare. Sie war erst 26 Jahre alt, sah aber viel älter aus. Als Wanda Kies knirschen hörte, sah sie vorsichtig aus dem Fenster. Baron Kign, wie hier der Herr vom Personal und den Einheimischen genannt wurde, hatte angespannt und fuhr trotz der späten Stunde noch aus. Wohin?

Er führte sein eigenes Leben weiter, gemeinsame Mahlzeiten mit Olga und Alexandra würden, wie sich bald zeigte, die Ausnahme bleiben. Kinder haben oft ein besonderes Gespür, wie es Menschen geht, die sie lieben. Zumindest Olga erkannte bald die Gefühle Wandas für ihren Vater, der beherrschendes Thema ihrer Gespräche wurde. Oft beschwerte sich Olga bei Wanda über ihn. Diese meinte entschuldigend: „Er ist viel zu lange allein gewesen und durch die schrecklichen Erlebnisse sehr verändert." Bei sich dachte sie: „Mit seinen 32 Jahren wird er aber sicher nicht allein bleiben" und fragte sich: „Was mache ich, wenn wirklich eine neue Hausfrau kommt?" Der „Haustratsch" sagte Dimitri Interesse an einer schönen russischen Aristokratin nach. „Wie wird so ein ‚Weißhändchen' für Euch Kinder sorgen?", fragte Wanda ihre

Schützlinge. Um das zu verhindern, hatte Olga die praktische und einleuchtende Idee, dass es doch das Beste und Naheliegende wäre, wenn Wanda und Papa heirateten. Er bekäme eine gute russische Frau und die Kinder sie ganz offiziell als Mutter. Aber Dimitri hatte andere Pläne, die er noch für sich behielt, in denen aber weder eine Gräfin noch Wanda Platz hatten.

Auf dem „Rosengut" war für Olga und Alexandra vieles zu entdecken. Meistens trotteten dabei zu ihrer Begeisterung zwei gutmütige Bernhardiner neben ihnen her. Im weitläufigen Park mit prachtvollen Buchen und Eichen waren Rehe und Hirsche ausgesetzt, ein Teich lud zum Schwimmen ein, gepflegte Tennisplätze warteten auf den Hausherrn und seine Gäste. Aus dem großen Nutzgarten kam frisches Gemüse und Obst auf den Tisch und für Dimitri war in den Stallungen ein schönes Reitpferd reserviert. „Wanda konnte alles mit uns unternehmen, denn um unsere Kleidung, Wäsche und die Mahlzeiten kümmerte sich das Hauspersonal. Es war wirklich ein paradiesisches, aber etwas eintöniges Leben", schrieb Olga über diese Zeit. „Wir hatten auch Heimweh – es fehlten uns die liebevolle Fürsorge der ‚Großeltern Pitkievich' und die Abwechslung in ihrer Großfamilie." Nach und nach dehnten die drei Russinnen ihre Spaziergänge bis in den kleinen, freundlichen Ort aus. Sie bestaunten das Schloss im Zentrum, besichtigten das Heilbad mit seinen Thermalquellen, spazierten weiter zu einem kleinen Museum mit bedeutenden Ausgrabungen aus Carnuntum, der versunkenen römischen Grenzsiedlung und Militärbasis. Weithin sichtbar auf einem Hügel stand ein uraltes Kirchlein mit dicken Mauern und einem jahrhundertealten Beinhaus. Ein wunderbarer Platz zum Träumen. Von dort konnte man über die Donau, die in einer breiten Schlinge vorbeifloss, hinüber zur nahen Grenze und in die weite Ebene und die wilden Donauauen sehen. Die Landschaft erinnerte in gewisser Weise an die Ufer des Dnjepr in Weißrussland nahe Rogatschov.

Nahe der Einfahrt zum „Rosengut" stand auf einem Hügel das Haus des Jägers Anton und seiner Familie. Mangelnde Sprachkenntnisse erschwerten Kontakte der Mädchen mit seinen Töchtern. Daher blieb es eine Weile beim gegenseitigen neugierigen und misstrauischen Beobachten. Die „Russenmädchen" waren nicht sicher, was sie von diesen Nachbarn halten sollten. Diese Menschen hielten Hunde, ein weißes Kaninchen und andere Tiere im Haus, was in Dedlovo undenkbar gewesen wäre. Doch dann wurden sie zu einem Antrittsbesuch, der damals noch für neue Nachbarn üblich war, eingeladen. Der Nachmittag verlief katastrophal und bestätigte die Vorurteile beider Seiten, der Einheimischen und der Flüchtlinge: „Grauenhaftes Essen" sei angeboten worden, darunter ein stinkender Käse, den sie Quargel nannten und den Alexandra im Mund hin und her schob, um sich schließlich im Freien würgend zu übergeben. Nicht lange danach schrie, hüpfte und tobte eine der Nachbarstöchter wie verrückt vor den Fenstern der Villa. Olga: „Wir verstanden kein Wort und dachten, die Leute sind hier barbarisch und benehmen sich danach." Doch das österreichische Mädchen hörte nicht zu schreien auf, bis uns jemand übersetzte, dass der Wachhund der Daniels das geliebte Kaninchen der Nachbarn totgebissen hatte. Natürlich war jetzt unsere Entschuldigung und Wiedergutmachung angebracht. Als Nächstes machten wir bei den Nachbarn die furchtbare Bekanntschaft von Nikolo und Krampus. „Aber", schrieb Olga, „in dieser Familie wurde viel gesungen und noch mehr gelacht – das zog mich magisch an. Bald schon entstand zwischen uns eine große Kinderfreundschaft."

Nach einem harten, beinahe russischen Winter kam der Frühling. Olga und Alexandra begannen, sich einzugewöhnen. Da erschien der Vater eines Tages in Begleitung einer wunderschönen dunkelhaarigen Frau, die aussah, wie man sich Schneewittchen vorstellte, mit makellosem Teint und strahlenden blauen Augen. Er sagte: „Wir haben gestern in Wien geheiratet, Wilma ist jetzt die Hausfrau und Eure Mutter." Die Wirkung dieser „Überraschung" auf Wanda und die Mädchen war unbeschreiblich. Und der nächste Schock folgte sofort: Wilma, „die Frau", wie die Kinder sie nannten, konnte kein Russisch und machte auch keine Anstalten, auf sie zuzugehen. Sie hatte überhaupt keine Manieren, meinten die Kinder, ignorierte Wanda und es zeigte sich, dass sie keine Ahnung von Kindern, deren Bedürfnissen und insgesamt auch keinerlei Interesse an ihnen oder dem Haushalt hatte. Aber sie vergötterte ihren Ehemann in einer für ihre Umgebung – speziell für Wanda – unerträglichen Weise. Der Angebetete ließ es sich huldvoll gefallen. Wanda wäre so viel Selbstverleugnung nie in den Sinn gekommen – sie war gewöhnt, selbstbewusst ihre Meinung zu sagen. Dimitri war diese Art längst ein Dorn im Auge und auch, wie sie seine Töchter beeinflusste, ohne sich den geringsten Zwang anzutun: „Diese Frau passt nicht zu Eurem Vater!" Wanda wusste sich dabei einer Meinung mit Olga und auch den Tanten in Belgrad und Paris, mit denen sie eifrig korrespondierte. Dimitri erreichten viele Briefe ähnlichen Inhalts: „Um Gottes willen, wie soll diese Frau deine Töchter erziehen? … sie passt niemals zu dir." Für ihre Ablehnung genügte es ihnen zu wissen, dass Wilma kein Russisch sprach, nicht gläubig war und sich auch nicht für russisches Leben und Kultur interessierte. Olga hatte diese und andere Briefe der Tanten noch gelesen, sie später aber nicht mehr gefunden. Als Reaktion auf die Einmischung der Damen, die einer Zurechtweisung gleichkam, brach Dimitri die Verbindung zu den Tanten ab, denn er konnte schlecht mit Kritik umgehen, wie seine Tochter Olga kritisch bemerkte.

Den Kontakt mit der Familie zu beenden, war bis dahin sicherlich noch nie vorgekommen. Aber Dimitri blieb dabei. Nach einigen Monaten in Deutsch-Altenburg suchte Wanda das Gespräch mit „Mitja", das mit ihrem unumstößlichen Entschluss endete, nach Russland zurückzukehren. Unglücklich erklärte sie Olga und Alexandra, ihre Aufgabe sei nun erfüllt und sie könne nichts mehr für sie tun. Ab nun läge ihre Erziehung allein in der Verantwortung ihres Vaters. „Wir flehten ihn an, Wanda nicht gehen zu lassen, aber er unternahm nichts!" Wanda, die Mutter, Freundin, Beschützerin der Mädchen, reiste ab. „Eine Woche lang weinten wir Tag und Nacht, bis wir nicht mehr konnten, dann akzeptierte ich, dass ich keinen Vater wie andere Kinder hatte, keinen, der auf mich achtete, wie Wandas Vater es getan hatte, der mich in den Arm nahm, beschützte, Mut machte und sorgte, dass alles wieder gut wird. Ich gehorchte ihm notgedrungen, aber in meinem Herzen war kein Platz mehr für ihn. Aus Widerwillen vermied ich, ihn mit ‚Vater' anzusprechen, sagte nur auf Russisch: ‚Hören Sie zu, bitte', wenn ich mit ihm reden musste. Dabei blieb ich, solange er lebte, obwohl er sich später sichtlich kränkte. Doch Alexandra brauchte immer noch Halt, Geborgenheit und hörte nicht auf, beides bei ihm zu suchen."

47.

Dimitris Flucht ins „einfache Leben"

*Dimitri wird zum „Aussteiger" – seine Frau unterstützt ihn – er vergisst
dabei auf seine Töchter, lebt nach dem Ideal russischer Bauern, lässt die
Mädchen arbeiten, bemerkt nicht, dass sie hungern – „Bei uns ist Schulpflicht, lieber Herr!" – eine herzensgute Lehrerin – Heimweh nach Dedlovo – „Der ‚Frau' sind wir nur lästig, für Papa war sie eine aufopfernde
Frau" – „Heilsbringer" in Österreich – das Schicksal Alexejs wird
bekannt – Olgas eigene Welt – Trost bei der Nachbarfamilie – „Unsere
Armut war uns nicht bewusst" – Olga wird nach Wien eingeladen*

Nach Wandas Abreise änderte Dimitri sein Leben radikal und
wurde ein „Aussteiger". Kaum hatte er seine Schulden bei Mister
Daniel abgezahlt, kündigte er mit der Absicht, eine kleine Landwirtschaft zu pachten und sie selbst zu bewirtschaften. Die
sichere, ja komfortable Existenz bei Mister Daniel aufzugeben,
um im günstigsten Fall auf einem kleinen Hof von „der Hand in
den Mund" zu leben, war unverständlich, eigentlich völlig verrückt.

Damals, im Winter 1928, herrschte sibirische Kälte. Bei wochenlangen Minusgraden zwischen 28 und 30 Grad fror die Donau bis
Preßburg einen halben Meter dick zu. Nicht einen einzigen Winter, geschweige denn einen wie diesen, könnten sie ohne Heiz-
und Nahrungsvorräte überleben. Als Olga von der Absicht ihres
Vaters hörte, war sie schockiert und böse: „Statt ihn einfach nur
gehen zu lassen, schenkte ihm Mister Daniel, als er ihn von seiner
Idee nicht abbringen konnte, in unendlicher Sympathie ein Pferd
und dazu noch ein Fuhrwerk!" Es klingt, als hätte Olga lieber in
„unverständlicher" Sympathie gesagt, wie andere es taten. Wie
sollte sie ihren Vater auch verstehen, er selbst teilte sich nicht mit
und niemand war da, der ihn und sein Leben den Mädchen näher-
brachte, „vermittelte". Mister Daniel hielt seinen Verwalter offensichtlich nicht für verrückt, sondern hatte ihn als einen wertvollen, aber traumatisierten Menschen kennengelernt, den er nicht
untergehen lassen wollte.

Wir vermuten heute, dass Dimitri und Mister Daniel viel und offen miteinander gesprochen haben. Ihm hat Dimitri sein Herz geöffnet und dabei nicht nur Verständnis, sondern auch Unterstützung gefunden. Warum sollte der Geschäftsmann sonst ein kleines Vermögen an ihn verschenken – an einen der vielen verarmten und emigrierten Aristokraten mit der Aura ihrer alten Kultur? Olga vermutete: „Mister Daniel schätzte Papa sicherlich als tüchtigen und ehrlichen Verwalter, aber auch, weil er stolz, elegant und gebildet war." Sie äußerte außerdem eine Vermutung über die Beweggründe ihres Vaters: „Er floh vor der Energie Mister Daniels. Dieser rundliche rothaarige Mann, immer zu Späßen aufgelegt, stürmte ohnedies nur zweimal im Jahr mit Ehefrau, Kindern, dazugehörigen Gouvernanten und Erziehern ins ‚Rosengut' herein. Aber dann bebten Haus und Park von seinem Temperament, das Mensch und Tier durcheinanderwirbelte. Tag und Nacht war niemand vor seinen Wünschen sicher – dem wollte Papa entgehen – und vielleicht auch davor, Anordnungen exekutieren zu müssen."

Aber kann das wirklich ein ausreichender Grund gewesen sein, das „Rosengut" zu verlassen? Österreich, besonders Wien, litt sehr unter den Folgen des verlorenen Krieges. Ganze Bevölkerungsgruppen hungerten und lebten im Elend, sie hätten viel für einen Arbeitsplatz wie diesen gegeben. Die absolute Wertschätzung der beiden Herren muss auf Gegenseitigkeit beruht haben, denn sonst hätte Dimitri das Geschenk seines Dienstgebers niemals angenommen. „Wie man die Geschichte auch betrachtet", meinte Olga, „Mister Daniel war unser Schutzengel. Bis Papa seine passende Pacht gefunden hatte, stellte er uns auf dem ‚Rosengut' sein Gärtnerhaus mit allem Komfort zur Verfügung." Noch oft würden sie Gelegenheit haben, sich Mister Daniels Weitblick und unglaublicher Großzügigkeit zu erinnern, die die Familie wiederholt retteten und ihr schließlich eine bescheidene Existenz ermöglichten.

Nicht weit von Bad Deutsch-Altenburg fand Dimitri eine kleine Pachtwirtschaft. Dort wollte er nun seinen russischen Traum vom einfachen Leben auf dem Land leben. Die andauernden politischen Unruhen der Dreißigerjahre dürften bei dieser Entscheidung eine Rolle gespielt haben: „Wenn ich nichts mehr habe, kann man mir nichts mehr wegnehmen." Wegen seiner Bescheidenheit war der Baron bei den Leuten im Ort sehr geachtet, ja beliebt.

Das russische Ideal der Selbstversorgung, von niemandem abhängig zu sein, niemandem etwas zu nehmen oder zu schulden, war – wenn überhaupt – schwer zu verwirklichen. Das Tagewerk war wirklich hart und erschöpfend und auch die Schwestern hatten Pflichten, was aber fruchtloses Nachdenken verhinderte: Aufstehen und vor dem kargen, schweigend eingenommenen Frühstück Pferde, Kühe und Hühner versorgen. Dann aufs Feld fahren, kochen, melken und Kleintiere versorgen – das war Frauenarbeit. Olga erinnerte sich: „Ali – Vater nannte Alexandra jetzt immer so – und ich litten sehr. Nicht der Arbeit oder Armut wegen, sondern weil unsere Stiefmutter Wilma keine warmherzige Frau war. Was uns betraf, tat sie nur ihre notwendigste Pflicht. Dabei waren ihre Handlungen barsch und energisch, wir spürten, dass sie uns überhaupt nicht mochte. Nur wenn Vater in der Nähe war, gab sie sich zahm und bemüht. Wir hatten schreckliches Heimweh, Heimweh nach Dedlovo, wo wir niemals einsam gewesen waren, Heimweh nach unserer Muttersprache, Heimweh nach den Großeltern Pitkievich und der Geborgenheit bei ihnen. Die Familie Pitkievich war zuletzt auch sehr arm, aber sie achtete trotzdem auf eine Alltagskultur, die uns bei Wilma so sehr fehlte. Sie war natürlich anders als auf dem ‚Rosengut' mit seinem schönen Porzellan, Silberbesteck, Kristallglas, den weißen Tischtüchern und riesigen Servietten. Luxus war für uns nicht entscheidend. Doch es macht einen großen Unterschied, ob man eine Gottesgabe zum Verzehr erhält, oder – wie bei Wilma – einen Napf mit Undefinierbarem lieblos hingestellt bekommt, dazu die harsche Bemerkung: ‚Etwas anderes gibt's nicht.' Wir sehnten uns sehr nach den gemeinsamen gemütlichen Mahlzeiten in Dedlovo. An dem einfach gedeckten Tisch hatte jeder seinen Platz gehabt. Wir alle kamen mit gewaschenen Händen und sauberer Kleidung zur Mahlzeit – zumindest die Schürze wurde dabei abgelegt."

Nach Olgas Meinung lag das Verhalten der Stiefmutter in der Tatsache, „dass Wilma nicht gläubig war". Sie sah ihre Aufgabe nicht darin, Arbeit, Nahrung und Zuwendung nach den Bedürfnissen und Fähigkeiten der ihr anvertrauten Kinder und denen des Ehemannes zu unterscheiden und zu teilen. „Das schafft nicht jeder so wie die Pitkievichs, das lernte ich erst später zu verstehen. Es ist auch das am schwersten zu erfüllende Gebot", erklärte Olga später ihren Enkelkindern, „sich um den Nächsten liebevoll zu kümmern – den wirklich Nächsten – den Ehepartner, die Kinder, Alte, Kranke, Nachbarn, Tiere usw." – „Die Frau" hingegen dachte nur daran, ihrem Mann zu gefallen. Das bedeutete, in vorauseilendem Gehorsam alles so zu tun und so für ihn zu sorgen, wie er es wünschte. „Vaters Kleidung war stets gepflegt, seine Hemden waren perfekt gestärkt, aber unsere Blusen? Um Papa halbwegs bei Laune zu halten, war es wichtig, ja ein ‚Gesetz', ihm das Essen pünktlich zu servieren, genauso wichtig wie der richtige Moment, um ihn überhaupt anzusprechen. Aber Wilma machte das nichts aus."

Olga fragte damals: „Wenn Vater nichts entbehrte, wieso sah er dann nicht den Mangel bei uns?" Eine mögliche Erklärung wäre, dass das „Kinderzimmer" traditionell und speziell bei Mädchen nicht seine, sondern Frauensache war und Dimitri seiner Frau vertraute. Sie aber hatte, insofern behielten die Kritiker dieser Ehe recht, kein Verständnis für Kinder – es gab Wichtigeres: ihren Mann. Olga anerkannte später: „Es ist nicht zu leugnen: Für Papa war sie eine aufopfernde Frau, die sich sogar, wenn es nötig war, selbstlos und fleißig bemühte, für alle den Unterhalt zu erwirtschaften."

Dabei mussten beide über die politische Entwicklung Österreichs und Europas alarmiert gewesen sein. Nach einem Dimitri aus seiner Heimat bekannten beunruhigenden Muster mehrten sich Anzeichen für einen Bürgerkrieg im Land. Durch „Heilsbringer" wie Kommunisten und Nationalsozialisten verbreiteten sich in der Bevölkerung eine Radikalisierung und unüberwindlicher Hass. Erst als Olga später, während des Zweiten Weltkriegs, selbst mit ihren fiebernden kleinen Kindern vor der heranrückenden „Roten Armee" aus Wien flüchten musste, begann sie die ständigen Ängste ihres Vaters und seiner Frau zu verstehen.

Aber zurück zu den ersten Jahren ihres Lebens als Bauern. Eines Tages standen Gendarmen vor der Tür und fragten nach den Mädchen: „Bei uns ist Schulpflicht, lieber Herr, wissen Sie das nicht?" Also besuchten Olga und Alexandra die nächste Volksschule, obwohl sie altersmäßig über sie hinaus waren. „Doch wir konnten weder Sprache noch Schrift und waren deshalb schnell als die ‚Russenmädel' bekannt. Anfangs war es uns unmöglich, dem Unterricht zu folgen. Aber die Lehrer und Mitschüler waren uns gegenüber nett und hilfsbereit. Für jeden Fortschritt wurden wir gelobt: ‚Nehmt euch ein Beispiel an den beiden, wie gut sie lernen'." Tatsächlich übersprangen die Schwestern mühelos Klassen und erreichten schnell die geforderten Voraussetzungen für die Bürgerschule in Hainburg. Die 12-jährige Olga und die 11-jährige Alexandra gingen nun allein und zu Fuß ihren täglichen Schulweg – bei jedem Wetter, drei Kilometer hin und drei zurück. „Aber die Schule wurde unsere Freude und manchmal unsere Rettung." Denn wie der Bauer seiner Kindheit holte Dimitri seine Töchter im Morgengrauen aus dem Bett, damit sie, bevor sie sich auf den Weg machten, noch ihre Pflichten erfüllten wie Tiere zu versorgen, ihre Kammer in Ordnung zu hinterlassen usw. Das war zwar hart, aber nicht verwerflich. Doch anders als sein russisches Vorbild versäumten es Dimitri und dessen zweite Frau, die Kinder ausreichend und regelmäßig mit Essen zu versorgen. Sie hungerten! Wie konnte das passieren? Olga: „Wir kamen oft hungrig in die Schule. Der Weg war zu weit, um in der Mittagspause nach Hause zu gehen. Unsere Klassenlehrerin ließ sich von ihrer Haushälterin mittags, was damals nicht ungewöhnlich war, immer warmes Essen ins Klassenzimmer bringen. Jedes Mal schimpfte sie: ‚Ich kann ihr nicht abgewöhnen, immer zu viel mitzubringen. Bitte helft mir aufzuessen, damit es nicht verschwendet wird'", schrieb Olga in ihren Erinnerungen. „Die Menschen waren ganz anders als heute. Diese herzensgute Frau wollte es uns leicht machen, ihre Hilfe anzunehmen!"

Wann und auf welche Weise Dimitri vom weiteren Schicksal seines Sohnes erfahren hatte, erinnerten sich seine Töchter später nicht. Vermutlich doch noch über Belgrad. Nach dem Bericht war Alexej als ungefähr neunjähriger Knabe zur Umerziehung in eine der vielen Kinderkolonien der Bolschewiki gebracht worden. Dort sollte er lernen, seine Herkunft zu verachten und alles, was seiner Familie heilig war, zu bekämpfen. Eine unglaublich perfide, aber wirkungsvolle Maßnahme, Familien zu treffen. Wie es in diesen Lagern zuging, schilderte Gorki begeistert in Interviews:[107] „Am Morgen ertönen Sirenen, der Leiter der Kolonie hält eine Rede, danach folgen Bestrafungen, dann geht's eins zwei, eins zwei zur Arbeit. Selten sieht man ein Kind gehen, sie fliegen wie die Schwalben" ... „und die Kinder singen voll Dankbarkeit: ‚Stalin ist ein treuer Vater, unsere ganze Liebe hat er'." Die Umerziehung der Zöglinge, also auch die Alexejs, machte Lenin und Stalin zu ihren unfehlbaren Göttern. Alexej war demnach „umgedreht" worden und obwohl er lebte, für seinen Vater tot – die alte Familiengeschichte war zu Ende. „Aber Ali und ich lebten! Warum konnten wir Vater kein Trost sein?", fragte Olga enttäuscht. „Nur weil wir keine Namensträger waren?" Sie konnte ihn nicht verstehen.

Wer half Dimitri aus seiner Trauer? Ali! Anders als Olga fühlte sie mit ihrem Vater. In vielen langen Gesprächen über Russland waren sie einander langsam nähergekommen. Mit der „Frau" sprach Papa nie über seine Vergangenheit, aber mit Ali schon. Daraus entstand eine besondere Verbindung mit ihm. Wilma ärgerte sich sichtlich darüber, auch dann, wenn ihr Mann in Gesellschaft von Exilrussen war und sie kein Wort verstand. Dazu meinte Olga boshaft: „Die Kommunikation zwischen Wilma und Papa war ‚interessant', denn er sprach herzlich schlecht Deutsch und sie kannte keine andere Sprache, geschweige denn Russisch – sie bemühte sich auch nicht, es zu lernen." Ein unerschöpfliches Thema zwischen Vater und Tochter Ali war die alte Familiengeschichte mit ihren Traditionen, wie sie bisher in jeder Generation als ein Lebenskundeunterricht weitergegeben worden war.

Widerspenstig lehnte Olga es ab, sich an den Gesprächen zu beteiligen: „Für mich hatte es keinen Sinn, mit Vater über russische Kultur, Bildung und Tradition zu sprechen, wenn sie in unserem Leben keine Rolle mehr spielten!" – „Vater sprach ja nie mit uns über unsere Zukunft oder unsere Ausbildung, über die Pläne, die er mit uns hatte. Warum", fragte sie, „durften wir nicht mit unseren Verwandten in Kontakt treten, die sich in ihrer neuen Heimat offenbar gut eingelebt hatten? Wieso nicht mit den Familien in Österreich, die Vater kannte?"

Weil sie darauf nie einleuchtende Antworten bekam, schuf sich Olga, soweit es möglich war, ihre eigene Welt: Sie begann alles zu lesen, was sie in die Finger bekam, pflegte Freundschaften im Ort und liebte die Musik. Im Sommer waren die Kurkonzerte in Bad Deutsch-Altenburg Höhepunkte, und das Zuhören-Dürfen Belohnung für die harte Arbeit. Keinesfalls wollte sie die versäumen. Aber allein zu gehen, schickte sich nicht und Ali musste oft erst mühsam überredet werden, Olga zu begleiten. Im Winter verbrachte sie zum Missfallen ihres Vaters viele Stunden bei der leidenschaftlich singenden Jägerfamilie. Wenn sie zur Essenszeit hinkam, wurde sie sofort herzlich aufgefordert: „Kimm, setz di her zu uns, so eilig wirst es do net hobn" – und ein Gedeck für sie wurde dazugelegt. Vielleicht liebte sie diese Stunden, weil sie an Dedlovo erinnerten?

Die Information über das Schicksal seines Sohnes dürfte Dimitri sehr getroffen haben. Von da an mied er Geselligkeiten, ließ seine Verbindungen zu Emigranten und Adels-Clubs einschlafen und zog sich völlig zurück. Früher hatte er bei seinen Landsleuten Entspannung, Verständnis und gute Gespräche gefunden. Aber nun empfand er ihre Fragen nach der mangelnden Erziehung seiner Töchter und Bemerkungen über seinen Lebensstil als Kritik, die ihn vertrieb. Im Ort war der Baron weiter sehr geachtet und beliebt. Mit seinem Fuhrwerk übernahm er Transporte aller Art und gab sich dabei freundlich und humorvoll. Nach außen schien er zufrieden mit seinem Dasein.

Die Pflichtschulzeit seiner Töchter ging zu Ende. Es ist kaum zu glauben, aber Dimitri unternahm nichts für deren Weiterbildung. Was dachte er sich nur? Olga: „Es ist ja nicht so, dass man ohne Beruf kein erfülltes Leben haben könnte. Aber eine Ausbildung fehlte mir sehr, als ich eines Tages die Existenz meiner Familie sichern sollte." Dimitri war sehr streng und erlaubte ihnen keine Arbeit außer Haus, das sie ohnehin möglichst nicht verlassen sollten. Olga durfte höchstens einmal auf den kleinen Sohn ihrer früheren Lehrerin aufpassen, wenn sie darum bat. Ali half manchmal Gräfin L. im Schloss. „Wir waren immer noch arm, aber immerhin bekamen wir nun zweimal im Jahr – Frühling und Herbst – ein Paar neue Schuhe und ein Kleidungsstück." Aber, erzählte

Olga später ihren Enkeln, „es gibt keine Ursache, uns zu bedauern, die Armut war uns nicht bewusst, schon gar nicht als Makel. Sie spielte in der Wertschätzung der Menschen, das ist heute anders, keine Rolle!"

Auf diese Weise vergingen die nächsten Jahre. Im Spätsommer 1933 wurden Olga 19 und Ali 18 Jahre alt, aber an ihrem Leben hatte sich nichts geändert. Einige Mitbürger wunderten sich darüber und fragten den Baron wieder neugierig: „Was haben Sie mit Ihren Töchtern vor?" Der lachte, gab aber keine Antwort.

Olga hielt sich beinahe täglich in einer Koppel bei den Pferden auf, um nach ihnen zu sehen. Vermutlich wollte sie ihr Vater nur irgendwie beschäftigen, denn viel zu tun hatte sie dabei nicht. Meistens saß sie unter einem Baum und las. Dass Hitler in Deutschland an die Macht gekommen war, erschien ihr nur als eine von vielen schlechten Nachrichten. Sie kümmerte sich nicht darum – nach ihrer Lebenserfahrung kamen und gingen die Machthaber, ihr Handeln war durch Einzelne nicht zu beeinflussen, das hatte sie ja auch schon am Schicksal ihrer Eltern erlebt.

In Bad Deutsch-Altenburg ging der sommerliche Kurbetrieb weiter, die beliebten Konzerte und die Promenade waren von Wiener Gästen bevölkert. Eines Tages kam ein älteres elegantes Paar, das Ehepaar L., bei der Koppel vorbei, lächelte, grüßte und spazierte weiter. Beim nächsten Mal blieben sie stehen, um sich mit Olga zu unterhalten. Wer sie sei, was sie hier mache, warum sie so viel lese und welche Pläne sie für die Zukunft habe, wollten sie im Gespräch wissen. Sie kamen immer wieder vorbei: „Es ist ein wahres Vergnügen, sich mit einer so reizenden jungen Dame zu unterhalten", erklärten sie ganz ernsthaft. „Es war eigenartig, aber wir fragten uns sofort, als wir sie sahen, woher sie wohl kam." Sie erzählten später: „Durch ihr Selbstbewusstsein, ihre Haltung und Sprache verstärkte sich der Eindruck, eine verwunschene Prinzessin vor uns zu haben." Olga war nicht überrascht, Ähnliches hatte sie schon öfters gehört – und die „Bauernprinzessin" lag ihr doch noch im Blut.

Wem oder welchen Umständen sie ihre starke Persönlichkeit zu verdanken hatte, kann man nur vermuten. Wahrscheinlich spielten dabei die Jahre in der Familie Pitkievich eine Rolle. Aber vielleicht waren auch die überlieferten Familiengeschichten, bei denen es immer auch um Haltungen und Lebenseinstellungen ging, nicht ganz wirkungslos geblieben. Und sicherlich haben das Beispiel Dimitris und sein Leitsatz dazu beigetragen: „Was mich deklassiert, bestimme ich selbst". In ihrem späteren Leben hat auch Olga diese Erkenntnis oft ausgesprochen. Vielleicht sind die Mädchen zusätzlich an der Härte des Vaters gewachsen? Jedenfalls wurden die Schwestern enorm starke, belastbare und innerlich unabhängige Menschen, Eigenschaften, die vermutlich auch das alte Ehepaar L. beeindruckten.

Am Ende ihres Aufenthaltes fragten sie Olga: „Wollen Sie nicht mit uns nach Wien kommen? Meine Frau ist, seitdem unser Sohn im Ausland ist, einsam und hätte gerne einen jungen Menschen wie Sie um sich!" Olga war Feuer und Flamme: „Sehr gerne, ich versäume hier nichts!" Nach einer Pause meinte sie dann: „Aber mein Vater wird es nicht erlauben, fürchte ich!" Doch das Ehepaar – er war Rektor des „Theresianums", groß, imposant, weißhaarig und humorvoll, sie klein, zart, ganz energische Aristokratin, eine ungarische, wie ihr Akzent verriet – hatte alle möglichen Einwände des Barons gegen diese Einladung schon bedacht. „Das ist nichts anderes als eine Form von Dienstmädchen", sagte Dimitri, „und kommt nicht in Frage!" Aber die Wiener ließen nicht locker: „Baron, wir haben Personal, es wäre schön, Ihrer Tochter Wien zu zeigen. Sie könnte auch eine Kochschule oder Büroschule oder beides besuchen, meine Frau zu Konzerten begleiten usw. Besuchen Sie uns und überzeugen Sie sich!" In der schönen Villa der Gastfamilie, in einer vornehm-ruhigen Gasse in Wien-Hietzing gelegen, stimmte Dimitri nach einem anregenden Essen der Übersiedlung Olgas schließlich zu.

48.
Das Ende der Geschichte?

Olgas neuer Lebensstil – musikerfüllte Tage – Einmarsch Hitlers in Öster-reich – Zweiter Weltkrieg – alles wiederholt sich – Ali wird Rotkreuz-schwester – Olgas Hochzeit im Krieg, sie wird die Frau eines Soldaten – eine Entscheidung bricht Dimitris Herz – sterbend erzählt er einem jungen deutschen Soldaten seine Lebensgeschichte – die Rote Armee nähert sich – Ali rettet ihre Schwester – sie heiratete nie – der Zusammenbruch der Sow-jetunion bedeutet Olga und Ali nichts mehr – es ist vorbei

„Im September 1934 begann in Wien mein gänzlich neues, wun-derbares Leben", schrieb Olga in ihren Erinnerungen. Sie genoss die Liebenswürdigkeit und den Lebensstil des Ehepaares L. und bewunderte das alte Geschirr, die feine Wäsche, die kostbaren Bilder, Möbel, Teppiche, bald zeigte sie dafür Verständnis, ja Sachkenntnis. Zur Erweiterung und Prüfung ihres Wissens über Antiquitäten streifte Olga in ihrer Freizeit durch einschlägige Geschäfte und deren Werkstätten. Begeistert begleitete sie das Ehepaar zu Theateraufführungen, Konzerten und Einladungen. Für den jeweiligen Anlass durfte sie sich Jungdamen-Kleider und die dazu passenden Accessoires aussuchen. Täglich vor der Empfangsstunde um 11 Uhr kam die Friseurin, um Frau L. – für Olga nun „Tante Roszi" – zu frisieren. Manchmal forderte Frau L. die Friseurin auf, auch Olgas Haare aufzustecken. „Wir besuchten oft Gesellschaften, trafen aber hauptsächlich ältere Leute – so um die vierzig Jahre. Sie waren alle sehr nett, aber behandelten mich wie ein Kind." Zu Tante Roszis Erleichterung leistete sich das „Kind" nicht den kleinsten Fauxpas – trotz ihrer mangelnden gesellschaftlichen Erfahrung. Was Olga sehr erstaunte, denn: „Nie hätte Vater uns Takt- oder Rücksichtslosig-keit durchgehen lassen."

Nach einer Eingewöhnungszeit wurde Olga zuerst in eine bekannte Haushaltsschule und danach in eine Handelsschule geschickt. Ihr Vater nahm hin und wieder Einladungen zu Haus-konzerten und Abendgesellschaften im Hause L. an. Ali arbeitete inzwischen im Büro einer Handelsgesellschaft, kam manchmal zu

Besuch, wollte aber keinesfalls nach Wien übersiedeln. Ein Höhepunkt für Olga waren Tante Roszis tägliche Klaviervorträge, die sie manchmal als ihre ausdauerndste und bewundernde Zuhörerin genießen konnte. So lernte sie Beethoven, Schumann, Mozart, Schubert und deren Werke kennen und leidenschaftlich lieben. „Meine große Begeisterung für Musik war wohl ein Erbe von Mutter und Großmutter. Wie ihnen half sie auch mir später über manche dunkle Stunde hinweg."

Die „dunklen Stunden" waren näher, als sie damals ahnte. Vorzeichen gab es genug. Aber „im vornehmen, ruhigen Bezirk Hietzing waren der Lärm der Straße, Aufmärsche oder Demonstrationen selten zu hören. Wenn nötig, vermied man es dann, in die Stadt zu fahren." Andere, wie Tante Roszis Sohn Karoly, ließen sich nicht täuschen und übersiedelten noch vor 1938 für immer nach England. Wie Karoly verließ auch der frühere Wohltäter der Kigns, Mister Alec Daniel, Österreich und Europa und kehrte nach Amerika zurück. Sein Gut verfiel und wurde später verkauft. Nach dem Einmarsch Hitlers in Österreich am 13. März 1938 wurde das Land als Ostmark ein Teil des Deutschen Reiches. Am 1. September 1939 begann der Zweite Weltkrieg mit dem Einmarsch deutscher Truppen in Polen.

Ali gab ihren Büroberuf auf und ließ sich zur Rotkreuzschwester ausbilden, um wie ihre Großmutter und Tanten Verwundete und Kranke zu pflegen. Ihre strenge Berufsauffassung, dass Pflegedienst Berufung ist, die sie bei allen voraussetzte, machte sie zum gefürchteten Vorbild ihrer Kolleginnen und zum Engel der Patienten. Olga hingegen, damals 23 Jahre alt, wollte ihr wunderbares Leben noch festhalten: „Ich lebte wirklich wie eine Tochter des Hauses in einer ruhigen, wunderschönen und harmonischen Atmosphäre. Aber im Leben geborgen und ‚angekommen' fühlte ich mich erst, als ich meine große Liebe traf und am 13. Juni 1940, also im ersten Kriegsjahr, heiratete."

Eine Liebe, die 50 Jahre lebendig bleiben sollte und bis zum Tod ihres Mannes und darüber hinaus währte. „Bei meiner Hochzeit habe ich Vater das erste Mal in einem Gesellschaftsanzug gesehen" – in ihren Augen ein Indiz für Dimitris Einverständnis mit ihrer Wahl. Ausgesprochen hatte er das aber nie. Er war inzwischen mit seiner Frau nach Bad-Fischau in Niederösterreich gezogen, wo er wieder eine kleine Landwirtschaft gepachtet hatte.

Wie mag sich Dimitri bei der Kriegstrauung seiner Tochter gefühlt haben? Würde sich bei ihr sein eigenes Schicksal – kurzes Glück und großes Leid – wiederholen? Zwar eilte die deutsche Armee 1940 noch von Sieg zu Sieg, aber das war bei der zaristischen Armee zu Beginn des Krieges auch so gewesen. Olga war zu glücklich, um sich von den Kassandrarufen ihres Vaters beeinträchtigen zu lassen. Ihr erstes Kind, eine Tochter, nannte sie aber ihm zuliebe nach der Tradition ihrer Familie Olga.

1941/42 waren deutsche Truppen weit in die Sowjetunion vorgedrungen, als Dimitri aufgefordert wurde – von wem, wissen wir heute nicht –, seinen inzwischen 18 Jahre alten Sohn Alexej aus der Sowjetunion zu holen – allerdings nur persönlich! Eine Aufforderung, die bei Dimitri einen Sturm widerstreitender Gefühle ausgelöst haben muss. Könnte nicht doch noch alles gut werden und die Geschichte der Familie mit Alexej ihre spezielle Fortsetzung in Österreich finden? Schließlich wäre sie dann nach 700 Jahren Wanderschaft durch Europa wieder in ihr ursprüngliches Herkunftsland zurückgekehrt. Er selbst hätte eine Aufgabe und sein Leben eine neue Perspektive. Aber Dimitri soll nur gesagt haben: „Das werde ich nicht tun, denn seine jahrelange bolschewistische Erziehung und Indoktrinierung haben ihn mir für immer genommen!"

Diese Entscheidung klingt für uns hart und gefühllos, aber aus seiner Sicht war sie konsequent. Doch sie zu treffen, brach ihm sicherlich das Herz. Aber noch hielt er sein Leid „unter Verschluss", darüber zu sprechen war ihm nach wie vor nicht möglich.

Ein trüber, kalter Novembertag des Jahres 1943 ging zu Ende, als ein junger Offizier der Deutschen Wehrmacht vor sein Zelt ging, um sich die Füße zu vertreten und eine Zigarette zu rauchen. Seine Einheit befand sich in der „Ostmark" nahe bei Wiener Neustadt und war auf dem Weg an die russische Front. Ein unbekannter Zivilist in Reithosen mit einem Pferd am Zügel näherte sich, bat um Wasser und darum, sich kurz ausruhen zu dürfen. Er fühle sich nicht gut und ersuchte, seine Töchter zu verständigen, ihn abzuholen.

Wenig später lag Dimitri nach einem Schwächeanfall im Zelt auf einer Pritsche, die ihm der junge Deutsche fürsorglich angeboten hatte. Möglicherweise war es der Anblick der vielen ahnungslosen jungen Männer auf dem Weg in den Krieg – nach Russland, wo er zu Hause gewesen war –, der endlich Dimitris seelischen „Panzer" brechen ließ. Er begann zu erzählen und redete Stunde um Stunde, nur von kurzen Pausen unterbrochen. In einem Sprachengemisch aus Deutsch, Russisch und Französisch sprach er über sein Leben. Gebannt hörte der Deutsche zu. Es war die ergreifende, dramatische Geschichte eines Lebens: vom Verlust geliebter Menschen, von viel zu früh auferlegter großer Verantwortung, von verlorenem Glück und geraubtem Besitz, von Mord, Vertreibung und Hoffnungslosigkeit. „Es war mehr ein Selbstgespräch, ein Fragen ins Leere, aus dem er scheinbar Antworten erhielt oder sich selbst gab." Irgendwann hatte der Offizier begriffen: Der Fremde lag im Sterben.

Sagt man nicht, dass Sterbende ihr Leben noch einmal vorüberziehen lassen, um es zu betrachten, zu beurteilen, um Versäumtes zu bereuen und erlittenes Unrecht vor Gott zu beklagen? Doch glaubte Dimitri überhaupt an Gott und an eine unsterbliche Seele? Nach stundenlangem Ringen, das nur von kurzen Pausen unterbrochen war, konnte er am Ende der Nacht seine Vergangenheit annehmen, sich selbst und anderen verzeihen. Endlich fand sein gebrochenes Herz Ruhe. Er starb in Frieden, ja beinahe gelöst – erlöst, wie die anwesenden Soldaten seinen Töchtern danach versicherten.

Olga und Alexandra waren zu spät gekommen, um ihren Vater noch sprechen zu können, und weinten verzweifelt. Vor ihnen lag ihr Vater, wie sie ihn nie gesehen, nie gekannt hatten – jung aussehend, mit weichen Zügen. Der Gedanke, dass er sich niemals ihnen, aber jetzt wildfremden Menschen geöffnet und sein Schicksal vor ihnen ausgebreitet hatte, erschütterte sie. „Warum hier? Warum nicht bei uns?" Wie gerne hätten sie in sein Herz geschaut und vielleicht gelernt, ihn zu verstehen. „Nun ist es dafür und für alle Antworten zu spät", klagte Olga. Doch mit wachsender Lebens- und Leiderfahrung lernte sie ihren Vater anders zu sehen und großes Mitleid für ihn zu empfinden.

Schon bald nach Dimitris Tod lag Bad Fischau in der sowjetrussischen Zone des unter den vier Besatzungsmächten aufgeteilten Österreich. Dimitris früher Tod, er war nur 49 Jahre alt geworden, hatte ihm einen weiteren Albtraum erspart, nämlich miterleben zu müssen, wie die Bolschewiki in kürzester Zeit auch hier das kriegsgeschädigte Gebiet total ausplünderten. Alles, was nicht niet- und nagelfest war, montierten sie ohne Sachverstand ab und sandten es in die Sowjetunion. Auf dem Wege dorthin blieben ganze Betriebseinrichtungen irgendwo auf der Strecke liegen und verrotteten. Die Besatzungsmacht terrorisierte die Bevölkerung, verfolgte Frauen und verschleppte willkürlich zahlreiche Menschen. Trotz dieser Gefahren wollte Ali 1946 unbedingt wenigstens einmal das Grab ihres Vaters besuchen. Dabei setzte sie sich über alle Bedenken hinweg, die sichere amerikanische Zone zu verlassen, in der sie mit Olga und deren Kindern lebte. Ihre gefährliche Arbeit im Krieg als Rote-Kreuz-Schwester – manchmal im Einsatz zwischen den Fronten, die Krankenversorgung unter Beschuss von Tiefflegern oder während Bombardierungen – hatte sie sehr fatalistisch werden lassen.

Auf der Fahrt nach Bad Fischau wurde Ali von sowjetischen Besatzungssoldaten, die den Zug durchkämmten, verhaftet und gezwungen, mit ihnen auszusteigen. Als sie sich zu wehren versuchte, kam ihr niemand zu Hilfe. Verzweifelt sah sie sich schon als eines der vielen Verschleppungsopfer auf dem Weg nach Sibirien. Auf dem Bahnhof, flankiert von den Rotarmisten und starr vor Angst, sah sie, wie sich der Zug, ihr Zug, langsam in Bewegung setzte – sehr langsam, auffallend langsam! In Sekundenbruchteilen wurde Ali klar: „Er wartet auf mich!" Sie warf den Soldaten ihre Habseligkeiten an den Kopf, rannte los und erreichte die Trittbrettstange des letzten Waggons, als die ersten Schüsse fielen. Der Zug beschleunigte, mutige Mitreisende zogen sie auf die Plattform. „Dort weinte ich ein bisschen, dankte Gott und diesen wunderbaren, mutigen Menschen!"

Wie ihre Mutter war Olga Soldatenfrau, von ihrem geliebten Mann getrennt und in ständiger Angst um sein Leben. Er war zuerst an der Front und später in Gefangenschaft. „Es war sehr schwer, zu überleben und für die Kinder sorgen!" – „Ja, oft half nur noch beten! Wirklich, es half uns immer weiter", versicherte Olga ihren Kindern und Ali nickte dazu. Manchmal flehte Olga in größter Not: „Oh Herr, mein Gott, ich schaffe das allein nicht, ich weiß nicht mehr weiter!" Es war nicht zu erklären, wie ihre Schwester ohne Verständigungsmöglichkeit, ohne eine Telefonverbindung, wie gerufen immer zur rechten Zeit kam. Kein Sturm, kein Fliegeralarm, kein fehlendes Transportmittel konnten sie dabei aufhalten.

Nie vergessen konnte Olga die Stunden, als die „Rote Armee" heranrückte, die Bevölkerung in den Westen des Landes floh und sie mit drei fiebernden Kindern allein auf einem einsamen Hof in Niederösterreich festsaß. Als sie in der Dämmerung angstvoll aus dem Fenster sah, glaubte sie am Horizont einen sich bewegenden Schatten zu erkennen, der sich näherte. Fremde Soldaten! Als sie aber Ali erkannte, die mit schweren Taschen beladen herankam, war ihre Todesangst wie weggeblasen. Zu Recht, denn sie brachte nicht nur dringend benötigte Medikamente, sondern hatte auch die Flucht für sie und die kranken Kinder auf einem Militärlastwagen organisiert.

Ali heiratete nie – manchmal bedauerte Olga ihre Schwester deshalb: „Sie hat ja gedanklich immer in der Vergangenheit gelebt und ist auch nie wirklich in der Gegenwart angekommen. Deshalb konnte sie wahrscheinlich keinen passenden Mann finden!" Möglicherweise stimmte das auch, denn für Ali war ihre Schwester die Einzige, die ihre Erinnerungen teilte, die noch wusste, woher sie kam und wer sie wirklich war. „Ich muss nicht heiraten, um eine Aufgabe und ein sinnerfülltes Dasein zu haben!" Ali blieb sich selbst lebenslang treu und war immer die bedingungsloseste Verbündete und Stütze Olgas. In späteren Jahren erwies sie sich dann für ihre Nichten und Neffen als ein wahrhaft guter Engel – ganz nach dem Beispiel unverheirateter Frauen ihrer Familie. „Alles ist uns nur geliehen" interpretierte sie weniger als die Pflicht zur Weitergabe von Werten an nachfolgende Generationen, sondern so, dass es besser wäre, gar nichts zu behalten. Darum verschenkte sie alles, was sie besaß.

Während sich das übrige Österreich in der Nachkriegszeit langsam erholte, blieb die Besatzungszone der „Roten Armee" ein totes Gebiet: Kriegsruinen wurden nicht wiederhergestellt, Häuser, Infrastruktur und Wirtschaft verfielen, willkürliche Gewalt und Verschleppung als politisches Mittel waren lange an der Tagesordnung. Die Österreicher sagten darüber: „Das ist typisch russisch!" Es war aber typisch bolschewistisch! Russisch und bolschewistisch wurde in den Augen der Menschen zu einem einzigen Begriff. Olga und Ali waren daher Sowjet-Russinnen – und damit bei vielen plötzlich in einem Topf mit ihren Verfolgern. Im Internat wurden Olgas Töchter anfangs zu deren schmerzlicher Ratlosigkeit als „Russenkinder" gemieden.

Nach zehn Jahren verließen die Besatzungstruppen Österreich. Die Soldaten der „Roten Armee" verschwanden hinter dem „Eisernen Vorhang". Österreich, obwohl von „sowjetischen Bruderländern" umgeben, wurde frei und versuchte, sich neutral durch den „Kalten Krieg" zu lavieren.

Olgas Mann war nur mäßig an der dramatischen Familiengeschichte seiner Frau interessiert und der Ansicht, sie besser zu vergessen. Das konnten die Schwestern natürlich nicht, aber sie gewöhnten sich ab, darüber zu sprechen. Irgendwann fragten die heranwachsenden Kinder nach den „anderen" Großeltern – wie und wo Mutter und Tante ihre Kindheit verbracht hatten, ob sie noch Russisch könnten? „Nein." Beide wehrten meistens die Fragen ab. Wenn sie antwortete, dann erzählte Olga nur von guten Menschen, die sie gerettet hatten. Ali, wenn man sie ließ, erinnerte sich an den wunderschönen riesigen Besitz, die Fabriken und wie glücklich dort „ihre Leute" gewesen waren. Böse, gottlose Menschen hätten das Paradies zerstört und das Land in den Untergang geführt. Auf die Kinder wirkten die Erzählungen wie gruselige Märchen aus einer fernen Zeit und Welt, aber mit garantiert gutem Ende. Denn nach ihrer Meinung durften Mutter und Tante ja jetzt in Österreich, dem „besten, schönsten Land der Welt", leben. Viel später erfassten sie sehr wohl die Tragödie und das erlittene Unrecht an der großen Familie ihrer Mutter. Aber in der Sowjetunion darüber Nachforschungen anzustellen, war bekanntlich nicht möglich.

Die Schwestern erlebten noch deren Zusammenbruch im Jahre 1991, aber er bedeutete ihnen nichts mehr. Sie waren überzeugt, dass „das Land sich unmöglich von 70 Jahren Terror, Kommunismus und dem von ihm zu verantwortenden Verlust von Millionen Menschen moralisch erholen kann. Bereits zwei neue Generationen sind inzwischen im Geist des Bolschewismus indoktriniert worden und kennen ihre eigene Geschichte nicht mehr." Für Ali und Olga war das „wahre" Russland untergegangen. „Es ist vorbei!"

Möglich, dass es wirklich so ist. Doch nach neueren Recherchen[108] mehren sich auch in Russland Stimmen, die sich der bis heute weitgehend tabuisierten Vergangenheit zuwenden, sie aus der Verdrängung holen und die herrschende Sprachlosigkeit beenden wollen. Das gibt Hoffnung, dass sich eines Tages eine neue Generation in Russland der Frage stellt: „Wo wäre unser Land heute, hätte es während und nach dem Ersten Weltkrieg den Weg genommen, für den Dimitri und Millionen Russen gekämpft und alles gegeben hatten?"

Die Familie

STAMMBAUM
der Familie Kign ab 1804,
die ihre Herkunft von Egon de Tramin 1185, Tirol, ableitet

Ludwig Kign	**Elizabeta Pavlovskaya**
*25.04.1804 +12.02.1893	*1830 +1915 Dedlovo

∞ 30. 01. 1855

Vladimir Ludowigovich Kign	**Olga Ludwigovna Kign**	**Alexej Ludwigovich Kign**	**Alexandra Nikolajevna Ostrowskaja**
* 15.01.1856 Tambov + 03.06.1908 Rogatschov	* 1858 Tambow + 1920 Taganrog	* 09.09.1860 + 23.09.1905	* 07.10.1868 Twer + 13. 05.1913 Dedlovo

∞ um 1892

Dimitri Alexejevich Kign	**Olga Platonovna Kign** geb. Chmara-Barschtschewskaja	**Rostislaw Kozlovskij**	**Katharina Kign**
* 31.03.1894 Dedlovo + 7. 10. 1943 Bad Fischau	* 08.09.1895 Kamenez + 2/3.11.1920 Odessa	* 1878 + 1937 Kislowodsk	* 04 .12.1897 Moglijew + 1984 Krasnojarsk

∞ 11. 7. 1914   ∞ ...

Olga Kign	**Alexandra Kign**	**Alexej Kign**
* 25. 09. 1915 St. Petersburg + 08. 07. 1999 Wien	* 26. 10. 1916 Dedlovo + 11. 04. 2004 Wien	* um 1919

Ludwig Kign
*25.04.1804
+12.2.1893
Dedlovo

(Von ihm ist
kein Foto erhalten)

Ludwig arbeitete als Anwalt hart, um sich eine Existenz aufzubauen. Es gelang ihm, ein Gut zu erwerben und kleine Fabriken zu gründen. Seine Tätigkeit hielt ihn oft wochenlang von zu Hause fern. Er unterstützte „Semstwo", eine liberale Organisation zur regionalen Selbstverwaltung.

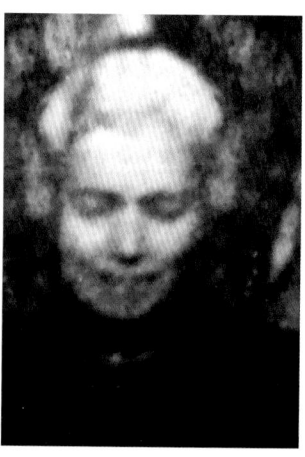

Elizabeta Ivanovna Kign, geborene Pavlovskaya, (genannt die „Fromme") führte in seiner Abwesenheit den Gutsbetrieb und die kleinen Fabriken. Sie erstellte die erste Sammlung weißrussischer Volkslieder und gründete auf ihren Besitzungen Schulen und Kirchen.

* 1830
+ 1915 Dedlovo

Foto 2011 aus der Bibliothek in Dovsk (Dedlovo)

Vladimir Ludowigovich Kign, Künstlername Dedlov, war Jurist und Richter. Als Revisor reiste er durch Bessarabien und Sibirien, als Journalist war er Kriegsberichterstatter im russisch-japanischen Krieg. Seine „Schulerinnerungen" und das Büchlein mit der Beschreibung der Kathedrale des Hl Vladimir in Kiew, wurden nach 2008 wieder veröffentlicht.

* 15.1.1856 Tambov,
+ (erschossen) 3.6.1908 Rogatschov

Olga Ludwigovna Kign blieb unverheiratet, weil ihr Vater ihrer gewünschten Heirat nicht zustimmte. Sie lebte als „guter Geist" in der Familie

* 1858 Tambow
+ 1920 Taganrog am Asowschen Meer an Cholera

Foto 2011 aus der Bibliothek in Dovsk (Dedlovo)

Alexej Ludwigovich
Kign
* 9.9.1860 Tambov
+ 23.9.1905 Dedlovo

(Von ihm ist
kein Foto erhalten)

Alexej war Agraringenieur, Politiker und in das Semstwo Tambov gewählter Adelsmarschall des Gouvernement Mogiljev. Er übernahm Dedlovo schließlich die Leitung des Gutes der Familie und ihrer Betriebe. Später wurde er Präsident der Landwirtschaftskammer und Gründer des lokalen Roten Kreuzes. Alexej litt unter der Beschneidung der Rechte des Semstwos und der darauf folgenden Stagnation. Alexej starb nach einem Sturz vom Pferd

Alexandra Nikolajevna Kign (genannt die „Strenge") war lange Alexejs heimliche Braut. Nach ihrer Eheschließung hatte sie zunächst Schwierigkeiten, sich mit den Pflichten der Frau eines Gutsherrn, Politikers und Industriellen anzufreunden. Ihre Leidenschaft für Pferde soll ihre Ehe gerettet haben. Nach dem Unfalltod Alexejs 1905 führte sie die Familienbetriebe äußerst erfolgreich weiter.

* 7.10.1868 Twer
+ 13.5.1913 Dedlovo

Für die sensible **Katharina Alexejevna Kign** (Ekaterina) blieb nach dem Tod ihres Vaters 1905, wenig Aufmerksamkeit. Alles drehte sich um ihren Bruder Dimitri, den Erben. Unterstützt von ihrer unverheirateten Tante Olga, wird Katharina die erste Frau der Familie, die (Sprachen) studierte.
Am Ende des Bürgerkriegs wird sie nach Sibirien deportiert.

* 1897 Mogiljev
+ 1984 Krasnojarsk (Sibirien)

Dimitri Alexejevich Kign, war erst 19 Jahre alt, als er 1913 nach dem Tode seiner Mutter sein Erbe antreten musste. Er heiratete 1914 und beendete danach das Studium der Landwirtschaft. 1915 besuchte Dimitri einen Offizierslehrgang in Petrograd (St. Petersburg) und ging an die Front. Im Bürgerkrieg kämpfte er in der Weißen Armee und emigrierte 1924 nach Österreich.

* 31.3.1894 Dedlovo
+ 7.10. 1943 Bad Fischau/Niederösterreich

(Foto eines Gemäldes von 1940)

Olga Platonovna Kign
geb. Chmara-Barschtschewskaja
war die Tochter eines Petersburger Universitätsprofessors und einer Pianistin. Ihre Studienpläne gab sie nach ihrer Eheschließung mit Dimitri auf. Sie bekam zwei Töchter und einen Sohn.
Im Krieg und im Bürgerkrieg riskierte sie alles um ihren Mann nahe zu sein. Sie wurde auf der Flucht bei Odessa ermordet.

* 8.9.1895 Gut Kamenez
+ 3.11.1920

Die Schwestern **Olga Kign** (1915-1999) und **Alexandra Kign** (1916-2004) mit ihrer Kinderfrau Wanda gegen Ende des Bürgerkriegs in Dedlovo

Alexej Kign

Dimitri und Olga Kigns Sohn **Alexej** wurde vermutlich 1919 im Bürgerkrieg geboren. Danach angeblich von seiner Kinderfrau entführt und versteckt, damit sie in den Hungerjahren selbst überleben konnte. Sie nützte das Kind als „ihre Betteltasche" denn der „junge Herr" bekam in der schlimmsten Not Unterschlupf und auch Essbares zugesteckt.

Das Foto zeigt Alexej in der seltsam wirkenden Pose eines „Gutsherrn" in einem viel zu großen Mantel und mit einer Wollmütze in Form einer Pelzmütze.

Später soll er in ein stalinistisches Umerziehungslager gebracht worden sein und gilt als verschollen.

Olga, Alexandra und Wanda
1926 nach ihrer Ankunft in Österreich. Das ersehnte Zusammenleben mit Dimitri, ihrem „fremden" Vater, wurde eine furchtbare Enttäuschung.

407

Das Kaisertum Russland. Die roten Linien, ausgehend von Rogatschow (liegt im heutigen Weißrussland, etwas nördlich von Homel), zeigen die Reisen der Familie zu den jeweiligen ständigen Zielen, wie Minsk, Mogilow, Kiew, Odessa, St. Petersburg, Moskau, Tambov und der Krim.

Anhang

Quellen

Als Quellen für meine Nachforschungen nützte ich die Adelsarchive in Petersburg und Minsk, verwendete Informationen und Schriften aus den kleinen Gedenkstätten und Museen in Rogatschov, Feodorovka und Dedlovo und ließ sie übersetzen. Eine Innenansicht des Zarenreiches von der Mitte des 19. Jahrhunderts zeigen Berichte Vladimir Kign-Dedlovs als Revisor, Dichter, Reiseschriftsteller, Kriegsberichterstatter und seine als Buch erschienenen Kindheitserinnerungen. Seine Weltanschauung und die seiner Familie, ihr Lebensstil, ihre durchlebten Krisen und politischen Einstellungen, die ihr Leben bestimmten, fanden ihre Entsprechung in Schriften von Zeitgenossen wie von Anton Tschechow, mit dem Vladimir korrespondierte.

Wichtig waren auch die Tagebuchfragmente Dimitri Kigns und Aufzeichnungen seiner Tochter Olga. Viele Anekdoten berichten über damals unverzichtbare Mitglieder eines Gutshaushaltes wie Ammen, Kutscher, Wirtschafterinnen, Kindermädchen, Lehrer und Gouvernanten, deren Namen zum Teil verlorengegangen sind. Über die Verwalterfamilie Pitkievich, die durch Generationen für die Familie Kign gearbeitet hatte, gibt es detaillierte Schilderungen von den Schwestern Olga Kign und Alexandra Kign, die bis 1926 in deren Obhut lebten.

Besonders beeindruckend waren für mich die nie wirklich gewürdigten überragenden Leistungen der Frauen der Familie beim Führen der Gutsbetriebe während der Abwesenheit ihrer Männer.

Anmerkungen

1) Windhunde, eigens für die Jagd gezüchtet

2) Vladimir Kign war Richter, Revisor, Kritiker und unter dem Pseudonym Dedlov Schriftsteller. Bei Recherchen in Wien stießen wir auf den Namen seines Wiederentdeckers

3) Uzhanov Alexander, Professor am Moskauer Institut, heute Universität für Internationale Beziehungen, Mitglied der Vereinigung russischer Journalisten, Schriftsteller und Alexander-Nevsky-Preisträger für Erforschung historischer Literatur, ist der Wiederentdecker des Essayisten, Romanciers, Kritikers und Reiseschriftstellers Vladimir Kign-Dedlovs und seiner Familie.

4) Die weißrussische Sprache (Belorussisch) gehört zu den ostslawischen Sprachen und ist heute in der ehemaligen Sowjetrepublik Weißrussland neben Russisch Amtssprache. Die ersten weißrussischen Sprachelemente tauchen bereits in den Smolensker Urkunden des frühen 13. Jahrhunderts auf. Im Großfürstentum Litauen wurde sie „Kanzleisprache". Im 16. Jahrhundert wurde das Weißrussische von den Polen zurückgedrängt und 1696 durch den polnischen Sejm offiziell verboten. Nach dem Anschluss Weißrusslands an Russland 1795 bildete sich trotz offiziellen Druckverbots Ende des 19. Jahrhunderts auf der Grundlage der Volksdialekte und unter anderem durch das dichterische Werk von F. K. Boguschewitsch (1840 -1900) eine neue weißrussische Literatursprache, die 1919 von Russland offiziell anerkannt wurde. Trotz eifriger Pflege steht heute die weißrussische Sprache unter dem beherrschenden Einfluss des Russischen. Meyers Enzyklopädisches Lexikon in 25 Bänden, Bibliographisches Institut Wien-Zürich-Mannheim (1979).

5) N. I. Subow: Felix Dserschinski. Eine Biographie. Felix Edmundowitsch Dserschinski war Berufsrevolutionär, Mitglied der bolschewistischen Partei und Mitglied des Zentralkomitees. Als Organisator der berüchtigten Tscheka setzte er unter zehntausende Mordbefehle seine persönliche Unterschrift. Er stammte wie Lenin aus adeliger Familie. Deutscher Verlag der Wissenschaften 1975.

6) Das Geschlecht hat seinen Ursprung im Jahr 1185 oder 1250 bei Egon de Tramin, in Tirol. Er war durch seine Tapferkeit so berühmt, so dass man ihn allgemein den kühnen Ritter nannte. Seine Nachkommen hießen von da an Khuen.

7) Die Eltern Ludwigs waren Ivan Ivanowich Kign geb. 1773, verstorben am 23. 9.1813 in Preli, und Thekla Jensevskja geboren, 1795...

Die Daten der Eltern Ludwigs aus dem Adelsarchiv von St. Petersburg und Minsk sind leider wie auch die von drei Generationen der Familie Kign davor unvollständig.

8) Johannes Willms: „Napoleon", Biographie. Zitat von Napoleons Sekretär Villemains

9) Johannes Willms: „Napoleon", Biographie. Zitat von Napoleons Sekretär Villemains

10) Es war üblich, dass Gutsbesitzer Berufe als Offiziere, Diplomaten, Beamte oder Anwälte ausübten. Während ihrer Abwesenheit kümmerten sich in der Familie Kign die Ehefrauen und Verwalter um die Güter.

11) Adelsarchive von St. Petersburg und Minsk: Für Russen war der ursprüngliche Name Khuen (kühn), nicht auszusprechen. Er wandelte sich im Sprachgebrauch und in der Schreibweise auf den Ämtern von Khuen zu Khujon, Kugon, Kinan, Kin und schließlich zu Kign. 1845 ließ Ludwig neuerlich amtlich den Adel seiner Familie, aber diesmal auf den Namen Kign, bestätigen. Das war sehr teuer, aber nötig, um die damit verbundenen Privilegien zu erhalten, wie Land erwerben zu dürfen, standesgemäße Ehen zu schließen, bestimmte Schulen zu besuchen und Ämter auszuüben ….

12) Schon der erste nach Russland eingewanderte Johann Khuen, geboren 1690, heiratete 1720, als Ivan I. in der Familienchronik, die russische adelige Daria Tovgelov, die als Mitgift das Gut Ostaskievici mit Dörfern und Bauern in die Ehe mitbrachte. Sein Urenkel Ivan, geboren 1773, heiratete die adelige Thekla Jensevskaja und kaufte von Staatskanzler Anton Prinz Radzivil Land im Gouvernement Vitebsk.

13) Eine Adelsbestätigung war teuer. Die Familie Kign, ehemals Khuen, konnte sich damals den Adelstitel Baron leisten. Dieser Rang war kaum höher als der von Ivan Ivanovich Pavlovsky. Doch auf ihre uralte Familiengeschichte - die Khuen zählten zu den ältesten Tiroler Adelsgeschlechtern - waren und blieben sie stolz. Der Stolz bezog sich auf ihre Langlebigkeit und somit auf die Überlebenskraft der Familie.

14) Längenmaß im zaristischen Russland. Eine Werst entsprach 1066,78 Metern.

15) Semstwo war eine 1864 im Zuge liberaler Reformen gegründete Einrichtung gewählter lokaler Selbstverwaltung auf Gouvernements- und Kreisebene und galt als „Schule der Demokratie". Für drei Jahre gewählte Vertreter der Bauern, Städter und des Adels bildeten unter

Vorsitz eines gewählten Adelsmarschalls die Semstwo-Verwaltung. Sie durften Steuern einheben und kümmerten sich u.a. um die Errichtung und Instandhaltung von Straßen und Brücken, sanitären Einrichtungen, bemühten sich um das Elementarschulwesen und förderten Industrie, Handel und Landwirtschaft.

16) Dörfliche Gemeinde-Versammlung. Zusammenkünfte fanden unter freiem Himmel und in der Regel am Sonntag oder an Feiertagen statt. Das Wolost-Gericht befasste sich mit Streitfällen der Bauern untereinander und war ein altes grundlegendes Element ihrer dörflichen Selbstverwaltung.

17) Starost ist der für drei Jahre gewählte Dorfälteste, die Dorfregierung.

18) Mir ist die Dorfgemeinschaft mit gemeinsam genutztem Grund und Boden, den der Starost periodisch umverteilte. Das machte ihn besonders mächtig.

19) Russische Münze 100 Kopeken – 1 Rubel

20) Der Nihilismus war in Russland traditionell sehr verbreitet. Aus diesem Gedankengut kamen die Anfänge eines revolutionären Terrorismus, der für das Land verhängnisvoll werden sollte.

21) Anton Tschechow: „Briefe" (1877- 1889), Band 1, herausgegeben und übersetzt von Peter Urban. Verlag Diogenes, Zürich, 1979.

Zitat Brief, Moskau 5.2. 1888 an D. V. Grigorovic. Verlag Diogenes, Zürich, 1979.

22) Die Kaiserliche Rechtsschule in St. Petersburg war eine der exklusivsten Bildungsanstalten des Zarenreiches. Sie lieferte die Kader für den Richterberuf, der nach den Reformen Alexander II. von 1862 bis 1865 wachsende Bedeutung erlangte.

23) Banja bezeichnet ein traditionelles russisches Dampfbad bzw. Badehaus.

24) Ein volles Studium der Medizin war für Frauen in Russland damals nicht möglich. Interessierte konnten spezielle Kurse an der Universität St. Petersburg besuchen. Ihre Ausbildung entsprach der einer diplomierten Krankenschwester heute.

25) Andrei Maylunas, Sergej Mironenko: „Eine Liebe für die Ewigkeit". Zitat aus der Anklageschrift vom 1. März. Schneekluth Verlag GmbH. München 1996.

26) Ebenfalls Zitat aus der Anklageschrift vom 1. März

27) Andrei Maylunas, Sergej Mironenko: „Eine Liebe für die Ewigkeit" –

Manifest Zar Alexander III. Schneekluth Verlag GmbH München 1996.

28) Aus „Das alte Russland": „Der Fall General Trepow"; ein spektakulärer Fall in der Justiz, weil die Attentäterin, Vera Sussulitsch, freigesprochen wurde. Verlag C.H. Beck, deutsche Ausgabe 1980.

29) Francois Porche: „Leo Tolstoi", Brief Tolstois an seine ältere Freundin und Tante zweiten Grades, Gräfin Alexandrine Tolstoi über seine Ladung vor Gericht. Droste Verlag Düsseldorf 1954.

30) Aus „Das alte Russland". Berichtet vom wirtschaftlichen Fortschritt 1882 – 1890 und einer modernen Sozialgesetzgebung, die Arbeitszeitbeschränkung und gesetzlich verpflichtende Inspektionen in Fabriken regelten. Verlag C.H. Beck, deutsche Ausgabe 1980.

31) Anton Tschechow „Briefe" 1877- 1889, Band I. Verlag Diogenes. Anton Tschechow schrieb in einem Brief an seinen Verleger A. S. Suworin (Moskau, am 30. Dezember 1888) über die Figur des Ivanov in seinem gleichnamigen Theaterstück.

32) Dedlev Brandes: „Vom Zaren adoptiert", die deutschen Kolonisten und die Balkansiedler in Neurussland und Bessarabien 1751- 1914. Bundesinstitut für Ostdeutsche Kultur und Geschichte. Darin werden Zitate von Vladimir Kign veröffentlicht, als er im Auftrag der Regierung das Land bereiste.

33) Wikitravel: Reisebeschreibung und Bemerkungen zur Geschichte der Transsibirischen Eisenbahn.

34) Anton Tschechow: „Briefe" 1877 - 1889 Band I, Verlag Diogenes; Brief Anton Tschechows aus Melichowo vom 15. 3. 1896 an P. F. Iordanov, in dem er von einer Liste lesenswerter Bücher schreibt und welche er auf ihr vermisst. Darunter an 6. Stelle Vladimir Dedlovs „Saschenka"; Russische Schriftsteller: Gorki: „In ‚Sasha' sind Geschichten über den ‚neuen Menschen' ...und sein Streben nach Individualismus .... Dieser Trend ist bei den Jugendlichen sehr attraktiv." Bibliographischer Dictionary Band I, Herausgeber P. A. Nikolaev Al Zapolskaya; Fachbereichsarbeit der Gymnasiastin Kristina Kowaltschuk, 2010: „Vladimir Kign-Dedlov: „Die Rückkehr eines vergessenen Helden", in der sie vom Lob Maxim Gorkis für „Sasha" berichtet.

35) Therese von Bayern: „Reiseeindrücke und Skizzen aus Russland". Ein umfassender Bericht über Russland Ende des 19. Jahrhunderts (Bayern Verlag der J. G. Cotta'schen Buchhandlung 1885). Therese von Bayern war Ethnologin, Botanikerin, Zoologin und Weltreisende, die 12 Sprachen beherrschte und perfekt Russisch sprach. Sie hatte sich zehn Jahre auf ihre Russlandreise wie auf eine Expedition vorbereitet.

36) Anton Tschechow, Brief vom 4. Februar 1894 aus Melichovo an Vladimir Kign-Dedlov (Kopie aus dem Museum in Dedlovo).

37) Zitat aus „Russische Schriftsteller" Band 1, herausgegeben von P.A. Nikolaev M. Bildung 1990

38) Zitat ebenfalls aus „Russische Schriftsteller" Band 1, herausgegeben von PA Nikolaev M. Bildung 1990; Quelle Kristina Kowaltschuk: Vladimir Kign-Dedlov. „Die Rückkehr eines vergessenen Helden"

39) Großfürst Alexander (Sandro) Michailowitsch, Memoiren, 20. Oktober 1894. „Eine Liebe für die Ewigkeit" erschienen 1999 im Schneekluth Verlag.

40) Großfürst Alexander (Sandro) Michailowitsch, Memoiren.

41) Andrei Maylunas, Sergej Mironenko „Eine Liebe für die Ewigkeit" , Schneekluth Verlag 1999, Tagebuch Zar Nikolaus 17. Okt. 1894 Eintragung in der Handschrift seiner Braut Alix von Hessen-Darmstadt

42) Elisabeth Heresch: Nikolaus II., Verlag Langen Müller 1992. …Am 14. November, als die Staatstrauer für einen Tag unterbrochen wurde, wurden in schlichter Zeremonie Nikolaus und Alexandra in der Kapelle des Winterpalais getraut.

43) Witte Sergej, russischer Unternehmer, Staatsmann deutscher Abstammung, Finanzminister 1893 – 1903, reformierte erfolgreich die russische Wirtschaft und setzte sich für eine Modernisierung Russlands ein. Er war Ministerpräsident von 1905 bis 1906 und verfocht liberale Ideen, war Verfasser des Oktobermanifests 1905, das das bürgerliche Freiheitsrechte einführte.

44) G.W. Ossipow: „Die erste russische Ärztin – Nadeschda Prokofjewna Suslowa", Biographie. Erste Professorin der Medizin, geboren 1848 in Nischni Nowgorod, gestorben 1918 in Alutscha. Wegen des Studienverbots für Frauen in Russland studierte sie Medizin an der Universität Zürich.

45) A. Tschechow: „Briefe" , 1877-1889 Band 4, Verlag Diogenes Zürich 1979, herausgegeben und übersetzt von Peter Urban: A. Tschechow Brief vom 20. 5. 1899 an V. K. Charkeevic: Bei mir wird eine Schule gebaut und ich kann nicht abfahren, ehe der Bau abgeschlossen ist.

46) Andrei Maylunas, Segej Mironenko „Eine Liebe für die Ewigkeit", Schneekluth Verlag 1999: Tagebucheintragung der Großfürstin Xenia, Schwester von Zar Nikolaus, vom 18. Mai.

47) Andrei Maylunas, Segej Mironenko „Eine Liebe für die Ewigkeit" Schneekluth Verlag 1999: Aus den Memoiren des Großfürsten Sandro

48) „Geir Kjetsaa" Maxim Gorki. Eine Biographie, Verlag Claassen Hildesheim 1994. Maxim Gorki war damals 25 Jahre alt und Journalist beim „Nischni Nowgoroder Tagblatt". Er hatte mit seinen frisch veröffentlichen „Skizzen und Erzählungen" aus den „(Un-)Tiefen des Volkes", in denen er als Vagabund selbst gelebt hatte, großes Aufsehen erregt. „Das Leben war meine Universität", sagte er über diese Jahre. Charismatisch, sendungsbewusst, begabt mit einer ungeheuer wirkungsvollen Sprache, erreichten seine Schriften und Bücher rasch gigantische Auflagen. Immer wieder wurde er von der Zensurbehörde vorgeladen und verhört. Das machte ihn nur populärer und steigerte die Bekanntheit seiner Veröffentlichungen.

49) Die Autorin hat 2011 ein Exemplar von Vladimir Kign-Dedlovs Essay im Museum von Dedlovo überreicht bekommen.

50) Der Maler Viktor Wasnezow, geboren am 15. Mai 1848, in Moskau gestorben am 23. Juli 1926. Er war ein berühmter russischer Maler und mit Vladimir Kign-Dedlov befreundet. In seiner Jugend arbeitete er für einen Ikonenhändler. Später studierte er an der St Petersburger Kunstakademie.

51) Kristina Kowaltschuk „Vladimir Kign Dedlov. „Die Rückkehr eines vergessenen Helden" und Al Zapolskaya, „Russische Schriftsteller", Bibliographischer Dictionary, Band I, herausgegeben von P.A. Nikolaev M Bildung 1990, aktualisiert 2009, Kign-Dedlov über die Kunst, die national sein muss.

52) Irina Bozhko „Rückkehr der vergessenen Helden" nennt in ihrer Arbeit über Vladimir Kign-Dedlov folgende berühmte Persönlichkeiten, die in Feodorovka und Dedlovo zu Gast waren: Den Bildhauer Mark Antokolski, den Chemiker Dimitri Mendelejew, die Maler Ilja Repin, Viktor Wasnezow, Arkhip Kuindzhi, Ivan Schiskin, Michael Wrubel und den Dichter Apollon Mike. Sie verbringen in diesem Kapitel fiktiv mit Vladimir gemeinsam den Sommer.

53) Die sogenannte „Affäre Dreyfus" um den französischen Offizier jüdischer Herkunft, Alfred Dreyfus, beschäftigte damals jahrelang ganz Europa und auch Russland. Sie fand ihren Niederschlag auch in den Korrespondenzen wie z.B. von Anton Tschechow: Brief aus Nizza vom 4. Jänner 1898, entnommen der Sammlung „Anton Tschechow Briefe", Band 4, herausgegeben und übersetzt von Peter Urban, erschienen im Diogenes Verlag 1979. Alfred Dreyfus war zu Unrecht des Landesverrates beschuldigt und verurteilt worden. Der Schriftsteller Emile Zola setzte sich leidenschaftlich für seine Rehabilitierung ein, die allerdings erst 1906 erreicht wurde.

54) Konstatin Sergejewitisch Stanislawski, mit bürgerlichem Namen Alexejew, war ein russischer Schauspieler, Regisseur, Vertreter des Naturalismus und großer Reformer des Theaters.

55) Vladimir Ivanowitsch Nemirowitsch–Datschenko gründete 1897 mit Stanislawski das Moskauer Kunsttheater.

56) Dimitri Iwanowitsch Mendelejew war ein liberal denkender Mann. Während heftig um das Frauenstudium gestritten wurde, waren Frauen in Mendelejws Vorlesungen – anders als bei seinen Kollegen – bereits zugelassen.

57) Andrei Maylunas, Segej Mironenko „Eine Liebe für die Ewigkeit" Schneekluth Verlag 1999. Der Cousin des Zaren, Großfürst Konstantin Konstantinowich, schrieb am 6. Juni über die Geburt der vierten Tochter des Zaren Alexandra in sein Tagebuch: „Vergib uns, Herr, wenn wir alle statt Freude Enttäuschung empfanden."

58) Geir Kjetsaa: Maxim Gorki, eine Biographie. Verlag Claassen Hildesheim. Die allgemeine Aufregung darüber findet sich in verschiedenen Korrespondenzen wieder.

59) Sidney Harcave: Count Sergei Witte and the twilight of imperial Russia. A Biography. Sharpe, Armonk N. Y. 2004. Sergej Wittes Reformbemühungen führten zum Konflikt mit anderen Ministern, besonders mit dem konservativen Innenminister Wjatscheslaw Konstantinowitsch von Plehwe, der ihn beim Zaren denunzierte. Plehwe behauptete, Witte sei Teil einer jüdischen Verschwörung. Witte musste deshalb von seinem Posten als Finanzminister zurücktreten.

60) Menschewiki sind die auf dem Parteitag der Sozialdemokratischen Arbeiterpartei Russlands SDAPR 1903 Lenin unterlegenen Delegierten, die die Partei auf eine demokratisch-parlamentarische Grundlage stellen wollten Man nannte sie von da an „Minderheit" – russisch Menschewiki.

61) Die Bolschewiki waren von Lenin geführte Sozialisten, die eine Kaderpartei von Berufsrevolutionären bilden wollten und bei einem Parteitag in London 1903 eine knappe Mehrheit der Delegierten-Stimmen erhielten und sich von da an Bolschewiki nannten.

62) Ab Dezember 1901 verwendete Wladimir Iljitsch Uljanow den Decknamen Lenin. Er stammte aus einer erbadeligen, sozial, liberal und kulturell engagierten Familie, die auch ein Gut erwarb. Lenin lebte vom Vermögen der Familie und wurde später Anwalt. Als junger Mann schloss er sich den marxistischen Sozialdemokraten an und betrieb die kommunistische Revolution in Russland.

63) Jan C. Behrends, Diktatur: Moderne Gewaltherrschaft zwischen Leviathan und Behemoth. Anatoli Lunatscharski sah im Sozialismus die religiöseste aller Religionen. (Religion und Sozialismus): Nicht Gott hat den Menschen erschaffen, sondern der Mensch Gott.

64) „Politische Religion und Religionspolitik – zwischen Totalitarismus und Bürgerfreiheit", herausgegeben von Gerhard Besier und Hermann Lübbe, Vandenhoeck & Ruprecht, 2005. Laut Anatoli Lunatscharski war das Ziel des Sozialismus, den vollkommenen Menschen schaffen. Christentum und Sozialismus mussten zu einer sozialen Religion vereinigt werden mit dem Kollektiv als neuen Gott. Für eine bolschewistische Weltkirche beanspruchte sie das Monopol der Unfehlbarkeit.

65) Michael Burleigh: „Irdische Mächte göttliches Heil" – Die Geschichte des Kampfes zwischen Politik und Religion bis in die Gegenwart. Deutschsprachige Ausgabe 2008 Deutsche Verlags-Anstalt München, Verlagsgruppe Random-House. Der „neue Mensch" war das Produkt von literarisch ausgetragenen Konflikten mit ernsten Implikationen. Aufgetaucht ist dieser Begriff im Kontext der Generationenkonflikte, die russische Literaten in den 1860er Jahren durchmachten. … Der „neue Mensch" ist ein Aktivist … Vorläufer der bolschewistischen „Ledermänner in Lederjacken".

66) Geir Kjetsaa": „Maxim Gorki", Verlag Claassen Hildesheim 1994. Maxim Gorki sympathisierte mit dieser Strömung ließ sich als „Sturmvogel der Revolution" immer wieder als Propagandist der Gewalt als Mittel der Veränderung, einspannen. Er sympathisierte offen mit den Ideen Lunatscharskis und Bogdanows, aber auch mit denen Lenins und später Stalins.

67) A. Tschechow: „Briefe" 1877-1889, Band 2, herausgegeben und übersetzt von Peter Urban, Diogenes Verlag 1979: Tschechow Brief vom 19. Jänner 1904 Jalta an A.F. Marks „.… Kign-Dedlov wartet auf Antwort von Ihnen"; Tschechow Brief an seinen Verleger A. F. Marks. Moskau 27. Jänner 1904; Tschechow Brief an seinen Verleger A. F. Marks, Jalta 19. Februar 1904; Tschechow Brief, Jalta 29. Februar 1904 „.…habe selbst erst heute Antwort von Marx bekommen".

68) Kristina Kowaltschuk: Aus der Fachbereichsarbeit von 2006, Museum in Dedlovo. „Nicht nur Vladimir Kign-Dedlov klagte über die allgegenwärtige Zensur, sondern alle Schriftsteller und Journalisten. Sie beobachteten mit Neid die Arbeitsbedingungen britischer und französischer Kollegen, die finanziell und personell bestens unterstützt waren und eine Zensur nicht kannten."

69) Maxim Gorki hat nach einem Besuch bei Anton Tschechow auf der Krim von diesem Ausspruch des Dichters berichtet.

70) … für den Transport von frischen Austern.

71) Kristina Kolwaltschuck zitierte Kign-Dedlovs Charakterisierung der besonderen Schreibweise des Dichters Anton Tschechow.

72) Irina Bozhko schrieb, dass Vladimir Kign seine Verbindungen genützt hat, damit Tschechows Werke ins Deutsche übersetzt werden konnten.

73) Brief Anton Tschechows vom 10.1.1904 an Kign-Dedlov (eine Kopie aus dem Museum in Dedlovo/Dovsk).

74) Adrei Maylunas, Sergei Mironenko „Eine Liebe für die Ewigkeit", Nikolaus und Alexandra, das letzte Zarenpaar. Brief der Zarin Alexandra an den Zaren, 15. August 1904 Peterhof. „… Gott vergisst uns nicht …"

75) Geir Kjetsaa: „Maxim Gorki" Eine Biographie, erschienen 1996 im Claassen Verlag Hildesheim M. Gorki und eine Abordnung werden von Staatsminister Witte empfangen und fordern vom Zaren empfangen zu werden und er droht… Andernfalls würde das Volk zur Gewalt greifen. „Die Meinung der Obrigkeit, antwortete der Staatsminister, weicht von ihrer stark ab". „Dann", erwiderte Gorki, „wird die die Obrigkeit einen hohen Preis für das morgige Blutvergießen bezahlen müssen."

76) Geir Kjetsaa: „Maxim Gorki" Eine Biographie, erschienen 1996 im Claassen Verlag. Zitat aus einem nicht abgeschickten Brief M. Gorkis an Tolstoi; „Hören Sie, Lew …"

77) Andrei Maylunas, Sergei Mironenko „Eine Liebe für die Ewigkeit" Schneekluth Verlag 1999. Zitat aus dem Tagebuch von Zar Nikolaus vom 9. Januar: „Ein schrecklicher Tag! In St. Petersburg kam es zu schrecklichen Unruhen, nachdem die Arbeiter versucht hatten, das Winterpalais zu erreichen. … Die Truppen waren gezwungen, das Feuer zu eröffnen, es gab viele Verwundete und Tote …"

78) Schaljapin war ein weltberühmter russischer Opernsänger in der Stimmlage Bass, der als Bauernsohn seine Karriere in einem Kirchenchor begonnen hatte.

79) Andrei Maylunas, Sergei Mironenko: „Eine Liebe für die Ewigkeit", Schneekluth Verlag, erschienen 1999. Auszug aus den Memoiren von Maria Pavlowna, der Jüngeren Tochter von Großfürst Pawel. Sie musste am 4. Februar 1905 die Ermordung des Großfürsten Sergej, General-Gouverneur von Moskau, Onkel des Zaren, mit ansehen.

80) Kurze Biographie im neuen Brockhaus & Effronia, die Vladimir Kign-Dedlov am 14. Juni 1895 richtigstellt.

81) Internationale Zeitungen gehörten wie in vielen russischen Familien auch bei den Kigns zur täglichen Lektüre. 28. Mai 1905: Die russische Flotte wurde nahezu vollständig vernichtet. 5.000 russische Seeleute fielen während der Schlacht oder gingen mit ihren Schiffen unter. Die restlichen 6.000 Mann Besatzung ergaben sich der japanischen Flotte.

82) Andrei Maylunas, Sergei Mironenko: „Eine Liebe für die Ewigkeit", Schneekluth Verlag 1999. Aus dem Brief von Kaiser Wilhelm an „Cousin Niki", Schloss Wilhelmshöhe, 9. August 1905 .

83) Aus dem Adelsakt der Familie Kign in Petersburg: Handschriftlicher Brief Elisabetas vom 13. 6. 1908 an das Hauptbüro der Zeitung „Russland" in St Petersburg, Newsky Prospekt 112: „Ich bitte richtigzustellen: Kign-Dedlov hatte keine Halluzinationen, als er erschossen wurde. Nach einer Behandlung in Berlosk ging es ihm besser, seine Verfassung war gut."

84) Andrei Maylunas, Sergei Mironenko: „Eine Liebe für die Ewigkeit", Schneekluth Verlag 1999, M.P. Box. Stolypins Tochter schildert in ihren Memoiren die Ermordung ihres Vaters.

85) Geir Kjetsaa: „Maxim Gorki". Eine Biographie, Claassen Verlag Hildesheim 1996. Gorki kehrte aus dem Ausland in ein Russland zurück, das gerade unter Ministerpräsident Stolypin Reformen und einen ungeahnten Aufschwung erlebte.

86) Andrei Maylunas, Sergei Mironenko: „Eine Liebe für die Ewigkeit", Schneekluth Verlag 1999. Aus den Memoiren von Anja Wyrubowa, Hofdame und enge Freundin der Zarin.

87) Geir Kjetsaa: „Maxim Gorki". Eine Biographie, erschienen 1996 im Claassen Verlag, Hildesheim. Nach der Februar-Revolution wünscht sich Gorki „Frieden um jeden Preis"

88) Norman Stone „The Eastern Front 1914 – 1917, Penguin Books LTW London 1998. Die Funksprüche der russischen Armee blieben aus organisatorischen Gründen unverschlüsselt.

89) Andrei Maylunas, Sergei Mironenko: „Eine Liebe für die Ewigkeit", Schneekluth Verlag 1999. Aus den Memoiren des französischen Botschafters Maurice Paleogue „...Jedesmal, wenn der Zar die Arznei genommen hat, ...konnte er wieder schlafen und essen, war von einer wundersamen neuen Vitalität und einer merkwürdigen Euphorie,...könnte sich um Haschisch handeln."

90) Andrei Maylunas, Sergei Mironenko: „Eine Liebe für die Ewigkeit", Schneekluth Verlag 1999. Aus den Memoiren von Pierre Gillard, Lehrer der Kinder des Zaren. Der Zarewitsch fragte ihn: „Wenn es keinen Zaren mehr gibt, wer regiert dann Russland?"

91) Geir Kjetsaa: „Maxim Gorki". Eine Biographie, Claassen Verlag, Hildesheim 1996. Das Schimpfwort „Burschui" kommt vom französischen Bourgeois (Bürger) und verstand darunter im Grunde alle, die keine Bolschewiki waren.

92) Stephane Courtois: Die Verbrechen des Kommunismus.

93) Geir Kjetsaa: „Maxim Gorki". Eine Biographie, Claassen Verlag, Hildesheim 1996

94) Die durch einen Staatsstreich an die Macht gekommenen Bolschewiki brauchten für ihre Legitimität den Mythos vom kompromisslosen Kampf des gesamten Volkes für ihre Ziele. Eine Legende, die sie mit allen Mitteln der Diktatur und Propaganda (Film von Sergej Eisenstein) verbreiteten und zu ihrer Machterhaltung am Leben erhielten. Eine Tatsache, die in der Auseinandersetzung mit der kommunistischen Vergangenheit Russlands ganz wesentlich ist. Bei einem Staatsstreich waren die Russen Opfer, die Bolschewiki Täter.

95) Geir Kjetsaa: „Maxim Gorki". Eine Biographie, Claassen Verlag, Hildesheim 1996

96) „Das Schwarzbuch des Kommunismus", Verlag Piper München-Zürich 1998

97) „Das Schwarzbuch des Kommunismus", Verlag Piper München-Zürich 1998

Stephane Courtois: „Die Verbrechen des Kommunismus"

98) Geir Kjetsaa: „Maxim Gorki". Eine Biographie, Claassen Verlag, Hildesheim 1996

99) Nikolaus Katzer: „Die weiße Bewegung in Russland". Beiträge zur Geschichte Osteuropas Band 28, Verlag Böhlau. Anfang 1918 definierte Denikin im Namen der Freiwilligenarmee das Ziel, „die Rettung Russlands durch eine starke, patriotische und disziplinierte Armee zu erreichen. Wobei die künftige Form des Staatsaufbaus nicht vorentschieden worden sei. Sie werde nach dem Willen einer Allrussischen Verfassunggebenden Versammlung entstehen, die nach der Einführung einer Rechtsordnung im Lande einberufen werden wird."

100) Auszug aus einem Bericht Dimitri Kigns und dem Buch „Das Schwarzbuch des Kommunismus", Verlag Piper München-Zürich 1998, Stephane Courtois: „Die Verbrechen des Kommunismus": Berichte sprechen von Schlächtereien und schweren Massakern an Zivilisten. Die Evakuierung der Reste der „Weißen Armee" mit ihren Familien von der Krim nach dem damaligen Konstantinopel war sehr dramatisch und endete auch für Zivilisten im Blutbad bestialischer Massaker der „Roten Armee". General Denikin dokumentierte früh die bolschewistischen Verbrechen und gründete eine Forschungskommission. Das Archiv dieser Kommission war 1945 von Prag nach Moskau entführt worden und nicht zugänglich.

101) „Das Schwarzbuch des Kommunismus", Verlag Piper München-Zürich 1998, Stephane Courtois: „Die Verbrechen des Kommunismus"

102) Irina Bozhko, Vladimir Kign-Dedlov: „Die Rückkehr eines vergessenen Helden". Danach soll der im Text zitierte Satz von einem Nachkommen des Hauptgärtners der Familie stammen.

103) Das Osmanische Reich befand sich im Krieg mit Griechenland und faktisch in Auflösung. Das Chaos verstärkte die rechtlose Lage der Gefangenen. Außerdem unterstützte die Sowjetunion Kemal Atatürk, der 1920 zum Präsidenten und Premierminister ernannt worden war, im Krieg gegen Griechenland.

104) Geir Kjetsaa: „Maxim Gorki". Eine Biographie, Claassen Verlag, Hildesheim 1996

105) Aus den Erinnerungen Olga Kigns

106) Olga Kign formulierte in ihren Erinnerungen Wandas Gedanken auf diese Weise

107) Geir Kjetsaa: „Maxim Gorki". Eine Biographie, Claassen Verlag, Hildesheim 1996

108) ORF-Interview im Mittagsjournal am 3. September 2014 mit dem Moskauer Historiker Andrej Subow. Er ist einer der wenigen russischen Wissenschaftler, die sich mit dem Ersten Weltkrieg auseinandersetzten. „Der Erste Weltkrieg", sagte Subow, „ist in Russland in Vergessenheit geraten." Der Grund dafür sei, dass in Russland die imperiale Idee später mit der totalitären Sowjetideologie vermischt und weder das eine noch das andere aufgearbeitet wurde. … „Wenn es bis heute in Deutschland und Österreich Hitler-Straßen und Goebbels-Denkmäler gäbe, wäre wohl keine Union mit Frankreich möglich, im Gegenteil, es gäbe längst wieder Krieg."

„Spiegel"-Gespräch mit dem Schriftsteller Wiktor Jerofejew am 3.

Juli 2013 über sein Buch „Die Akimuden" eine literarische Satire über Russland, erschienen im Hanser Verlag Berlin. Wiktor Jerofejew: „....um zu zeigen, dass Russland ein Land der Toten ist. Nach der kommunistischen Revolution 1917 gab es praktisch keine Friedhöfe. Während des Bürgerkrieges verwesten viele Leichen auf den Feldern. ... Es gab Massenerschießungen, Massengräber. Man brachte Menschen um, weil jemand ihr Amt, ihre Wohnung oder ihre Frau wollte. ... Die Toten leben in Unfrieden mit uns ..." ... „Vergessen Sie nicht, dass nach der Oktober-Revolution 1917 die Besten umgebracht wurden: die besten Aristokraten, die besten in der Bourgeoisie, die besten Offiziere, die besten Bauern, sogar die besten Arbeiter. Wir – wie auch ich – sind nur die übrig gebliebenen Besten unter den übriggebliebenen Schlechten ..." Und: „... Es gibt noch einen Ausweg: Auf das zu hören, was uns die Toten über uns sagen...."

das Programm
www.ibera.at